La matrice de la race

Elsa Dorlin

La matrice de la race

Généalogie sexuelle et coloniale de la Nation française

Préface de Joan W. Scott

La Découverte POCHE

Cet ouvrage a été précédemment publié en 2006, dans la collection « Textes à l'appui/genre & sexualité » dirigée par Éric Fassin aux Éditions La Découverte.

À Grégoire,

À mes étudiant·e·s,
pour m'avoir tant appris.

Composé par Facompo à Lisieux
Création graphique de la couverture : Valérie Gautier
Dépôt légal : novembre 2009

ISBN 978-2-7071-5905-2

Préface

C'est une des difficultés auxquelles l'histoire féministe continue d'être confrontée : comment donner à voir les relations qui unissent l'histoire de la sexualité à celle de la politique ? Le plus souvent, on s'attache à décrire ce qu'on pourrait appeler la politique du sexe : l'histoire des relations de pouvoir entre hommes et femmes, soit les efforts des hommes pour maintenir les femmes en position dominée. La tâche est plus ardue lorsqu'il s'agit de montrer comment la conduite de la politique, autrement dit la négociation d'intérêts économiques, la guerre, la construction de la nation ou le colonialisme, est liée à des conceptions du sexe et de la sexualité.

Bien sûr, il existe des études qui analysent l'usage de l'imaginaire sexuel dans la représentation de la nation et dans la construction des idéologies racistes qui ont légitimé la conquête impériale ; mais leurs analyses n'abordent le plus souvent qu'un côté des choses. On montre que le nationalisme et le racisme recourent à des notions de genre, mais on fait comme s'il s'agissait de concepts fixes préexistant aux usages qui en sont faits dans le domaine de la politique. Lorsqu'on s'intéresse à des changements dans les représentations du genre, le versant politique est fréquemment oublié : la science, et singulièrement la médecine, est alors appréhendée comme le facteur causal. Ainsi, on a pu spéculer sur les liens entre théorie médicale et théorie politique, mais il ne s'agit précisément que de spéculations. C'est le cas dans l'ouvrage célèbre de Thomas Laqueur, *La Fabrique du sexe*. Après avoir examiné en détail les écrits médicaux, cet auteur suggère, sans guère le démontrer, que les idées des médecins sur la différence sexuelle, en se transformant, pourraient bien avoir influé sur l'émergence de la démocratie. Plus rares sont les études qui mènent l'enquête dans les deux sens, pour mieux nous permettre d'appréhender comment la science et la politique contribuent mutuellement à se former, comment (comme je l'ai écrit par ailleurs) le genre construit la politique et la politique construit le genre.

Il est heureux que ce livre prenne place parmi de telles études. On en achève la lecture avec nombre d'éclairages nouveaux et avec un sens de la complexité de l'histoire des idées concernant les femmes, le sexe et le genre. Elsa Dorlin, philosophe de formation, a écrit une histoire exemplaire qui comprend les concepts non comme de simples définitions, mais comme des tentatives, susceptibles de mutations, pour imposer une cohérence, dans l'espoir de se défaire des contradictions. Son argument central est que la science médicale, depuis l'Antiquité jusqu'au XVIIe siècle, appréhendait le corps féminin, par contraste avec le corps masculin, comme fondamentalement malade. La notion de tempérament en était la clé : on pensait que les sexes différaient dans leurs tempéraments – prédisposant les femmes à la maladie et les hommes à la santé. Les maladies des hommes n'étaient qu'indispositions passagères ; leurs corps se trouvaient provisoirement féminisés. La santé était donc un trait masculin. « La conceptualisation de la différence sexuelle à l'âge classique passe ainsi par les catégories du sain et du malsain, qui sont tout autant des catégories médicales que politiques... » Les exceptions à l'image ordinaire de la faible femme, sexuellement passive, telles que les prostituées, lesbiennes ou nymphomanes, étaient traitées comme des anomalies : il y avait dans leur caractère trop de masculinité. Ces catégories qu'Elsa Dorlin appelle « mutantes » contribuaient à construire l'emprise des catégories normatives : les exceptions ne faisaient que confirmer la règle.

Au XVIIIe siècle, les choses changèrent : la population jouait désormais un rôle crucial dans la prospérité de la nation. Dès lors qu'on mettait davantage l'accent sur la procréation, la santé du corps maternel devenait l'objet d'une attention particulière. De fait, le corps maternel renvoyait maintenant au corps de la nation : il en était la plus grande source de richesse. En conséquence, si le corps maternel était malade, la nation l'était également. C'est ainsi que débuta une réévaluation du statut du corps des femmes : comme les hommes, elles se trouvaient désormais fondamentalement définies par la santé. « Qui dit Nation dit origine et donc génitrice unique : à cette origine imaginaire et fantasmée, le tempérament féminin sain offre des corps ayant tous le même “naturel”, le même type. » La vieille notion de tempérament fut alors redéployée pour marquer la différence entre la France et ses colonies. Si l’on pensait jadis que le tempérament était fonction du sexe (les femmes étant froides et humides, et les hommes chauds et secs), voire du climat (aux terres chaudes les peuples lascifs et sous les froides latitudes les peuples rationnels), on y voyait désormais un trait national, non pas acquis, mais héréditaire. Les Français qui vivaient dans les colonies ne couraient pas le risque de devenir comme les indigènes qu’ils dominaient, dès lors que le tempérament était inné, transmis par des mères patriotes qui ne se contentaient pas de porter les enfants, mais qui les nourrissaient aussi désormais. « La Nation n’est plus le rassemblement de sujets hétérogènes sous l’autorité d’un même roi, mais la réunion de frères, fils d’une seule et même mère. La question de la nation renvoie constamment à sa corporéité. » Le schème de la race était littéralement situé dans les entrailles maternelles. D’où le titre de l’ouvrage : *La Matrice de la race*.

Selon Elsa Dorlin, à l’âge classique, les questions de santé et de tempérament conféraient aux corps sexués leurs significations. Elle apporte ici un rectificatif important au travail de Thomas Laqueur : pour lui, ce qui justifiait la supériorité politique et sociale des hommes, c’était la perception médicale de la différence physique, avec le corps féminin conçu comme une version inférieure du corps masculin dont les organes externes seraient retournés vers l’intérieur. La possibilité de l’égalité n’apparaissait, selon lui, qu’une fois que ces corps étaient appréhendés comme irréductiblement différents. Pour Elsa Dorlin, la question n’est pas tant l’apparence physique que la santé. « La santé doit ainsi être comprise non pas seulement comme un état physiologique fluctuant, mais aussi comme un attribut de la domination dans le cadre d’un rapport de pouvoir, un attribut de la domination de genre. Ainsi, l’absence ou l’ambiguïté d’une notion de santé féminine tient au fait que la conceptualisation du sain et du malsain fonctionne, par l’intermédiaire du tempérament, comme un opérateur de sexuation des corps qui assure et figure un rapport de domination. »

L’émergence de la notion d’un corps féminin en bonne santé change donc la relation de pouvoir – ou, du moins, elle a le potentiel d’alimenter les argumentaires favorables à l’égalité des femmes. L’auteure cite les écrits d’Olympe de Gouges pour illustrer très précisément ce point. Ce faisant, elle m’a permis de comprendre ce qui était resté pour moi un aspect déconcertant de l'introduction à la *Déclaration des droits de la femme et de la citoyenne*. Dans ce texte, Olympe de Gouges parle au nom du « sexe supérieur en beauté comme en courage, dans les souffrances maternelles ». Pourquoi, me suis-je longtemps demandé, invoquait-elle la maternité pour revendiquer l'égalité ? L'explication d'Elsa Dorlin fait sens. Elle rejette l'idée selon laquelle Olympe de Gouges serait une féministe « différentialiste ». Sa revendication d'égalité empruntait plutôt à l'idée selon laquelle il n'y avait pas de différence fondamentale entre la santé des corps masculins et féminins. Ce n'est pas la différence entre les sexes que désignait Olympe de Gouges, mais l'égal statut en nature des corps humains. Il en découlait que les sexes devraient être égaux dans la sphère politique. Au-delà de la nature, l'importance politique de la maternité, c'est-à-dire le fait que les femmes engendrent des citoyens, devait justifier leur inclusion dans le corps politique. Olympe de Gouges révélait ici une contradiction dans la pensée des révolutionnaires : si les femmes, par la procréation, constituent littéralement le corps politique, alors elles devraient être admises à participer à son gouvernement.

En associant le corps des femmes à la pensée raciale, Elsa Dorlin éclaire un autre argument féministe sur lequel je m'interroge depuis longtemps. C'est l'usage, formulé par Hubertine Auclert, de la différence raciale pour promouvoir les droits des femmes blanches. Nombre de féministes, au XIXe siècle et au début du XXe, demandaient comment on pouvait privilégier les hommes indigènes par rapport aux femmes blanches au moment d'accorder des droits politiques. L'ouvrage d'Elsa Dorlin montre que cet argument ne fait pas que refléter les préjugés raciaux de l'époque ; il est profondément enraciné dans des représentations de l'importance du corps féminin (blanc) pour la santé et la prospérité nationales. « La pensée médicale a bien permis de naturaliser un rapport social de domination. » Mais si le discours médical a offert le moyen de naturaliser les relations de pouvoir entre les colonies et la métropole, il a également fourni les termes d'une résistance. L'auteure suggère qu'en pratique le mélange des races a servi à subvertir les distinctions strictes entre les tempéraments noir et blanc. Les Caraïbes noirs de Saint-Vincent en fournissent un exemple remarquable. Résultant d'un métissage entre « Caraïbes rouges » et Africains, ils ébranlaient par leur hybridité les catégories raciales utilisées par les colons. « En invalidant les catégories anthropologiques », leur exemple « permet de résister au système social qu'elles sous-tendent ». Elsa Dorlin découvre ainsi dans cette situation les traces des discours sexuels médicaux que son travail a mis au jour. C'est un bel exemple des résonances complexes que fait entendre le livre entre le sexe et la politique.

De même qu'elle explore les effets du savoir médical sur les relations de pouvoir, l'auteure examine les dynamiques de pouvoir au sein même du savoir médical. Ici, elle ouvre à d'importantes nouvelles réflexions ce qui est devenu un passage obligé dans l'histoire du genre et de la science : la campagne menée au XVIIe siècle par les médecins pour disqualifier les sages-femmes dans les métiers de santé. D'ordinaire, on raconte l'histoire de la manière suivante : ce sont des hommes médecins, en voie de professionnalisation, qui cherchent à substituer leur science à un savoir populaire (féminin) déficient, et du même coup privent les parturientes de l'empathie que seules pouvaient leur accorder d'autres femmes. C'est donc un combat entre l'objectivité virile et l'expérience féminine qu'on représente habituellement. Bref, l'homme serait à la femme ce que la culture est à la nature. Pour Elsa Dorlin, c'est là un récit « essentialisé », et ce qu'elle propose à la place est plus intéressant. « On assiste plutôt à un conflit sans pitié pour la prise de pouvoir d'un lieu de savoir. » La science expérimentale emportant la victoire, les médecins devaient avoir accès au corps des femmes – un accès et un savoir que contrôlaient jusqu'alors les sages-femmes. La question n'était pas tant de savoirs de natures différentes, mais du savoir lui-même, un savoir qui faisait auparavant partie des secrets bien gardés des femmes. « L'enjeu n'est pas la disparition d'une connaissance "typiquement féminine", à savoir les connaissances sur les moyens d'éviter les grossesses et de limiter les naissances, mais bien l'expropriation des femmes d'un lieu de savoir où ces connaissances circulaient librement, entraînant l'expropriation de leur corps. »

Le corps des femmes devenait donc un objet de plus en plus important de savoir, tout au long du XVIIIe siècle, mais pas seulement parce qu'elles offraient un nouveau terrain pour la recherche médicale. L'« expropriation » de ces corps par les médecins s'inscrit dans une histoire beaucoup plus large. Si la prospérité reposait sur la population, le corps maternel en venait à symboliser le corps de la nation. Aussi devait-il être contrôlé avec vigilance, continûment régulé, mais aussi respecté pour le labeur par lequel il contribuait à la construction et au maintien de l'ordre social. Le féminisme a donc pris forme dans la tension entre cette exigence de surveillance et la reconnaissance du rôle vital des femmes. La politique sexuelle était une politique de la nation, et inversement.

Le livre d'Elsa Dorlin montre que cette proposition n'est pas seulement théorique. Sa présentation rigoureuse des discours médicaux et politiques, et son attention scrupuleuse à la logique des arguments et aux multiples implications des idées démontrent l'importance d'une étude de l'histoire de la sexualité telle que celle qu'elle a conduite. Il ne s'agit pas d'un intérêt étroitement limité à ce que les hommes ont dit des femmes, ce n'est pas davantage l'étude restreinte d'un type de discours particulier. C'est plutôt, à la manière de Foucault, l'analyse des manières dont des concepts cruciaux structurent le sens à travers tout un ensemble de domaines de savoirs et de pratiques. Dans cette perspective, l'histoire de la sexualité n'est plus seulement une histoire des idées concernant les relations entre hommes et femmes, c'est une histoire politique et sociale, dans sa définition la plus large.

Joan Wallach Scott, Harold F. Linder Professor of Social Science, Institute for Advanced Study, Princeton.

Traduction : Éric Fassin.

Introduction

Colette Guillaumin définit le « sexe » et la « race » comme des « signifiants », au sens où ils sont des *phénomènes sémantiques*. Son objectif est de montrer que le sexe est comparable à la « race » : il n'a aucune existence biologique. Le « sexe », tout comme la « race », peut être défini non pas en tant que catégorie ou groupe naturels, mais plutôt comme une marque biologisée qui signale et stigmatise une « catégorie altérisée ». « Le caractère apparent (ou cru tel), y compris l'accent, la langue, la gestuelle, etc., se saisit comme biologique. N'importe quel type de différence physique peut être privilégié pour autant qu'il peut donner un support physique à une désignation sociale. Les caractères choisis comme blasons de la désignation raciale ne sont qu'une infime partie des discriminations de ce type possibles. *Une différence physique réelle n'existe que pour autant qu'elle est ainsi désignée, en tant que signifiant, par une culture quelconque*. Ces signifiants varient d'une culture à l'autre. Cette différence se manifeste donc comme pur signifiant, porteur des catégorisations et des valeurs d'une société [1]. »

Colette Guillaumin a réalisé une véritable épistémologie de la domination. Elle a pris pour objets d'étude les outils cognitifs et les logiques discursives des dominants : comment ils ont pensé et par là même produit le monde le plus adapté à leur domination. En montrant comment sexisme et racisme fonctionnaient selon un même processus de différenciation et de naturalisation des rapports de pouvoir, elle a mis en évidence leur système catégoriel.

1. Colette Guillaumin, *L'Idéologie raciste*, Gallimard, Paris, 2002, p. 96-97. C'est moi qui souligne.

Ce livre travaille essentiellement les systèmes catégoriels historiques du sexisme et du racisme. Plutôt que les seules représentations, il traite des catégories de pensée, des schèmes d'intelligibilité, de la rationalité même de la domination. Il entend donc poursuivre cette épistémologie de la domination initiée par Colette Guillaumin mais aussi la renouveler selon deux lignes directrices.

La première a pour effet que les catégories de « sexe » et de « race » n'y sont pas traitées selon un rapport analogique. Tout mon travail consiste à faire la généalogie des acceptions modernes du « sexe » – de la différence sexuelle – et de la « race » en mettant en évidence leur rapport génétique, c'est-à-dire leur engendrement réciproque. Le sexisme et le racisme ne sont pas tant théoriquement comparables qu'inextricablement liés d'un point de vue historique. En ce sens, ce livre est très largement redevable des recherches universitaires qui, sous l'impulsion politique du *Black Feminism*, ont montré l'intrication des rapports de pouvoir durant la période esclavagiste aux Amériques, puis ségrégationniste aux États-Unis et la construction des identités sexuelles et raciales, dont les sociétés contemporaines postcoloniales sont directement héritières [2]. En étudiant les XVIIe et XVIIIe siècles français, j'entends fournir des outils, théorique et politique, pour penser comment les identifications sexuelles et raciales, telles qu'elles ont été élaborées durant cette période, travaillent encore notre modernité.

La seconde ligne directrice qui oriente ma démarche implique que, tout en me concentrant sur les rationalités dominantes, celles qui ont produit le sexisme et le racisme, je m'attache principalement aux crises que traversent ces rationalités, plutôt qu'à leur logique implacable, à leur fonctionnement optimal. Les moments critiques de ces rationalités attestent d'abord de leur historicité : violemment contestées ou tout simplement incohérentes et bancales, ces rationalités se sont réformées pour assurer la pérennité de leur domination. Ce livre s'ouvre ainsi sur le concept de « tempérament », en tant qu'il produit et fonde « en nature » la différence hiérarchique entre hommes et femmes, mais aussi sur les discours qui l'ont critiqué et attaqué. Ces discours sont issus des premières philosophies de l'égalité des sexes au XVIIe siècle : c'est au cœur de ces philosophies que le tempérament a pu être identifié comme

2. Voir Angela Davis, Hilary Beckles, Hazel Carby et les travaux plus récents de Kathleen Brown, Jennifer Morgan et Roxann Wheeler.

le véritable ennemi discursif de l'égalité. Si ce livre traite de la logique des discours dominants, il n'isole donc jamais ces discours de l'espace polémique dans lequel ils tanguent, vacillent et se transforment.

Les crises des rationalités dominantes m'intéressent également parce qu'elles montrent que si ces rationalités sont contraignantes, elles le sont également pour les dominants eux-mêmes. Par conséquent, les usages stratégiques des discours sont toujours des usages contraignants : tout n'est pas permis et les contradictions ou les incohérences ont toujours des effets. Les deux exemples paradigmatiques sont ceux des prostituées et des maladies des esclaves. Si toutes les femmes sont par nature froides et humides, d'un tempérament flegmatique, comment classer les prostituées, réputées chaudes, viriles et intempérantes selon toute une tradition théologique ? De la même façon, si les esclaves sont supposés robustes et vigoureux, comment ne pas conclure à leur supériorité naturelle sur les Blancs ?

Nous verrons combien ces incohérences sont productives. Pour les saisir, j'ai élaboré des outils d'analyse, au premier rang desquels ce que j'ai appelé les « mutations de genre ». En montrant comment les catégories dominantes ont littéralement fabriqué des corps, sexués et racisés, jusqu'au corps même de la Nation, ce concept me permet de saisir l'incarnation de catégories en tension, de contradictions, et leur fonction sociale et politique. Si les prostituées sont communément considérées comme ayant un tempérament chaud et brûlant, si elles ne sont plus tout à fait des femmes et pas encore des hommes, cette mutation de genre s'avère des plus efficace pour les exclure du groupe social des femmes et, partant, du travail sexuel reproductif. Ainsi, de la même façon, les femmes esclaves seront affublées d'un « naturel » intempérant, sec et ardent, pour mieux légitimer les viols et les exclure des bénéfices sociaux et symboliques de la maternité.

En outre, c'est précisément parce que je m'attache aux moments critiques des rationalités que je prends certaines libertés par rapport à la méthode historique habituelle : en philosophe et historienne des sciences, je travaille à la fois des séquences courtes, des champs de bataille auxquels succèdent des périodes riches en reformulation des catégories et en reconfiguration des rapports de pouvoir qu'elles expriment ; mais aussi de la longue durée, afin de suivre la logique d'un dispositif : le tempérament, l'hystérie ou la race, par exemple.

À partir de ces deux lignes directrices – l'intrication des rapports de pouvoir et le concept de crise des rationalités –, je fais mienne la distinction qu'opère Michel Foucault entre une histoire des sciences *politique* et une histoire des sciences tout court[3]. De toute évidence, ce travail est une histoire politique des sciences. Par les objets qu'il étudie bien sûr, mais aussi par l'objectif qu'il se fixe. Concernant les objets, l'histoire du sexisme et du racisme modernes s'écrit à travers une « nosopolitique », soit comment les catégories du sain et du malsain, mises en place par les premières politiques de santé à l'échelle du Royaume – et donc de ses colonies –, ont été le médium théorique des acceptions modernes du sexe et de la race. Par conséquent, j'étudie à la fois les classifications nosologiques – les traités des maladies des femmes et les traités des maladies des esclaves – et les politiques médicales, notamment les premières politiques natalistes et la mise en place d'un contrôle du corps féminin et de la reproduction *via* la mise sous tutelle et la professionnalisation des sages-femmes et des nourrices dites « mercenaires ». Je m'intéresse également tout particulièrement aux projets de politiques eugéniques, de croisement « raisonné » des peuples en vue de l'amélioration physiopathologique des nations – tout ce que j'ai appelé la « génotechnie ».

Détachés des enjeux sociaux et des rapports de pouvoir qui les traversent et les constituent, ces objets de l'histoire des sciences médicales (les concepts de santé et de maladie, les sciences obstétriques, la notion d'hérédité, la médecine coloniale) sont tout simplement incompréhensibles. Dans cette perspective, je parle de « matrice de la race » au sens où un même ensemble de principes sous-jacents a présidé à l'émergence des catégories de sexe et de race. Si, en un premier sens, la matrice désigne un rapport génétique – la conceptualisation de la différence sexuelle étant le moule théorique de la différence raciale, en un second sens, plus précis, la matrice désigne une rationalité politique commune : sexe et race ont une même matrice – le concept de tempérament et l'ensemble de la nosopolitique au cœur duquel il prend sens.

Héritière de l'épistémologie historique, j'en souligne aussi les lacunes et propose une autre version de la naissance des sciences de l'Homme. De ce point de vue, l'une de mes

---

3. Michel Foucault, *Naissance de la biopolitique*, Gallimard/Seuil, Paris, 2005, p. 37-38.

hypothèses est qu'il n'y a pas de sciences de l'Homme sans une médecine des femmes. En d'autres termes, l'Homme s'est progressivement constitué comme objet de son propre savoir par le biais d'un décentrement majeur : ce n'est pas lui qu'il a d'abord objectivé, mais bien un corps traditionnellement considéré comme subalterne – le corps féminin. Parce que les femmes sont définies comme des corps faibles et valétudinaires – et, par conséquent, inférieurs –, elles sont parmi les premiers objets de l'investigation scientifique par le truchement du geste thérapeutique. Si l'art médical est par définition une technique où l'Homme est à la fois sujet et objet de connaissance, aux XVIIe et XVIIIe siècles, au moment où la médecine se constitue comme science, les femmes sont définitivement reléguées du côté de l'objet de savoir. Tout comme les esclaves, elles occupent donc une place à part dans la genèse des sciences de l'Homme : seuls groupes humains réputés pathologiques en raison d'un principe endogène de morbidité, ils en sont à la fois l'une des conditions de possibilité et l'une des cibles privilégiées.

En ce sens, la pathologisation du corps des esclaves est le préalable à leur racialisation. Toutefois, cette racialisation n'est évidemment pas sans conséquences pour la définition éthico-politique du sujet moderne et la constitution du peuple français en assemblée de citoyens. Le travail qu'on va lire traite de la progressive anthropologisation du politique. Il propose une généalogie sexuelle et coloniale de la Nation française [4]. En 1791, la même année que la publication de la *Déclaration des droits de la femme et de la citoyenne*, Zalkind Hourwitz n'écrivait-il pas dans le *Courrier de Paris* : « Pour être citoyen et même législateur dans ce pays de la liberté et de l'égalité, il suffit d'être propriétaire d'un prépuce blanc [5] » ?

---

4. Il est issu d'une thèse de doctorat : Elsa DORLIN, « Au chevet de la Nation : sexe, race et médecine, XVIIe-XVIIIe siècle », sous la direction de Pierre-François Moreau, université Paris IV-Sorbonne, 2004. Ce livre n'aurait pas été possible sans la patience et les encouragements d'Hugues Jallon et d'Éric Fassin. Je remercie ce dernier pour ses conseils, ses suggestions et son soutien.

5. Zalkind HOURWITZ, *Courrier de Paris*, 24 janvier 1791, cité par E. VARIKAS et M. LÖWY, introduction à l'édition de Zalkind HOURWITZ, *Apologie des juifs*, 1789, Syllepse, Paris, 2002, p. 20. Sander L. Gilman a remarquablement montré comment la maladie a servi à marquer le corps du juif comme « différent ». Au milieu du XVIIe siècle, des traités établissent un catalogue des prétendues maladies des juifs – épilepsie, peste, lèpre. La maladie est ici pensée comme le signe de la judéité du corps et donc comme le signe de la culpabilité du peuple juif. Voir Sander L. GILMAN, *The Jew's Body*, Routledge, New York, 1991.

Ce livre s'ouvre sur les philosophies de l'égalité, philosophies minoritaires, oubliées, qui se sont élevées contre la naturalisation de l'inégalité des sexes ; il s'achève sur les résistances esclaves, ces bribes d'histoires des vaincus qui percent les récits des dominants et défont la trame de la race.

I

Les maladies des femmes

1

Le tempérament

La fabrique du sexe

Tout au long du XVIIe siècle, nombre de discours prenant fait et cause pour les femmes s'attaquent non seulement aux philosophes, aux pédants ou aux galants rhéteurs, mais aussi aux conceptions des médecins, les tenant pour principaux responsables du maintien de la thèse de l'inégalité entre les sexes. Le corpus de la « Querelle des femmes », cette joute oratoire qui sévit au XVIe siècle et au début du XVIIe siècle, et qui oppose les pourfendeurs du « Sexe » – comme il est alors de coutume d'appeler les femmes – à ses défenseurs, regorge de références à une notion médicale récurrente : le « tempérament ». Moralistes, théologiens, philosophes, médecins et courtisans s'empoignent pour déterminer le tempérament qui caractérise chaque sexe, c'est-à-dire leurs vertus et leurs vices – physiques et moraux –, le « naturel » qui les différencie.

À l'âge classique, c'est la médecine qui a principalement fourni la définition dominante et normative de la différence sexuelle. Et, au sein de la pensée médicale, ce n'est pas tant l'anatomie, mais la physiologie et la pathologie, par l'intermédiaire du concept de tempérament, qui ont permis de concevoir, de fabriquer et de distinguer le sexe des corps. Autrement dit, on ne comptait pas sur la seule description des parties du corps humain pour déterminer le sexe, mais bien plutôt sur l'explication de leur fonction réciproque et de leur fonctionnement *sain* ou *pathologique* pour fonder la différence sexuelle.

Les recherches récentes sur l'histoire du sexe à l'âge classique [1] se sont essentiellement concentrées sur l'histoire de l'anatomie féminine. Elles ont montré que le développement de l'anatomie à la Renaissance avait bouleversé la définition de la différence sexuelle. Cet intérêt pour les appareils génitaux est en partie l'effet d'une distanciation critique vis-à-vis de la thèse galénique de l'« isomorphisme » des organes de la génération. Quelle est cette thèse centrale dans la pensée médicale antique et moderne ? Galien, dans *De l'utilité des parties du corps humain*, l'énonce ainsi :

> « Toutes les parties de l'homme se trouvent aussi chez la femme. Il n'y a de différence qu'en un point, et il faut s'en souvenir dans tout le raisonnement, c'est que les parties de la femme sont internes et celles de l'homme externes, à partir de la région du périnée. Figurez-vous celles qui s'offrent les premières à votre imagination, n'importe lesquelles, retournez en dehors celles de la femme, tournez et repliez en dedans celles de l'homme, et vous les trouverez toutes semblables les unes aux autres [2]. »

Aussi, pour toute une partie de la pensée médicale, la possibilité même de l'investigation anatomique suppose de passer par la critique de cet isomorphisme anatomique des sexes. Toutefois, l'isomorphisme galénique n'implique en aucune façon une même identité sexuelle entre les hommes et les femmes. Pour Galien, il y a déjà « en nature » deux sexes incommensurables, au contraire de ce que défend Thomas Laqueur, dans son étude de référence, *La Fabrique du sexe*.

Pour Laqueur, le galénisme définit un seul sexe « biologique » que se partageraient, entre le mâle parfait et la femelle imparfaite – car inachevée –, une myriade d'intermédiaires à

---

1. Parmi les études, toutes disciplines confondues, qui font référence, on peut citer celles de Barbara Ehrenreich et English Deirdre, *For Her Own Good : 150 Years of the Experts' Advice to Women, Garden City*, Anchor Press, N.Y., 1978 ; Ian Maclean, *The Renaissance Notion of Woman : A Study in the Fortunes of Scholasticism and Medical Science in European Intellectual Life*, Cambridge University Press, 1980 ; Yvonne Knibiehler et Catherine Fouquet, *La Femme et les médecins : analyse historique*, Hachette, Paris, 1983 ; Londa Schiebinger, *The Mind Has No Sex ?* Harvard University Press, Cambridge, 1989 ; Thomas Laqueur, *La Fabrique du sexe, essai sur le corps et le genre en Occident*, 1990, trad. fr. Gallimard, Paris, 1992 ; Lindsay Wilson, *Women and Medicine in the French Enlightenment : the Debate over Maladies des Femmes*, Johns Hopkins University Press, Baltimore, 1993 ; Mary E. Fissel, *Vernacular Bodies : The Politics of Reproduction in Early Modern England*, Oxford University Press, 2005.

2. Galien, *De l'utilité des parties du corps humain*, livre XIV, *in Œuvres anatomiques, physiologiques et médicales de Galien*, éd. Charles Daremberg, J.-B. Baillière, Paris, 1854-1856, vol. 2, p. 99-100.

l'identité ambiguë : femmes velues, viriles – les viragos –, hommes imberbes, efféminés, stériles, hermaphrodites... C'est le modèle que Laqueur appelle le « modèle unisexe » ou le « modèle sexe/chair unique ». Cela signifie que, en l'absence de différence « ontologique » (fondée en nature, c'est-à-dire, selon Laqueur, biologiquement), seul le *genre* est en mesure de constituer un principe de différenciation sexuel stable – le genre, c'est-à-dire un rapport social et politique de différenciation et de distinction. De l'Antiquité jusqu'à la fin du XVIIe siècle, Laqueur considère donc que la différence sexuelle n'est pas fondée par un discours naturaliste (celui de la médecine, par exemple), mais qu'elle est fondée sur le genre, sur un rang ou un statut social, seul à même de rendre les identités sexuelles incommensurables face aux frontières fragiles d'un seul et unique sexe anatomique. « Autrement dit, avant le XVIIe siècle, le sexe était encore une catégorie sociologique et non ontologique [3]. » Pour Laqueur, jusqu'au XVIIe siècle, il n'y a qu'un seul sexe « en nature » : c'est l'ordre social qui différencie les corps en *hommes* et *femmes*.

Or, si nous reprenons le texte de Galien, sur lequel s'appuie principalement Laqueur, il s'agit bien en effet des mêmes organes, mais se tenant *en position inversée*. Et cette inversion anatomique est précisément le fait de deux tempéraments radicalement différents. Autrement dit, cette inversion est bien physiologiquement fondée. La suite du texte de Galien en atteste. Après avoir affirmé que l'homme est plus parfait que la femme à cause de la « surabondance du chaud [4] » en lui, il écrit à propos du corps féminin : « [Les parties] n'ayant pu, faute de la chaleur, descendre et faire saillie au-dehors, elles ont fait de l'animal un être plus imparfait que l'être achevé de tous points [5]. » L'argument est bien « ontologique » – pour reprendre le vocabulaire de Laqueur –, mais c'est la physiologie humorale qui permet de penser la différence sexuelle et les spécificités organiques qui la caractérisent. Par conséquent, on ne peut pas s'appuyer sur l'isomorphisme galénique pour affirmer, comme le fait Thomas Laqueur, qu'avant le XVIIIe siècle la différence sexuelle n'est pas inscrite dans les corps mais qu'elle est socialement instituée. Comme l'écrivent Katharine Park et Robert A. Nye : « La myopie de Laqueur est ironique : il propose une

3. Thomas LAQUEUR, *La Fabrique du sexe*, *op. cit.*, p. 22.
4. GALIEN, *De l'utilité des parties du corps humain*, *op. cit.*, p. 101.
5. *Ibid.*, p. 102.

critique sophistiquée du biologisme du XIXe siècle, mais il ne peut reconnaître comme réel aucun concept médical de la différence sexuelle antérieur à cette période qui ne soit pas exclusivement fondé sur l'anatomie et le monde matériel [6]. » Le concept de tempérament est donc le point aveugle de la recherche de Laqueur : or, c'est justement lui qui, à l'âge classique, a permis de conceptualiser, de naturaliser et d'inscrire au plus profond de la chair des corps un rapport de pouvoir. Il faut donc rouvrir à nouveaux frais l'histoire de la fabrique du sexe.

Le tempérament est un concept central de la médecine et de la philosophie depuis l'Antiquité, qui désigne la conformation interne du corps. Le corps est composé de plusieurs humeurs qui ont chacune des qualités différentes (froide, chaude, humide et sèche) et qui sont de perfection variable. La santé idéale consiste dans l'équilibre et dans le parfait mélange de toutes ces humeurs. Au contraire, la maladie est l'excès ou le défaut de l'une des humeurs. Cette conception de la maladie permet de subsumer les individus sous différents types caractériels (psychologiques et physionomiques), qui ne sont pas nécessairement pathologiques, mais qui définissent des prédispositions : « sanguins », « colériques », « mélancoliques » et « flegmatiques ». Cette caractériologie devient l'objet propre des physiognomonies de la Renaissance. Elle achève de faire du corps non seulement un objet de savoir et de pouvoir qu'il faut soigner et civiliser, mais aussi un discours, à déchiffrer et à lire ; le corps signale un naturel, un caractère, des passions, des maladies, des pensées, des vices ou des vertus…

Dans cette « sémiologie médicale [7] », la chaleur du corps est perçue comme un principe de vie, de santé et de force, alors que le froid est un signe de mort. La frigidité est ainsi la conséquence d'un défaut primordial : la faiblesse d'un métabolisme qui n'est pas en mesure de réaliser une coction suffisante des

6. « [Laqueur] sait que les philosophes naturalistes médiévaux ou renaissants regardaient les différences entre les sexes en première instance comme métaphysiques – parfait/imparfait, formel/matériel, actif/passif – mais il n'arrive pas à voir que pour eux de telles distinctions métaphysiques avaient un statut ontologique qui donnait lieu à des différences physiques palpables. Il n'accepte ces différences métaphysiques que comme des projections "sociologiques", "rhétoriques", ou "politiques", et ainsi il ne peut leur donner sens qu'en les assimilant au concept moderne de genre », Katharine PARK et Robert A. NYE, « Destiny is anatomy », *The New Republic*, 18 février 1991, p. 55. Ce compte rendu du livre de Laqueur est la critique de référence aux États-Unis. Pour une discussion de *La Fabrique du sexe*, voir Elsa DORLIN, « Autopsie du sexe », *Les Temps modernes*, n° 619, 2002, p. 115-143.

7. Jean-Jacques COURTINE et Claudine HAROCHE, *Histoire du visage*, Rivages, Paris, 1988, p. 44.

aliments pour transformer le résidu de nourriture en sang, et le sang, à nouveau cuit, en sperme. En d'autres termes, la chaleur vitale est à ce point défaillante qu'elle ne peut chauffer suffisamment les liquides corporels pour les raffiner. C'est donc à partir de la constatation que la semence femelle est comme du sperme cru, ce qui correspond au sang des règles, qu'Aristote associe le féminin à la frigidité et la frigidité à la faiblesse, faisant de ces deux dernières qualités les prédicats essentiels du corps des femmes ; un corps impuissant à réaliser cette métamorphose qui consiste à transformer du sang en semence, véritable véhicule de vie. Ces qualités du froid et de l'humide, systématiquement assimilées au corps féminin, impliquent donc tout un régime d'imperfections : toujours en défaut par rapport à la température normale, incarnée par le tempérament chaud et humide des hommes, les femmes sont assimilées à des êtres inachevés, mutilés, impuissants [8].

Au début du XIIe siècle, la classification des tempéraments en quatre types alliant les qualités (chaud, froid, sec, humide), les humeurs, les saisons, les climats, les âges et les caractéristiques à la fois physiognomoniques et psychologiques correspondantes est devenue systématique. La *Philosophia* de Guillaume de Conches présente une version achevée de cette représentation que de nombreux ouvrages postérieurs imiteront. Selon Guillaume de Conches, le tempérament sanguin est celui de l'homme modéré et vertueux, car les qualités originelles du chaud et de l'humide avoisinent l'équilibre parfait et le juste mélange humoral. Toutefois, il faut entendre l'homme au sens de *vir*, puisque, selon Guillaume de Conches : « *Calidissima mulier frigidior est frigidissimo viro* – La femme la plus chaude est plus froide que l'homme le plus froid [9] » – formule qui connaîtra un grand succès.

Ainsi, à partir de la multitude des sources médicales et philosophiques, on peut reconstituer le portrait des « quatre tempéraments » en ces termes : le sang est chaud et humide, il abonde dans la jeunesse et au printemps, il rend le corps beau et puissant,

---

8. ARISTOTE, *De la génération des animaux*, trad. Pierre Louis, Les Belles Lettres, Paris, 1961, I, 2, 716a-b, p. 3-4. Au XVIIe siècle, ce n'est pas tant la question de l'existence ou de la non-existence de la semence féminine que celle de son rôle qui est particulièrement discutée et qui ne cessera de faire l'objet de débats déterminants. Le monde médical est profondément partagé ; on reconnaît généralement à la semence féminine un rôle qui est, au pire, celui du lubrifiant, au mieux, celui d'agir à parité dans la formation du fœtus.

9. Cité par Raymond KLIBANSKY, Erwin PANOFSKY et Fritz SAXL, *Saturne et la Mélancolie*, 1964, trad. fr. Gallimard, Paris, 1989, p. 173.

le visage rubicond et séduisant, il donne un caractère bienveillant, mesuré et joyeux ; la bile est chaude et sèche, elle abonde dans la maturité et l'été, elle rend le corps musculeux et vif, le visage déterminé et le teint jaunâtre, elle donne un caractère éveillé, irascible et hardi ; la bile noire est froide et sèche, elle abonde à l'automne, elle rend le corps anguleux et maladif, le visage terreux, les yeux et les cheveux noirs, elle donne un caractère triste, grave et méchant ; enfin, le flegme est froid et humide, il abonde dans la vieillesse et l'hiver, il rend le corps mou et maladif, le visage blême et endormi, les cheveux fins et clairs ou blancs, il donne un caractère timoré, lâche et oublieux...

À partir de la fin du XVIe siècle, il est clair pour tous les médecins que les femmes sont affligées d'un tempérament froid et humide qui les exclut tendanciellement de la santé. Dans le cas des femmes, les médecins s'accordent tous sur le fait d'une plus ou moins grande uniformité du tempérament, quels que soient les régimes, les climats, les âges ou les saisons. Et c'est cette uniformité qui permet de soutenir l'imperfection naturelle de l'ensemble des femmes. Enfin, c'est cette uniformité qui permet d'adosser la définition de la différence sexuelle à la physiopathologie :

> « Nous avons montré (dans la physiologie) que les Femmes ont un tempérament particulier pour les distinguer des Hommes, comme aussi des parties qui sont dédiées à la génération. Ce tempérament les rend susceptibles de certaines maladies, ayant des causes en elles-mêmes qui corrompent cette naturelle constitution [10]. »

Faire du tempérament flegmatique un tempérament typiquement féminin permet de figurer la différence sexuelle des corps en tant qu'elle justifie l'inégalité entre les hommes et les femmes. Les femmes sont « naturellement » plus faibles parce qu'elles sont physiquement imparfaites, empêchées par un corps constamment malade. Cette conception particulièrement pérenne des tempéraments de sexe, puisqu'on en trouve encore des traces au XXe siècle, permet d'affirmer que les femmes sont inférieures aux hommes en raison de leur corps pathogène : elles sont réputées incapables de se maîtriser, de maîtriser leur corps, un corps qui souffre, qui coule, un corps qui s'engorge, qui agonise. La conceptualisation de la différence sexuelle à l'âge classique passe ainsi par les catégories du sain et du

10. Jean VARANDE, *Traité des maladies des femmes*, 1619, traduit par J. B., chez Robert de Ninville, Paris, 1666, p. 1-2.

malsain, qui sont tout autant des catégories médicales que politiques : *le corps féminin est un corps malade et tout corps malade est par définition un corps efféminé.*

Au seuil du XVIIe siècle, si la plupart des médecins continuent d'adhérer à l'esprit de la médecine antique – hippocratique et galénique –, c'est que, à la différence des nombreux systèmes physiologiques ou anatomiques conçus dans les facultés, la médecine humorale offre une perception familière et cohérente du corps et des concepts opératoires de la maladie et de la santé, aptes à orienter la pensée médicale (diagnostic, pronostic, thérapeutique) et le geste curatif. La théorie humorale permet d'associer un mal à une entité organique : les larmes, la sueur, l'urine, le sang, le sperme, la morve, la salive, les sécrétions vaginales, le pus, les excréments, le vomi... Elle n'est donc pas abstraite, elle est praticable : c'est une véritable *phénoménologie du morbide*, cohérente, à même de rendre le monde de la mort, de la souffrance et de la maladie intelligible. C'est sans aucun doute dans l'efficacité supposée de sa thérapeutique que réside l'immense avantage de la médecine des humeurs. Avantage qui lui permet, par-delà les théories concurrentes sur la nature du corps, la matière vivante et les fonctionnements organiques, de demeurer hégémonique dans les traités de pathologie féminine.

Il s'agit d'un élément capital : l'idée selon laquelle l'humorisme disparaît progressivement de la scène savante du XVIIe siècle ne rend pas compte de sa persistance, faute de mieux, dans l'ensemble de la pathologie et de la nosologie (discours, études et systèmes de pensée relatifs aux maladies) de la même époque. Comme l'écrit Michel Foucault, « dans la médecine même, théorie et thérapeutique ne communiquent que dans une imparfaite réciprocité. En un sens, l'univers thérapeutique reste plus solide, plus stable, plus attaché aussi à ses structures, moins labile dans ses développements, moins libre pour un renouvellement radical. Et ce que la physiologie a pu découvrir d'horizons nouveaux avec Harvey, Descartes et Willis n'a pas entraîné dans les techniques de la médication des inventions d'un ordre proportionnel [11] ».

Enfin, le milieu social et la formation, quand elle existe, des praticiens spécialisés dans la pathologie féminine correspondent souvent au plus bas de l'échelle (matrones, sages-femmes, chirurgiens ou barbiers, pour la plupart) ; l'objet même – le corps

11. Michel FOUCAULT, *Histoire de la folie à l'âge classique*, Gallimard, Paris, 1972, p. 316.

des femmes et ses « parties honteuses » – est considéré au seuil du XVIIe siècle comme un objet vulgaire, à la fois scientifiquement et moralement peu glorieux. D'où le fait que les traités relatifs aux maladies des femmes s'inspirent des grands principes de la physiopathologie mais n'ont nullement la prétention de participer à la refondation ou à la rénovation des théories de la génération. Inversement, les grands théoriciens de la génération lorsqu'ils traitent des organes féminins ne sont nullement motivés par des considérations thérapeutiques mais par la recherche d'une connaissance solide du processus de la reproduction humaine.

Deux conclusions s'imposent : d'abord, le tempérament renferme une vision cohérente du corps qui rend compte des phénomènes morbides dont sont accablées les femmes, en s'inscrivant dans une phénoménologie du morbide centrée sur une économie des fluides. Ensuite, il induit une hiérarchie, un rapport d'inégalité naturelle qui passe par la santé. Pour ces deux aspects caractéristiques – une représentation cohérente et heuristique du corps, et un instrument de différenciation hiérarchique des corps –, le tempérament est utilisé de façon relativement constante par les médecins durant des siècles, alors même que la médecine humorale finira par être abandonnée. En témoigne l'existence d'un corpus imposant de traités des « Maladies des femmes », lieu privilégié dans lequel s'élabore cette définition du corps des femmes comme un corps malade. La santé doit ainsi être comprise non pas seulement comme un état physiologique fluctuant, mais aussi comme un attribut de la domination dans le cadre d'un rapport de pouvoir, un attribut de la domination de genre. Ainsi, l'absence ou l'ambiguïté d'une notion de santé féminine tient au fait que la conceptualisation du sain et du malsain fonctionne, par l'intermédiaire du tempérament, comme un opérateur de *sexuation des corps* qui assure et figure un rapport de domination.

Les philosophies de l'égalité des sexes

Face à cette conception médicale de la différence sexuelle et de l'infériorité des femmes, la stratégie communément suivie par les protagonistes de la « Querelle des femmes » consiste à modifier la sémiologie du tempérament du corps : associer le froid et l'humide non plus à la faiblesse morale et intellectuelle, mais à la constance et à la pudeur, etc. Toutefois, l'exercice est fastidieux et cette stratégie s'avère totalement aporétique.

Aussi, au milieu du XVIIe siècle, en lieu et place de la défense d'un sexe ou de l'autre, le concept d'égalité des sexes émerge. Désormais, c'est donc l'idée même d'un tempérament de sexe qui est violemment contestée [12]. Pour preuve, en 1673, François Poullain de la Barre décide de s'attaquer à l'idée d'une différence de nature qui justifierait l'inégalité des hommes et des femmes. Sa cible ? Le tempérament. Ses adversaires ? Les médecins.

La critique de Poullain de la Barre vise à dénoncer le préjugé le plus universel, celui qui « les renferme presque tous [13] » : l'inégalité des sexes. Toute la seconde partie de l'ouvrage *De l'égalité des deux sexes* est consacrée à l'examen des discours savants, sur la foi desquels on s'élève communément contre le « sentiment de l'égalité des deux sexes [14] ». Poullain de la Barre s'attaque aux médecins

> « qui se sont fort étendus sur le Tempérament des Sexes au désavantage des femmes, et ont fait des discours à perte de vue, pour montrer que leur Sexe doit avoir un tempérament tout à fait différent du nôtre [celui des hommes], et qui le rend inférieur en tout. Mais leurs raisons ne sont que des conjectures légères, qui viennent dans l'esprit de ceux qui ne jugent des choses que par préjugé et sur de simples apparences [15] ».

Selon l'auteur, « c'est porter trop loin la différence des Sexes [16] » que de comprendre la répartition inégalitaire et hiérarchique des fonctions civiles entre les hommes et les femmes comme un donné de la nature. Au contraire, l'expérience montre combien la constitution des corps dépend avant tout de l'éducation et de la coutume, ce qui explique qu'elle puisse varier autant d'un individu à un autre que d'une femme à un homme. Les médecins commettent la même erreur que le vulgaire ou le philosophe, ils confondent ce qui relève de la coutume et de l'éducation avec ce qui est « par nature ». Ils

---

12. Sur cette philosophie de l'égalité des sexes, voir Elsa DORLIN, *L'Évidence de l'égalité des sexes. Une philosophie oubliée du XVIIe siècle*, L'Harmattan, coll. « Bibliothèque du féminisme », Paris, 2001.

13. François POULLAIN DE LA BARRE, *De l'excellence des hommes contre l'égalité des sexes*, chez Jean du Puis, Paris, 1675, p. 328. Ouvrage au titre volontairement trompeur, dans lequel Poullain de la Barre répertorie et parodie les arguments misogynes.

14. François POULLAIN DE LA BARRE, *De l'égalité des deux sexes*, chez Jean du Puis, Paris, 1673, p. 47.

15. *Ibid.*, p. 90-91.

16. *Ibid.*, p. 91.

témoignent d'un esprit confus qui, faute d'un examen précis de ce qui caractérise les femmes, ne parvient pas à s'en faire une idée claire et distincte, et attribue à leur nature ce qui relève des coutumes : « C'est pourquoi, voyant dans les femmes tant de différence pour les manières et pour les fonctions, on l'a transportée dans le tempérament, faute d'en savoir la cause [17]. »

Contre la conception médicale dominante, le tempérament, selon Poullain, consiste moins en un déterminisme somatique qu'en un éventail de dispositions physiologiques individuelles :

> « Le tempérament ne consiste pas dans un point indivisible, comme on ne peut trouver deux personnes en qui il soit tout semblable, on ne peut non plus déterminer précisément en quoi elles diffèrent. Il y a plusieurs sortes de bilieux, de sanguins et de mélancoliques, et toutes ces diversités n'empêchent pas qu'ils ne soient souvent aussi capables les uns que les autres, et qu'il n'y ait d'excellents hommes de toutes sortes de tempérament ; et supposant même que celui des deux Sexes soit aussi différent qu'on le prétend, il se trouve encore plus de différence entre plusieurs hommes qu'on croit néanmoins capables des mêmes choses. Le plus et le moins étant si peu considérables, il n'y a que l'esprit de chicane qui y fasse avoir égard [18]. »

Le tempérament ne peut être précisément matérialisé par telle ou telle complexion corporelle, ni même positivement caractérisé. Le tempérament est toujours vécu singulièrement et ne permet de préjuger ni des capacités intellectuelles, ni des vertus morales. Le corps n'est donc pas le lieu d'une différenciation anthropologique, permettant de déterminer une échelle des types humains, selon telle ou telle physionomie, telle ou telle qualité physique et psychologique. Ainsi, de même qu'il peut y avoir des mélancoliques frivoles et joyeux ou des sanguins chétifs et paresseux, il y a des femmes de génie.

« Il ne serait pas nécessaire de parler davantage sur le tempérament des femmes, si un Auteur autant célèbre que poli ne s'était avisé de le considérer comme la source des défauts qu'on leur attribue vulgairement ; ce qui aide beaucoup à confirmer les gens dans la pensée qu'elles sont moins estimables que nous [19]. » L'auteur en question est Marin Cureau de la Chambre, médecin, philosophe, célèbre pour avoir renouvelé la physiognomonie, cette connaissance des caractères humains par les

17. *Ibid.*, p. 93.
18. *Ibid.*, p. 93.
19. *Ibid.*, p. 94.

traits du visage. Il a publié en 1660 *L'Art de connaître les hommes*, dans lequel il ne cesse d'user du concept de tempérament, non seulement pour rendre compte de la perfection de l'homme par rapport aux autres animaux et de la prédisposition de certains hommes à l'excellence, mais aussi pour attester de la supériorité du mâle sur la femelle [20]. Pour Poullain, même si l'on supposait avec Cureau de la Chambre l'existence d'un tempérament propre à chaque sexe, il ne permettrait pas de classer les individus selon des facteurs sexuels spécifiques, stables (force physique, aptitude intellectuelle, qualités morales, etc.) et susceptibles d'être hiérarchisés [21]. De plus, si le tempérament avait une incidence sur la raison, comment expliquer « que des personnes de même tempérament prennent quelques fois à contresens certaines choses, qui entrent du même biais dans l'esprit de personnes de constitution différente, mais qui ont la même fortune, ou la même éducation [22] » ? Un bourgeois et un soldat peuvent partager un même tempérament colérique, il y a bien plus de différence entre eux qu'il n'y en a entre deux personnes de même condition. Poullain de la Barre s'élève donc contre cette philosophie qui établit un déterminisme somatique, héritier de l'ancienne physiognomonie. Sa réfutation joue sur deux niveaux. Premièrement, sur l'idiosyncrasie du tempérament et le relativisme des différences – par conséquent, sur la non-pertinence des « signifiants » physiques. Deuxièmement, sur la relation elle-même, laquelle prend la cause pour l'effet : le tempérament seul ne peut jamais causer ou conditionner des prédispositions intellectuelles ou morales et il suffit de construire des collèges et des universités ouverts aux filles pour s'en convaincre. L'éducation et la coutume restent donc les principes explicatifs les plus opératoires pour rendre

---

20. Selon Cureau de la Chambre, le tempérament féminin étant froid et humide, les femmes sont timides, avares, superstitieuses, babillardes... Marin CUREAU DE LA CHAMBRE, *L'Art de connoistre les hommes*, chez Jacques le Jeune, Amsterdam, 1660, vol. 1, p. 41. Défauts et vices féminins que Poullain de la Barre conteste un par un. Voir François POULLAIN DE LA BARRE, *De l'égalité des deux sexes*, *op. cit.*, p. 99-106.

21. « Combien y a-t-il de gens dans la poussière qui se fussent signalés si on les avait un peu poussés ? Et de paysans qui seraient de grands docteurs si on les avait mis à l'étude ? On serait assez mal fondé de prétendre que les plus habiles gens d'aujourd'hui soient ceux de leur temps qui ont eu plus de disposition pour les choses en quoi ils éclatent ; et que dans un si grand nombre de personnes ensevelies dans l'ignorance, il n'y en a point qui, avec les mêmes moyens qu'ils ont eus, se fussent rendus plus capables », François POULLAIN DE LA BARRE, *De l'excellence des hommes contre l'égalité des sexes*, *op. cit.*, p. 27. Juste avant cette citation, Poullain de la Barre rappelle à juste titre que l'on peut être le plus habile homme du monde, on n'entrera jamais dans une charge si l'on n'a pas de quoi l'acheter.

22. *Ibid.*, p. 96.

compte de l'infinie diversité des dispositions individuelles, morales et intellectuelles.

Poullain de la Barre ne demeurera pas seul dans cette bataille. En 1693, Gabrielle Suchon publie son imposant *Traité de la morale et de la politique*. À la fin de ce *Traité*, la philosophe adjoint un court texte où elle s'attaque, par questions et réponses, aux préjugés des philosophes et des médecins sur les femmes. Selon elle, pour Aristote comme pour Hippocrate, c'est le « *tempérament* des personnes du Sexe » qui est « la source et l'origine de leurs plus grandes faiblesses [23] ». Là encore, le tempérament est pris pour cible, dans la mesure où c'est lui qui soutient la définition dominante de la différence sexuelle. Or, écrit Suchon :

> « Pour dire les choses dans la vérité, les remarques que je viens de rapporter étant bien examinées se trouveront souvent douteuses, pour ne pas dire presque toujours fautives : car l'on voit continuellement dans la production des deux Sexes des événements contraires à ce que ces grands hommes nous ont enseigné [24]. »

Dans ce petit traité, Gabrielle Suchon s'en prend à un préjugé communément répandu, celui de la différence physique entre les hommes et les femmes. Constitutive des corps, la différence sexuelle définirait, sous les traits d'un tempérament ou d'une complexion caractéristique de chaque sexe, les fonctions, les capacités et les limites de chacun. Le terme de tempérament permet ici de signifier efficacement une spécificité physique des femmes ; il désigne le corps comme entité générique et biographique. Or, la critique majeure de Suchon consiste à dénaturaliser le corps féminin. Le corps est pour chacun de nous ce que la société en fait. Il n'est pas juste de dire que la faiblesse du corps est le propre des femmes, quand la force est l'apanage des hommes :

> « Il est aisé de juger que les personnes du beau Sexe ne sont pas si faibles et infirmes qu'on le prétend ; puisque l'on en voit quantité de fortes, de robustes, et d'une hauteur qui surpasse celle des hommes de taille moyenne ; et de plus qui possèdent une santé faite à l'épreuve de toutes sortes de fatigues ; ce qui les rend propres à supporter beaucoup de maux, et à pratiquer de très rudes exercices [25]. »

---

23. Gabrielle SUCHON, *Traité de la morale et de la politique*, chez B. Vignieu, Lyon, 1693, p. 5.
24. *Ibid.*
25. *Ibid.*, p. 6.

En s'attaquant à la notion de tempérament, Gabrielle Suchon montre que l'argument traditionnel de la supériorité physique des hommes est plus complexe qu'une simple question de force corporelle. Pour elle, il renvoie à la question cruciale de la *santé du corps*. Parce que le tempérament désigne à la fois le corps et ses caractéristiques physiques, mais aussi son état et son histoire : en l'identifiant, les médecins du XVIIe siècle pensent être en mesure de prévoir les affections présentes comme les prédispositions pathologiques du corps et, par conséquent, la fonction sociale adaptée à tel ou tel. « Qui pourrait exiger avec justice des travaux rudes et pénibles d'un corps faible et malade, et des actions de valeur d'une âme craintive et incapable d'entreprendre quelque chose de fort et de courageux [26] ? » Or, dans ces conditions, attribuer à toutes les femmes un même tempérament, c'est-à-dire un même type de complexion, un même « naturel », ne revient pas simplement à leur dénier une certaine puissance corporelle, cela permet de définir le corps féminin comme un corps voué à la maladie, incapable de santé. Par conséquent, on induit d'une prétendue prédisposition physiopathologique propre aux femmes une faiblesse naturelle de leur sexe.

L'argument est retors. Les grossesses traumatisantes, répétées, la myriade d'affections qui les accompagnent ou qu'elles provoquent et auxquelles les femmes ne peuvent échapper, les réduisant à des corps affaiblis, précaires, constamment menacés par la mort, viennent apparemment confirmer cette opinion. Gabrielle Suchon n'est donc pas dupe : ce n'est pas tant la question de la supériorité physique, brute qui est un obstacle à l'égalité, mais celle de la santé du corps. La santé est ce grâce à quoi s'opère l'essentialisation des différences et privilèges sociaux. Les différences de tempérament sont supposées produire des différences morales entre les êtres : le tempérament sain rend le corps docile, résistant et donc silencieux. De cet état de relative ataraxie, la fonction intellective de l'âme ou l'activité de la raison peut s'exercer sans entrave et nous sommes donc en présence d'un individu en mesure de « se » maîtriser et donc de dominer. Au contraire, les femmes sont considérées comme inférieures, parce que leur corps se rappelle sans cesse à elles, parce qu'elles sont définies comme malades, enserrées dans l'immanence d'une chair souffrante. Mais pour

---

26. *Ibid.*, p. 14-15.

Gabrielle Suchon, le maintien dans cette condition n'est pas le fait d'une nature maladive :

> « Si nous considérons les différents états que renferme la politique, nous les trouverons disposés d'une manière qu'ils ne tendent qu'à tenir les femmes dans l'abaissement, dans l'humiliation et dans la douleur, qui sont des choses si fâcheuses à l'esprit humain que la force ne parait jamais mieux qu'à les supporter sans chagrin et sans ennui [27]. »

Pour Gabrielle Suchon, le corps est affaire d'usage, c'est pourquoi il donne prise à la domination. Toutefois, rien n'est défini une fois pour toutes :

> « Toutes ces choses se perfectionnent beaucoup par l'exercice, les forces du corps s'augmentent par la bonne nourriture, et la patience dans les traverses et dans les contrariétés [...]. C'est pourquoi la force, dont les hommes se prévalent, est en partie le fruit des grands emplois qu'ils se sont réservés, et dont ils privent les femmes [...]. La faculté et la puissance naturelles leur sont égales et communes aux uns [aux hommes] et aux autres [aux femmes]. Et nous pouvons dire qu'il se trouve souvent des sujets plus faibles et plus infirmes parmi ceux du premier Sexe, qu'entre celles du second, où l'on en voit une infinité qui les surpassent en force, en agilité et en la *perfection de leur tempérament* [28]. »

La « perfection du tempérament » est l'effet d'une histoire sociale plus que d'un naturel. Si le corps est le *médium* du pouvoir, il ne s'agit pas pour les femmes d'y renoncer, mais bien plutôt de le ressaisir. Gabrielle Suchon compare donc la condition des femmes à la condition sociale des « Pilotes et des matelots », des « gens de Guerre », des « Athlètes » ou des « Ouvriers [29] » qui épuisent leurs forces dans leur travail pénible, tout autant qu'ils exercent et éprouvent la résistance de leur corps.

Ainsi, l'intérêt de l'œuvre de Suchon réside dans sa capacité à penser l'histoire des corps, de leur oppression, de leur endurance à pâtir, mais aussi de leur pouvoir de résister. La philosophe est tout particulièrement attentive à cette étrange puissance des vaincus qui révèle doublement le caractère arbitraire et conventionnel de l'inégalité : d'une part, si les femmes étaient naturellement faibles, elles ne pourraient pas supporter leur condition et les privations dont on les accable ; d'autre part,

27. *Ibid.*, p. 18-19.
28. *Ibid.*, p. 15. C'est moi qui souligne.
29. *Ibid.*, p. 19.

si, malgré leur résistance, le rapport de force se maintient en l'état, c'est que les dominants usent d'instruments bien plus coercitifs que les seuls décrets de la Nature, ce qu'ils font effectivement.

Au XVIIe siècle, les promoteurs de l'égalité des sexes savent bien que leur argumentation achoppe sur la rhétorique d'une différence naturelle entre les hommes et les femmes, dont le concept de tempérament est l'arme la plus redoutable. Pourtant, ils sont convaincus que le corps est une matière sociale tout autant que vivante et que la différence sexuelle est, même au plus profond des corps, le produit d'un rapport politique qui exclut les femmes des charges, des honneurs et des universités. Face à la pensée médicale, une philosophie, à plus d'un titre hétérodoxe (Poullain de la Barre, protestant persécuté, est un cartésien revendiqué [30] et Gabrielle Suchon une religieuse fugueuse et défroquée, qui philosophe), ne fait pas le poids. Déjà bien ancrée chez les doctes et les savants, désormais, la représentation médicale – physiopathologique – de la nature féminine se décline sous toutes les formes – politique, littéraire, iconographique [31] – et justifie toutes les exclusions. Elle est en passe de s'imposer durablement, entretenue par la publication d'innombrables traités médicaux sur les « Maladies des femmes » dans toute l'Europe des Lumières. C'est dans ce corpus que se fabriquent les corps sexués, c'est lui qui distille les conceptions, les arguments et les représentations relatifs à la différence sexuelle, telle qu'on prétend la saisir – et la fonder – en nature. Aucun segment de la population, aucun groupe social n'a fait l'objet d'une telle production scientifique spécifique. Il y a bien des traités sur des maladies spécifiques touchant les hommes, la goutte par exemple, mais jamais le corps masculin ou la masculinité n'ont été considérés en eux-mêmes comme un facteur pathogène nécessitant un soin particulier.

30. Les œuvres de Descartes sont condamnées *donec corrigantur* par la Congrégation de l'Index en 1663, le doyen Morel fait requérir le Parlement de veiller à l'exécution de l'arrêt de 1524 qui prescrit l'enseignement exclusif d'Aristote et, le 4 août 1671, un ordre verbal du roi interdit les « nouvelles opinions en philosophie ».

31. Voir l'étude magistrale de Laurinda S. DIXON, *Perilous Chastity : Women and Illness in Pre-Enlightenment Art and Medicine*, Cornell University Press, Ithaca, Londres, 1995.

2

La maladie a-t-elle un sexe ?

Engorgées, suffoquées, possédées

Le corpus des traités consacrés aux « Maladies des femmes » est un haut lieu de production des corps : corps féminin, corps efféminé, corps reproducteur, corps instrument, corps possédé, dépossédé, corps ensanglanté, corps mourant... En ouvrant ces pages, on passe dans les coulisses du discours dominant ; on y trouve les représentations les plus fabuleuses, les plus fantasques, les plus tragiques comme les plus effrayantes du corps, tout autant qu'une série de concepts témoignant de la richesse et de la complexité théorique de ces écrits. Ce corpus a été extrêmement peu travaillé – si ce n'est pas du tout – par les études contemporaines en histoire et philosophie de la médecine. Et pour cause, les grandes catégories d'analyse de l'histoire de la médecine ne sont pas toujours opératoires pour rendre raison des débats et des clivages qui ont animé ce champ médical.

La production des traités des « Maladies des femmes » est continue sur près de deux siècles. En France, de la fin de la Renaissance jusqu'au lendemain de la Révolution française, elle représente plus d'une centaine de traités écrits ou traduits en langue vernaculaire. On trouve encore des traités sous ce titre à la fin du XIXe siècle et on observe même une recrudescence relative au tout début du XXe siècle [1]. Au cours du XVIIe siècle et tout

1. À titre d'illustrations, *Annales de gynécologie et d'obstétrique : maladies des femmes, accouchements*, tome 1, Paris, 1874 ; HAYÈS, *Les Maladies des femmes : causes, signes et traitement*, Librairie des publications modernes, Paris, 1891 ; Albert ROBIN et Paul DALCHÉ, *Gynécologie médicale. Traitement médical des maladies des femmes*, J. Rueff, Paris, 1900 ; Paul DALCHÉ, *Gynécologie médicale. Leçons cliniques*

au long du XVIIIe siècle, on assiste à une production diversifiée des traités de pathologie féminine : maladies des femmes, maladies des femmes grosses et accouchées, maladies des filles, des vierges, etc. Ce processus de diversification se poursuit à la fin du XVIIIe siècle et tout au long du XIXe, au moment où apparaissent les premiers traités des maladies des femmes âgées ou ceux sur la cessation des règles [2]. Ce corpus imposant et foisonnant permet de définir les conditions de formation et de développement d'un genre médical codifié depuis l'Antiquité, dont sont issues la gynécologie et l'obstétrique, termes qui n'apparaissent que dans les années 1830.

Le traité des *Maladies des femmes* d'Hippocrate inaugure cette longue tradition. Les traités hippocratiques des maladies des femmes [3] sont en effet une référence omniprésente des traités de pathologie féminine de l'âge classique.

Dans le traité des *Maladies des femmes*, les femmes sont perçues comme étant davantage sujettes à des dérèglements humoraux que les hommes qui, par leur constitution plus ferme et leurs activités, sont davantage enclins à les consumer ou à les évacuer. « La femme a la chair plus lâche et plus molle que l'homme ; cela étant ainsi, le corps féminin tire du ventre le fluide plus vite et plus que le corps masculin [4]. » Pour asseoir cette idée, Hippocrate compare le corps de la femme à de la laine, celui de l'homme à un tissu dense, et montre la réaction différente de ces deux matières au contact de l'humidité : la laine se gorgera d'eau et deviendra bien plus pesante que le tissu dense. La constitution physiologique des femmes entraîne donc une porosité extrême du corps.

Autre image récurrente, celle du vase, qui permet d'expliquer la gestation, mais aussi les raisons pour lesquelles l'utérus attire naturellement en quantité les liquides corporels, mais ne peut consumer ce qui constitue bientôt un trop-plein, censé s'évacuer mensuellement par le canal utérin. Dans ces conditions, les

---

et thérapeutiques sur les maladies des femmes, Vigot frères, Paris, 1921 ; Jean HUBERT, *Les Nouveaux Traitements des maladies des femmes. Comment elles se produisent. Comment on les reconnaît. Comment on les guérit*, Librairie Astra, Paris, 1928.

2. Voir, par exemple, Joseph DE CAPURON, *Traité des maladies des femmes, depuis la puberté jusqu'à l'âge critique inclusivement*, L'auteur et Croullebois de l'imprimerie de Crapelet, Paris, 1812 ; Charles François MENVILLE, *Conseils aux femmes à l'époque de l'âge de retour ou l'âge critique et des moyens de combattre et de prévenir les maladies qui peuvent survenir à cette époque de la vie*, G. Baillière, Paris, 1839.

3. HIPPOCRATE, *Œuvres complètes*, vol. 7, *Des maladies*, et vol. 8, *Des maladies des femmes*, I, *Des maladies des jeunes filles*, II, éd. Émile Littré, 10 vol., J.-B. Baillère, Paris, 1839-1861.

4. *Ibid.*, vol. 8, *Des maladies des femmes*, I, p. 13.

principales causes des maladies et des souffrances des femmes sont dues à l'*engorgement*, à la *rétention*, à l'*assèchement*, ou au *flux immodéré* des liquides qui emplissent l'utérus – les règles, les lochies [5], les pertes blanches, le sang et la semence. Dans le cas de la folie hystérique des jeunes filles, par exemple, ce sont les règles qui, ne pouvant correctement s'évacuer par l'utérus alors fermé, refluent dans les jambes, le diaphragme, le cœur, les hanches, la tête ; cette abondance de sang engourdissant tout le corps, provoquant des visions, des désirs, des délires, des mouvements inconsidérés et dangereux, des fièvres qui causent une envie de tuer ou de se jeter dans un puits [6]... Pour Hippocrate, les maux tels que les vomissements pituiteux, les saignements de nez, l'urine épaisse ou sanguinolente sont donc logiquement compris comme des écoulements de fortune, quand les règles ne peuvent naturellement s'évacuer.

On comprend dès lors la nécessité d'une médecine spécifique aux femmes, face à des médecins qui ont tendance à traiter leurs maux comme s'il s'agissait d'affections communes :

> « Les médecins commettent la faute de ne pas s'informer exactement de la cause de la maladie et de traiter comme s'il s'agissait d'une maladie masculine ; et j'ai vu déjà plus d'une femme succomber ainsi à cette sorte d'affections. Il faut, dès le début, interroger soigneusement sur la cause ; car les maladies des femmes et celles des hommes diffèrent beaucoup pour le traitement [7]. »

Le corps féminin est représenté comme un circuit précaire, organisé autour de l'utérus, que les prescriptions du médecin doivent sans cesse réguler et tenter de ramener à son état naturel. « Représenté » en effet, puisque le médecin hippocratique n'a pratiquement jamais directement accès au corps des femmes : celui-ci lui est quasiment étranger. À distance, et d'après les indications que lui fournissent les patientes ou les sages-femmes, le médecin tente de rétablir une économie des fluides constamment déviés de leur cours, de soulager une lésion infectée qui menace les fins de la nature. Aux femmes de surveiller leur corps, de l'examiner, de le soigner, seules ou avec l'aide d'une autre. La parole des femmes est donc indispensable pour le diagnostic, centrale dans la pratique médicale elle-même : seules les femmes savent ou décident ce qui nécessite de consulter le médecin et c'est à partir de leurs dires sur

5. Saignements consécutifs à l'accouchement.
6. Hippocrate, *Œuvres complètes*, vol. 8, *Des maladies des jeunes filles*, II, p. 469.
7. *Ibid.*, vol. 8, *Des maladies des femmes*, I, p. 127.

leur propre corps que celui-ci intervient. Comme le rappelle très justement Aline Rousselle : « On sait bien que toute la gynécologie antique est établie sur les comptes rendus des sages-femmes. Ces hommes qui traitent de gynécologie n'ont jamais fait un toucher vaginal. Il faut sans doute penser qu'ils n'ont jamais eu le droit d'examiner un utérus en travail d'accouchement, ni un utérus soupçonné d'un mal quelconque [8]. »

Comme le principe de toute prescription consiste à aider les humeurs à s'écouler normalement, on doit trouver des remèdes qui favorisent ou forcent le passage. Les fumigations visent notamment à remettre l'utérus à sa place, selon un jeu des odeurs sympathiques ou antipathiques auxquelles cet organe serait particulièrement sensible (par exemple, des fumigations de vieille urine ou, au contraire, de plantes aromatiques, dont la fonction est de faire remonter ou descendre un utérus en cas de prolapsus ou de suffocation) ; les pessaires – cataplasmes vaginaux –, qui calment les douleurs, ou encore les bains et les purgations. Les rapports sexuels et les grossesses restent les remèdes les plus fréquemment recommandés, ou, dans le cas des veuves par exemple, l'attouchement thérapeutique opéré par les sages-femmes.

Au cours du Moyen Âge, on assiste à une réinterprétation de la pathologie hippocratique par la religion chrétienne. Le concept de déséquilibre des humeurs est compris dans le cadre d'une théorie des tempéraments « aménagée », qui fait du tempérament froid et humide des femmes la conséquence du péché originel. À partir de l'idée selon laquelle l'organisme féminin serait en déséquilibre quasi permanent, ce qui expliquerait la plus grande propension des femmes à être malades tout au long de leur vie, une nouvelle définition de la maladie apparaît. La maladie serait le signe d'une imperfection de nature, d'une altération de l'ordre naturel. La définition de la maladie comme état contre nature donne lieu à deux grandes traditions nosologiques : celle qui considère la maladie comme le signe d'une erreur, d'une imperfection de la nature et celle qui fait de la maladie le signe d'une volonté surnaturelle, de présages maléfiques ou annonciateurs de la colère divine, faisant de la maladie un châtiment.

Face à cette double définition de la maladie, les médecins de la Renaissance vont tenter de séculariser la nature valétudinaire

8. Aline ROUSSELLE, « Observation féminine et idéologie masculine : le corps de la femme d'après les médecins grecs », *Annales ESC*, 35, 1980, p. 1091.

des femmes. Jean Liébault montre ainsi que Galien comme Aristote se sont trompés en présentant la femme comme un être imparfait et mutilé. En cela, Liébault s'oppose au providentialisme de Galien, selon lequel

> « les parties ont été construites intérieurement, pendant la vie fœtale ; n'ayant pu, faute de chaleur, descendre et faire saillie au-dehors, elles ont fait de l'animal un être plus imparfait que l'être achevé de tous points ; mais pour la race en général, ces parties n'ont pas été d'une utilité médiocre, car une femelle était nécessaire. N'allez pas croire, en effet, que notre Créateur ait volontairement créé imparfaite et comme mutilée la moitié de l'espèce entière, si de cette mutilation ne devait résulter une grande utilité [9] ».

Liébault soutient, au contraire, que la femme est, comme chacune des autres créatures, « parfaite en son ordre et en sa nature au regard de leur créateur, et de la fin pour laquelle il les a toutes créées [10] ». Il ne s'agit plus de qualifier la femelle d'être inférieur, de mâle inachevé, mutilé, puisque, de nature différente, les deux sexes ne sont pas immédiatement comparables : s'occupe-t-on de comparer l'éléphant et la fourmi ? nous demande Liébault.

La conformation féminine est donc parfaitement finalisée en vue de la génération, qui peut être définie à la fois comme sa fonction naturelle et sa perfection. Si, pour Galien, le corps des femmes est imparfait mais utile, pour Liébault le corps des femmes est parfait et très utile, car seule la stérilité le rend imparfait. Pourtant, hommes et femmes demeurent inégaux au regard de la santé. « Je confesserais aussi que le corps de la femme est faible et maladif : faible, au regard du peu de chaleur naturelle qui est en elle en comparaison de l'homme, de laquelle dépendent les forces du corps, et qui est le soutien, entretien et instrument de toutes les actions de nature [11]. » Le corps des femmes demeure donc un instrument défaillant qui compromet la réalisation des fins naturelles. La cause de cette nature féminine pathogène, de cette nature « valétudinaire » selon les termes de Liébault, s'explique par le fait que,

> « outre leur naturel tempérament, qui est froid et humide : outre l'habitude de leur corps qui est mol, lâche, et de rare taxure, outre

---

9. Galien, *Œuvres anatomiques, physiologiques et médicales*, vol. 2, *De l'utilité des parties du corps humain*, *op. cit.*, XIV, 6, p. 102.

10. Jean Liébault, *Trois Livres des maladies et infirmitez des femmes*, 1585, chez Jean Veyrat, Lyon, 1648, p. 2.

11. *Ibid.*, p. 4.

> les superfluités et excréments dont elles sont pleines : outre la vie oisive, sédentaire et sans exercice qu'elles sont contraintes de mener pour l'imbécillité de leur corps : ores ont-elles une partie si sensible et tant facile à être offensée qui est la matrice, que la moindre indisposition d'icelle leur cause une infinité de maux étranges et quasi insupportables [12] ».

Depuis Hippocrate et jusqu'au XIXe siècle, la matrice demeurera le terme par excellence qui désigne l'utérus ou, plus vaguement, l'appareil génital féminin.

Dans la pensée hippocratique, la matrice et le cerveau sont définis comme les deux organes naturels du flegme [13]. La définition classique de la maladie comme déséquilibre (« tempérament froid et humide », « habitude mole et lâche », « superfluités et excréments ») se double donc d'une conception *topographique* de la maladie, qui fait de la matrice une entité morbide par excellence. La matrice est le siège des maladies des femmes. Plus fondamentalement, elle devient ce par quoi se définit la féminité du corps : le principe de la maladie féminine et donc du corps féminin. Elle est ainsi définie comme « une des plus nobles, plus principales et plus nécessaires parties de la femme : et de laquelle les offenses, tant petites soient-elles, apportent accidents fâcheux, non à elle seulement, mais à tout le corps [14] ». Dans le cas des femmes, le tempérament, à l'origine d'un corps poreux et sensible, le rend victime non pas tant de l'air extérieur, mais des violents mouvements intérieurs et des humeurs viciées qu'exhale la matrice, véritable animal dans l'animal, douée d'une âme propre.

Cette image persistante est issue d'un passage tronqué du *Timée* de Platon, où il est question de l'âme tripartite. Chaque partie de l'âme possède son lieu propre dans le corps et est douée de mouvements. Le désir et l'amour de la génération rendent les organes génitaux des femmes et des hommes :

---

12. *Ibid.*, p. 5.

13. Cette considération demeure pertinente pour les médecins de la fin du XVIIe siècle, pour qui les affections de poitrine sont causées par une abondance de flegme déversé depuis le cerveau. L'excès de flegme, ou de pituite, cause également les douleurs dentaires et buccales, car l'humeur descend du cerveau pour s'évacuer par la bouche, *via* l'ethmoïde, et peut alors provoquer carie ou abcès. L'un des adages les plus ancrés, en termes de conservation de la santé, est d'ailleurs celui qui prescrit de garder les pieds au chaud et la tête au froid. Il est aussi de notoriété publique que les Persans ont tous les dents gâtées, car le turban leur échauffe la tête et empêche les évaporations des humeurs, qui stagnent dans la bouche ! Sur ce dernier point, voir G. VIGARELLO, *Histoire des pratiques de santé*, Seuil, Paris, 1993, p. 85.

14. Jean LIÉBAULT, *Trois Livres des maladies et infirmitez des femmes*, *op. cit.*, p. 5.

> « mutins et autoritaires, comme des animaux sourds à la voix de la raison, et emportés par de furieux appétits, [qui] veulent commander partout. Chez les femmes aussi et pour les mêmes raisons, ce qu'on appelle la matrice ou l'utérus est un animal qui vit en elles avec le désir de faire des enfants [15] ».

Alors que, dans le texte de Platon, hommes et femmes sont victimes des *mêmes* mouvements incontrôlés, la tradition médicale et philosophique classique ne retiendra que l'image de l'utérus « vagabond », « errant ».

En raison du tempérament féminin particulièrement valétudinaire, les mouvements de la matrice ont des répercussions morbides bien plus néfastes que dans le cas des désirs masculins. Tout se passe comme si les pérégrinations de l'utérus obéissaient aux seules fins de la nature : à travers elles c'est l'ordre naturel qui s'impose. Ainsi, en faisant du corps féminin un corps par essence pâtissant, on assure l'hétéronomie physiologique des femmes à la Nature. La faiblesse du corps féminin ne serait que l'envers de cette immanence aux fins de l'espèce.

L'image d'un animal enragé, errant, « avide de procréation », se ruant contre les parois du ventre symbolise durablement la crise hystérique, caractérisée par les sensations d'étouffement, les vomissements et les convulsions ; comme si l'utérus remontait effectivement jusqu'au diaphragme. Le célèbre chirurgien Ambroise Paré écrit par exemple :

> « L'utérus a sa propre sensibilité qui échappe à la volonté de la femme : on le dit être un animal parce qu'il se dilate, se raccourcit plus ou moins, selon la diversité des causes, et quelquefois même, il frétille et bouge, faisant perdre patience et toute raison à la pauvre femme [16]. »

L'utérus expose ainsi les femmes aux pires dangers, tout particulièrement les jeunes filles nubiles, mais aussi les veuves dont la semence viciée, faute d'être évacuée et fécondée, devient un véritable poison et provoque les suffocations, l'apnée, l'évanouissement, voire la mort. Galien, bien qu'il soit l'un des rares médecins à réfuter le bien-fondé de la représentation bestiale de l'utérus, accentue tout particulièrement cette idée d'empoisonnement. Si la matrice n'est pas un organe potentiellement morbide, elle peut être une source d'infections,

15. PLATON, *Timée*, trad. Émile Chambry, Garnier-Flammarion, Paris, 1969, 91b, p. 468.

16. Ambroise PARÉ, *Œuvres*, éd. Roger-Henry Guerrand et Fernande de Bissy, 4 vol., Union latine d'éditions, Paris, 1976, vol. 3, p. 984.

si la faculté naturelle, la faculté rétentrice et/ou expulsive qui la caractérise, est altérée. En effet, Galien précise que le sperme ou les règles n'étant pas des substances étrangères introduites incidemment dans le corps, leur nocivité, tel un venin, est le fait d'une prédisposition pathologique du corps, particulièrement affecté par le croupissement des humeurs, exactement de la même façon que les chiens seraient prédisposés à la rage [17]. Ainsi, les veuves et les femmes qui n'ont plus de règles offrent un terrain propice au mal. Jean Liébault décrit longuement sur le même modèle ce mal des vierges ou « pâles couleurs » qui cause les battements de cœur, les bouffissures, les appétits corrompus et dépravés, les frissons, les nausées, les évanouissements. À propos de ces derniers, l'auteur considère que l'une des causes des évanouissements est

> « la régurgitation du sang menstruel en haut et les vapeurs puantes des mois retenus qui leur montent au cœur, desquelles le cœur infecté ou irrité tombe en défaillance, d'où vient qu'elles demeurent immobiles, sans aucun sentiment, sans voir, ouïr parler, sans pouls sinon bien petit, et obscur, et sans respiration [18] ».

Cela étant, l'hystérie touche davantage les veuves, car, conclut Galien, elle n'est pas tant liée à un dérèglement du cycle menstruel qu'à une abstinence sexuelle nocive. Référence principale des médecins de la Renaissance et de l'âge classique en ce qui concerne l'hystérie, Galien est l'un de ceux qui ont fait de l'hystérie le grand mal féminin ou, plus exactement, la « maladie des femmes sans hommes [19] ».

Au moment de la grande chasse aux sorcières, les phénomènes autrefois attribués aux mouvements de l'utérus sont désormais imputés à des esprits malins ou au diable lui-même.

---

17. GALIEN, *Œuvres anatomiques, physiologiques et médicales*, vol. 2, *Des lieux affectés*, p. 690. C'est exactement sur le même modèle que les médecins comprendront nombre de maladies. Les squirrhes, le chancre ou cancer ou encore les phlegmons ou les kystes sont le fait d'humeurs qui deviennent vénéneuses et malignes et forment alors une tumeur, voir PARÉ, *Œuvres*, *op. cit.*, vol. 1, p. 280. L'article « Cancer » de l'*Encyclopédie* reprend exactement la même description, mais il précise que cette maladie advient le plus souvent aux femmes stériles ou qui vivent dans le célibat. Le cancer étant également assimilé à un véritable animal dévorant les organes infectés, l'accoucheur Dionis se demande si les vers microscopiques qui attaquent souvent la partie ulcérée ne sont pas en fait la véritable cause du cancer. Voir Pierre DARMON, *Les Cellules folles : l'homme face au cancer, de l'Antiquité à nos jours*, Plon, Paris, 1993, p. 42.

18. Jean LIÉBAULT, *Trois Livres des maladies et infirmitez des femmes*, *op. cit.*, p. 25.

19. Évelyne BERRIOT-SALVADORE, « Le discours de la médecine et de la science », *in* Arlette FARGE et Natalie ZEMON DAVIS (dir.), *Histoire des femmes en Occident*, III, Perrin, Paris, 2002, p. 423.

Les femmes étant réputées plus vulnérables, à la fois faibles physiologiquement et moralement, elles sont la cible privilégiée des forces occultes et maléfiques. À l'image d'Ève, à laquelle Satan s'adressa en premier, le corps des femmes est « tout à la fois la cible de l'agression et le théâtre où elle se déroule [20] ». Le travestissement du diable en jeune fille, se transformant soudain en tentatrice infernale, est aussi un épisode courant de la vie des saints. Dans cette représentation, la faiblesse corporelle de la femme la transforme en habitacle naturel du diable : au tempérament humide, mou et lâche se mêle l'image de la porosité [21], comme condition physiologique de la possession démoniaque. Cette représentation est également entretenue par le thème emprunté à la médecine d'Avicenne des cavales fécondées par le vent [22], mais aussi par la pratique ancienne des fumigations, pratique omniprésente dans la thérapeutique de la Renaissance comme des Lumières. Le corps de la femme est ainsi réputé béant, ouvert à tous les souffles, à toutes les influences.

Au fond, que ce soit l'utérus ou le diable, les arguments sont pratiquement en tous points les mêmes. Le célèbre *Discours exécrable des sorciers* d'Henri Boguet s'ouvre sur la description saisissante d'une petite fille, Louyse Maillat, âgée de huit ans, possédée par des démons, rendue impotente, marchant à quatre pattes, tordant la bouche étrangement. Finalement, grâce aux exorcismes et aux prières de ses parents, les démons finissent par lui sortir de la bouche, sous la forme d'un loup, d'un chien, d'un chat et d'un griffon ; et la petite fille parvient à dénoncer la sorcière Françoise Secrétain, âgée de cinquante-huit ans [23]. La maladie est donc toujours pensée comme l'effraction d'un corps humain par une entité extérieure, mais qui peut aussi s'imposer de l'intérieur. De même que l'ordre de la nature s'abat sur le corps féminin par le biais des mouvements convulsifs de l'utérus, de même le diable prend le contrôle de ce même corps, soit directement, soit par le biais de l'imagination des femmes ou par le biais des humeurs. « Et s'il est vrai,

---

20. Maurice GODELIER et Michel PANOFF (dir.), *Le Corps humain supplicié, possédé, cannibalisé*, Éditions des archives contemporaines, Paris, 1998, p. XVII.

21. Tout ce qui favorise la porosité du corps est également suspecté en temps de peste, notamment les lieux humides qui favorisent la dilatation des pores. C'est ainsi que les étuves seront progressivement fermées, d'abord pendant les épidémies de peste, avant de disparaître définitivement du paysage urbain entre le XVe et le XVIIe siècle.

22. Voir Daniel JACQUART et Claude THOMASSET, *Sexualité et savoir médical au Moyen Âge*, PUF, Paris, 1985, p. 66.

23. Henry BOGUET, *Discours des sorciers*, chez Jean Pillehotte, Lyon, 1602, p. 2-3.

sans doute, que, sous la poussée de toute une évolution religieuse, les penseurs du XVIe siècle spiritualisent de plus en plus le pouvoir du démon, ils ne lui donnent que des pouvoirs plus entiers sur la machinerie intérieure du corps. Tout ce qui est aux limites de l'âme, juste en deçà de l'image, du fantasme et du rêve, c'est-à-dire les sens, les nerfs, les humeurs, devient par droit de voisinage domaine privilégié du démon [24]. »

Ainsi, Henry Boguet se demande si les odeurs peuvent avoir une quelconque influence sur le malin – exactement de la même façon que les odeurs peuvent agir sur l'utérus, par exemple. Boguet répond que

> « le parfum ne peut rien directement contre le malin esprit. Vu que le diable est sans corps, et conséquemment sans odorat : mais il faut que l'on me confesse que ce malheureux se glisse parmi les humeurs dont la personne est composée, et qu'il s'en sert pour la tourmenter davantage, étant vraisemblable qu'il se délecte principalement à l'humeur mélancolique, pour ce qu'il est conforme à sa nature, qui est fade et triste, et pour cela nous voyons les mélancoliques plus souvent possédés que les autres [25] ».

Les possédées ou les sorcières sont souvent diagnostiquées comme des mélancoliques, sans que cela entraîne systématiquement le rejet de l'accusation de sorcellerie, puisque le diable peut asservir sa victime en modifiant ou en profitant du tempérament de son corps. Si le pouvoir médical s'est d'abord frontalement opposé à l'autorité religieuse, il est progressivement sollicité par l'Église elle-même. En 1563, dans *De Praestigiis daemonum*, le médecin hollandais Jean Wier, disciple d'Agrippa, s'oppose aux thèses du *Malleus maleficarum*. Sans nier l'action du diable, il affirme que nombre de phénomènes communément interprétés comme des signes de possession démoniaque sont les symptômes de maladies qui requièrent l'intervention médicale plutôt que le bûcher [26]. En 1603, dans son *Bref Discours sur une maladie appelée suffocation de la mère* [27], Edward Jorden tente de résoudre une affaire de sorcellerie survenue l'année précédente, dans laquelle une femme

24. Michel FOUCAULT, « Les déviations religieuses et le savoir médical », *Dits et écrits*, Gallimard, Paris, 1994, p. 628.

25. Henry BOGUET, *Discours execrable des sorciers. Ensemble leurs Procez, faits depuis deux ans en çà, en divers endroicts de la France*, chez Denis Binet, Paris, 1603, p. 158.

26. Jean WIER, *Histoires, disputes et discours des illusions et impostures des diables*, Delahaye, Paris, 1885.

27. Edward JORDEN, *A Brief Discourse of a Disease Called Suffocation of the Mother*, John Windet, Londres, 1603.

nommée Elizabeth Jackson a été accusée d'avoir ensorcelé une jeune fille de quatorze ans, Mary Glover. Pour Jorden, il s'agissait en réalité d'une affection hystérique, c'est-à-dire d'une « cause naturelle » : les vapeurs toxiques des humeurs contenues dans l'utérus expliquant l'attitude de la jeune fille.

Progressivement, les médecins sont de plus en plus appelés comme experts lors des procès. À l'occasion de la sécularisation des phénomènes de possession, la faiblesse de la nature féminine rend compte de la plus grande propension des femmes à être non pas séduites par le malin, mais plutôt sujettes aux délires de leur imagination, aux divagations mélancoliques ou hystériques. Pierre Pigray sauve ainsi du bûcher plusieurs femmes accusées de sorcellerie, en montrant que ce sont « de pauvres gens stupides, dépravés de leur imagination[28] ». Au cours du XVIIe siècle, l'Église et le pouvoir royal ont donc largement encouragé ce que Foucault appelle le « positivisme critique[29] » de la pensée médicale, dans le but d'atténuer le pouvoir de fascination que pouvaient susciter les prétendus phénomènes surnaturels, entretenu par les minorités religieuses tout autant que par le clergé régulier[30] ou par des parlements, comme celui de Rouen dont la résistance aux édits royaux et aux décisions du Parlement de Paris demeure caractéristique des oppositions à la Constitution de l'Église gallicane. « La sorcellerie n'est plus pensée que par rapport à l'ordre de l'État moderne : l'efficacité de l'opération est niée, mais non l'intention qu'elle suppose, non le désordre qu'elle suscite. Le domaine de sa réalité s'est transporté dans un monde moral et social[31]. » On comprend alors pourquoi la discussion entre certains médecins et les démonologues les plus violents, aussi polarisée soit-elle, se déroule néanmoins dans un cadre

28. Pierre PIGRAY, *Épitome des préceptes de médecine et chirurgie*, chez la veuve Claude Rigaud, Lyon, 1643, p. 515. Voir également, Pilet DE LA MESNARDIÈRE, *Traité de la mélancolie, savoir si elle est la cause des effets que l'on remarque dans les possédés de Loudun*, La Flèche, 1635.

29. Michel FOUCAULT, « Médecins, juges et sorciers au XVIIe siècle », *Dits et écrits*, I, *op. cit.*, p. 766. Voir également Robert MANDROU, *Magistrats et sorciers en France au XVIIe siècle*, Plon, Paris, 1968 ; Robert MUCHEMBLED, *La Sorcière au village, XVe-XVIIIe siècle*, 1979, Gallimard, Paris, 1991.

30. Michel FOUCAULT, « Médecins, juges et sorciers au XVIIe siècle », *Dits et écrits*, I, *op. cit.*, p. 760. Par exemple, le cas de Marthe Brossier au XVIe siècle, où ce sont les capucins qui organisent dans toute la France les tournées de la possédée, ou, dans la possession des Ursulines de Loudun, la cabbale des jésuites contre Urbain Grandier. Voir *La Possession de Loudun*, éd. Michel de Certeau, Julliard, Paris, 1970.

31. Michel FOUCAULT, « Médecins, juges et sorciers au XVIIe siècle », *Dits et écrits*, I, *op. cit.*, p. 763.

conceptuel partagé. Les médecins de la Renaissance ne nient pas l'action du diable : pouvoirs médical, religieux ou judiciaire investissent tous trois un même concept de maladie, celui de la possession, qui peut s'exercer selon diverses modalités – sécularisée ou non. Jusqu'au XIXe siècle, les descriptions des cas d'hystérie ou de nymphomanie reprendront par petites touches tout l'imaginaire collectif de la sorcellerie pour mieux accentuer la dépravation physique et morale des femmes : celles-ci sont décrites selon leur comportement obscène, leur odeur, leur saleté, leur insensibilité au froid, à la chaleur, etc. – autant d'éléments qui étaient considérés comme des signes avérés de possession démoniaque.

Au regard de la congruence entre les troubles hystériques et les phénomènes de sorcellerie, la maladie apparaît comme un phénomène non pas tant de possession que de *dépossession*, au sens où la maladie consiste en la dépossession de son propre corps, devenu étrange, presque ennemi. « Qu'il s'agisse d'une brève incursion ou d'une occupation prolongée, la victime ne s'appartient plus tant que dure la possession. Elle ne se reconnaît pas elle-même et n'est pas reconnue par autrui pour ce qu'elle était auparavant. Elle est devenue étrange et étrangère. Il y a perte d'identité et les témoins en parleront comme d'une maladie ou comme de l'asservissement à une puissance surnaturelle, malheur qui exige l'intervention de tiers au nom de la normalité [32]. »

Le corps devient l'expression de cette anormalité. Or, dans cette analyse anthropologique de la possession, Maurice Godelier et Michel Panoff remarquent très justement que le corps exprime cette anormalité tout autant qu'il la dénonce. Cette acception du corps malade permet d'expliquer comment certaines maladies des femmes, comme l'hystérie ou la nymphomanie, par exemple, ont pu être mises en scène comme la dénonciation fracassante de pratiques illicites ou « anormales » de la patiente, telles que la masturbation, le saphisme, l'avortement ou l'abstinence. Penser la maladie comme une délation, c'est accroître encore un peu plus le sentiment d'étrangeté des femmes à elles-mêmes, c'est accentuer l'antagonisme qui est savamment entretenu entre les femmes et leur propre corps. Ce corps délateur, de par son état morbide, espion à la solde des lois impérieuses de l'espèce, trahit les affections

32. Maurice Godelier et Michel Panoff (dir.), *Le Corps humain supplicié, possédé, cannibalisé*, *op. cit.*, p. XVII.

sourdes et même les « secrets » les plus intimes des femmes. Comme l'écrit Sarah Kofman, « parce que la femme, en effet, n'a pas le droit à la parole, elle peut seulement avoir des "secrets" [33] ». C'est précisément ce secret qui est en définitive compris comme la cause de la maladie. Or, le corps malade est censé rendre le secret douloureux et, partant, public. Ainsi, le corps apparaît comme l'« instrument de l'ordre restauré [34] » : exorcisé, soigné, engrossé, il témoigne, de par son silence, non pas de la restauration de la santé, mais bien du retour à l'ordre social.

Au cours du XVIIe siècle, apparaissent des systèmes de catégorisation des maladies des femmes aux limites de plus en plus claires, qui s'articulent autour de catégories relatives à des maladies spécifiques et de celles relatives à des types de femmes particuliers. Concernant l'émergence de maladies spécifiques, l'hystérie est la plus emblématique d'un sous-ensemble de maladies féminines, structuré par la domination de genre, qui définit une étiologie sexuelle qui a présidé pendant des siècles à la perception du corps féminin comme un corps souffrant, et dont on trouve encore les traces dans les modes de conceptualisation contemporains de certains troubles féminins.

L'hystérie : protée ou chimère ?

Le substantif « hystérie » apparaît dans la langue française à la fin du XVIIe siècle. Or, la plupart des commentateurs contemporains [35] ont tendance à confondre sous le terme « hystérie », deux pathologies que les médecins de l'âge classique prennent

---

33. Sarah KOFMAN, *L'Énigme de la femme*, Galilée Paris, 1980, p. 45. Bienville, auteur du fameux traité sur la *Nymphomanie*, conseille un confrère amené à traiter un cas de nymphomanie en ces termes : « Il ne lui fera pas voir combien il la pénètre, parce qu'elle pourrait se rebuter et tomber dans une méfiance insurmontable. Il la sondera avec autant de douceur que d'adresse ; il fera en un mot son possible pour gagner son cœur et se rendre maître de tous ses secrets », M.-D.-T. BIENVILLE, *La Nymphomanie ou traité de la fureur utérine*, 1771, Office de librairie, Paris, 1886, p. 70-71.

34. Maurice GODELIER et Michel PANOFF (dir.), *Le Corps humain supplicié, possédé, cannibalisé*, *op. cit.*, p. XVIII.

35. Ilza VEITH, *Histoire de l'hystérie*, 1965, Seghers, Paris, 1973 ; Jocelyne LIVI, *Vapeurs de femmes : essai historique sur quelques fantasmes médicaux et philosophiques*, Navarin, Paris, 1984 ; Étienne TRILLAT, *Histoire de l'hystérie*, Seghers, Paris, 1986 ; Mark S. MICALE, « Hysteria and its historiography : a review of pas and present writings (I) », *History of Science*, 27, 1989 (p. 223-261) ; Sander L. GILMAN *et al.*, *Hysteria Beyond Freud*, University of California Press, Berkeley, 1993 ; Laurinda S. DIXON, *Perilous Chastity : Women and Illness in Pre-Enlightenment Art and Medicine*, Cornell University Press, Ithaca, 1995.

pourtant soin de distinguer : la « fureur de l'amarry », ou « fureur utérine », et la « suffocation de la matrice », ou « passion hystérique ». Ces deux maladies féminines sont en grande partie causées par l'abstinence sexuelle, soit parce que l'organe se dessèche et s'irrite faute d'être humidifié par la semence masculine, soit à cause des vapeurs vénéneuses des humeurs croupissantes dans l'utérus (principalement la semence et les règles). Je laisse pour l'instant de côté la fureur utérine pour me concentrer sur la passion hystérique.

La plupart des médecins se réfèrent au corpus hippocratique et aux traités galéniques pour traiter l'hystérie, mais c'est chez Aretée de Cappadoce, référence également incontournable dans la pensée médicale de l'âge classique, qu'ils trouvent la description « clinique » la plus concise de ce que tous appellent alors la « suffocation de la matrice ». Reprenant l'image de l'animal dans l'animal, Aretée de Cappadoce écrit dans son *Traité des signes, des causes et de la cure des maladies aiguës et chroniques* :

> « Voici quels en sont les symptômes. Lorsque la matrice affectée commence à monter et que la femme éprouve la première atteinte du mal, elle devient nonchalante, sans goût pour ses occupations ordinaires ; elle éprouve des défaillances, des faiblesses, les genoux lui tremblent, la tête lui tourne, les membres sont comme paralysés ; la tête devient pesante et lui fait mal ; elle ressent une douleur dans les veines situées aux ailes du nez ; lorsqu'elle tombe, elle éprouve une douleur violente au cardia ou orifice supérieur de l'estomac ; il se fait un vide dans le bas-ventre siège de la matrice. Le pouls devient intermittent, irrégulier, défaillant ; elle se trouve violemment suffoquée, perd le sentiment et la parole, et respire si faiblement qu'elle paraît sans haleine. La mort survient promptement et sans qu'on s'en aperçoive, car il n'y a aucun signe qui l'annonce [...]. La convalescence est aussi prompte que la mort ; car la matrice extrêmement mobile monte et descend avec la même facilité : elle est en effet dans un état habituel de surnatation ; les membranes qui la soutiennent sont humides ainsi que le lieu où elle est située ; les odeurs, suivant qu'elles sont agréables ou désagréables, l'attirent ou la repoussent ; elle paraît en un mot surnager çà et là comme la poupe d'un vaisseau, tantôt un peu plus haut, tantôt un peu plus bas [36]. »

Les médecins de la Renaissance respectent majoritairement cette description symptomatique de la suffocation. Ils se

36. Aretée DE CAPPADOCE, *Traité des signes, des causes et de la cure des maladies aiguës et chroniques*, trad. M.L. Renaud, chez Lagny, Paris, 1834, p. 69-70.

réfèrent également à Galien pour expliquer les effets de la suffocation sur le système respiratoire, lequel n'est pas tant altéré qu'interrompu. Dans l'humorisme galénique, la respiration a pour fonction de ventiler le corps, de refroidir la chaleur corporelle. Or, si les humeurs féminines, réputées froides, demeurent à l'intérieur du corps, elles refroidissent la matrice, qui refroidit à son tour l'*habitude* – ou tempérament – entière du corps, rendant inutile la respiration proprement dite. Dans cet état, le corps suffoque, cesse de respirer et tombe dans une forme de léthargie proche de la mort : pour vivre, il se contente en fait de la simple transpiration. On comprend alors pourquoi tous les médecins ont peur d'ensevelir des femmes vivantes : dans le cas des hystériques, la femme paraît morte parce qu'elle ne respire plus, alors qu'elle vit encore grâce à la transpiration :

> « L'expérience nous le montre tous les jours, non seulement pour ce qui est de ces Femmes, mais même de plusieurs animaux, comme loirs, ours et serpents, qui demeurent cachés pendant deux ou trois mois sans aucun aliment externe, et la respiration étant comme morte ; car la chaleur naturelle peut s'exercer sur l'humide radical et l'aliment interne, ou suc propre à nourrir amassé auparavant ; ce qui ne suffira pas pour les actions d'une vie parfaite, mais pour celles qui répondent à la vie des plantes [37]. »

Par conséquent, même après avoir utilisé un miroir sous la narine, une plume ou un verre posé sur le ventre, le soupçon demeure. La peur d'enterrer vivantes des femmes atteintes d'hystérie est encore d'actualité au XIXe siècle. Vigarous, dans son fameux cours sur les maladies des femmes, rappelle à ses élèves la mésaventure de Vésale, épisode qui exemplifie ce qui fait désormais figure de lieu commun : « Une femme de qualité, attaquée de syncope hystérique, allait être ouverte par ce célèbre anatomiste, lorsque les cris qu'elle poussa au premier coup de scalpel avertirent qu'elle était vivante [38]. »

L'une des caractéristiques de la suffocation hystérique est qu'elle affecte tout le corps, au point de lui donner les traits de la mort. Les vapeurs, telles qu'elles sont décrites dans les traités

---

37. Jean VARANDE, *Traité des maladies des femmes*, p. 143-144.

38. Joseph Marie Joachim VIGAROUS DE MONTAGUT, *Cours élémentaire de maladies de femmes, ou essai sur une nouvelle méthode pour étudier et pour classer les maladies de ce sexe*, 2 vol., chez Deterville, Paris, 1801, I, p. 471. Vésale aurait dû quitter précipitamment la ville après cet incident. La question des signes de la mort est tout à fait centrale dans l'histoire de la pensée médicale. Au XVIIIe siècle, le traité de Jacques-Bénigne WINSLOW, *Dissertation sur l'incertitude des signes de la mort et l'abus des enterrements et embaumements précipités*, traduit par Jacques-Jean Bruhier, Morel le Jeune, Paris, 1742, connaît un grand retentissement.

de la Renaissance ou du début du XVIIe siècle, servent en partie à expliquer comment une maladie localisée dans l'utérus peut affecter d'autres zones et se diffuser dans tout le corps, principalement dans le cerveau [39]. Ainsi, en dépit des descriptions détaillées et minutieuses de la suffocation de la matrice, les médecins demeurent perplexes face à cette maladie, si commune mais si protéiforme et difficile à cerner. Quelques-uns commencent à pointer un certain nombre d'incohérences. Jean Fernel est l'un des premiers à s'interroger sur le fait que des femmes à l'activité sexuelle régulière sont atteintes ou, au contraire, que des monastères de plus cinq cents religieuses ne sont jamais touchés [40]. Jean Liébault finit lui aussi par admettre que la maladie touche les jeunes femmes comme les femmes âgées, les religieuses cloîtrées ou les veuves comme les femmes mariées, celles qui travaillent comme celles qui demeurent oisives, celles qui sont enceintes comme celles qui ont accouché, les chastes comme les voluptueuses [41]. La maladie touche tout le corps et elle touche toutes les femmes.

Pour Varande, la suffocation est une maladie du « Sexe », propre au tempérament des femmes. Toutefois, pour lui aussi,

> « il reste ici un doute, car si ces symptômes viennent de la rétention d'une semence et des mois, pourquoi est-ce qu'on ne voit point la même chose dans les hommes, dont les hémorroïdes ne coulent point, après néanmoins avoir pris cette coutume ? Je dis donc, pour satisfaire à cette difficulté, que les hommes ne sont pas sujets aux mêmes symptômes, parce que leur semence est bien différente, comme aussi leur sang, de celui des Femmes, qui est froid et humide [42] ».

Varande a « vu des symptômes presque semblables dans les hommes, qui n'avaient plus le flux de leurs hémorroïdes, ou la liberté du mariage où ils étaient accoutumés [43] », mais rien de comparable à ce qui se produit chez les femmes. Rien

---

39. La suffocation est alors souvent apparue comme le pendant de la mélancolie, mais elle diffère de cette dernière en ce que la passion hystérique ne possède pas de qualités positives, comme dans le « génie mélancolique ».

40. Jean FERNEL, *La Pathologie*, Jean Guignard, Paris, 1655, p. 500.

41. Même les femmes âgées sont sujettes à la suffocation, en raison de la pourriture d'un excès de pituite dans leurs entrailles. *Idem* pour les femmes grosses, dont le sang le plus subtil est consommé par leur enfant mais qui peuvent être victimes des acides hystériques des résidus grossiers de ce même sang ; voir Jean LIÉBAULT, *Trois Livres des maladies et infirmitez des femmes*, *op. cit.*, p. 422.

42. Jean VARANDE, *Traité des maladies des femmes*, *op. cit.*, p. 146.

43. *Ibid.*, p. 165. Il y a une erreur dans la pagination dans cette édition, on passe de la page 146 à la page 165.

d'équivalent à ces étouffements, à cette sensation de strangulation, à cette langueur caractéristique, à l'aphonie, à la pâleur des hystériques, tels que décrits à l'âge classique. Dans le traité de Liébault, on trouve bien une référence rapide au chancre, comme cause possible de la suffocation [44] ; de même pour Varande, les ulcérations de l'utérus pourraient provoquer des suffocations [45], mais ni l'un ni l'autre ne remettent en question l'étiologie utérine qui préside à la description de cette maladie depuis Hippocrate. Malgré nombre d'incohérences, d'objections, voire de contradictions, l'hystérie apparaît donc généralement comme la maladie froide par excellence, la maladie propre aux femmes et à leur « cacochymie [46] » naturelle.

Pourtant, tout au long du XVIIe siècle, au moment où le débat sur l'hystérie prend son ampleur, on assiste bien à une tentative de « désexualisation » de cette affection de la part d'une minorité de médecins. L'un des premiers médecins à remettre en question la pertinence du siège utérin des troubles hystériques est Charles Lepois. En 1618, dans ses *Choix d'observations*, il les définit comme des troubles idiopathiques d'origine cérébrale [47]. Mais il faut attendre la fin du siècle pour que le débat sur l'hystérie prenne toute son importance. Nathaniel Highmore [48] et Thomas Willis [49] contestent tous les deux le siège utérin de cette affection, mais le premier considère que l'hystérie est provoquée par une altération de la composition du sang, alors que le second pense qu'il s'agit d'une affection du cerveau qui touche l'ensemble du système nerveux, *via* une altération des propriétés chimiques des esprits animaux – parties organiques les plus subtiles –, le sang étant composé d'un liquide uniforme, selon Willis.

---

44. Jean LIÉBAULT, *Trois Livres des maladies et infirmitez des femmes*, *op. cit.*, p. 431.

45. Jean VARANDE, *Traité des maladies des femmes*, *op. cit.*, p. 146.

46. Cacochymie ou mauvais état des humeurs, se dit communément du corps des femmes.

47. Charles LEPOIS, *Selectiorum observationum et consiliorum de praetervisis hactenus morbis affectibusque praeter naturam, ab aqua seu serosa colluvie et diluvie ortis, liber singularis*. Le livre de Lepois est resté très confidentiel jusqu'à ce que Boerhaave le réédite en 1714.

48. Nathaniel HIGHMORE, *Exercitationes duae. Quarum prior de passione hysterica : altera de affectione hypochondriaca*, Oxon, Excudebat A. Lichfield impensis R. Davis, 1660.

49. Thomas WILLIS, *Affectionum quae dicuntur hystericae et hypochondriacae pathologia spasmodica vindicata, contra responsionem epistolarem Nathanael Highmori*, Lugd. Batav, apud C. Driehuysen, F. Lopez, 1671.

Les travaux de Thomas Sydenham s'inscrivent dans la continuation de ces premières tentatives de redéfinition des troubles hystériques. En 1681, il répond à une lettre de W. Cole qui lui demandait de rendre publiques ses observations sur les maladies hystériques. Celles-ci sont extrêmement précises et définissent pour longtemps le portrait de l'hystérique. La démonstration de Sydenham, rompant avec une longue tradition étiologique, opère une véritable révolution nosologique. Selon lui, pour bien guérir les maladies et pour l'avancement de la médecine en général, il faut avant tout une « Histoire ou Description de toutes les maladies, la plus exacte et la plus fidèle qu'il est possible [50] ». Pour cela, sur l'exemple de la botanique, il est nécessaire d'acquérir une connaissance précise des maladies, suffisamment fine pour les classer par genres et espèces : les symptômes seraient aux maladies ce que les feuilles sont aux plantes. Donc, « celui qui voudra donner une Histoire des maladies doit renoncer à toute hypothèse et à tout système de Philosophie [51] », celui-là doit se comporter comme un peintre, qui désire représenter fidèlement le visage de son modèle, en décrivant le plus justement les symptômes manifestes des maladies et non pas leurs causes occultes ou imaginaires. Comme l'écrit Michel Foucault, si cette nouvelle méthode est dite « historique », « ce n'est pas qu'elle cherche à établir, à partir de leurs causes les plus anciennes, le devenir, la chronologie et la durée des maladies : mais, en un sens plus étymologique, elle cherche à *voir*, à voir de près et dans le détail, à restituer la maladie dans l'exactitude d'un portrait [52] ».

Par conséquent, il faut distinguer dans la maladie ce qui relève de ses symptômes propres et ce qui est accidentel. Or, parmi les éléments accidentels, Sydenham cite l'âge, le tempérament et la manière de traiter les maladies. Il ne cite pas le sexe mais, à travers la notion de tempérament, il renverse l'ancienne tradition des maladies des femmes. Le tempérament modifie la définition nosologique de la maladie, mais non son essence. « Paradoxalement, le patient n'est par rapport à ce dont il souffre qu'un fait extérieur ; la lecture médicale ne doit le

50. Thomas SYDENHAM, *Médecine pratique*, A.-F. Jault, vol. 2, J.-G. Tournel, Montpellier, 1816, vol. 1, p. XIX.

51. *Ibid.*, vol. 1, p. XXII. Pour Sydenham, la médecine doit rejeter les hypothèses qui sont les effets de la « vanité » et d'une « vaine curiosité » car elle est, selon Sydenham, une science fondée sur les « expériences sages » et les « observations exactes et suivies ».

52. Michel FOUCAULT, *Histoire de la folie à l'âge classique*, *op. cit.*, p. 206.

prendre en considération que pour le mettre entre parenthèses [53]. » En termes d'histoire de la médecine, on assiste ainsi à la dissociation progressive de la maladie et du malade [54]. En ce qui concerne les maladies des femmes, on passe donc d'une conception de la nature pathogène des femmes en général à une typologie des maladies, dont le caractère typiquement sexuel, adossé à la notion de tempérament, semble ne plus être évident. Dans ces conditions, le projet nosographique pourrait bien remettre en cause les anciennes classifications de la pathologie féminine.

Sydenham ouvre sa dissertation en écartant les deux explications courantes de l'hystérie, la corruption des humeurs – règles ou semence – qui produit des vapeurs nocives, ou leur rétention. Pour preuve, si l'hystérie était causée par le croupissement des humeurs, comment expliquer que certaines patientes souffrent de symptômes hystériques, après avoir subi des traitements purgatifs, des saignées, ou même après un accouchement ? Derrière la remise en cause de l'étiologie traditionnelle, Sydenham adresse également de vives critiques à la pratique thérapeutique de ses confrères, souvent plus néfaste que le mal lui-même. Enfin, il rejette le fait que cette maladie soit exclusivement féminine. Affection hystérique féminine, affection hypocondriaque masculine, et l'ensemble des troubles nommés « vapeurs » ne désignent en fait qu'une seule et même affection, qui « provient d'un désordre ou mouvement irrégulier des esprits animaux, lesquels, se portant impétueusement, et en trop grande quantité, sur telle ou telle partie, y causent des spasmes, ou même de la douleur [55] ». *Les maladies vaporeuses n'ont donc pas de sexe.* Les esprits animaux régulent la vie organique des corps, quelle que soit leur identité sexuelle. Soit. Mais quelle est la cause antécédente du dérangement des esprits animaux ? La faiblesse naturelle ou accidentelle, répond Sydenham :

> « Les esprits sont plus ou moins capables de se dérégler, suivant que le tempérament des personnes est plus fort ou plus faible. De là

53. Michel FOUCAULT, *Naissance de la clinique : une archéologie du regard médical*, PUF, Paris, 2000, p. 6.

54. « La médecine d'aujourd'hui s'est fondée, avec l'efficacité qu'il faut lui reconnaître, sur la dissociation progressive de la maladie et du malade, apprenant à caractériser le malade par la maladie plutôt qu'à identifier une maladie d'après le faisceau de symptômes spontanément présentés par le malade », Georges CANGUILHEM, *Écrits sur la médecine*, Seuil, Paris, 2002, p. 35.

55. *Ibid.*, p. 76-77.

vient qu'il y a beaucoup plus de femmes attaquées de vapeurs que d'hommes, d'autant que les femmes sont naturellement plus délicates, d'un tissu moins serré et moins ferme, étant destinées à des fonctions moins pénibles ; au lieu que les hommes ont un corps robuste et vigoureux, parce qu'ils sont destinés à de grands et de rudes travaux [56]. »

Le tempérament de sexe réapparaît donc finalement. L'identité sexuelle du corps, telle que l'exprime le tempérament, est la cause première des troubles vaporeux. C'est donc à l'encontre de ses propres principes nosographiques que Sydenham fait finalement du tempérament la cause de la maladie. Il ne peut se départir d'une conception finalisée de la physiopathologie qui implique une hiérarchisation entre les sexes. Les femmes sont davantage vaporeuses en raison de leur tempérament plus faible et plus délicat, précisément parce que leur corps est naturellement destiné à des « fonctions moins pénibles », comparées aux « grands et rudes travaux » dévolus aux hommes, précise Sydenham. L'auteur parle sciemment de fonction féminine et non de travail. Par ce terme, il désigne la reproduction, d'où la mention d'une constitution délicate et d'un tissu moins serré. L'élasticité du tissu et la chair molle, déjà mentionnées par Galien, caractérisent un corps finalisé par l'accouchement. Quant à la constitution délicate, elle est le fait d'une faiblesse naturelle des esprits animaux, c'est-à-dire d'une défaillance des instruments de l'âme :

« La force de l'âme, tandis qu'elle est enfermée dans ce corps mortel, dépend principalement de la force des esprits animaux qui lui servent comme d'instrument dans l'exercice de ses fonctions, et qui sont la plus fine portion de la matière, et la plus approchante de la substance spirituelle. Ainsi, la faiblesse et le désordre des esprits causent nécessairement la faiblesse et le désordre de l'âme, et la rendent le jouet des passions les plus violentes, sans qu'elle soit, en aucune façon, maîtresse d'y résister [57]. »

Le désordre des esprits animaux est principalement dû à leur faiblesse. Et cette faiblesse, si elle peut s'expliquer par un certain nombre d'éléments extérieurs, comme le régime ou l'activité, est également le fait du Sexe. Être maître de soi signifie avant tout être maître de son corps, maître des passions qui

56. *Ibid.*, p. 77.
57. *Ibid.*, p. 85.

l'assaillent, et, pour cela, être un homme est une condition nécessaire, bien que non suffisante [58].

Comment comprendre que Sydenham renoue finalement avec l'ancienne conception de l'hystérie ? C'est que l'affection hystérique n'est pas une maladie comme les autres : elle est à la fois extrêmement courante et commune, et difficilement connaissable tant ses symptômes sont multiples et contradictoires.

> « Cette maladie est un *protée* qui prend une infinité de formes différentes ; c'est un caméléon qui varie sans fin ses couleurs. Aussi Démocrite me paraît avoir eu raison d'assurer, dans sa lettre à Hippocrate, que l'affection hystérique était la source d'une infinité de maux, quoi qu'il se trompât en assignant la matrice pour cause de cette maladie. Ses symptômes ne sont pas seulement en très grand nombre et très variés ; ils ont encore cela de particulier, entre toutes les autres maladies, qu'ils ne suivent aucune règle, ni aucun type uniforme, et ne sont qu'un assemblage confus et irrégulier ; de là vient qu'il est très difficile de donner l'histoire de l'affection hystérique [59]. »

Nous avons donc la réponse : l'hystérie est la seule maladie pour laquelle la méthode nosographique serait inefficace. Comme cette maladie est trompeuse, comme elle se fait volontiers passer pour une autre et emprunte les symptômes d'autres affections, elle n'a pas de signes caractéristiques – si les symptômes sont comme les feuilles des maladies, alors elle n'a pas de feuilles distinctives : frissons, convulsions, affections crâniennes appelées « clou hystérique » et qui attaquent principalement les femmes qui ont des pâles couleurs, affections au cœur, aux poumons, au colon, vomissements, désespoir, abattement, chagrin, colère, affection aux reins, coliques néphrétiques, affection à la vessie, à l'estomac, trouble musculaire de la mâchoire, des épaules, des mains, des cuisses, des jambes, douleur ou enflure aux jambes, aux dents, au dos, rires et pleurs inconsidérés..., tous ces symptômes, écrit Sydenham, laissent le corps comme roué de coups [60]. Pratiquement toutes les parties du corps, internes et externes, sont touchées. Pour cette raison, les médecins seront toujours tentés de diagnostiquer comme

58. Pour Sydenham, parmi les hommes, « ceux qui s'attachent à l'étude et mènent une vie sédentaire sont sujets à la même maladie », *ibid.*, p. 65.

59. *Ibid.*, p. 88. C'est moi qui souligne.

60. *Ibid.*, p. 69-74.

hystérique toute femme malade, quelle que soit l'affection dont elle souffre.

Par conséquent, l'hystérie n'a pas sa place dans le tableau nosographique qu'imagine Sydenham. L'hystérie est un caméléon, capable de se fondre dans le paysage, de prendre toutes les formes : le caméléon est à la végétation ce que l'hystérie est aux autres maladies : d'un autre règne. En ce qui concerne l'affection hystérique, mieux vaut donc en rester à une explication causale (un chagrin ou quelque autre passion, une abstinence trop longue qui a vidé l'estomac, des évacuations excessives, une faiblesse naturelle du tempérament et donc des esprits).

En matière de pathologie féminine, la révolution opérée par Sydenham reste inachevée et, dans une certaine mesure, décevante. Si sa dissertation sur l'hystérie reste tout à fait déterminante quant au rejet du siège utérin des affections hystériques, Sydenham ne parvient pas à incorporer, et donc à dissoudre, les maladies des femmes dans la vaste réforme nosographique qu'il inaugure. Il accepte de tenir l'hystérie aux marges d'une nouvelle compréhension des phénomènes morbides, comme si, en matière de maladies féminines, le progrès de la science médicale s'avérait inutile. Les affections hystériques ne demeurent intelligibles que si l'on se réfère à une compréhension causale de la pathologie, que si l'on remonte à leur cause ultime : le tempérament.

Ce que révèle ce régime d'exception auquel sont soumis les troubles hystériques dans la pensée de Sydenham, c'est qu'ils n'ont pas d'essence propre, pas d'essence susceptible d'être formellement située sur un tableau. Ils ne répondent donc pas totalement à la définition de la maladie, telle qu'elle est posée par Sydenham. Si la souffrance des patientes est bien réelle, l'affection hystérique n'a pas d'existence propre comme maladie sans le corps qu'elle tourmente. L'hystérie est donc plutôt le mode d'être pathogène d'un corps : la maladie n'est pas dans le corps, elle est le corps. Ainsi, le dérèglement du mouvement des esprits animaux équivaut à un désordre généralisé du corps. On comprend alors pourquoi ce corps peut prendre toutes les expressions morbides, exprimer les symptômes les plus protéiformes ; et pourquoi, en définitive, c'est bien cette maladie généralisée du corps qui rend ce corps sexué, féminin : la sexuation est le pur produit d'une morbidité mimétique, généralisée et totalisante.

Pourtant, au XVIIe siècle, il y a au moins un médecin qui semble avoir véritablement rejeté ce régime d'exception qu'imposait l'hystérie à la pensée médicale : Charles Barbeyrac. Médecin de très grande renommée, il est l'un des plus brillants représentants de l'université de Montpellier, où il n'obtint pourtant aucune chaire en raison de sa religion protestante. Cet « Hippocrate français », à l'instar de Thomas Sydenham, fait partie de ces médecins qui, libérés du carcan doctrinaire, ont marqué le retour à l'observation. De lui, il ne nous reste que ces *Traités nouveaux de médecine*[61], qui n'ont peut-être pas été rédigés par Barbeyrac lui-même, mais par un de ses étudiants. Cela étant, on trouve dans ce recueil un traité conséquent en onze chapitres sur les maladies des femmes, qui témoigne d'une profonde rupture dans le discours nosologique sur le corps féminin, dont les conséquences sont déterminantes.

Barbeyrac va plus loin que Sydenham : il bouleverse les grands principes de la pathologie et de la thérapeutique féminines. Selon le médecin montpelliérain, les troubles hystériques sont une affection qui n'est pas propre au Sexe, mais plutôt propre à un mauvais tempérament ou habitude *individuel*, qui cause un dysfonctionnement dans le mécanisme de fermentation et provoque l'obstruction des canaux des organes. Ils ne disparaissent ni avec des règles abondantes, ni lorsque « la matrice fait ses fonctions[62] » ; autrement dit, ni avec le mariage, ni avec la grossesse. Ils appartiennent en réalité à un ensemble plus vaste de troubles liés à l'obstruction des vaisseaux sanguins[63].

Ici l'obstruction n'est pas pensée dans le cadre d'une conception de la maladie liée au déséquilibre, mais plutôt dans le cadre d'une vision mécaniste de l'organisme humain, paradoxalement héritière des conceptions chimistes des processus organiques[64]. En effet, la cause de ces troubles relève de tout ce qui

61. Charles BARBEYRAC, *Traités nouveaux de médecine, contenant les maladies de la poitrine, les maladies des femmes, et quelques autres maladies particulières. Selon les nouvelles opinions*, chez Jean Certe, Lyon, 1684.

62. *Ibid.*, p. 195.

63. À propos des fleurs blanches, il écrit : « Il ne faut pas attribuer les fleurs à la matrice seule, il en arrive de même aux hommes qui ont les hémorroïdes ; et si le sang reste trop longtemps dans les veines, il devient blanc ou d'autre couleur, selon les divers degrés de chaleur, et selon le retardement de la circulation », *ibid.*, p. 220.

64. La théorie de la fermentation est principalement développée par Galien, Paracelse et van Helmont, mais elle est aussi largement reprise par Descartes dans son traité de *L'Homme*. Voir René DESCARTES, *Œuvres philosophiques*, éd. Ferdinand Alquié, vol. 1, Garnier, Paris, 1963, p. 380-382. La fermentation permet d'expliquer la digestion des aliments et la distillation du sang qui rend raison de la circulation.

peut altérer la qualité, la quantité ou le mouvement du sang, c'est-à-dire les mécanismes de fermentation : par exemple, le manque d'exercice ou, au contraire, un excès d'exercice qui échauffe le sang, ou encore les passions de l'âme qui enflamment les esprits animaux, etc. Dans cet ensemble de maladies, on peut également classer toutes celles qui provoquent la suppression des mois. Les règles sont causées par un *ferment* qui, par sa qualité, quantité ou son mouvement, donne mensuellement une « nouvelle ardeur au sang[65] » et dilate les vaisseaux de la matrice. La suppression des règles ne peut donc pas être le fait d'un tempérament anormalement chaud, comme les médecins l'ont jusqu'ici prétendu, car elle dilaterait les vaisseaux et permettrait le passage du sang, au lieu de les obstruer. En conséquence, les qualités humorales ne permettent pas de rendre compte d'une physiopathologie féminine.

Une telle conception du corps s'avère pleine de contradictions et de préjugés. Barbeyrac rejette ainsi totalement la structure élémentaire de l'humorisme classique et la théorie des tempéraments, considérant même que le flegme – appelée également pituite – est une « humeur imaginaire[66] ». S'il n'y a plus de tempérament, il n'y a plus de cause ultime pour expliquer une faiblesse naturelle du corps. Il reste donc des dysfonctionnements idiosyncrasiques qui sont liés à des circonstances externes ou à de mauvaises habitudes et régimes de vie.

Barbeyrac bouleverse en profondeur la nosologie féminine puisque non seulement il rejette sa raison d'être, à savoir le fait que les maladies des femmes proviennent de la matrice, mais il élabore une nouvelle forme d'intelligibilité du corps qui n'est pas structurée autour du tempérament et, donc, de la différence sexuelle. C'est l'unité et la singularité étiologiques des maladies des femmes que Barbeyrac remet fondamentalement en cause. Si les femmes ne sont pas accablées de maux, en plus de ceux qu'elles subissent à égalité avec les hommes, alors il n'est pas pertinent de conceptualiser l'inégalité des sexes sur la base d'une conception pathologique, voire pathogène de la nature féminine. Dans cette perspective, même des maladies emblématiques, comme la passion hystérique, deviennent impropres dans leur dénomination et communes aux deux sexes. Pour Barbeyrac, l'hystérie est en fait :

65. Charles BARBEYRAC, *Traités nouveaux de médecine*, *op. cit.*, p. 206.
66. *Ibid.*, p. 252.

« une véritable épilepsie, qui a pour cause une humeur âcre et bilieuse, répandue dans la substance du cerveau, et qui pique extrêmement le principe des nerfs, d'où il arrive des mouvements convulsifs, des maux de tête, la strangulation, la palpitation de cœur, le battement des artères dans les hypocondres et au dos, la difficulté de respirer, le hoquet, le vomissement, les rots, le dégoût, et un certain poids contenu dans la cavité de l'abdomen, qui se fait sentir à la main comme une boule, ou comme la matrice qui monte [67] ».

Ce médecin choisit donc d'attaquer l'ancienne étiologie sexuée des maladies des femmes en modifiant les éléments physiologiques et anatomiques de l'explication, mais en préservant les opérations et les actions du phénomène pathogène. Autrement dit, il remplace les humeurs excrémentielles (règles et semence féminine) par les esprits animaux et l'utérus par le cerveau. Toutefois, à la différence de Sydenham, le désordre des esprits animaux est pour Barbeyrac fondamentalement mécanique et non qualitatif (lié à une moindre qualité ou à une faiblesse naturelle), ce qui le dispense d'évoquer une éventuelle prédisposition féminine à ces troubles. En revanche, il reprend exactement les caractéristiques de l'action de l'affection hystérique. D'une part, un principe pathogène en mesure de rendre compte d'une relation patient/agent interne au corps lui-même – ainsi, l'action déréglée des esprits animaux et de la circulation du sang affecte l'économie du corps en son entier sans que le sujet atteint puisse garder le moindre contrôle sur les mécanismes de son propre corps, exactement de la même façon que les mouvements de la matrice en mal de reproduction. D'autre part, une sensibilité organique : la sensibilité des esprits animaux étant en mesure d'égaler celle de l'utérus, dans la mesure où ce qui les caractérise tous deux c'est, premièrement, leur capacité à être impressionnés et, deuxièmement, le fait qu'ils sont en sympathie avec le reste du corps. On retrouve ici l'antique comparaison entre l'utérus et le cerveau, organes froids et humides, que la mollesse expose aux maladies, mais qui est essentielle à leur réceptivité, qualité qui les caractérise en propre. En résumé, Barbeyrac parvient à donner une nouvelle explication des maladies des femmes, suffisamment cohérente et exhaustive pour parvenir à les désexualiser sans pour autant les déréaliser.

Finalement, les seules maladies véritablement propres aux femmes sont celles qui relèvent des altérations organiques,

67. *Ibid.*, p. 231.

c'est-à-dire les affections extrêmement communes comme la descente de matrice, les déchirements utérins ou tout ce qui relève des lésions de l'appareil génital, causées soit par des infections (gangrène, chancre, squirre, ulcère, etc.), soit par les grossesses et les accouchements.

Le remarquable travail du médecin Barbeyrac ne fera que peu d'adeptes. Dans la plupart des autres traités médicaux, la remise en question du siège utérin de l'hystérie – notamment au profit du cerveau ou des dérèglements des esprits animaux – ne signifie pas nécessairement la désexualisation complète de cette affection [68]. Au contraire, le tempérament froid et humide des femmes continue de fonctionner comme une disposition physiopathologique qui induit une inégalité entre les corps. Là encore, c'est moins l'anatomie que la physiologie qui préside au maintien de la domination de genre. Les hommes se définissent en opposition aux femmes *via* une définition physiopathologique des corps dont témoigne ce *trouble de la féminité exacerbée* qu'est l'hystérie. Ainsi, même au moment où le débat sur l'hystérie est à son acmé dans les universités, rien n'arrête l'opinion selon laquelle l'hystérie se développe de façon endémique et menace toutes les femmes [69]. Les interrogations de la majorité des médecins spécialistes des maladies des femmes n'iront donc jamais jusqu'à démentir la croyance largement partagée que l'hystérie est une maladie principalement féminine.

Pourtant, les éléments qui mettent en crise la différenciation nette des hommes et des femmes selon les catégories du sain et du malsain demeurent. Si la physiopathologie humorale permet d'opérer et de maintenir efficacement une différenciation hiérarchique des corps, *via* le tempérament, tout le problème consiste à subsumer sous un même tempérament froid et humide l'*ensemble des femmes*. Dans le cas du tempérament masculin, ou plutôt *des tempéraments masculins*, les termes du problème ne sont pas les mêmes, précisément parce que les complexions sont reconnues plurielles et variées (les quatre tempéraments varient selon les âges, les saisons, les

---

68. Si le processus de désexualisation de l'hystérie s'opère véritablement à partir de Willis et surtout de Sydenham, Mark S. Micale parlera de *gender relativization* à propos de Charcot. Voir Mark S. MICALE, « Hysteria male/hysteria female : reflections on comparative gender construction in Nineteenth-Century France and Britain », *in* Marine BENJAMIN (dir.), *Science and Sensibility : Gender and Scientific Enquiry, 1780-1945*, Blackwell Publishers, Oxford, 1991, p. 213.

69. Déjà Varande parlait d'endémie à propos des « pâles couleurs », trouble hystérique des jeunes filles nubiles : « Ce mal est si ordinaire qu'on peut presque l'appeler endémique », Jean VARANDE, *Traité des maladies des femmes*, *op. cit.*, p. 1-2.

climats et le régime de vie) : la prééminence d'humeurs pathogènes n'est donc *a priori* qu'un état transitoire. Les vieillards et les « gens de lettres[70] », au tempérament réputé pathogène et efféminé, sont considérés comme flegmatiques du fait de leur âge ou de leur activité : certes, leur corps est refroidi, souffreteux et engourdi ; certes, sédentaires et hors du monde, ils sont sensibles et impressionnables, mais cet état n'est ni originaire, ni naturel. En revanche, ce qui est éminemment contraire à la conceptualisation de la physiopathologique des identités sexuelles, ce sont les femmes saines, les religieuses épanouies, les paysannes vigoureuses, les femmes dites « hommasses », « viriles » ou voluptueuses. Ces cas exceptionnels et contradictoires minent clairement un dispositif qui fait de la santé l'apanage exclusif du corps masculin et contribue à justifier ses privilèges.

Mon hypothèse est que ces « cas » éminemment problématiques pour la pensée médicale dessinent les frontières encore poreuses d'un groupe social à part, que les médecins peinent à subsumer sous les catégories nosologiques qui supportent la définition de la différence sexuelle, ou à qui ils confèrent une fonction physiologique et sociale différente de celle traditionnellement assignée au reste des femmes. Quelles sont ces femmes qui posent problème ? Quelles sont ces femmes dont l'identité physiopathologique ne correspond pas à la stricte binarité sexuelle et perturbe ses effets politiques ?

70. Voir Samuel Tissot, *De la santé des gens de lettres*, P.-F. Didot le Jeune, Paris, 1768.

3

Des corps mutants – prostituées, Africaines et tribades

Un précédent : les « mules du démon »

Parce qu'elles ont historiquement eu une fonction de mise en ordre du monde social, la religion et la médecine ont chacune dû composer avec les représentations et les conceptions produites par les discours de l'autre. En matière sexuelle, il y a traditionnellement une certaine incohérence entre les discours théologiques et les discours médicaux, non pas tant sur l'idée de l'infériorité ou de l'imperfection naturelles des femmes que sur les effets moraux et politiques de leurs sexualités. Pour les médecins du XVIIe siècle, les représentations théologiques et les représentations héritières de la médecine et de la philosophie antiques sont contradictoires. La contradiction réside essentiellement dans la sémiologie morale de la théorie des humeurs. Pour toute une tradition misogyne inaugurée par les Pères de l'Église, les femmes, symbolisées par la figure de l'Ève tentatrice, sont responsables du péché originel, parce qu'elles sont des êtres davantage soumis aux tentations de la chair que les hommes. Toutefois, la passivité et la frigidité des femmes dans la génération, sorte de réceptacle amorphe, cadrent mal avec la vision d'un être porté au vice et symbolisant à lui seul l'impudicité et la luxure.

Cette contradiction sera très efficacement discutée et exploitée par les protagonistes de la « Querelle des femmes » : comment concilier en effet la *lubricité féminine*, telle qu'elle est développée par la théologie, et la *frigidité féminine* décrite par la philosophie de la nature aristotélicienne ? Comment affirmer d'un côté que la femme « est un animal extrêmement faible et fragile » et en même temps qu'elle « est extrêmement forte, et même plus dangereuse que le Diable [1] » ?

Si les défenseurs des femmes opposent à la figure de l'Ève tentatrice le culte marial et la glorification du vœu de chasteté, afin de réhabiliter les femmes et de répartir sur les deux sexes la responsabilité de la « faute », ils ne manqueront pas d'insister également sur le tempérament chaud et sanguin des hommes. Dans ce contexte, le chevalier L'Escale, auteur d'un ouvrage intitulé *Le Champion des femmes*, soutient que c'est bien le tempérament chaud des hommes qui les détermine à une certaine intempérance morale : ce sont bien les hommes qui sollicitent les femmes, ce sont eux qui mentent, jurent, blasphèment et trahissent pour les convaincre ou les forcer à céder à leurs avances, eux qui se glorifient ensuite de leurs performances, et ce sont encore eux qui « bâtissent », « fondent » et « meublent » les « bordels [2] ». Ainsi tous ces comportements sont bien le signe d'une nature masculine beaucoup plus intempérante que celle des femmes. Telle est la seule conclusion de ce que tous les hommes reconnaissent volontiers eux-mêmes : les femmes sont d'une complexion plus froide.

> « La complexion ordinaire de la femme, selon tous les hommes, est d'être froide (à ce que dit Aristote, même leur ennemi) et par conséquent chaste : au lieu que la constitution naturelle de l'homme le rend luxurieux et paillard. Celui-ci va perpétuellement en quête pour contenter sa lubricité et la femme au contraire est toujours sur ses gardes, et en continuelle défense de sa pudicité. Pour prouver cette vérité, proposons-nous que toutes les femmes de France se sont d'un commun accord entre elles renfermées dans quelque grand monastère, et voyons ce qui en arriverait. Il n'y eut jamais place de guerre assiégée avec plus de diligence, emportée avec plus de violence, et abattue avec plus d'effort. Les goujats, laquais et marmitons voudraient avoir part à cette conquête et butin, tant toutes sortes d'hommes sont sujets à ce vilain vice de paillardise [3] ! »

Pour les médecins, le groupe des femmes « voluptueuses » constitue un vrai problème au regard de leur dispositif physiopathologique : réputées sanguines, moralement intempérantes et

1. Le chevalier L'Escale, *Le Champion des femmes, qui soustient qu'elles sont plus nobles, plus parfaites et en tout plus vertueuses que les hommes, contre un certain misogynès, anonyme auteur et inventeur de l'« imperfection et malice des femmes »*, chez la veuve M. Guillemot, Paris, 1618, p. 172-173. Selon la notice de la Bibliothèque nationale, le chevalier L'Escale est un pseudonyme ; l'auteur serait Adam Scaliger.

2. *Ibid.*, p. 32.

3. *Ibid.*, p. 34.

sexuellement entreprenantes, elles dessinent une classe de femmes à part, encombrantes. Leur sexualité publique, débridée, multiple, active ou tout simplement libre induit une disposition morale et physique en contradiction avec l'identité sexuelle assignée communément aux corps féminins. Parce que la prétendue lascivité de ces femmes est perçue comme l'indice d'un « naturel » qui n'est plus tout à fait féminin, tout se passe comme si leur tempérament connaissait une véritable mutation. Elles témoignent d'un type physiognomonique et psychophysiologique particulier, un tempérament chaud, sec et brûlant, un caractère intempérant et entreprenant, comme les complexions corporelles et caractérielles typiquement masculines. La sexualité et la moralité, en particulier des prostituées, constituent les stigmates troublants d'une virilité physiologique – les appétits et les inclinations morales n'étant que les effets du tempérament. D'où l'idée qu'il s'agit bien d'une véritable mutation : un réchauffement du tempérament froid et humide, entraînant logiquement une modification du corps et des caractères sexués secondaires qui en découlent.

La relation entre la chaleur et la concupiscence, telle qu'établie par la théologie, est cependant partie prenante dans les explications médicales de la stérilité. Le tempérament chaud des prostituées est communément évoqué pour expliquer la prétendue stérilité de ces femmes. Selon les Pères de l'Église, les prostituées sont les « mules du démon ». Ces femmes seraient punies de stérilité pour de tels appétits. Selon cette même opinion, les relations adultérines sont condamnées à être inféconde s, mais les effets stérilisants du péché d'adultère bénéficient sans conteste aux hommes – considération de circonstance pour préserver la sexualité « non reproductive » des princes et des rois [4].

Sécularisée, cette opinion est reprise par les médecins. Le corps physiologiquement viril des prostituées est donc à la fois impensable, contradictoire, mais en même temps utile et opératoire pour rendre raison d'une division du travail sexuel entre les femmes. Cette moindre fécondité ou cette stérilité des prostituées, *topos* de la pensée médicale jusqu'au XIXe siècle, fantasmée ou réelle [5], fonctionne comme la preuve dernière de leur

4. Pierre DARMON, *Le Mythe de la procréation à l'âge baroque*, 1977, Seuil, Paris, 1981, p. 27.

5. Si stérilité il y a, elle est principalement le fait des nombreuses maladies gynécologiques dont souffrent les femmes, consécutives aux accouchements ou avortements

tempérament ardent. Parmi les causes répertoriées de stérilité par les médecins de l'âge classique, on peut citer les positions sexuelles (dont certaines sont réputées infécondes, selon un art des positions largement détaillé dans les traités de médecine arabe), les malformations ou autres causes accidentelles, les antipathies entre partenaires, qu'elles soient sentimentales ou physiologiques (on parle alors d'une « incompatibilité de tempéraments »), et surtout la température naturelle – ou acquise – des femmes. Une chose est sûre, c'est que les femmes sont traditionnellement considérées comme responsables de la plupart des cas de stérilité en raison de leur tempérament froid et humide qui, selon une métaphore agraire, aurait tendance à rendre infertile leur utérus, comme un champ en hiver. Toutefois, la chaleur anormale de leur corps est également une cause certaine d'infécondité. Selon le même raisonnement, un tempérament féminin trop chaud et trop sec brûle la semence masculine.

D'après Nicolas Venette, médecin du XVIIe siècle dont le célèbre *Tableau de l'amour conjugal* sera réédité jusqu'au XXe siècle, une femme au tempérament très chaud est stérile ou conçoit des enfants chétifs, malformés, car « elle brûle et dessèche le sperme [6] ». C'est l'une des raisons invoquées pour expliquer la prétendue infécondité des relations sexuelles avec les prostituées : n'éprouvant aucun plaisir dans une relation vénale, elles n'émettent aucune semence et par conséquent ne conçoivent pas. Cette explication, qui fait une place à parité au plaisir féminin dans le processus de reproduction, était déjà largement développée par Guillaume de Conches, dans son *Dragmaticon philosophiae* [7]. Selon le même raisonnement, les femmes qui tombaient enceintes, après avoir été violées, devaient certainement avoir ressenti quelque plaisir, sans quoi il n'y aurait pas eu conception.

Au tout début du XIXe siècle, des sommités de la médecine reprennent ces considérations : « Les femmes sèches, vives et ardentes ou manquent de lait, ou sont stériles, ou se rapprochent du tempérament masculin [8]. » Ou encore : « La stérilité

---

multiples, et des conditions de vie particulièrement morbides (malnutrition, habitat, travail).

6. Nicolas VENETTE, *Tableau de l'amour considéré dans l'état du mariage*, *op. cit.*, p. 460.

7. Guillaume DE CONCHES, *Dragmaticon philosophiae*, cité par Danièle JACQUART et Claude THOMASSET, *Sexualité et savoir médical au Moyen Âge*, *op. cit.*, p. 88.

8. LOUYER-VILLERMAY, article « Nymphomanie », *in* ALARD *et al.* (dir.), *Dictionnaire des sciences médicales*, 60 vol., CLF Panckoucke, Paris, 1812, tome 36, p. 518.

naturelle se reconnaît à la voix qui est dure, rauque et forte, aux poils rudes, noirs et épais[9]. » En 1801, le médecin Vigarous se réfère ici au *Traité des maladies des femmes* de 1603 de Rodericus Castro, dont la classification de la stérilité en quatre espèces lui paraît toujours d'actualité, et à Buffon, qui avait également remarqué que « les femmes qui ont la voix forte sont soupçonnées d'avoir du penchant à l'amour. Dans celles-ci, l'excès de chaleur étouffe et corrompt le germe et l'empêche de se développer[10] ».

Certes, il y a des voix discordantes parmi le corps médical. Dès le XVIIe siècle, le médecin Louys de Serres n'a de cesse de réfuter de telles considérations qui ne sont que l'effet d'une confusion entre des qualités physiologiques et des qualités morales contradictoires. Il réfute l'idée selon laquelle les femmes stériles sont précisément celles qui sont « chaudes », celles qui recherchent l'« accointance des hommes[11] ». Selon Louys de Serres, « de nos femmes stériles, il s'en trouve pour le moins les deux tiers qui sont ou grandement froides et humides, ou grandement froides et sèches, ainsi que l'expérience et les autorités de nos Médecins le confirment[12] ». Or, ces deux constitutions sont contraires « à la concupiscence charnelle[13] ». Là encore, les termes mêmes de la réfutation de Louis de Serres permettent de prendre la mesure de la prégnance de telles conceptions.

Les prostituées, les femmes voluptueuses, ou celles qui recherchent trop souvent le commerce charnel et échauffent leur semence comme celle de leur partenaire constituent, pour la pensée médicale dominante, une classe physiopathologique monstrueuse mais nécessaire pour justifier une division du travail sexuel. Les femmes au tempérament chaud sont ainsi

---

9. Joseph Marie Joachim VIGAROUS DE MONTAGUT, *Cours élémentaire de maladies de femmes, ou essai sur une nouvelle méthode pour étudier et pour classer les maladies de ce sexe*, 2 vol., *op. cit.*, II, p. 28.

10. *Ibid.*, p. 29. La voix est définie comme l'expression même des organes sexuels, en témoigne la fascination pour celle des castrats ou celle des jeunes filles presque nubiles. Plus prosaïque, au XIXe siècle, la voix rauque des prostituées est attribuée par Parent-Duchâtelet à la pratique répétée de la fellation, à l'alcoolisme et aux affections pulmonaires dont elles souffrent, du fait d'être au froid. Voir Alain CORBIN, *Les Filles de noce. Misère sexuelle et prostitution, XIXe et XXe siècles*, Aubier-Montaigne, Paris, 1978, p. 24.

11. Louys DE SERRES, *Discours de la Nature, causes, signes, et curation des empeschemens de la conception, et de la stérilité des femmes*, chez Antoine Chard, Lyon, 1625, p. 133.

12. *Ibid.*, p. 134-135.

13. *Ibid.*, p. 135.

presque destinées à la prostitution, puisque la chaleur toute « masculine » de leur corps, environnement hostile qui échauffe et brûle littéralement le sperme, les rend inféconds. S'inscrivant dans cette tradition, Virey, célèbre médecin et infatigable compilateur misogyne du début du XIXe siècle, dans le *Dictionnaire des sciences médicales*, dresse un portrait sans équivoque :

> « Les courtisanes et vivandières se présentent avec ce maintien et ces qualités demi-viriles, comme si elles étaient déjà transformées à moitié en l'autre sexe à force de cohabiter avec les hommes, et il en est plusieurs auxquelles pousse un peu de barbe au menton, surtout en avançant en âge [14]. »

Ainsi, dès le XVIIe siècle, apparaît à grands traits une gestion politique de la sexualité des plus efficace, qui consiste à viriliser à outrance le corps des courtisanes pour les exclure du groupe social des femmes qui demeurent caractérisées « en nature » par leur tempérament froid et humide. En les considérant comme lubriques et stériles, parce que trop chaudes, les médecins les excluent donc *moralement*, mais aussi *physiologiquement* de la féminité. En ce sens, le corps des prostituées est ce que j'appelle un « corps mutant ».

Santé et maladie, tempérament sanguin et tempérament flegmatique, chaleur et froideur dessinent ici non pas tant la frontière des sexes – mâle/femelle – que celle de la sexualité reproductive et non reproductive. Si les corps mutants des prostituées ont bien de *prime abord* un pouvoir de perturbation des catégories nosologiques en place, la situation de crise dont ils sont à l'origine, loin de miner le dispositif en son entier, contribue pour un temps à le maintenir. On voit ici que, parallèlement à un processus général de pathologisation des différences sociales, dont la pathologisation du corps féminin est le paradigme, il existe des techniques discursives et pratiques d'intervention sur les corps qui permettent de moduler ce processus, de résorber les incohérences ou de les neutraliser, afin qu'elles n'aient pas l'occasion d'invalider le dispositif en son entier.

Ce que j'ai appelé les mutantes, ou les processus de mutation, participe de ces techniques ciblées. Les processus de mutation imposés aux corps eux-mêmes par l'intermédiaire de la théorie

14. Julien-Joseph VIREY, article « Fille », *in* ALARD *et al.* (dir.), *Dictionnaire des sciences médicales*, *op. cit.*, tome 15, p. 506. Voir Elsa DORLIN, « Les putes sont des hommes comme les autres », *Raisons politiques*, n° 11, 2003, p. 117-132.

des tempéraments témoignent premièrement de l'extrême plasticité des corps bien sûr, mais, deuxièmement, de l'extrême malléabilité des logiques dominantes qui se ménagent une véritable palette catégorielle, permettant de subsumer tous les corps et de s'adapter à toutes les configurations de pouvoir.

Autrement dit, ce que l'on a coutume d'appréhender comme une opposition binaire, comme un dispositif duel (mâle/femelle, homme/femme, santé/maladie, chaud/froid...) se révèle plus complexe, plus inventif. Aux côtés des catégories normatives, existent des catégories mutantes qui, loin de mettre à mal la cohérence générale du dispositif, lui permettent de se maintenir en englobant les contradictions : toutes les femmes sont des êtres pathogènes et inférieurs en raison de leur tempérament naturellement froid et humide, mais certaines ont un tempérament brûlant. Ainsi, le tempérament sanguin, « viril » des prostituées leur permet de jouir illicitement de certaines prérogatives masculines, mais il n'implique nullement qu'elles bénéficient des privilèges physiologiques et moraux de la masculinité, c'est-à-dire qu'elles soient en bonne santé et par conséquent qu'elles soient comptées parmi les individus naturellement dominants.

Cependant, une difficulté subsiste. Elle tient au rapport entre tempérament et sexualité : le tempérament est-il ce qui explique la sexualité ou la sexualité est-elle ce qui modifie le tempérament ? L'hésitation est perceptible dans tous les traités du XVIIe siècle. Au XIXe siècle, il n'y paraîtra plus. Les propos cités ci-dessus de Virey sont à ce titre représentatifs : les prostituées ne sont pas viriles, elles se *virilisent*. En d'autres termes, pour Virey et la majorité de ses confrères, le tempérament ardent des prostituées est une disposition acquise du fait de leur sexualité et non une complexion naturelle. Les prostituées sont des femmes au tempérament normalement froid et humide, qui, du fait d'un dérèglement moral, de pratiques illicites, abusives, se modifient physio-anatomiquement. Enfin, cette mutation, parce qu'elle ne peut pas signifier que les prostituées bénéficient des privilèges de la masculinité, est pensée comme pathologique. Au-delà des prostituées, ce sont donc toutes les femmes dont la sexualité peut être considérée comme contre nature qui vont être considérées non pas comme saines, « mâles » et vigoureuses, mais bien comme des malades.

Furieuses et fricatrices

Au cours du XVIIIe siècle, dans les traités des maladies des femmes, apparaît une nouvelle affection féminine typique qui permettra de résorber les corps mutants sous une catégorie physiopathologique déterminée. Cette nouvelle affection, les médecins vont l'élaborer à partir d'une ancienne maladie connue des médecins antiques : la satyriasis. C'est sur le modèle de cette maladie, jusqu'alors exclusivement réservée aux hommes, que les médecins créent la fureur utérine, appelée *hysteria libidinosa*, ou encore nymphomanie. Dans ces conditions, il est problématique que, dans la plupart des études sur l'histoire de l'hystérie, les spécialistes ne distinguent pas suffisamment ce qui constitue pourtant deux maladies différentes, la suffocation de la matrice et la fureur utérine.

Aretée de Cappadoce parle longuement de la suffocation, mais il ne mentionne jamais la fureur. En revanche, dans son traité, au chapitre consacré à la « satyriase », affection qui consiste en « un désir insatiable du coït que l'assouvissement même du plaisir ne peut apaiser [15] », provoquant des érections permanentes du membre viril, on peut lire :

> « On a dit que les femmes étaient sujettes à ce mal, qu'elles éprouvaient la même fureur lubrique et tous les symptômes dont nous venons de parler. Je veux bien croire que certaines femmes chez lesquelles abonde une humeur superflue et qui a besoin d'être évacuée ressentent des mouvements lascifs, mais je ne regarde point cette affection comme une satyriase ; le tempérament des femmes naturellement moins ardent et plus froid ne les porte point à de tels excès ; elles n'ont d'ailleurs aucun organe qui les rende sujettes à la maladie qu'indique le nom de satyriase, comme les hommes n'en ont point qui les rende sujets aux suffocations de la matrice [16]. »

Ainsi, les femmes ne peuvent être prises de fureur, de même que les hommes ne peuvent être pris de suffocation : tel est l'héritage de la médecine antique : il y a deux axes et deux classes de maladies correspondantes.

Pourtant, à la fin du XVIe siècle, Jean Liébault ouvre son chapitre sur la fureur utérine en ces termes :

> « Ce mal est [...] accompagné de rage et de frénésie furieuse, à raison d'une ardeur excessif de l'amarry, qui est communiqué au

---

15. Aretée DE CAPPADOCE, *Traité des signes, des causes et de la cure des maladies aiguës et chroniques*, *op. cit.*, p. 71.

16. *Ibid.*, p. 72.

cerveau et au reste du corps par la conduite de l'épine du dos, ou par les vapeurs âcres qui montent au cerveau, de la matrice embrasée. En ce mal, les femmes transportées de leur bonne raison ne font que babiller incessamment et parler de choses vénériennes : sentent incroyables prurits et démangeaisons dans les parties honteuses, à l'attraction desquelles prennent plaisir émerveillable [17]. »

Comment comprendre ce changement nosographique ? Entre Aretée de Cappadoce et Jean Liébault, il y a bien sûr tous les développements relatifs à la fureur amoureuse, sur laquelle les médecins de la Renaissance se sont penchés, comme Jean Aubery ou Jacques Ferrand. L'amour médicalisé est compris sous les traits d'une mélancolie érotique ou « furie d'amour ». Comme l'analyse Évelyne Berriot-Salvadore : « La passion amoureuse, classée parmi les affections mélancoliques, apparaît comme une réaction physiologique à laquelle sont prédisposés certains tempéraments plus que d'autres. On peut alors plus aisément comprendre pourquoi les poètes à qui l'on attribue une complexion mélancolique restent sous l'emprise de leurs fantasmes amoureux… Mais cette analyse permet aussi d'inscrire dans les lois de la nature tous les comportements individuels : la vieillesse, en général, ferme les portes à l'amour parce qu'elle est sous la dominance d'un tempérament froid et sec, tandis que la puberté laisse dangereusement s'infiltrer la passion dans un corps embrasé par le sang et l'atrabile [18]. »

Sur le même modèle que la « mélancolie amoureuse », la fureur utérine serait donc l'effet physiologique typiquement féminin de la passion amoureuse. Or, si les femmes ont un tempérament froid et humide, comment peuvent-elles être victimes d'une telle affection ?

Jean Liébault, en poursuivant sa description de la fureur utérine, décrit les femmes qui à ses yeux sont le plus prédisposées à la fureur utérine.

« Tel accident [la fureur utérine] procède pour la plus grande part de l'abondance du sperme âcre et flatulent, et ne se trouve que dans les *femmes chaudes de nature*, qui sont jeunes, se plaisent à tous

17. Jean Liébault, *Trois Livres des maladies et infirmitez des femmes*, *op. cit.*, p. 95.

18. Évelyne Berriot-Salvadore, « Les médecins analystes de la passion érotique à la fin de la Renaissance », *in* Bernard Yon (dir.), *La Peinture des passions*, Publications de l'université de Saint-Étienne, Saint-Étienne, 1995, p. 264-265. *Idem* pour les mœurs et le génie poétique de chaque nation, selon l'air et le climat, *idem* pour les tempéraments féminin et masculin. Si les femmes sont par nature froides et humides, elles sont réputées plus vulnérables et incapables de résister à la moindre passion. Voir également Frédéric Gabriel, « De la mélancolie érotique », *Le Polygraphe*, n° 15/16, 2000, p. 2376-2402.

délices et voluptés, se nourrissent beaucoup, et ne pensent qu'à contenter leurs charnalités [19]. »

Jean Liébault considère ainsi que certaines femmes peuvent être sujettes à un mal qui relève du genre du satyriasis, et que les effets sont plus graves chez elles que chez les hommes : les femmes atteintes sont babilles, incontrôlables et obscènes. Ce sont particulièrement les jeunes femmes, celles qui s'adonnent à tous les « délices » et aux plaisirs de la chair, mais aussi celles qui sont « chaudes de nature ».

Quelques années plus tard, Varande assure que les femmes atteintes de fureur utérine se prostituent ou quittent leurs maris pour suivre leurs amants [20]. Selon ce raisonnement, ce n'est donc pas la prostitution qui réchauffe le tempérament, mais le tempérament naturellement chaud qui provoque des pratiques prostitutionnelles ou licencieuses. Varande fournit de nombreux détails sur leur profil : elles ont

> « un bon tempérament sanguin et bien tempéré ou trop chaud, comme dans les Noires, la fleur de l'âge, et qui est vigoureux, comme celui des Filles, particulièrement, selon que nous avons rapporté d'Hippocrate quand leurs mois commencent à couler, qu'Aristote conseille pour ce sujet dans l'histoire des Animaux de bien conserver, comme aussi une nature des veuves, qui sont adonnées aux plaisirs, et des Femmes stériles, est fort disposée à recevoir cette indisposition, toutes les choses externes qui peuvent engendrer de la semence, la retenir dans ses vaisseaux, l'échauffer ou la corrompre, font beaucoup à l'avancement de ce mal ; c'est pourquoi cette maladie est fort ordinaire dans les pays qui jouissent d'un air tempéré ou trop chaud, comme Strabon et Hérodote rapportent de l'Égypte [21] ».

Varande définit ici les frontières, encore floues et poreuses, d'un groupe de femmes caractérisées par leur sexualité, mais aussi par leur tempérament chaud par nature ou par le climat de leur contrée.

Les sources de ces considérations sont essentiellement antiques ou tirées des récits de voyage, principalement ceux du médecin Léon l'Africain. Al Hassan ibn Muhammad al Wazzan, dit « Léon l'Africain », est l'une des références privilégiées des médecins car ses imposantes *Descriptions de*

---

19. Jean LIÉBAULT, *Trois Livres des maladies et infirmitez des femmes*, *op. cit.*, p. 95.
20. VARANDE, *Traité des maladies des femmes*, *op. cit.*, p. 135.
21. *Ibid.*, p. 132-133. La référence à Strabon et Hérodote est un lieu commun de toute l'histoire des traités des maladies des femmes.

l'Afrique, rédigées vers 1525, regorgent d'informations sur les climats, les mœurs et les coutumes, les tempéraments et les maladies des peuples du continent africain alors inconnu. D'après Léon l'Africain, les femmes africaines sont des femmes lubriques qui entraînent leur mari dans la paillardise. En cela, il suit l'opinion du célèbre navigateur Amerigo Vespucci, qui, après avoir souligné la nudité des habitants de la côte africaine, ce qui lui permet de juger de leur grande beauté corporelle, s'attarde sur

> « une façon de faire, fort étrange, cruelle, et éloignée de toute humaine honnêteté, c'est que pour satisfaire à leur extrême et insatiable paillardise, et démesurées voluptés, elles provoquent et allèchent les hommes à la luxure, leur faisant boire certain jus d'herbes [22] ».

Léon l'Africain soutient quant à lui que les femmes de ces climats usent de façon licencieuse de leur clitoris : ce dernier est perçu comme un organe hypertrophié, qui croît sous l'effet du climat torride, du tempérament chaud de ces femmes ou sous l'effet de leur pratique sexuelle. La chaleur est ici utilisée pour prêter à ces femmes un organe proéminent qui leur permettrait d'en jouir pour satisfaire d'autres femmes.

Ainsi, l'un des épisodes des *Descriptions* les plus cités par les médecins des XVIIe et XVIIIe siècles est le récit des ruses déployées par les diseuses de bonne aventure du Royaume de Fez pour tromper les femmes venues les consulter. Ces diseuses de bonne aventure, prétextant qu'elles sont possédées par l'esprit du mari décédé de leur cliente, prenant une voix rauque et masculine, ont, ou tentent d'avoir, des relations sexuelles avec elle [23]. Satisfaites ou éconduites, elles ne craignent pas de présenter ces avances comme le juste paiement de leur boniment. Ces femmes sont appelées *Sahacat*,

> « qui vaut autant à dire, comme en la langue Latine, Fricatrices : et à dire vrai, elles sont atteintes de ce méchant vice, d'user charnellement les unes avec les autres [24] ».

---

22. Amerigo VESPUCCI, *Lettres d'Americ Vespuce*, texte reproduit dans l'édition de LÉON L'AFRICAIN, *Historiale description de l'Afrique, tierce partie du monde*, Jean Temporal, Lyon, 1556, p. 470. Et l'auteur poursuit : « Que si cela ne suffit, elles appliquent je ne sais quelles bêtes venimeuses à la nature, et membre viril, de sorte que quelques-uns en perdent cette partie et aussi les testicules », p. 470.

23. LÉON L'AFRICAIN, *Historiale description de l'Afrique, tierce partie du monde*, livre III, C. Plantin, Anvers, 1575, p. 177.

24. *Ibid.*, 177.

Ces diseuses de bonne aventure seront largement utilisées par les commentateurs des siècles suivants pour dénoncer l'extrême lubricité des femmes africaines et les relations contre nature qu'elles entretiennent, connues sous le nom de tribadisme (*tribade*, dont l'étymologie grecque renvoie au verbe frotter)[25]. Parce que les femmes prennent goût à ces amours entre femmes, selon Léon l'Africain, les pratiques licencieuses des fricatrices (l'équivalent latin du terme *tribade*) sont présentées comme particulièrement menaçantes et endémiques : elles font des adeptes.

Aussi, la pratique de l'excision (du clitoris ou des petites lèvres, souvent appelées nymphes) est perçue par les voyageurs comme une coutume rendue nécessaire pour endiguer ces appétits et pratiques sexuels. De nombreux compilateurs, savants ou médecins antiques et modernes rapportent que la pratique de l'excision est commune chez les peuples de Judée, d'Égypte ou d'ailleurs. Les références classiques sont Strabon, Paul d'Égine, Paul d'Aetius et Avicenne. L'excision est également perçue comme un mal nécessaire compte tenu de la polygamie, tous les voyageurs s'accordant sur le fait que les femmes sont communes en Afrique ou que la polygamie est monnaie courante. Or, ces deux coutumes ou bien favorisent encore la licence et la débauche des femmes qui n'appartiennent à personne en particulier, ou bien les encouragent à entretenir des relations avec d'autres femmes, faute d'être sexuellement satisfaites par l'homme qu'elles ont en partage[26].

Pour la plupart, l'excision sert à remettre de l'ordre parmi les sexes : en supprimant l'organe, on supprime les possibilités d'inversion de l'ordre sexuel. Pour les regards étrangers, cette idée d'une inversion de l'ordre sexuel en Afrique est un lieu commun. Ainsi, quelques pages avant le récit des tribades, Léon l'Africain rapporte les pratiques de certains hommes maquillés

25. Sur ce passage, voir Thomas LAQUEUR, « Amor Veneris, vel Dulcedo Appeletur », *in* Michel FEHER, Ramona NADDAFF et Nadia TAZI (dir.), *Fragments for a History of the Human Body*, III, Zone Books, New York, 1989, p. 90-131 ; et Katharine PARK, « The rediscovery of the clitoris », *in* David HILLMAN et Carla MAZZIO, *The Body in Parts*, Routledge, New York, 1997, p. 171-194.

26. C'est l'opinion de Léon l'Africain, mais aussi de très nombreux voyageurs. Voir par exemple André THÉVET, *Les Singularitez de la France antarctique, autrement nommée Amérique...*, chez les héritiers de Maurice de la Porte, Paris, 1558 ; et Godefroy LOYER, *Relation du voyage au royaume d'Issyny*, A. Seneuze et J.-R. Morel, Paris, 1714.

et habillés en femme, et se comportant de façon exagérément féminine, allant jusqu'à louer publiquement leur amant [27].

> « Ils sont d'une génération appelée *Elchena* et se parent d'habits lubriques, et dissolus, qu'ils accoutrent à la mode féminine, portant la barbe rase, s'étudiant de tout leur esprit à imiter en tout, les gestes, et façons des femmes : voire jusques à la parole même. Quoi plus ? Ils se rendent si mols, et délicats, qu'ils n'ont point honte s'abaisser de tant que de prendre la quenouille pour filer et n'y à celui de ces infâmes paillards qui ne tienne un concubin usant avec lui et se viennent à conjoindre ensemble ne plus ne moins que fait le mary avec la femme [28]. »

Les deux récits, celui des *Sahacat* et celui des *Elchena*, tendent bien à souligner l'étrangeté de l'Afrique. Pour les médecins européens, l'inversion des rôles sexuels et l'homosexualité font des habitants de l'Afrique des corps monstrueux, mais aussi fascinants. Dans le rejet de ces corps où se mêlent ensemble des identités sexuelles communément antagoniques, où se jouent des conjugalités hérétiques, c'est la possible rencontre entre Européens et Africains qui est condamnée [29] : c'est l'impossibilité de se figurer une commune humanité morale qui s'exprime dans la lecture des récits d'inversion sexuelle [30].

L'insistance sur ces curiosités sexuelles, sur les particularités génitales et sexuelles des femmes de « là-bas » permet également aux médecins de situer dans un ailleurs lointain, inconnu et exotique l'ensemble des femmes qui ne correspondent pas à leurs catégories médicales. Cette façon de considérer l'homosexualité – notamment féminine – comme une caractéristique exclusive de ces peuples équivaut à ne pas penser la multiplicité des sexualités des femmes d'« ici » et à les résorber sous une seule et unique pratique licite et autorisée. Valerie Traub rappelle en ce sens un passage du *Midwives Book*, de la célèbre sage-femme Jane Sharp, dans lequel elle décrit les clitoris contre nature des Égyptiennes et assure qu'elle n'a entendu

27. Léon l'Africain, *Historiale description de l'Afrique, tierce partie du monde*, p. 152-153.

28. *Ibid.*

29. Jonathan Goldberg, « Sodomy in the New World : anthropologies old and new », *Social Text*, n° 29, 1991, p. 49.

30. Enfin, il ne faut pas sous-estimer, comme le rappelle à juste titre William B. Cohen, que ces récits sont aussi le fait de voyageurs sexuellement frustrés. « Il se peut que les Européens, pour la plupart de jeunes célibataires éloignés de la France pendant de nombreuses années, aient projeté leurs propres phantasmes sexuels sur les Africains et en particulier sur les Africaines », William B. Cohen, *Français et Africains. Les Noirs dans le regard des Blancs, 1530-1880*, Gallimard, Paris, 1981, p. 47.

qu'une seule fois dans toute sa carrière un cas similaire en Angleterre[31].

De la même façon, cette opposition entre l'anatomie des femmes africaines et européennes produit une représentation normative de l'appareil génital, du désir et du plaisir féminins. Ce qui est qualifié d'hypertrophié et de contre-nature permet de définir ce qui est proportionné et « naturel ». Seul un Nicolas de Venette parle volontiers et en détail de l'érection de certaines femmes de nos contrées, au clitoris saillant, dans son impertinent *Tableau de l'amour conjugal* :

> « Un homme est bien surpris la première nuit de ses noces, quand dans la chaleur de sa passion touchant sa femme avec tendresse, il ressent un membre aussi raide que le sien qui lui frappe le ventre[32]. »

Stupéfait, le mari est d'abord inquiet et refroidi. Mais sa compagne parvient à le convaincre de son « sexe » et de sa bonne foi, croyant que « toutes les femmes sont faites comme elle[33] ».

> « Elle lui dit que pendant l'hiver le froid fait presque entièrement retirer son clitoris, et qu'en ce temps-là il ne paraît pas plus long ni plus gros que la moitié du petit doigt : mais que dès que la chaleur de l'été se fait sentir, cette partie se grossit et s'allonge extrêmement[34]. »

Le mari est rassuré ; il décide d'aller voir un médecin qui préconise de couper cette partie d'excessive longueur. Dans la mesure où la pratique de l'excision est très rarement mentionnée en ce qui concerne les femmes européennes, ce passage de Venette est donc particulièrement intéressant[35] – il est vrai aussi que la thèse de Venette est de soutenir que, malgré leur tempérament toujours plus froid et plus humide que celui des hommes, les femmes sont beaucoup plus promptes aux transports amoureux.

---

31. Voir Valerie TRAUB, « The psychomorphology of the clitoris », *GLQ : A Journal of Lesbian and Gay Studies*, 2, 1995, p. 81-113.

32. VENETTE, *Tableau de l'amour considéré dans l'état du mariage*, *op. cit.*, p. 462.

33. *Ibid.*, p. 463.

34. *Ibid.*

35. Le célèbre obstétricien François MAURICEAU décrit ce type d'opération effectuée sur des lèvres hypertrophiées, infectées et douloureuses, mais aussi tout simplement « disgracieuses » ou moralement « gênantes ». Voir *Aphorismes touchant la grossesse, l'accouchement, les maladies, et autres dispositions des femmes*, L. d'Houry, Paris, 1694, aphorisme 174.

Au XVIIe siècle, en Europe, et plus particulièrement en France, les rares mentions de l'excision apparaissent à l'occasion des cas d'hermaphrodisme. Ainsi, c'est dans le chapitre consacré aux hermaphrodites qu'Ambroise Paré s'intéresse aux parties génitales de certaines femmes ; le chapitre se conclut d'ailleurs par le récit des fricatrices de Fez tiré de Léon l'Africain, passage absent de l'édition de 1556. Dans l'édition de 1556, Paré expliquait le phénomène selon la pure tradition aristotélicienne, pour qui les hermaphrodites proviennent d'un excès de matière, contraignant la cause formelle à dupliquer certaines parties du corps de l'embryon : un doigt, un sexe, voire un être entier. L'hermaphrodisme est défini comme un type de gémellité inachevée. Il désigne non pas un appareil mixte, mais bien un appareil mâle ou femelle avec un élément résiduel assimilé au système sexuel opposé. En 1575, Paré complète son chapitre en introduisant un élément nouveau : les hermaphrodites ne sont plus seulement des cas de gémellité inachevée, mais peuvent également être des femmes qui abusent d'une singularité génitale. Paré ne s'intéresse d'ailleurs pas tant au clitoris qu'aux lèvres des femmes, appelées nymphes, qui s'allongent « principalement lors qu'elles désirent le coït, et que leurs maris les veulent approcher, se dressent comme la verge virile, tellement qu'elles en jouissent avec les autres femmes [36] ». Or, le conseil du chirurgien dans ce cas est de couper les parties superflues et de prendre garde « de n'inciser trop profondément, de peur d'un grand flux de sang, ou de couper le col de la vessie [37] » : les indications de Paré paraissent suffisamment précises et informées sur les risques d'une telle opération pour attester que l'excision n'était pas au XVIe siècle une pratique si exceptionnelle en France.

Au XVIIe siècle, l'un des plus célèbres cas d'hermaphrodisme connu est celui de Marie/Marin Le Marcis, poursuivie pour sodomie (*i.e.* sexualités contre-nature comprenant le tribadisme), travestissement et luxure. En 1601, Marin Le Marcis, trente ans, est accusé de sodomie. Élevée jusqu'à l'âge de vingt ans en fille, elle prend les habits d'homme lorsqu'elle sent sa transformation et se fiance avec la veuve Jeanne Le Febvre. Lors de son procès, Marie/Marin est condamné à mort après avoir été examiné par deux commissions de spécialistes qui

36. Ambroise PARÉ, *Les Œuvres de M. Ambroise Paré*, chez Gabriel Buon, Paris, 1575, p. 813.
37. *Ibid.*

n'ont observé aucun signe de virilité. Il/elle fait appel auprès du Parlement de Rouen. Une nouvelle commission se réunit. L'un de ses membres, Jacques Duval, chirurgien à Rouen, trouve bien un membre phallique caché dans son vagin et déclare qu'il s'agit d'un hermaphrodite mâle. Cependant, on lui enjoint de reprendre les habits de femme et on lui interdit d'habiter avec une personne de l'un ou l'autre sexe. Duval a donc réussi à susciter le doute, à imposer l'idée de la possibilité d'êtres à la fois homme et femme qui témoignent positivement de la variété de la création. Pourtant, face à l'indéfinissable identité sexuelle de Marie/Marin, les juges, en décidant de lui interdire toute relation charnelle, ont finalement fait le choix de la/le « désexualiser [38] » : ni homme, ni femme.

Or, dix ans après le procès, Jean Riolan, professeur d'anatomie à la faculté de médecine de Paris, répond à Duval dans son *Discours sur les hermaphrodites* sur le cas Le Marcis. Se référant à Aristote, Riolan pense la différence sexuelle selon un modèle dichotomique : les véritables hermaphrodites n'existent pas, la plupart des cas pouvant s'expliquer par un prolapsus de la matrice ou par une hypertrophie clitoridienne. Le cas Le Marcis est seulement une femme : elle était donc coupable de tribadisme. Il parle ainsi de « vice d'hermaphrodisie », faisant d'une anomalie anatomique le prétexte d'une perversion sexuelle. En réponse, Riolan préconise la clitoridectomie afin de discipliner les femmes à la sexualité débridée, notamment celles portées à l'homoérotisme [39].

Dans le *Tableau de l'amour considéré dans l'état du mariage*, c'est également dans le chapitre consacré aux hermaphrodites que Nicolas Venette parle des tribades ou ribaudes. Il distingue cinq types d'hermaphrodites, dont un seulement peut être considéré comme « véritable ». Tous les autres sont des hommes *ou* des femmes, l'un excluant clairement l'autre :

> « On doit savoir que le tempérament d'un homme est différent de celui d'une femme, qu'il est impossible qu'il arrive dans la nature un changement si extraordinaire. La complexion d'un homme ne consiste pas seulement dans une certaine union des premières et secondes qualités, mais dans un certain mélange et un arrangement de la matière dont il est composé. Et par conséquent, il est impossible qu'un garçon devienne fille, et qu'une fille devienne garçon ;

---

38. Patrick GRAILLE, *Les Hermaphrodites aux XVIIe et XVIIIe siècles*, Les Belles Lettres, Paris, 2001, p. 117.

39. Voir PARK, « The rediscovery of the clitoris », *in* David HILLMAN et Carla MAZZIO, *The Body in Parts*, *op. cit.*

> le tempérament de l'un et de l'autre étant une chose trop éloignée[40]. »

La preuve en est, selon Venette, qu'un même tempérament ne peut à la fois produire du sperme et des règles, car, argumente-t-il en bon aristotélicien, l'un et l'autre sont le produit d'une complexion en tous points contraire. Venette résume la position de la plupart des médecins appelés comme experts aux procès : un grand clitoris ne pourra jamais devenir un pénis, ni même être confondu avec ce dernier. La plupart des procès d'hermaphrodites se concluront donc par des condamnations pour imposture, travestissement ou sodomie. En d'autres termes, quasiment tous les cas seront pensés sous la catégorie de tribadisme.

Or, la difficulté pour les médecins est désormais de déterminer la cause de ce qu'ils définissent comme une malformation clitoridienne chez les femmes européennes, alors qu'ils la conçoivent comme une spécificité anthropologique chez les femmes africaines. En d'autres termes, pour maintenir une distinction normative entre les « naturels » des femmes des deux continents – les unes ayant un tempérament froid et humide, les autres, chaud et sec –, il est nécessaire de comprendre les excroissances clitoridiennes des Européennes comme symptomatiques non pas d'un « naturel », mais bien de pratiques licencieuses ou d'affections morbides. Ainsi, nombre de pratiques sexuelles vont être définies comme pathologiques chez les Européennes, alors qu'elles seront comprises comme des traits anthropologiques chez les Africaines.

L'exemple le plus représentatif de cette pathologisation de la sexualité est probablement celui de la masturbation féminine. Alors qu'aux XVIe et XVIIe siècles, aucun traité n'évoque cette pratique, elle devient au cours du XVIIIe siècle une véritable maladie[41] qui se confond plus ou moins avec la fureur utérine dont elle est l'un des symptômes. Les médecins sont face à ce qu'ils nomment eux-mêmes un « fléau » qui touche toute l'Europe. Selon le fameux médecin suisse Samuel Tissot, sous l'effet de la masturbation, les femmes deviennent plus lascives

---

40. VENETTE, *Tableau de l'amour considéré dans l'état du mariage*, *op. cit.*, p. 495.

41. Lorsqu'ils évoquent cette pratique, les médecins du XVIIe siècle reconnaissent que l'attouchement excessif est préjudiciable, mais la pratique n'est jamais condamnée en elle-même, et encore moins définie comme une maladie. Sur l'émergence de la masturbation comme problème, voir Thomas LAQUEUR, *Le Sexe en solitaire : contribution à l'histoire culturelle de la sexualité*, Gallimard, Paris, 2005.

et plus « viriles ». À ses yeux, la masturbation est en ce sens l'antichambre du tribadisme. Le médecin parle de

> « ces imparfaites qui se sont emparées des fonctions viriles [...]. On a vu souvent des femmes aimer des filles avec autant d'empressement que les hommes les plus passionnés, concevoir même la jalousie la plus vive contre ceux qui paraissaient avoir de l'affection pour elles [42] ».

Pour les médecins, la jouissance modifie physiologiquement le sexe assigné au corps. Ce corps, entre truchement et mutation, acquiert par des pratiques illicites tous les attributs anatomophysiologiques du mâle et se joue de la masculinité. Ils redoutent d'ailleurs le pire :

> « On observe que les femmes ainsi constituées ne conservent presque rien des qualités de leur sexe, et tiennent beaucoup plus de l'homme ; elles ont en général la taille élevée, les membres vigoureux, la figure hommasse, la voix forte, le ton impérieux, les manières hardies [43]. »

Ces femmes ressemblent, trait pour trait, aux « mâles » prostituées, telles qu'elles étaient décrites par les médecins du XVIIe siècle.

Le danger de la masturbation féminine est aussi qu'elle détourne les femmes de la sexualité reproductrice, en libérant leur désir, en leur donnant ce privilège « viril » de se satisfaire sexuellement sans risquer les grossesses. Ainsi, dans le *Dictionnaire des sciences médicales*, à l'article « Clitorisme », néologisme forgé par l'auteur, on peut lire :

> « Les dames de Lesbos se livraient, dit-on, avec excès au clitorisme, et s'adonnaient même entre elles, par un raffinement d'immoralité, à cette pratique réprouvée par l'amour et si contraire à la population [...]. Peut-être aussi le clitorisme devait-il sa vogue à la sécurité avec laquelle les femmes peuvent s'y livrer [44]. »

La masturbation suscite tous les fantasmes, à commencer par celui du développement du clitoris : la plupart des médecins sont en effet convaincus que la masturbation fait croître le clitoris dans des proportions étonnantes.

---

42. Samuel TISSOT, *L'Onanisme. Essai sur les maladies produites par la masturbation*, Garnier Frères, Paris, 1905, p. 52.

43. RENAULDIN, article « Clitoris », *in* ALARD *et al.* (dir.), *Dictionnaire des sciences médicales*, *op. cit.*, tome 5, p. 374.

44. FOURNIER, article « Clitorisme », *in* ALARD *et al.* (dir.), *Dictionnaire des sciences médicales*, *op. cit.*, tome 5, p. 376.

> « On voit, dans nos grandes cités, des femmes qui, non contentes de se livrer au clitorisme, s'efforcent, dans le délire de leur dépravation, de faire des prosélytes ; elles associent d'autres femmes à leurs débauches ; ces cyniques, à force de tirailler, d'exciter leur clitoris, parviennent à lui faire atteindre un développement qui simule le pénis. Orgueilleuses de ce succès, elles deviennent les amants de celles qu'elles ont séduites. Elles ne gardent plus de mesures ; leur effronterie est telle que partout elles dédaignent les coutumes, et jusqu'aux habits de leur sexe. Honteuses de lui appartenir, elles s'affublent de nos vêtements, prennent toute la liberté de nos mœurs. Fières de braver tous les usages sociaux, les préjugés les plus respectables, elles renoncent aux douces prérogatives que nous accordons aux femmes, et se font homme pour avoir le droit d'offrir à leurs égales un culte honteux, dont l'amour et les mœurs s'offensent également. Ces sortes de femmes portent sur leur figure tous les stigmates de la débauche [45]. »

La masturbation est donc une initiation aux sexualités, à la liberté et, par là même, une débauche politique. On retrouve ici toute la symbolique de l'inversion de l'ordre sexuel qui figure le renversement de l'ordre social et politique. Ainsi, dans une langue médicale toujours effrayante, transparaissent le désir inquiétant de ces femmes, leur imaginaire érotique et leur lutte politique. C'est cette sexualité féminine qui constitue précisément la cible des médecins, qui les fascine aussi [46].

---

45. *Ibid.* p. 377-378.

46. Voir Grégoire CHAMAYOU et Elsa DORLIN, « Objet = X : nymphomanes et masturbateurs – XVIIIe-XIXe siècle », *Nouvelles Questions féministes*, n° 1, 2005, p. 53-66.

4

Fureur et châtiments

De la fureur à la nymphomanie

Aux XVIIIe et XIXe siècles, la masturbation est une maladie à part entière, mais elle est aussi le symptôme – ou la cause [1] – emblématique d'une affection féminine réputée des plus violente : la fureur utérine ou « nymphomanie [2] ».

L'ouvrage de référence est celui de Bienville, *La Nymphomanie*, qu'il publie en 1771. Le médecin a ouvertement l'ambition que son ouvrage connaisse le même succès que *L'Onanisme* de Tissot. Pour Bienville, bien que les femmes aient un tempérament plus froid que celui des hommes, la disposition de l'appareil génital féminin prédispose à la volupté et donc à la maladie : le clitoris, que Bienville nomme le « trône de l'amour [3] », la cavité du vagin, la capacité des femmes, à l'inverse des autres femelles du règne animal, à désirer le coït alors qu'elles sont enceintes, les glandes produisant les humeurs séminales qui ne cessent de se déverser dans la matrice... Cette « passion morbifique », ce désir effréné, est donc plus propre aux femmes en raison de la sensibilité de leurs organes génitaux, qui sont disposés à recevoir des impressions beaucoup plus vives que ceux des hommes et qui, par conséquent, s'enflamment

1. Les médecins ne parviennent pas à s'entendre sur ce point.
2. Le terme médical se diffuse dans la seconde moitié du XVIIIe siècle.
3. M.-D.-T. BIENVILLE, *La Nymphomanie ou traité de la fureur utérine*, *op. cit.*, p. 39. « Clitoris » : « Que je pourrais nommer la fougue et la rage de l'Amour. C'est là que la Nature a mis ce trône de ses plaisirs et de ses voluptés, comme elle a fait dans le gland de l'homme. C'est là qu'elle a placé ces chatouillements excessifs, et qu'elle a établi le lieu de la lascivité des Femmes », VENETTE, *Tableau de l'amour considéré dans l'état du mariage*, *op. cit.*, p. 16-17.

beaucoup plus vite. Le corps des femmes est ainsi sensible aux plus petites « secousses » :

> « Ces secousses dont nous venons de parler, qui enflamment dans le sexe le désir de volupté, peuvent être rapportées à trois causes principales : 1° À un frottement agréable des organes, dans lequel on se plaît, et dont le sentiment occasionne jusqu'à un certain point des chatouillements de différentes espèces et de différents degrés ; 2° À des picotements doux et flatteurs, dont elles sont agréablement inquiétées ; 3° À des pincements voluptueux qui les agitent et les animent [4]. »

Ainsi, les trois causes principales de la nymphomanie selon Bienville sont toutes liées à l'excitation sexuelle. En rendant pathogène la sexualité, les médecins participent à la fois de sa réprobation morale et sociale et de sa normalisation dans une forme licite, légitimant un contrôle toujours plus étroit des corps et de leur commerce. Toutefois, parce que cette maladie est la maladie de l'indécence même, parce qu'elle met en scène des femmes qui, aux dires des médecins, ont perdu toute pudeur, les traités relatifs à la nymphomanie sont aussi le lieu privilégié de ce que Foucault appelle le « discours sur le sexe ». En ce sens, la médecine est l'un des foyers de cette analytique du sexe, au principe de toute une gamme de pratiques disciplinaires qui se développent au cours du XVIIIe siècle. Parce que la sexualité devient un des caractères distinctifs des individus, en la rendant médicalisable, on autorise aussi le pouvoir médical à « frôler les corps » ; « il les caresse des yeux ; il en intensifie les régions ; il électrise les surfaces ; il dramatise des moments troubles [5] ». Cette « sensualisation du pouvoir », selon les termes de Foucault, qui le lie au plaisir, est d'autant plus perceptible chez les médecins des femmes. Bienville se délecte des détails les plus pornographiques comme des plus sordides, le médecin Astruc va jusqu'à rédiger son chapitre sur la nymphomanie en latin car, selon lui, il est impossible d'échapper à l'obscénité de certains cas [6]. Les traités médicaux dans lesquels cette pathologie s'élabore et se fabrique deviennent ainsi une scène privilégiée pour décrire, détailler, exposer la mise en

4. BIENVILLE, *La Nymphomanie ou traité de la fureur utérine*, *op. cit.*, p. 42-43.
5. Michel FOUCAULT, *Histoire de la sexualité*, Gallimard, Paris, 1994, p. 61.
6. BIENVILLE, dans *La Nymphomanie*, reconnaît lui-même avoir hésité à rédiger son traité en latin, et se justifie de l'avoir plutôt écrit en français, en arguant que l'intérêt scientifique de son propos l'emportera sur la curiosité déplacée que pourrait susciter le sujet.

scène sexuelle de ces femmes, mais aussi du pouvoir lui-même, sous couvert de réalisme clinique.

L'un des textes maintes fois cités dans les traités des maladies des femmes est un passage de l'*Histoire naturelle* de Buffon, dans lequel il souligne le fait qu'aucune remontrance, aucune autorité, aucun châtiment ne sauraient arrêter la fureur de ces femmes. La fureur

> « est une espèce de manie qui leur trouble l'esprit et leur ôte toute pudeur, les discours les plus lascifs, les actions les plus indécentes accompagnent cette triste maladie et en décèlent l'origine. J'ai vu, et je l'ai vu comme un phénomène, une fille de douze ans très brune, d'un teint vif et fort coloré, d'une petite taille, mais déjà formée, avec de la gorge et de l'embonpoint, faire les actions les plus indécentes au seul aspect d'un homme ; rien n'était capable de l'en empêcher, ni la présence de sa mère, ni les remontrances, ni les châtiments ; elle ne perdait cependant pas la raison, et son accès, qui était marqué au point d'en être affreux, cessait dans le moment qu'elle demeurait seule avec des femmes [7] ».

Buffon définit la maladie (une espèce de manie – d'autres médecins ont coutume d'en faire une vésanie) en privilégiant un cas précis plutôt qu'une description générique. Il ne s'avance pas sur le type physiopathologique des femmes touchées par la fureur, pourtant, en citant le cas de cette jeune fille, il nous donne quelques indications sur son tempérament présumé (elle est brune, elle a le teint vif et coloré, elle est vraisemblablement pubère). Ici, les caractéristiques physiques visent à accentuer le sentiment de déchéance morale absolue de la jeune fille, qui reste un « phénomène ».

L'intrication entre les considérations physiognomoniques et les considérations morales montre que la sémiologie morale des tempéraments est désormais univoque. Les nymphomanes sont définies par leur sexualité et celle-ci est le comble de l'immoralisme. La fureur

> « consiste dans le désir violent de jouir des embrassements des hommes, dans une passion effrénée que la raison ne modère plus ; dans cette maladie, la fille la plus timide et la mieux élevée ne respecte plus rien ; la présence même des personnes qu'elle craint, et qu'elle vénère, ne met point un frein à son délire [8] ».

---

7. Georges-Louis LECLERC, comte DE BUFFON, *Histoire naturelle, générale et particulière, avec la description du cabinet du roi*, Imprimerie royale, Paris, 1749, vol. 2, p. 503. Voir également Nicolas CHAMBON DE MONTAUX, *Des maladies des femmes*, 2 vol., Rue et Hôtel Serpente, Paris, 1784, II, p. 281.

8. CHAMBON DE MONTAUX, *Des maladies des femmes*, II, p. 281.

Même opinion chez Cabanis :

> « La nymphomanie, maladie étonnante par la simplicité de sa cause, qui pour l'ordinaire est l'inflammation lente des ovaires et de la matrice ; maladie dégradante par ses effets, qui transforment la fille la plus timide en une bacchante, et la pudeur la plus délicate en une audace furieuse, dont n'approche même pas l'effronterie de la prostitution [9]. »

En ce sens, les furieuses et les nymphomanes sont les mères de ce « petit peuple » de pervers que la médecine ne cessera de faire proliférer, de classer, de soigner, de redresser tout au long du XIXe siècle. Comme le souligne Michel Foucault, avant le XVIIIe siècle, le discours sur la sexualité se concentre sur le devoir conjugal, c'est-à-dire sur la codification sexuelle – ayant trait au genre et à la sexualité – du mariage, et l'oppose à toute une myriade de pratiques réputées débauchées, englobées sous le vocable de « sodomie ». Au tournant des XVIIIe et XIXe siècles, on assiste à la prolifération des discours sur ces sexualités « contre nature » : cela ne signifie pas que la monogamie hétérosexuelle n'est plus la norme, mais bien plutôt qu'elle « tend à fonctionner comme une norme, plus rigoureuse peut-être, mais plus silencieuse [10] » – le contrôle social hésitant désormais à franchir le seuil de la chambre conjugale. En revanche, on va scruter l'ensemble des sexualités hérétiques, qui fourmillent dans les traités médicaux et s'incarnent en des « types » pathologiques. Il ne s'agit pas de les réprimer, il s'agit de les faire fructifier en autant de points de pouvoir sur les corps. Ainsi, les médecins s'intéressent tout particulièrement à la sexualité de petites filles et s'indignent devant certains comportements décrits avec le plus grand soin :

> « Une petite fille, n'ayant pas encore trois ans, couchée sur le carreau ou s'appuyant avec force contre un meuble, agitait son corps avec une violence singulière. Ses parents ne virent d'abord, dans cette action, qu'un jeu : mais bientôt reconnaissant avec douleur qu'elle dépendait d'une sorte de libertinage, ils s'occupèrent avec soin de corriger une aussi fâcheuse habitude [...]. Nous avons également vu une habitude hideuse, l'onanisme, chez des petites filles de trois et quatre ans, portée à un degré révoltant. Deux autres, un

---

9. CABANIS, *Rapports du physique et du moral de l'homme*, Caille et Ravier, Paris, 1815, p. 416.
10. FOUCAULT, *Histoire de la sexualité, op. cit.*, p. 53.

peu plus âgées, s'agitaient et se raidissaient contre tous les meubles qu'elles pouvaient embrasser [11]. »

À l'article « Fureur » de l'*Encyclopédie*, on trouve les traits typiques de la femme victime de fureur :

> « On observe en général que les jeunes personnes sont plus sujettes à la fureur utérine que celles d'un âge avancé. Mais les filles brunes de bonne santé, d'une forte complexion, qui sont vierges, surtout celles qui sont d'état à ne pouvoir pas cesser de l'être ; les jeunes veuves qui réunissent les trois premières de ces qualités ; les femmes de même qui ont des maris peu vigoureux ont plus de disposition à cette maladie que les autres personnes du sexe : on peut cependant assurer que le tempérament opposé est infiniment plus commun parmi les femmes, dont la plupart sont naturellement froides, ou tout au moins sont tranquilles sur le physique de la passion qui tend à l'union des corps entre les deux sexes [12]. »

Là encore, on retrouve les caractéristiques physiognomoniques du tempérament sanguin ou bilieux (brune, saine, forte), définies comme des prédispositions morbides spécifiques aux femmes, alors qu'elles sont des signes de bonne santé pour les hommes.

La bonne santé – telle qu'elle est communément comprise par les médecins – constitue toujours une prédisposition pathologique, car elle expose clairement les filles à la fureur utérine ; laquelle reste cependant exceptionnelle, puisque les femmes sont communément d'un tempérament froid, comme le rappelle l'auteur.

Bienville assure que les femmes les plus prédisposées à la nymphomanie sont les jeunes filles nubiles, les filles débauchées, les femmes mal mariées, les jeunes veuves, les femmes dont la véhémence naturelle du tempérament les porte à lire des romans luxurieux, à écouter des chansons passionnées, à boire des liqueurs et du café, à manger du chocolat ou des repas piquants, etc. Si Bienville affirme que cette maladie ignore les constitutions et les climats, il remarque cependant qu'elle est beaucoup plus courante dans les pays chauds, comme l'ont observé, selon lui, tous les médecins, depuis Hippocrate jusqu'à Astruc [13]. Le médecin écossais Cullen, dans sa nosographie,

---

11. Louyer-Villermay, article « Nymphomanie », *in* Alard *et al.* (dir.), *Dictionnaire des sciences médicales*, *op. cit.*, tome 36, p. 565-566, citant le cas de son confrère écossais William Buchan. Suit le cas d'une octogénaire nymphomane.

12. D'Aumont, « Fureur », dans *Encyclopédie*, éditée par Denis Diderot, Paris, 1757, tome 7, p. 380.

13. Voir Jean Astruc, *Traité des maladies des femmes, où l'on a tâché de joindre à une théorie solide la pratique la plus sûre et la mieux éprouvée. Avec un catalogue*

décrit également les femmes atteintes d'*hysteria libidinosa*, comme étant « d'une habitude de corps pléthorique, et d'un tempérament sanguin le plus marqué », ou « d'une constitution robuste et virile [14] ».

Chambon de Montaux, grand spécialiste des maladies féminines à l'aube de la période révolutionnaire, partage cet avis. Il écrit, à propos de l'intempérie chaude de certaines femmes dont le sang est épais et âcre :

> « C'est par là qu'on explique pourquoi il [ce sang] porte le trouble dans la matrice, et fait désirer les plaisirs de l'amour, car c'est un aiguillon dont l'action est continuelle. L'imagination ardente des femmes de ce tempérament joint son influence au stimulus du sang pour les solliciter à la volupté [...]. Le poil croît de bonne heure : il est dur, noir et ferme ; mais les cheveux et les sourcils ont les mêmes qualités. Est-ce encore la matrice qui leur donne cette ressemblance avec le poil qui recouvre le mont de Vénus et une partie des grandes lèvres, etc. [15] ? »

À la fin du XVIIIe siècle, les caractéristiques physiques du tempérament des nymphomanes sont donc de plus en plus précises. Les références à la pilosité et à la couleur sont récurrentes.

Enfin, au début du XIXe siècle, Louyer-Villermay dresse le portrait de la nymphomane avec minutie, dans le *Dictionnaire des sciences médicales* :

> « Ainsi, on voit cette disposition à la nymphomanie chez des jeunes femmes dont le système nerveux est prédominant, qui, à des muscles très prononcés et peu pourvus de tissu cellulaire, joignent un système pileux abondant et fortement coloré, des cheveux, des cils, des poils nombreux et très noirs ; des yeux de la même couleur, grands et vifs ; une physionomie expressive et mobile, ou dont les attributs sexuels sont très saillants, tels qu'un sein bien placé, ferme, et d'un volume proportionné ; des hanches bien dessinées et cambrées ; un bassin évasé, avec des saillies arrondies ; enfin des membres abdominaux très développés ; une taille svelte, élancée, etc. [16]. »

---

chronologique des médecins, qui ont écrit sur ces maladies, 6 vol., chez P. Guillaume Cavelier, Paris, 1761.

14. CULLEN, *Institutions de médecine pratique*, traduit par Pinel, Pierre-J. Duplain, Paris, 1785, vol. 2, p. 175.

15. CHAMBON DE MONTAUX, *Des maladies des filles*, 2 vol., À Paris, Rue et Hôtel Serpente, 1785, I, p. 100.

16. LOUYER-VILLERMAY, article « Nymphomanie », *in* ALARD *et al.* (dir.), *Dictionnaire des sciences médicales*, *op. cit.*, tome 36, p. 568. Louyer-Villermay cite quelques pages plus loin (p. 574) Hérodote et Strabon ainsi que Americ Vespuce. Parmi les

Les traits physiopathologiques de la nymphomane s'inscrivent plus clairement encore dans une classification sociale et anthropologique des individus. À tel point que dans le texte de Louyer-Villermay il n'y a plus aucune trace de morbidité : au contraire, Louyer-Villermay accentue les détails positifs (le corps est musclé, élancé et svelte, le regard est vif, le visage expressif...) et érotiques (les seins fermes, bien placés, bien proportionnés, les hanches cambrées, le bassin évasé...). Tout laisse croire que la nymphomane est le contre-modèle absolu de ces « vraies » femmes fragiles, vaporeuses, qui emprisonnent leur corps dans des baleines et des toilettes de luxe, à l'ombre de leur salon ou de leur ombrelle, de peur que leur teint ne brunisse et se confonde avec celui de la lie du peuple. La nymphomane est « malade » non parce qu'elle témoigne d'un certain nombre de symptômes morbides, mais parce qu'elle est l'incarnation même de cette classe de femmes du peuple, plus désirables les unes que les autres (prostituées, paysannes ou domestiques), exclues de la féminité.

Reféminiser les Européennes

Il ne reste plus à la médecine qu'à élaborer la thérapeutique qui permettra de *reféminiser* certaines de ces femmes. Et cette reféminisation se fera plus ou moins violemment. Dans la plupart des cas de fureur utérine, les médecins laissent aux familles les remontrances morales et les châtiments physiques, et préconisent bouillons, tisanes, bains – certaines sont enfermées dans une cage et jetées dans l'eau glacée afin de refroidir leur ardeur [17] –, sangsues, ou camisoles de force... Elles doivent ensuite être ramenées dans la religion et, une fois sauvées, mariées le plus vite possible. Il s'agit avant tout de leur faire recouvrer leur tempérament froid et humide, même s'il est une norme paradoxale, parce que défaillante, de la santé féminine :

> « Il faut donc choisir un air passablement froid, il faut laver les cuisses avec une décoction d'herbes rafraîchissantes, ou que les médecins les mettent dans l'eau froide : car c'est la coutume de la plupart du monde d'enfermer ces personnes si transportées, et si

---

caractéristiques physiques récurrentes des nymphomanes : la couleur des cheveux et celle des yeux (brune et noire).

17. Cela étant, l'hydrothérapie connaîtra un grand succès au XIXe siècle pour soigner les affections génitales féminines et masculines, s'instituant progressivement en stations thermales.

adonnées à leurs plaisirs, dans des cages de fer, pour les plonger souvent dans la rivière ; qui les guérit quelquefois, et leur rend l'esprit. Qu'on les détourne de tout discours, lecture et regard qui touchent leur passion, qu'on les fasse jeûner et prier, et user d'aliments qui peuvent adoucir cette ardeur, comme laitue, endive, pourpier, et semblables ; d'herbes crues confites dans un peu de vinaigre et de sel, de melons courges, pommes un peu aigres, eau froide, pain de son qui est fort propre pour leur lâcher le ventre [...]. On les doit occuper, si on peut, au ménage, à quelque travail, et les parents mêmes doivent non seulement les reprendre de paroles et menaces : mais aussi si elles sont trop folles, les frapper, et leur faire quelque honte [...] ; il faudra songer de bonne heure à les marier à un homme qu'on jugera pouvoir avoir assez de force pour les assouvir, et faire sortir cette matière, laquelle étant sortie, il est arrivé souvent qu'elles ont recouvert leur santé [18]. »

Dans son *Traité des affections vaporeuses des deux sexes* [19], Pierre Pomme décrit le cas d'une jeune fille :

« Dans le courant de l'année 1744, mademoiselle Autheman, âgée de dix-neuf ans, d'un *tempérament bilieux et sanguin,* fut attaquée d'une douleur violente au gros doigt du pied droit, qui lui ôta le sommeil et l'appétit [20]. »

La jeune fille souffre le martyre pendant un mois et demi, et finit par tomber dans des convulsions atroces. Les symptômes étaient plus bizarres les uns que les autres, aux dires de Pomme :

« Si on versait dessus une seule goutte d'eau, le mal redoublait avec une fureur capable d'alarmer : c'était une machine détraquée, où tout allait à l'aventure par sauts et par bonds, avec une irrégularité qu'on sent mieux qu'on ne l'exprime [21]. »

Afin de mieux comprendre quel doit être l'état naturel du corps, Pomme propose de se représenter un parchemin trempé, mou et flexible ; en l'absence de cette humidité salvatrice, les nerfs s'assèchent et finissent par se « racornir ». Le premier traitement du médecin consiste donc à redonner au tissu sa « vibratilité », selon le terme de Pomme.

---

18. Pierre POMME, *Traité des affections vaporeuses des deux sexes*, 1763, chez B. Duplain, Lyon, 1767, p. 137-138.

19. Si Pierre Pomme est l'un des rares médecins à réaffirmer la parité morbide des troubles vaporeux, y compris dans ces effets géniaux comme l'enthousiasme poétique des malades, il souligne néanmoins une prédisposition utérine, notamment en raison du « racornissement » – concept propre à l'auteur – de la structure nerveuse de la matrice qui obstrue les viscères. Le cas développé ici par Pomme correspond à ce que la majorité de ses confrères diagnostiquent comme la fureur utérine.

20. *Ibid.*, p. 83. C'est moi qui souligne.

21. *Ibid.*, p. 84.

Comme la plupart des médecins des XVIIIe et XIXe siècles, toute la thérapeutique consiste là encore à reféminiser le corps de sa patiente en le réhumidifiant – on parle également de médicaments « réfrigérants [22] ». Le bain, pendant des heures et chaque jour, s'est avéré des plus efficace, mais aussi le violon qui acheva de rétablir les fonctions du cerveau et les parties paralysées (mâchoire, œil, oreille, etc.), grâce à une simulation de l'activité organique :

> « Le son de cet instrument agissait sur les fibres du cerveau par la continuité des filets nerveux dont la membrane du tympan est composée ; et que par les vibrations qu'il procurait sur cet organe, il y rappelait sans doute le sang et les esprits [23]. »

On a ici les premiers essais de ce qui deviendra au cours du XIXe siècle une véritable « vibrothérapie » : les médecins conseillent les vibrations produites par le coït, par le galop du cheval ou de la voiture, du violon, du diapason, mais aussi des attouchements, ancêtres des vibromasseurs [24]. Cependant, le violon, s'il joue un rôle comparable à celui traditionnellement joué par le coït, reste un remède « homéopathique ». Pour le médecin Bienville, comme pour la plupart de ses confrères, rien ne saurait être plus efficace que le mariage qui « seul guérit la nymphomanie, surtout quand elle a pris sa source dans une violente passion pour l'objet qu'il est enfin permis de posséder [25] ».

Or, à l'occasion de cette réflexion sur les traitements les plus efficaces de la fureur, Bienville s'aperçoit vite que son raisonnement mène logiquement à la conclusion selon laquelle rien n'interdit une autosatisfaction du désir sexuel ou une satisfaction de ce même désir dans le cadre de relations entre femmes. Et, non seulement la masturbation et l'homosexualité ne sont pas considérées comme des remèdes, mais elles sont condamnées comme des causes possibles et fréquentes de la fureur. Dans ces conditions, les attouchements thérapeutiques effectués par les femmes entre elles ou par les sages-femmes, traditionnellement recommandés en cas de crise hystérique par les médecins antiques, sont évidemment à proscrire. En raison de leur propre discours, les médecins se trouvent ainsi

---

22. Par exemple, les médecins conseillent la laitue, la feuille de nénuphar, l'oseille, la violette, la glace, et les bains entre 15 et 20 degrés, les décoctions de plantes émollientes, les bouillons de tortues, de grenouilles, de limaçons et de navets…

23. *Ibid.*, p. 92.

24. Rachel P. MAINES, *The Technology of Orgasm : « Hysteria », the Vibrator, and Women's Sexual Satisfaction*, Johns Hopkins University Press, Baltimore, 2001, p. 89.

25. BIENVILLE, *La Nymphomanie ou traité de la fureur utérine*, *op. cit.*, p. 90.

contraints de prendre en charge une thérapeutique, héritière d'une « homosociabilité » féminine, qu'ils ont érotisée à outrance. En d'autres termes, ils sont contraints de provoquer « médicalement » des orgasmes à leurs patientes. Les traitements des troubles hystériques (hystérie ou nymphomanie) deviennent ainsi des sujets sulfureux pour toute la communauté médicale. Bienville évoque ces traitements efficaces, mais moralement douteux :

> « Je pourrais parler de plusieurs autres événements justifiés par l'expérience, qui mettent fin à la fureur utérine ; mais comme ils sont d'une nature à ne point être exposés avec décence aux yeux du lecteur, on me permettra de les passer sous silence [26]. »

Virey parle d'un « secret fort connu de plusieurs matrones pour leurrer la nature [27] ».

Vigarous, dans son *Cours élémentaire sur les maladies des femmes*, à propos du traitement de l'affection hystérique au stade paroxystique, évoque l'embarras des médecins vis-à-vis de ces thérapeutiques ancestrales :

> « Indépendamment de ces moyens, on est dans l'usage d'introduire dans le vagin des pessaires odorants, chargés d'huiles aromatiques ; ou bien on lubrifie ces parties avec des huiles chargées de musc et de civette. Galien rapporte avoir vu le paroxysme hystérique céder à cette méthode chez une jeune veuve, qui excréta une grande quantité d'humeurs épaisses. Primerose se demande ingénument s'il est permis ainsi, et il voudrait l'assentiment des théologiens, *d'exciter des pollutions chez les hystériques*. Mais, dit Astruc, les femmes qui sont auprès des malades épargnent toujours au médecin la peine de le défendre, car c'est par là qu'elles commencent, et c'est même ce qu'elles répètent plusieurs fois. Le coït est encore un moyen de faire cesser le paroxysme ; les auteurs conseillent alors aux maris de s'oindre la verge avec des huiles chargées de musc [28]. »

La médicalisation de la sexualité féminine au XIXe siècle fait progressivement disparaître l'« homomédicalisation » féminine. Ainsi, la mise en discours et en scène de la sexualité des

---

26. *Ibid.*, p. 91.
27. VIREY, article « Fille », *in* ALARD *et al.* (dir.), *Dictionnaire des sciences médicales*, *op. cit.*, tome 15, p. 531.
28. VIGAROUS DE MONTAGUT, *Cours élémentaire sur les maladies de femmes, ou essai sur une nouvelle méthode pour étudier et pour classer les maladies de ce sexe*, *op. cit.*, vol. 1, p. 500. Vigarous se réfère à James PRIMEROSE, *De mulierum morbis et symptomatis libri quinque. In quibus plurimi tum veterum, tum recentiorum errores breviter indicantur & explicantur*, Arnoldi Leers, Roterodami, 1655.

femmes par la médecine a eu pour conséquence la mise en discours et en scène de la sexualité des médecins eux-mêmes. Rachel Maines a analysé comment la médecine, à partir de la fin du XIXe siècle, a tenu à mettre techniquement à distance cette sexualité, notamment en médiatisant le massage pelvien, alors considéré comme un remède efficace à la crise hystérique, afin d'éviter aux médecins d'effectuer ce massage avec les seules mains. Pour ce faire, la science médicale fera preuve d'une inventivité remarquable, ce dont témoigne le très grand nombre d'objets : bâton, chaise, table, tube, pessaire, tuyau, électrode, vibromasseur domestique, etc., qui ont été inventés à cette fin [29].

Ainsi, l'inflation des discours sur le sexe, la productivité de cette volonté de savoir dont témoigne la prolifération de l'étiologie sexuelle dans la pensée médicale moderne ont eu pour corollaire, si ce n'est pour condition, l'exclusion pure et simple des femmes de la sphère de la sexualité : la pathologisation de leur désir polymorphe permettant de les y traiter non plus comme des agents rebelles, mais quasi exclusivement comme des objets et des cibles chirurgicales. Certes, le corps féminin est « saturé de sexualité [30] », mais d'une sexualité médicalisée, dans laquelle le désir et le plaisir féminins sont désormais étroitement liés à la passivité, à l'hétéronomie, à l'ignorance et surtout à la douleur. C'est que, au cours du XIXe siècle, toutes les sexualités hétérodoxes, tous les désordres sexuels, que l'on appréhendait communément comme la figuration d'une inversion de l'ordre social, vont être ordonnés, classés, substantialisés. Sous la plume des médecins, la fougue subversive des tribades et des masturbatrices est ainsi progressivement neutralisée par la classification pathologique et l'intervention médicale, afin de déposséder définitivement le corps féminin de toute puissance – à commencer par celle sur sa propre sexualité. On assiste ainsi à la mise sous contrôle de la menace

29. En étudiant les publicités des magazines féminins, elle montre que les vibromasseurs électriques sont très largement commercialisés dès le tout début du XXe siècle comme un objet de médecine domestique. Ils ne deviennent des objets réputés « obscènes » qu'à partir des années 1920, date à laquelle ils sont mis en scène dans des films pornographiques. À l'aune de cette thèse, la leçon du 25 novembre 1877 de Charcot à La Salpêtrière est édifiante : « Le sujet présente une contracture hystérique ; Charcot suspend la crise en plaçant les mains d'abord puis l'extrémité d'un bâton sur les ovaires. Il retire le bâton, la crise reprend, qu'il fait accélérer par des inhalations de nitrate d'amyl. La malade alors réclame le bâton-sexe dans des mots qui, eux, ne comportent aucune métaphore », cité par FOUCAULT, *Histoire de la sexualité*, *op. cit.*, p. 75. À partir de telles sources, la thèse défendue par Rachel Maines est la suivante : ce qu'on appelle « crise hystérique » à la fin du XIXe siècle n'est autre qu'un orgasme provoqué.

30. FOUCAULT, *Histoire de la sexualité*, *op. cit.*, p. 137.

nymphomaniaque : les nymphomanes ne sont plus des relaps, elles ne sont plus un problème moral et politique, elles sont devenues un problème médical, voire chirurgical.

Au début du XIXe siècle, on trouve quelques mentions relatives à des opérations chirurgicales effectuées sur les hystériques ou les nymphomanes. De telles interventions sont, pour une part, rendues nécessaires par les affections considérées comme « attenantes » à l'hystérie et à la nymphomanie, mais qui ne sont jamais comprises par les médecins comme des causes premières de la maladie. Les médecins mentionnent des démangeaisons, des dartres, des pertes blanches et jaunâtres, des plaies purulentes, des vers et des prurits vaginaux [31], affections qui peuvent vraisemblablement rendre raison des démangeaisons irrépressibles, des douleurs insupportables, de la démence ou de la mort. C'est donc presque malgré eux que les médecins laissent percer la douleur vécue de leur patiente.

Ainsi, Bienville diagnostique un excès de fureur, de lascivité, provoquant chez ses patientes les scènes les plus obscènes et les plus honteuses, alors même qu'il relève un certain nombre de symptômes liés à des lésions organiques de l'appareil génital : que décrit-il si ce n'est une mycose vaginale, une infection microbienne gravissime, ou un cancer de l'utérus [32] ? À l'article « Nymphomanie » du *Dictionnaire des sciences médicales*, chose rarissime, Louyer-Villermay rapporte les paroles d'une « nymphomane » qui avoue rechercher le commerce des hommes, *mais se plaint également d'une*

---

31. Voir par exemple, LIÉBAULT, *Trois Livres des maladies et infirmitez des femmes*, *op. cit.*, p. 95 ; ou encore Chambon de Montaux : « Il ne faut pas confondre avec Mercurial le prurit de la matrice avec la fureur utérine : ces deux maladies ne se ressemblent point ; elles ont, comme l'observe Sennert, des caractères très différents », CHAMBON DE MONTAUX, *Des maladies des femmes*, *op. cit.*, II, p. 281.

32. Parmi les symptômes observés sur le cas d'Éléonore, Bienville mentionne la jaunisse. BIENVILLE, *La Nymphomanie ou traité de la fureur utérine*, *op. cit.*, p. 127. *Idem* dans le troisième cas, celui de Julie : « Une pâleur jaunâtre et une maigreur sensible la défigurèrent ; une chaleur excessive la consumait intérieurement et extérieurement ; ses fibres et ses organes dérangés par un mouvement continuel et des tensions surnaturelles lui causaient fort souvent des accidents syncopiques qui donnaient de terribles alarmes », *ibid.*, p. 155. Le jaunissement de la peau ou du blanc de l'œil peut être compris comme l'un des signes d'un cancer de l'utérus à un stade avancé, avec les hémorragies, les pertes nauséabondes, les douleurs dans le bassin, le dos et les jambes, lesquelles douleurs sont souvent mentionnées dans les cas d'hystérie, notamment par Sydenham.

lourdeur dans l'hypogastre et de prurits[33]. Plus loin, on peut également lire :

> « On observe quelquefois la nymphomanie et le priapisme[34], chez les personnes de l'un et l'autre sexe, affectées de lèpre, d'éléphantiasis, etc. Les mêmes accidents sont, avec raison, attribués quelquefois à la présence des vers ascarides, qui tantôt agissent sympathiquement en irritant le rectum ou la marge de l'anus ; tantôt déterminent une irritation immédiate, parce qu'ils se sont établis à l'extérieur et à l'intérieur des grandes lèvres, sur le vagin, dans le méat urinaire et sur le clitoris[35]. »

À l'article « Nymphotomie » du *Dictionnaire des sciences médicales*, l'auteur rapporte que les médecins sont contraints de pratiquer l'ablation des lèvres en cas d'affection purulente des muqueuses, mais aussi pour des raisons de taille : instaurant un continuum entre les gestes curatif et normatif.

> « Lorsque les petites lèvres sont affectées de gangrène, de squirre ou d'un état fongueux, il faut mesurer l'étendue de l'excision sur l'étendue de la maladie elle-même, en ayant l'essentielle précaution de porter l'instrument jusque sur le tissu sain. Lorsqu'on n'a recours à cette opération que parce que les nymphes ont acquis de trop grandes dimensions, il ne faut enlever que la portion excédante[36]. »

Et l'auteur de conclure son article sur les détails précis et pratiques d'une telle opération. Bien qu'il soit difficile de juger de l'ampleur d'une telle pratique, la « nymphotomie », demeure une opération chirurgicale, perçue comme le dernier recours curatif dans le cadre de l'étiologie sexuelle européenne. Elle est donc devenue une pratique scientifique codifiée, effectuée par des médecins dans le cadre d'une démarche curative. Or, dans le même article, Murat disserte longuement sur la résection des nymphes et du clitoris dans les pays « chauds », et affirme que

---

33. LOUYER-VILLERMAY, article « Nymphomanie », *in* ALARD *et al.* (dir.), *Dictionnaire des sciences médicales, op. cit.*, tome 36, p. 566. À la page suivante, il rapporte le cas d'un confrère, Helwich, qui à l'autopsie d'une nymphomane trouva des vésicules sur les ovaires pleines d'un liquide visqueux et noirâtre.

34. Érection douloureuse et permanente.

35. LOUYER-VILLERMAY, article « Nymphomanie », *in* ALARD *et al.* (dir.), *Dictionnaire des sciences médicales, op. cit.*, tome 36, p. 571. Autre mention à propos d'un autre cas : « [...] une tension avec prurit dans les organes de la génération ; il survient en même temps des douleurs sourdes, des lassitudes vers les lombes, des chaleurs vers l'abdomen et aux seins, et enfin des leucorrhées ou écoulemens de diverse nature », *ibid.*, p. 578.

36. MURAT, article « Nymphotomie », *in* ALARD *et al.* (dir.), *Dictionnaire des sciences médicales, op. cit.*, tome 36, p. 601.

dans ces contrées cette opération n'est pas *curative* mais bien *préventive* – les « Orientaux », écrit l'auteur, y opèrent toutes les jeunes filles nubiles.

> « La nymphotomie, pratiquée assez rarement dans notre Europe, et seulement dans les cas de maladie ou d'un trop grand développement des nymphes, disposition peu ordinaire dans les climats tempérés, doit, au contraire, être considérée comme une opération très familière dans les régions orientales et méridionales du globe [37]. »

L'hypertrophie des organes génitaux féminins est donc pensée comme un symptôme pathologique ou comme un développement anormal des organes. Au contraire, elle est une caractéristique anatomique des femmes vivant sous des climats « chauds », pays dans lesquels la résection n'est pas une pratique médicale mais bien plutôt une pratique coutumière, aux dires du médecin ; plus encore, elle est une caractéristique anatomique liée au tempérament, au « naturel » de ces femmes, indépendamment du climat, l'exemple le plus célèbre étant celui des femmes hottentotes.

Les Hottentots sont connus depuis des siècles par l'intermédiaire des nombreux récits de voyages au cap de Bonne-Espérance. La plupart d'entre eux « décrivent » le fameux « tablier » des femmes hottentotes, qui est, selon les médecins et les époques, ou bien une excroissance de peau recouvrant les parties génitales, ou bien une hypertrophie fantastique des lèvres. Les Hottentots sont un peuple qui est considéré par nombre de naturalistes et de médecins comme étant à l'orée de l'humanité [38]. Quasiment exclues de l'humanité, les femmes hottentotes ne peuvent même plus être désirables ; aussi, les médecins du XIXe siècle n'insisteront pas tant sur les « nymphes » des Hottentotes que sur leurs fesses : « Ces coussins de graisse vers le coccyx ressemblent aux amas de cette même substance chez les moutons d'Afrique à queue large, aux loupes des chameaux et des zébus de ce pays, et surtout aux fesses rouges et demi-calleuses de plusieurs singes babouins d'Afrique [39]. » Sous la plume de Virey, l'Hottentote n'a strictement plus rien d'érotique ; il cite d'ailleurs la « Vénus hottentote », exhibée à Paris par un montreur d'animaux, un certain Réaux [40].

---

37. *Ibid.*, p. 597.

38. Voir, par exemple, F. Le Vaillant, *Voyage de F. Le Vaillant dans l'intérieur de l'Afrique par le cap de Bonne-Espérance 1780-1785*, C. Delagrave, Paris, 1888.

39. J.-J. Virey, *De la femme*, chez Crochard, Paris, 1825, p. 31.

40. Saartjie Baartman est née en 1789 en Afrique du Sud. Sa famille ayant été massacrée, elle est vendue comme esclave à un fermier hollandais du Cap qui la cède à un médecin de marine anglais. À Londres, elle sera exhibée comme un phènomène de foire

Sander Gilman considère que l'exhibition des fesses de la « Vénus hottentote » – dans un cadre commercial – marque l'acmé du processus de sexualisation extrême du corps des femmes noires au XIXe siècle. Et, comme l'affirme Sander Gilman, cette sexualisation va de pair avec une pathologisation : la sexualité des corps noirs étant différenciée de celle des Européens par l'intermédiaire d'une définition de la sexualité comme « pathologique » (hors norme, contre nature, morbide), qui relève à la fois du monstre – particularité anatomique –, du malade – déviance – ou de l'animal – bestialisation du corps. Selon moi, au milieu du XIXe siècle, le processus de pathologisation du corps noir s'est déjà totalement converti en un processus d'anthropologisation. Les traits – spécificités anatomiques, tempérament, moralité –, autrefois définis comme pathologiques, sont devenus des traits caractéristiques, distinctifs d'un peuple, de ce que les médecins appellent désormais une « race ». Ce passage s'est effectué par l'intermédiaire d'une bestialisation progressive des femmes noires qui s'apparente à une volonté de *désérotisation* du corps noir[41]. En témoigne le texte de Virey qui insiste non plus sur le sexe – seul objet de fascination pour les naturalistes du XVIIIe siècle –, mais bien sur les fesses de la « Vénus hottentote », pour mieux la renvoyer à son animalité – qui désirerait un babouin ? Au XIXe siècle, les « curiosités » sexuelles des autres nations africaines ne sont plus des objets licites d'excitation sexuelle, elles sont considérées comme les marques d'une humanité à peine sortie de l'enfance.

---

avant d'être montrée au Jardin des Plantes à Paris où elle meurt en 1816. Son corps est récupéré par Cuvier pour être autopsié et répertorié au Muséum d'histoire naturelle. Sa dépouille a été restituée à l'Afrique du Sud en 2002. Voir Anne FAUSTO-STERLING, « Gender, race, and Nation : The comparative anatomy of "Hottentot" women in Europe, 1815-1817 », *in* Jennifer TERRY et Jacqueline URLA (dir.), *Deviant Bodies. Critical Perspectives on Difference in Science and Popular Culture*, Indiana University Press, Bloomington, 1995, p. 19-48.

41. L'argument de Gilman se fonde sur les représentations des prostituées aux XIXe et XXe siècles, dont on prétend qu'elles possèdent également des fesses proéminentes. Or, cette mise en scène du corps des prostituées peut également être comprise comme une bestialisation des corps des femmes du peuple à un moment où on assiste à la racialisation des classes sociales. Voir l'article de Sander GILMAN, « Black bodies, white bodies : toward an iconography of female sexuality in late nineteenth century art, medicine and literature », *in* H.L. GATES Jr. (dir.), *Race, Writing and Difference*, University of Chicago Press, Chicago, 1985, p. 223-261 ; et l'excellent commentaire critique de cet article par Zine MAGUBANE, « Which bodies matter ? Feminism, poststructuralism, race and the curious theoretical odyssey of the "Hottentot Venus" », *Gender and Society*, vol. 15, n° 6, 2001, p. 816-834.

II

L'engendrement de la nation

5

Les vapeurs de la lutte des classes

Les vigoureuses paysannes : un modèle transitoire de santé

À la fin du XVIIe siècle, la théorie humorale connaît un bouleversement. Sous l'influence des travaux de l'école italienne, et principalement de ceux du physiologiste Giorgio Baglivi, l'humeur est détrônée par la fibre, qui devient l'unité organique primordiale, principe de toutes les parties du corps, permettant de rendre raison des mouvements de la matière vivante [1]. En 1700, Baglivi, dans son *Librorum de fibra motrice et morbosa*, produit le premier grand système fibrillaire. Selon lui, l'ensemble des mouvements des solides qui composent le corps s'effectue sur le modèle du ressort. L'élasticité des fibres élémentaires des solides (organes, nerfs, muscles, os) permet de pousser les fluides, lesquels font osciller les solides. Désormais donc, si les humeurs et, plus généralement, les fluides occupent une place encore centrale dans les phénomènes organiques, ils ne sont plus le principe de l'action. Ce sont les solides qui impulsent le mouvement aux êtres vivants.

En définissant ainsi le mouvement continuel du corps à partir de l'action des fibres qui en sont comme le moteur hydraulique, Baglivi entend bien se passer de la notion de ferment. Les

1. Comme l'explique Rafael Mandressi, le terme avait été utilisé pour la première fois par Benedetti dans son *Anatomice* de 1502, mais c'est dans les années 1650-1660 que la fibre devient un concept important de la pensée médicale. Rafael MANDRESSI, *Le Regard de l'anatomiste : dissections et invention du corps en Occident*, Seuil, coll. « L'univers historique », Paris, 2003, p. 153-154 ; et Mirko GRMEK, *La Première Révolution biologique : réflexions sur la physiologie et la médecine du XVIIe siècle*, Payot, Paris, 1990, p. 159-188.

mouvements organiques s'effectuent selon un système mécaniciste de pression, qui n'emprunte plus rien à une quelconque forme de transmutation chimique. Cette action fibrillaire permet également de rendre raison de la communication du mouvement des fibres à tout le corps, même vers les parties les plus éloignées, et, par conséquent, de rendre raison des pathologies. Dans ce cas, le relâchement des fibres ou leur excessive tension, entraînant un dysfonctionnement dans la pression exercée sur les fluides, permet de localiser dans les seuls solides la plupart des causes des maladies [2].

Au début du XVIIIe siècle, la plupart des médecins des femmes prennent acte de trois acquis théoriques : premièrement, la modification de l'élément organique primordial, la fibre, aux dépens d'éléments liquides, humoraux ou vaporeux ; deuxièmement, la remise en cause de l'existence des esprits animaux au profit d'une qualité organique inhérente à cet élément, la sensibilité, laquelle pourrait bien définir la matière vivante elle-même ; troisièmement, la définition de la forme pathologique de cette qualité, à savoir l'irritation et son action sympathique.

À l'ancienne porosité du corps féminin qui permettait de comprendre l'ensemble de ses troubles comme la conséquence d'une constitution humide et froide, d'un corps empli d'humeurs à purger, à évacuer, succède la tension nerveuse propre aux corps des femmes. À partir de la moitié du XVIIIe siècle, les médecins ne se représentent plus seulement les fibres comme des ressorts, selon le modèle strictement mécaniciste, mais aussi comme des éléments sympathiques qui forment un ramage complexe de correspondances d'actions et de réactions, reliant l'ensemble des phénomènes organiques [3]. Les fibres sont comme des filaments électrifiés, des élastiques sensibles ; on comprend alors pourquoi une trop grande humidité les détend, ou pourquoi une trop grande sécheresse les rend

2. Georgio BAGLIVI, *Librorum de fibra motrice et morbosa : nec non de experimentis, ac morbis salivae, bilis, et sanguinis ubi obiter de respiratione et somno ; De statice aeris, et liquidorum per observationes barometricas, et hydrostatiscas ad usum respirationis explicata ; De circulatione sanguinis in testudine, ejusdemque cordis anatome*, Perusiae, apud Costantinum, 1700.

3. Parlant du système de Friedrich HOFFMANN (*La Médecine raisonnée de Mr. Fr. Hoffmann*, traduit par Jacques-Jean Bruhier d'Ablaincourt, 9 vol., Briasson, Paris, 1739-1743), Roselyne Rey écrit : « La vie n'est pas seulement une circulation, elle est un mouvement de réponse des fibres à un stimulus qui est le sang, sous sa forme la plus déliée. On passe ainsi d'un modèle de l'ajustement des parties les unes aux autres à un modèle de l'action et de la réaction, de la correspondance mutuelle des parties, plutôt que de l'engrenage », Roselyne REY, *Histoire de la douleur*, La Découverte, Paris, 1993, p. 125-126.

cassants. Désormais, la plupart des maladies des femmes sont expliquées dans le cadre d'un système fibrillaire où deux excès sont définis comme pathogènes : le *relâchement extrême* ou l'*excessive tension*.

Ces deux pôles extrêmes vont s'incarner, d'un côté, dans le corps des hystériques – dont les fibres imbibées sont trop relâchées – et, de l'autre, dans celui des femmes sujettes à la fureur utérine. Le véritable bouleversement, c'est donc la possibilité théorique d'établir un juste milieu de la complexion féminine, entre deux pôles morbides, jusqu'ici impensable.

Le *Traité des affections vaporeuses du sexe* de Joseph Raulin, publié en 1758, marque un tournant dans l'histoire des maladies des femmes, car il est l'un des premiers à totalement adapter la théorie fibrillaire à la pathologie féminine[4]. Il est l'un des plus importants traités de médecine sur les vapeurs du XVIIIe siècle. Beaucoup d'autres travaux s'en inspireront largement dans toute l'Europe. En outre, Joseph Raulin est aussi l'un des plus importants promoteurs de la politique publique de santé qui se met en place en cours de ce siècle en matière de natalité.

Pour Raulin,

> « le tempérament en général est une disposition naturelle des liquides et des solides, suite constante du concours et de la proportion qui se trouve entre ces deux puissances, et qui en règle la force, la faiblesse, l'énergie et l'activité. On voit par là que les tempéraments souffrent une infinité de différences qui sont déterminées par les qualités différentes des liquides et par les différents degrés de force, de mollesse, de sensibilité et d'irritabilité des solides. Il est des tempéraments qui annoncent la santé, la hardiesse, l'audace, etc. Il en est d'autres qui portent un caractère inséparable de débilité, de faiblesse, de timidité, etc.[5] ».

Le tempérament est donc redéfini par le rapport entre les liquides et les solides, et ce sont leurs qualités respectives qui rendent le tempérament du corps vigoureux ou maladif. La qualité des fibres est relative à leur texture, celle des liquides à leur

4. Sans le citer nommément, Raulin s'oppose vraisemblablement à la *Dissertation sur les vapeurs et les pertes de sang* (1756) de Pierre HUNAULD. Ce dernier définit la cause des vapeurs par des fermentations excessives des solides, les propriétés germinantes, les levains et par les turgescences du sang. Voir Joseph RAULIN, « Discours préliminaire », *Traité des affections vaporeuses du sexe, avec l'exposition de leurs symptômes, de leurs différentes causes, et la méthode de les guérir*, chez Jean-Thomas Hérissant, Paris, 1758, p. XV.

5. *Ibid.*, p. 38-39.

densité. Une texture fibrillaire lâche et molle entraîne une inertie préjudiciable à l'effectuation des mouvements naturels, alors qu'une texture irritable est sensible à la moindre impression et provoque des oscillations irrégulières. La qualité parfaite des fibres est donc l'élasticité. Quant aux liquides – redéfinis comme suit : le sang, la sérosité, la lymphe, la bile et le suc nerveux –, ils sont pathogènes lorsqu'ils ne circulent pas ou mal, car ils acquièrent alors une certaine qualité dense, âcre, contraire à leur nature, qui irrite et contracte les fibres des solides [6]. La nourriture et l'exercice influent très largement sur ces qualités, même si chacun possède un tempérament qui comporte des qualités initiales, plus ou moins facilement modifiables. Désormais, on parlera donc de tempéraments bilieux, sanguins, lymphatiques ou nerveux ; les femmes étant communément définies comme ayant un tempérament ou bien lymphatique – trop grande lâcheté des fibres –, ou bien nerveux – trop grande irritabilité des fibres.

Rejetant les esprits animaux comme des êtres de raison, des qualités occultes, Joseph Raulin en bon « scrutateur de la nature [7] », comme il aime à définir les véritables médecins, désigne sous le terme de vapeurs « l'effet des mouvements irréguliers ou contre nature des muscles, des membranes, ou des fibres dont ils sont composés [8] ». Les vapeurs sont donc des mouvements irréguliers ou contre nature, qui peuvent également attaquer les hommes : « Nous voyons tous les jours des hommes vaporeux avec une sensation de boule semblable à celle que les femmes ressentent dans le bas-ventre [9]. » Ce qu'on appelait l'hystérie chez les femmes et la mélancolie, ou l'hypocondrie, chez les hommes, sont un même genre de maladies qui affectent les fonctions et les mouvements naturels du corps. Quelles sont les causes qui perturbent les mouvements réguliers du corps ? D'une part, elles tiennent en grande partie à ce que la tradition médicale nomme les « six choses non naturelles [10] », le boire et le manger, l'air, l'exercice et le repos, le sommeil et la veille, l'excrétion et la rétention, enfin, les passions de l'âme. D'autre part, les vapeurs ont pour causes prochaines ou immédiates la sensibilité et l'irritabilité des fibres et les vices

6. *Ibid.*, p. 122.
7. *Ibid.*, p. XVII.
8. *Ibid.*, p. XXIV-XXVI.
9. *Ibid.*, p. VIII.
10. En opposition notamment aux « choses naturelles » que sont les éléments, les tempéraments, les humeurs, les facultés, les parties ou membres, les actions, etc.

des liquides (obstruction, flux immodéré, acrimonie, etc.). Dans le cas des femmes, selon Joseph Raulin, leur tempérament est par essence plus délicat que celui des hommes, ce qui explique qu'elles sont davantage touchées par cette maladie ; toutefois, certaines femmes seront plus touchées que d'autres :

> « Il est des constitutions débiles que l'on tient de la nature, il n'est pas possible de les réformer ; c'est donc mal à propos qu'on accuse souvent les femmes d'avoir donné lieu à des incommodités, qui sont les suites inséparables de leur tempérament. Il en est d'autres qu'on doit à l'éducation ; les femmes qui habitent les grandes villes, les riches, celles qui ont été élevées dans la mollesse, sont délicates, faibles, valétudinaires [11]. »

Pour Raulin, si les femmes ont un corps susceptible d'une plus grande irritabilité que les hommes, celle-ci n'est pas nécessairement pathologique. Au contraire, elle est même rendue nécessaire par la condition féminine [12] ; en rendant les femmes plus « irritables », plus réactives, la nature les assujettit au monde, au soin et au souci des autres, et leur refuse le privilège de l'indifférence – le fait de pouvoir se mettre à distance des *stimuli* mondains.

En même temps, la vie sédentaire et oisive des femmes, principalement celles de la ville et des couches les plus aisées de la population, leur régime riche, leur habitude des boissons qui échauffent comme le café, le chocolat et les spiritueux, les veilles, les passions dont elles se délectent sont la cause d'une langueur, d'une atonie :

> « Des aliments mous et délicats forment des membres et des liquides de la même nature ; l'oisiveté entretient leur mollesse, les mouvements naturels languissent ; ils tiennent toutes les fibres dans une espèce d'inertie qui les fait résister même à l'action de l'esprit [13]. »

L'éducation dans laquelle sont tenues les femmes du monde gâche le tempérament féminin : elle altère cette propension naturelle à l'irritabilité. Cette éducation des femmes et des filles de la noblesse rend les fibres atones, elle éteint les esprits, elle débilite le corps par les effets pernicieux d'une habitude de vie

---

11. *Ibid.*, p. 40.

12. « Les femmes sont naturellement disposées à des ébranlements convulsifs ; elles sont sensibles, vives, actives, le tissu de leurs fibres est susceptible des moindres impressions ; c'est une nécessité que la nature a attachée à leur existence. » *Ibid.*, p. 111.

13. *Ibid.*, p. XXX-XXXI.

qui n'a de cesse de ménager la délicatesse féminine et qui finit par rendre les femmes languissantes et vaporeuses jusqu'au dernier degré. Au contraire, les femmes qui

> « habitent la campagne, accoutumées par état ou par besoin à cultiver la terre, à prendre soin de leur ménage, à élever elles-mêmes leurs enfants, ne sont pas sujettes à leurs maladies : elles jouissent, au lieu de richesses, *de la force et de la santé qu'elles entretiennent par la tempérance* [14] ».

Les femmes de la campagne évitent les deux travers de la complexion féminine : elles incarnent ce juste milieu du tempérament féminin et figurent le canon de la santé féminine, voire de la féminité. En quelques décennies, les femmes des campagnes, travailleuses et tempérantes, deviennent un modèle psychophysiologique du corps sain au féminin. Ce canon de la santé féminine permet à Raulin de mener une critique profonde du mode de vie des couches supérieures de la société. Le luxe dénature le tempérament féminin en allant à l'encontre de ses qualités distinctives. Cependant, ce processus de dénaturation ne produit pas tant des êtres qui ne seraient plus de véritables femmes que des corps typiquement, excessivement féminins : il accentue à outrance les caractéristiques physiopathologiques de la féminité. En d'autres termes, ce processus de dénaturation contrarie les qualités du tempérament féminin, mais, au lieu de produire un « naturel » contraire au tempérament féminin, un « naturel » viril, il renforce plutôt l'ensemble des défauts et des faiblesses originels de ce tempérament. Le processus de contrariété se transforme en un processus d'anormalité.

Ainsi, à force de rendre le corps féminin atone et lâche, l'éducation produit un corps ultraféminin, ultra-irritable, dont la féminité excessive devient pathologique. Dans ces conditions, on comprend pourquoi les hommes qui subissent cette même éducation débilitante risquent l'effémination progressive de leur tempérament tout autant que la ruine de leur santé.

> « J'ai vu plusieurs de ces hommes hypocondriaques qui avaient les mêmes accidents que les femmes vaporeuses dans leurs plus vives attaques ; il leur semblait qu'une boule s'élevait du bas-ventre ; ce symptôme était suivi d'étranglement, de suffocation, de convulsions, etc. On aurait juré que c'étaient des femmes, si l'on n'avait pas été certain de leur sexe [15]. »

---

14. *Ibid.*, p. XXXV. C'est moi qui souligne.
15. *Ibid.*, p. 42-43.

La noblesse dénature les femmes tout autant que les hommes. C'est pourquoi les maladies ont tendance à devenir communes aux deux sexes. Pour Raulin, les nobles sont victimes de maladies propres à leur classe, et même causées par leurs privilèges. La maladie pour Raulin n'est donc pas à proprement parler un phénomène naturel, mais plutôt un être social : elle est avant tout l'effet de la société. « Les maladies sont nées de la société [16]. » Dans ces conditions, les vapeurs hystériques apparaissent clairement comme un mal social, plus, comme une maladie de classe ; en témoigne la véritable pathognomonie sociale menée par Raulin. Les vapeurs désignent des régimes, des habitudes mortifères, qui transgressent l'économie et la morale naturelles des corps. L'effémination des corps nobles est le symptôme paradigmatique des vapeurs : cette maladie s'apparente donc à un long processus d'indistinction sexuelle et sociale. En ce sens, les vapeurs annoncent la ruine de la noblesse ; dévirilisée, souffreteuse, c'est sa suprématie « naturelle » qui est menacée.

Raulin est ainsi l'un des premiers médecins à ne pas hésiter à prendre pour modèle les femmes robustes des campagnes, des paysannes. Tout au long du XVIIe siècle, au contraire, dans un même traité, il n'était pas rare de trouver des considérations contradictoires sur les paysannes, quand les médecins s'en souciaient [17]. Tour à tour vigoureuses, « mâles » ou infestées de mille maux, les femmes de la campagne demeuraient une figure ambivalente. Dans les années 1740, grâce à elles, Raulin ébauche une première norme de santé féminine, dans la mesure où, loin de les viriliser, il en fait le canon de la féminité, dans le cadre d'une critique acerbe des bourgeoises et des aristocrates, ces femmes dénaturées. Autrement dit, il n'insiste pas tant sur leur tempérament chaud, mais plutôt sur leur régime et leurs activités, qui permettent une bonne ventilation des fibres, une évacuation satisfaisante des humeurs et un épuisement salutaire du corps. Au milieu du XVIIIe siècle, la nature féminine n'est donc plus pensée comme absolument pathogène et la maladie permet désormais de différencier et de pluraliser le tempérament féminin et donc les femmes entre elles.

16. *Ibid.*, p. 41.
17. Les traités des maladies des femmes sont au XVIIe siècle essentiellement destinés aux bourgeoises et aux nobles.

Domestiques nymphomanes et bourgeoises hystériques

Comme le fait Raulin pour l'hystérie, Bienville définit également la nymphomanie dans le cadre du nouveau paradigme fibrillaire. Il s'agit d'une maladie des fibres liée aux impressions et aux affections de la matrice. Cette maladie consiste en « un mouvement déréglé des fibres dans la partie organique de la femme [18] ». L'apport original du travail de Bienville réside incontestablement dans sa clinique. Il étudie en détail trois grands cas. Un des cas développés est celui d'une jeune fille de vingt-deux ans, Mademoiselle de ***, prénommée Éléonore,

> « nymphomaniaque jusqu'au dernier degré. Plusieurs gentilshommes du voisinage avaient échappé avec peine à ses accès de fureur ; les deux domestiques de la maison n'avaient point toujours été assez forts, ou peut-être assez vigilants pour la contenir [19] ».

Désespéré, et déshonoré, son père la confie à une communauté religieuse de Tours, qui n'aura de cesse de lui promettre soin et guérison s'il augmente la pension en contrepartie [20]. Le symptôme le plus problématique, selon Bienville, est le fait que la débauche des nymphomanes les porte à outrepasser la frontière des sexes, mais surtout la frontière des classes. Le déshonneur du père, dans le cas cité ici, tient autant au fait que sa fille franchit toutes les limites de la décence qu'au fait qu'elle ait franchi ces limites avec des domestiques. Louyer-Villermay note également à plusieurs reprises les transgressions sociales de la sexualité des nymphomanes : ainsi, le cas de cette demoiselle qui, après plusieurs jours de crise, est victime d'un

> « désir effréné et furieux des plaisirs vénériens ; en même temps elle quitte son lit, jette sa chemise, descend les escaliers en se précipitant dans les bras d'un charpentier qu'elle appelle aux assauts amoureux, l'assurant que jamais il ne trouvera une aussi belle femme [21] ».

---

18. BIENVILLE, *La Nymphomanie ou traité de la fureur utérine*, *op. cit.*, p. 20.

19. *Ibid.*, p. 111.

20. « Mais la règle, dans ces maisons impénétrables à l'humanité, est d'exiger beaucoup, et de ne rien changer à l'ordre qu'on observe indistinctement pour les malades, qui y sont traitées de façon à augmenter leur fureur et tous leurs accidents, jusqu'à ce qu'un épuisement total les jette dans l'imbécillité », *ibid.*, p. 112. Bienville n'aura de cesse de critiquer les communautés religieuses et la façon dont elles gèrent et exploitent financièrement la maladie féminine.

21. LOUYER-VILLERMAY, article « Nymphomanie », *in* ALARD *et al.* (dir.), *Dictionnaire des sciences médicales*, *op. cit.*, tome 36, p. 569-570.

D'où le fait que l'intimité de la malade doit être passée au crible. L'examen médical doit effectuer un véritable contrôle social des penchants et des désirs, d'autant plus suspicieux si le médecin pressent un attachement illicite entre deux personnes qui ne sont pas de la même classe :

> « Si cette liaison existe vis-à-vis d'une domestique, de quelque sagesse qu'on la suppose, il faut l'examiner et suivre avec la même rigueur qu'on aurait vis-à-vis de la fille du monde qui aurait donné les plus violents soupçons sur sa conduite. On observera avec le plus grand scrupule les gestes et les regards de la malade, en recevant les services de cette domestique. La familiarité criminelle de ces malheureuses avec leurs jeunes maîtresses, ou des jeunes élèves, est une contagion plus générale qu'on ne pense [22]. »

Cette mise en garde de Bienville pourrait permettre de formuler un nouvel adage de la pathologie féminine : *la domestique la plus froide est plus chaude que l'aristocrate la plus chaude.*

Que ce soit Bienville ou Tissot, les médecins se méfient considérablement des femmes du peuple, des domestiques employées au service des « dames » ou des jeunes filles de haut rang. Bienville, à la veille de la Révolution, met clairement en garde les familles bourgeoises et nobles. Les femmes de basse condition sont considérées comme les *vectrices* de la nymphomanie.

> « Et vous, maîtresses de pension, qui faites de l'emploi honnête de l'éducation un métier vil, sordide et mercenaire, songez que vous vous chargez de crimes quand vous commettez le soin de vos jeunes élèves à des sous-maîtresses, qu'un intérêt sordide vous fait choisir dans la lie du peuple, ou au moins dans le sein d'une misère presque toujours occasionnée par l'inconduite [23]. »

Les jeunes filles de la haute bourgeoisie et de l'aristocratie sont la proie de leur domestique ou de leur préceptrice : ces femmes du peuple, considérées comme naturellement plus lascives, n'hésitent pas à les initier à des pratiques illicites, qui gâchent leur beau tempérament, qui les échauffent, les rendent furieuses, et finissent par les laisser dans un état de langueur morbide. Dans le troisième cas clinique étudié par Bienville, sa patiente, la jeune Julie, a été instruite par sa femme de chambre, Berton :

---

22. BIENVILLE, *La Nymphomanie ou traité de la fureur utérine*, *op. cit.*, p. 94-95.
23. *Ibid.*, p. 135.

> « Cette fille expérimentée dans l'art de jouir, et initiée dans les secrets de Vénus, était adroite à cacher son jeu. Vertueuse Agnès aux yeux de la mère, intendante chère et voluptueuse des plaisirs de la fille et Messaline dans les bras d'un amant [24]. »

Le portrait de Berton est saisissant, femme « de tempérament », elle est la cause de la maladie de sa maîtresse : fille du peuple, elle est à la fois adepte des plaisirs de Lesbos et incarne la figure de Messaline.

En écrivant ces lignes, Bienville s'inspire d'un passage de *L'Onanisme* de Tissot.

> « Si l'on peut être trompé à ce point dans le choix de ceux à qui l'on confie le soin important de former l'esprit et le cœur des jeunes gens, que ne doit-on pas craindre et de ceux qui n'étant destinés qu'à développer leurs talents corporels sont examinés moins rigoureusement sur les mœurs, et de domestiques qu'on engage souvent sans s'informer s'ils en ont [25] ? »

À peine âgée de treize ans, la patiente de Bienville, Julie, souffre d'une nymphomanie dite commençante : « Les funestes secours et les dangereux discours de Berton [26] » finiront de l'abattre. Selon Bienville, Julie meurt d'impatience de connaître les plaisirs que lui fait miroiter son imagination nourrie des récits de Berton, mais ses parents, trop occupés à vouloir faire un bon mariage, tardent à céder leur fille, ne trouvant jamais un parti suffisamment digne d'elle. Là encore, c'est la domestique Berton qui vient comme contaminer la jeune fille. Ainsi, en attendant le mariage, Julie tombe dans une véritable « manie masturbatoire [27] » qui a bientôt raison de sa santé. L'état de Julie s'aggrave à tel point que ses parents décident de la « transporter dans un couvent pour y subir le sort des folles [28] », où Bienville la vit pour la première et dernière fois, définitivement imbécile et incurable.

---

24. *Ibid.*, p. 145.

25. Et Tissot poursuit : « Quels remèdes, me dira-t-on, à ces maux ? La réponse sort de ma sphère ; je la ferai courte. Apporter la plus grande attention au choix d'un précepteur, et veiller sur lui et sur son élève avec cette vigilance qui, dans un père de famille attentif et éclairé, découvre ce qui se fait dans les endroits les plus obscurs de sa maison. » S. A. D. Tissot, *L'Onanisme. Essai sur les maladies produites par la masturbation*, Garnier Frères, Paris, 1905, p. 49-50.

26. Bienville, *La Nymphomanie ou traité de la fureur utérine*, *op. cit.*, p. 146-147.

27. *Ibid.*, p. 153.

28. *Ibid.*, p. 161.

Tout comme l'hystérie, la nymphomanie devient une maladie propre à une classe : les femmes de basse condition en sont comme naturellement les porteuses plus ou moins saines.

Avec la critique rangée des médecins à l'égard du régime et des mœurs pathogènes de la noblesse oisive et efféminée, les tergiversations des médecins quant au statut nosologique des femmes des classes laborieuses constituent les deux principaux indices de l'émergence d'une étiologie sociale des maladies des femmes au cours du XVIIIe siècle. Cette étiologie sociale marque l'avènement prochain de la population comme objet premier de la médecine. Mais elle marque aussi l'avènement du discours médical comme matrice du discours politique : autrement dit, cette étiologie sociale témoigne de la façon dont le discours médical est en passe de produire la trame du récit des conflits sociaux à la veille de la Révolution française. En témoigne la façon dont les crises sociales et politiques qui traversent alors la noblesse sont pensées en termes de crises morbides, voire d'épidémies (les vapeurs des gens de lettres, la mélancolie des courtisans, l'hypocondrie des seigneurs, l'hystérie des aristocrates...), la façon aussi dont sa perte – encore relative – d'hégémonie est pensée comme la moindre vigueur de son tempérament : ce n'est pas son pouvoir qui s'effrite, c'est son « naturel » qui se flétrit et se gâte. En face, les classes laborieuses sont tour à tour pensées comme des modèles physiopathologiques ambigus, excitants, jalousés, menaçants et décriés.

En outre, en faisant de l'hystérie et de la nymphomanie des maladies de classe, cette étiologie sociale accable les femmes de la noblesse d'une maladie qui lui est désormais quasiment spécifique, l'hystérie. Toutefois, au contraire de la nymphomanie des femmes du peuple, elle définit l'hystérie comme une maladie qui est en grande partie le fait de facteurs exogènes au corps féminin : sédentarité, oisiveté, éducation débilitante, régime luxueux (café, chocolat, tabac), mariages de raison... En d'autres termes, alors que la nymphomanie semble s'apparenter à un trait physiopathologique de classe, qui tend à faire des différences sociales des différences anthropologiques par le truchement d'une différence de tempérament, l'hystérie est définie comme un excès nocif de féminité provoqué par les mœurs et habitudes de classe, c'est-à-dire par des facteurs sociaux, extérieurs au corps féminin lui-même. Ainsi, en réformant ces mœurs, le corps des femmes de la noblesse pourrait très bien devenir le canon de la santé féminine. Virey l'exprime en des termes on ne peut plus clairs :

« Des habitudes douces, des mœurs faciles, un heureux état de liberté sociale contribuent sans doute à la régularité des formes, mais il faut aussi des nourritures saines, un air pur, et que l'éducation ni les métiers ne dégradent pas les belles proportions du corps. En effet, voyez ces misérables paysannes brûlées du soleil sur le sol où elles arrachent une dure subsistance ; voyez ces êtres difformes sortant, soit de pénibles ateliers, soit des vapeurs méphitiques de l'habitation étroite où ils s'entassent ; leur teint blême, leurs traits discordants présentent les tristes stigmates de la douleur, et l'empreinte de leurs souffrances [29]. »

Tout au long de la seconde moitié du XVIIIe siècle, la pensée médicale a donc progressivement mis en place un tableau des tempéraments féminins articulés aux deux principaux types de pathologies féminines (troubles hystériques et troubles nymphomaniaques), mais seules les femmes hystériques, en réformant leur mode de vie, pourront incarner le juste milieu de cette échelle des tempéraments féminins et, partant, la santé.

Ce concept de santé peut être défini de façon négative dans les traités sur la nymphomanie : la femme saine est le contraire de la nymphomane. Mais il faut en effet revenir à l'hystérie pour trouver un indice de cette réélaboration conceptuelle du couple sain/malsain. En 1785, à propos de l'hystérie, Chambon écrit :

« Un préjugé mal conçu a-t-il dû rendre honteuses des affections qui attaquent des êtres vertueux ? Cette maladie qui annonce un besoin apprend aussi que celle qui l'éprouve est bien constituée pour devenir mère. Cette qualité ne la rend-elle pas un être précieux dans l'ordre civil ? Disons plus, elle est précieuse à la nature, puisqu'elle est disposée à la reproduction de son espèce [...]. Quelle mère de famille n'éprouve pas une satisfaction secrète, en pensant que sa fille est encore pure, et qu'au jour d'un hymen, qui est prochain, elle goûtera des plaisirs qui lui étaient inconnus [30] ? »

L'hystérie est donc devenu un signal social plutôt qu'une maladie : c'est un signal envoyé par la nature à la morale pour lui signifier que cette fille de bonne famille est vierge et prête au mariage. L'hystérie n'est donc plus une véritable maladie qui décime l'ensemble de la gent féminine, elle n'est plus l'expression d'un ordre naturel incompris, révolté, furieux, mais bien l'expression d'un ordre naturel dont la société policée est à la fois la destinataire et la traductrice fidèle.

---

29. VIREY, article « Femme », *in* ALARD *et al.* (dir.), *Dictionnaire des sciences médicales*, *op. cit.*, tome 14, p. 509.
30. CHAMBON DE MONTAUX, *Des maladies des filles*, *op. cit.*, p. 206-207.

6

La naissance de la « mère »

L'élaboration d'un concept de santé féminine

Au milieu du XVIIIᵉ siècle, la santé est en passe de devenir un objet de préoccupation sociale et politique qui nécessite la mise en œuvre de moyens à l'échelle du royaume. Or, l'une des conditions, théorique et pratique, du succès de cette politique de lutte contre la maladie est de pouvoir définir la finalité du geste thérapeutique. Si le médecin doit s'atteler à rétablir la santé, encore faut-il qu'il ait à disposition une conception claire de la santé féminine. Or, il n'y a pas de concept de santé susceptible de servir de norme à l'aune de laquelle les médecins peuvent efficacement agir sur le corps féminin.

De l'Antiquité jusqu'à l'âge classique, le corps des femmes est le paradigme du corps malade. Suffocation de la matrice, grossesses, accouchements, fureur utérine, stérilité, vapeurs, prolapsus de la matrice, aménorrhée, chancre, mole [1], pâles couleurs, fleurs blanches, hystérie, nymphomanie, ischurie menstruelle…, la longue liste des maladies réputées propres au « Sexe » constitue une véritable étiologie sexuelle qui, en faisant du corps des femmes un corps par définition malade, permet de justifier l'inégalité entre les hommes et les femmes. Toutefois, cette appréhension du corps des femmes devient problématique au cours de la première moitié du XVIIIᵉ siècle, époque où l'on assiste à la pluralisation typologique des tempéraments féminins et à l'émergence d'une première définition de la santé féminine.

1. Mole ou « faux germe » désigne une dégénérescence kystique de l'embryon.

Depuis l'Antiquité, seule la maternité servait de mesure de santé du corps féminin. Toutefois, il s'agissait d'une norme de santé approximative, défaillante et problématique. Or, dès la fin du XVIe siècle et jusqu'au début du XVIIIe siècle [2], dans la plupart des traités des maladies des femmes, la maternité ne semble plus pouvoir figurer l'état sain, même précaire, du corps des femmes.

Ce bouleversement est concomitant de l'arrivée massive des hommes de l'art – chirurgiens, accoucheurs – dans l'univers de la naissance, jusqu'ici presque exclusivement géré par les sages-femmes. Le rapport de ces hommes à la naissance n'est désormais plus médiatisé par d'autres femmes. Loin des anciennes conceptions abstraites ou fantaisistes, la maternité est alors perçue sans ambiguïté comme une maladie quasiment inévitable et souvent mortelle, notamment parce que les médecins sont appelés en dernier recours. Dans la plupart des cas, ils sont face à des accouchements dits « contre nature » (accouchements par le siège, naissances multiples...), cas où l'enfant et la mère sont presque toujours condamnés. Dans les traités, les médecins ne cachent pas que la souffrance de la parturiente, difficilement supportable, est souvent en proportion de leur impuissance : ainsi, à la moindre complication l'accoucheur

> « est seulement spectateur des efforts que la mère et l'enfant font pour se tirer de l'embarras où ils sont ; il n'a donc rien à faire qu'à attendre, et à ne rien promettre [3] ».

La grossesse elle-même est considérée comme une époque de la vie des femmes où elles sont tout particulièrement vulnérables à nombre d'affections, ce dont témoignent les traités ou les chapitres qui traitent spécifiquement des « maladies des femmes grosses et accouchées » tout au long de l'âge classique. Elle est définie comme une maladie, avec ses signes, ses causes, ses symptômes et ses dénouements. Rodericus Castro dans *De universa muliebrium morborum*, considère bien que la

---

2. Comme le rappelle Évelyne Berriot-Salvadore, toute la première partie du XVIe siècle n'est pas animée par un souci nataliste : « On sait combien Jean-Louis Vivès se moque de ce désir effréné des femmes qui devraient plutôt penser à l'"incrédible douleur que l'on a à l'enfantement" ! » BERRIOT-SALVADORE, *Un corps, un destin : la femme dans la médecine de la Renaissance*, *op. cit.*, p. 140-141, citant Jean-Louis VIVÈS, *Livre tres bon, plaisant, salutaire de l'Institution de la femme chrestienne, avec l'office du mary*, traduit par P. de Changy, Supice Sabon, Lyon, 1540, livre II, chap. X, p. 165.

3. DIONIS, *Traité général des accouchements. Qui instruit de tout ce qu'il faut faire pour être habile accoucheur*, Charles-Maurice d'Houry, Paris, 1718, p. 271.

grossesse est une maladie chronique dont l'accouchement est la « crise [4] ». Par conséquent, si la grossesse « soigne » nombre de maladies des femmes, elle est aussi l'une des maladies féminines les plus dangereuses : traumatisme de l'accouchement, descente de matrice ou prolapsus de l'utérus, mutilations de l'appareil génital, déchirures, pertes blanches, hémorragies, douleurs dans les seins… sont des maux le plus souvent fatals, ou entraînant eux-mêmes la stérilité.

En 1625, Louys de Serres, dans son *Discours de la nature, causes, signes et curation des empeschemens de la conception et de la stérilité des femmes*, au lieu d'étudier et de répertorier, comme de coutume, les signes et les causes de la stérilité ou de l'infécondité des femmes, écrit un véritable plaidoyer en faveur des femmes stériles. À ses yeux, eu égard au calvaire des femmes enceintes, des nourrices ou des mères, celles qui ne peuvent concevoir devraient se réjouir d'échapper à une condition funeste. On dit que la stérilité est une malédiction, pour lui elle est bien plutôt « une grande exemption de décharge d'une infinité de chagrins qui sont inséparablement conjoints à la procréation et éducation des enfants [5] ». Les femmes stériles restent jeunes plus longtemps, elles sont plus joyeuses, plus entreprenantes, parce qu'elles échappent à nombre de douleurs qui font des femmes enceintes

> « comme un troisième sexe raisonnable, mais beaucoup plus hargneux, maussade et entraversé que le second, à cause de ses appétits désordonnés et brutaux [6] ».

La femme enceinte ou la mère sont considérées comme un type physiopathologique distinct de l'homme et de la femme, qui semble incarner la morbidité même. La femme enceinte « est déjà morte au monde, et tient un pied dans la fosse [7] ».

Dans cette première partie du XVIIe siècle, si les pratiques contraceptives ou abortives sont officiellement défendues, elles apparaissent néanmoins comme un moyen d'échapper aux souffrances causées par la maternité. La grossesse, l'accouchement et les premiers mois suivant la naissance sont clairement considérés comme des maladies mortelles, vis-à-vis desquelles

---

4. Rodericus CASTRO, *De universa muliebrium morborum*, Hamburgi, 1628, p. 174, cité par BERRIOT-SALVADORE, *Un corps, un destin : la femme dans la médecine de la Renaissance*, *op. cit.*, p. 157.

5. SERRES, *Discours de la nature, causes, signes, et curation des empeschemens de la conception et de la stérilité des femmes*, *op. cit.*, p. 124.

6. *Ibid.*, p. 125.

7. *Ibid.*, p. 126.

les techniques d'infécondité volontaire sont plus ou moins ouvertement considérées comme des remèdes par les médecins eux-mêmes. Au XVIIe siècle, la maternité ne permet donc pas de définir de façon satisfaisante une norme de santé. À la fin de ce siècle, dans ses *Aphorismes touchant la grossesse, l'accouchement, les maladies, et autres indispositions des femmes*, François Mauriceau écrit :

> « Les femmes souffrent ordinairement tant d'incommodités durant tout le temps de la grossesse, qu'on l'appelle vulgairement avec raison une maladie de neuf mois [8]. »

On retrouve cette même idée dans d'autres traités des maladies des femmes grosses et accouchées, comme dans les *Aphorismes* de Boerhaave [9]. Le chirurgien Dionis conseille également à la femme enceinte de regarder sa grossesse comme une « maladie sur laquelle elle doit faire une sérieuse attention [10] ».

Ces considérations sur le corps des femmes ne sont-elles pas tout simplement le produit de l'ignorance des médecins ? Les progrès de la médecine vont-ils permettre d'élaborer une définition adéquate de la santé féminine ? Ce serait une erreur d'analyse de considérer qu'une définition de la santé féminine est conditionnée par l'état du savoir des hommes de l'art. Au contraire, il semble qu'elle dépende plutôt de la façon dont ils conceptualisent le corps des femmes et la différence sexuelle. Si, pour la *doxa* médicale, toutes les femmes sont d'un tempérament flegmatique, par définition pathogène – ce qui implique que toutes les femmes sont inférieures aux hommes –, il semble impossible de pouvoir définir ce qui correspond à un type féminin sain sans produire de véritables mutations de genre. Toute la question est donc de savoir comment la pensée médicale va produire une norme de santé féminine, susceptible

---

8. MAURICEAU, *Aphorismes touchant la grossesse, l'accouchement, les maladies, et autres dispositions des femmes*, *op. cit.*, p. 8. Ou encore : « Les femmes sont ordinairement soulagées, par l'accouchement, des incommodités et des maladies que la grossesse leur avait causées ; mais leurs autres indispositions qui n'ont aucun rapport à la grossesse ont coutume d'augmenter après l'accouchement, quand il arrive dans un état maladif », *ibid.*, p. 10.

9. Hermannus BOERHAAVE, *Maladies des femmes et des enfants*, avec un *Traité des accouchemens*, tirés des *Aphorismes* de Boerhaave commentés par Van-Swieten, 1745, traduit par M.A.L.***, 2 vol., d'Houry, Paris, 1769 ; l'édition originale des *Aphorismes* date de 1709, Hermannus BOERHAAVE, *Aphorismi de congnoscendis et curandis morbis, in usum doctrinae domesticae*, Lugduni Batavorum, 1709, plusieurs fois réédité tout au long du siècle.

10. DIONIS, *Traité général des accouchemens. Qui instruit de tout ce qu'il faut faire pour être habile accoucheur*, chez Charles-Henry d'Houry, Paris, 1718, p. 137.

d'encourager les naissances et de promouvoir socialement les mères, tout en maintenant la hiérarchie des sexes.

Ainsi, alors que toutes les femmes sont toujours considérées comme des êtres maladifs, depuis la fin du XVIIe siècle et au début du XVIIIe siècle, on assiste aux premières ébauches de définition de la santé féminine. Le traité de Mauriceau s'ouvre sur la formule traditionnelle : « Le dérèglement des fonctions de la Matrice est cause de la plus grande partie des maladies des femmes [11]. » Or, on lit plus loin : « La matrice est l'horloge de la santé [12]. » La matrice est donc, à la fois, la cause de la majorité des maladies féminines (« La Matrice sert d'égout à toute l'habitude du corps de la femme [13] »), mais elle est aussi désormais la mesure de la santé des femmes, cette mesure apparaissant comme spécifique aux femmes. Plus précisément, la santé ne réside pas tant dans un état que dans la régularité d'un mécanisme. De la même façon que l'horloge décompte cycliquement le temps, la matrice « rythme » la vie du corps féminin, ordonnant les rapports des mouvements organiques entre eux : si ce rythme est régulier, le corps est sain, s'il est irrégulier, le corps est malade. On retrouve l'une des premières expressions de l'idée d'un « rythme biologique », d'une « horloge biologique », censée donner aux femmes l'heure ultime à laquelle elles devraient se soumettre aux lois de la Nature. Cette métaphore de l'horloge est également une nouvelle version, mécaniste, de l'ancien « utérus errant » qui dicte ou impose au corps ses besoins et ses volontés. Les femmes sont non seulement sous l'emprise de leur propre corps, mais aussi soumises au temps cyclique de la reproduction de l'espèce. Cependant, tout se passe comme si on avait désormais affaire à une Nature ordonnée et mesurable, au lieu de l'ancienne nature finalisée et impérieuse.

Nombre de *topoi* de la médecine et de la littérature misogynes, que celle-ci soit théologique ou qu'elle appartienne au genre de la « Querelle des femmes », font l'objet d'un nouvel examen de la part des hommes de l'art. On donne de nouvelles explications à des sujets aussi éculés que la période de la

---

11. MAURICEAU, *Aphorismes touchant la grossesse, l'accouchement, les maladies, et autres dispositions des femmes*, *op. cit.*, p. 6.

12. *Ibid.*, p. 15.

13. *Ibid.*, p. 11. Voir également : « La matrice, quoique la partie la plus noble et la plus nécessaire pour la production de l'individu, est néanmoins un égout par où s'écoulent les ordinaires tous les mois, et les vidanges dans les couches », DIONIS, *Traité général des accouchemens. Qui instruit de tout ce qu'il faut faire pour être habile accoucheur*, *op. cit.*, p. 68.

grossesse ou que le processus de la menstruation (l'âge des premières et dernières règles, la quantité et la qualité du sang des menstrues). La santé consiste désormais dans la régularité des activités organiques et dans l'ordre qu'exprime le corps. Ce discours de l'ordre et de la mesure est un véritable bouleversement dans la perception du corps féminin, traditionnellement assimilé au désordre, au morbide, au monstrueux. La santé féminine n'est donc conceptuellement possible qu'à la condition que le corps féminin puisse être pensé comme un corps en ordre, un corps bien réglé et, par conséquent, mesurable, prévisible et manipulable. Or, les phénomènes qui se prêtent le plus à cette quantification des phénomènes physiologiques sont la menstruation et la grossesse.

Depuis des siècles, on admettait l'adage aristotélicien selon lequel on ne peut fixer précisément la période de gestation chez les femmes :

> « Les autres animaux terminent leur parturition d'une seule façon. Pour tous il est défini un temps unique de la parturition, mais pour l'homme, seul entre tous les animaux, il en existe plusieurs. Car la parturition se produit à sept mois, à huit mois, à neuf mois ou à dix mois la plupart du temps et certains prennent en plus un onzième mois [14]. »

La question de la durée de la grossesse soulève des enjeux éminemment sociaux et politiques. Il existe une jurisprudence abondante sur la question des grossesses longues qui surviennent dans les familles aisées où le mari est mort : dans ces conditions, la naissance d'un héritier à 10 ou 11 mois de grossesse peut être contestée par les collatéraux. Les médecins sont alors appelés à effectuer une expertise médico-légale [15]. Or, à la fin du XVIIe siècle, que ce soit Mauriceau ou Dionis, les grands chirurgiens accoucheurs fixent à neuf mois le temps de la grossesse. Au milieu du siècle, il est impensable pour Jean Astruc que la période de gestation chez les hommes demeure aléatoire :

> « La nature constante dans ses opérations agit toujours avec règle et mesure [...]. Peut-on s'imaginer que Dieu, l'auteur de la nature, qui a bien voulu régler la portée de tous les animaux, ait négligé l'espèce humaine, qui paraît avoir été le principal objet de son

---

14. ARISTOTE, *L'Histoire des animaux*, édition par Janine Bertier, Gallimard, Paris, 1994, L. VII, chap. 4, 584a-b, p. 394.

15. Pauli ZACCHIAE, *Quaestiones medico-legales in quibus eae materiae medicae quae ad legales facultates videntur pertinere, proponuntur*, 1653, Jean Piot, Avenione, 1655.

attention, jusqu'à laisser incertain le temps de la naissance de l'homme ; et à moins qu'on ne soit aveuglé par la prévention, ne doit-on pas convenir que puisque la portée de tous les animaux a un terme réglé, la grossesse des femmes doit en avoir un de même [16] ? »

De la même façon, au cours du XVIIIe siècle, la menstruation devient une caractéristique physiologique féminine. Pour toute la tradition galénique, comme l'écrit Gail Paster, « saigner mensuellement représente un exemple particulièrement chargé de la prédisposition du corps femelle à couler, à fuir. La menstruation s'apparente aux autres variétés de l'incontinence féminine – sexuelle, urinaire, linguistique – qui servent de signes puissants à l'incapacité de la femme à contrôler les fonctionnements de son propre corps [17] ». Depuis Pline, on n'a pas cessé de réitérer des considérations extravagantes sur le caractère inquiétant des femmes, qu'elles soient réglées ou ménopausées.

En 1509, Corneille Agrippa, dans *De la noblesse et préexcellence du sexe féminin*, un des premiers et plus remarquables textes féministes, s'attaque à cette image mortifère du sang des femmes. Renversant l'image traditionnelle du corps féminin, il loue les pouvoirs miraculeux du lait maternel, de la semence féminine et du sang menstruel, montrant les « prodiges » dont sont capables les femmes. Parlant des règles, il écrit :

« Ce sang, outre qu'il libère des fièvres quartes, de la rage, du mal comitial, de l'éléphantiasis, de la mélancolie, de la folie et de beaucoup de maladies semblables très pernicieuses [...], il éteint les incendies, calme les tempêtes, écarte le danger des eaux qui se déchaînent, chasse toute nuisance, dénoue les enchantements, met en fuite les mauvais esprits [18]. »

En même temps, hémorroïdes, saignements de nez et règles sont pensés dans la tradition hippocratique comme un seul et même phénomène de pléthore naturelle, ou effort de la nature à rétablir par elle-même l'équilibre entre les humeurs qui

16. ASTRUC, *Traité des maladies des femmes, où l'on a tâché de joindre à une théorie solide la pratique la plus sûre et la mieux éprouvée*, *op. cit.*, vol. 5, p. 285-286.

17. Gail PASTER, *The Body Embarrassed : Drama and the Disciplines of Shame in Early Modern England*, Cornell University Press, Ithaca, 1993, p. 83.

18. Henri Corneille AGRIPPA, *De la noblesse et préexcellence du sexe féminin*, édition par R. Antonioli, Droz, Genève, 1990, p. 104. En anglais, on emploie le terme *curse* pour désigner les règles, c'est-à-dire « malédiction ». De même, en anglais ou en français, on trouve souvent les termes de « maladies mensuelles », aux côtés d'expressions plus courantes comme « mois », « ordinaires » ou « fleurs », cette dernière expression assimilant la menstruation à un phénomène de fermentation du sang. Voir Patricia CRAWFORD, « Attitudes to menstruation in seventeenth century England », *Past and Present*, 91, 1981, p. 47-73.

composent le corps. La cessation ou la suppression des menstrues peuvent donc aussi être les signes inquiétants de maladies[19].

Désormais, les règles expriment le travail de la matrice, cette horloge de la santé, en tant qu'elle traduit une certaine législation naturelle. Toute perturbation du cycle menstruel devient alors le symptôme d'une affection féminine. D'où une proximité symptomatique entre la grossesse et les troubles hystériques, du fait de la cessation des règles. Les saignées sont donc systématiquement pratiquées sur les femmes enceintes : elles sont censées évacuer le sang menstruel retenu à l'intérieur du corps, que le fœtus, encore trop petit, ne peut tout à fait consommer. Pour Jean Astruc, le coït permet également de compenser la cessation du cycle menstruel. Comme dans le cas des pâles couleurs ou de l'hystérie, le coït peut s'avérer un excellent remède,

> « quand on a mis peu à peu la matrice en état d'en ressentir tous les bons effets, c'est-à-dire quand on l'a rendue susceptible des contractions, et des oscillations systaltiques que l'usage du mariage y produit, qui doivent y rétablir la libre circulation du sang et de la lymphe, et la libre sécrétion de l'humeur laiteuse, *et qui peuvent par là rappeler efficacement tout le mécanisme de la menstruation*[20] ».

Ainsi, la première définition de la santé féminine s'adosse à une redéfinition de la menstruation comme phénomène caractéristique de l'organisme féminin. C'est le concept de régularité qui sert de levier à une nouvelle conceptualisation du corps féminin. Dans le *Traité des fleurs blanches*, Joseph Raulin écrit :

> « La Nature dans les hommes ne se soutient que par la force des organes, par l'énergie et par l'activité de leur action ; à mesure que les forces déclinent, la Nature s'affaiblit et la régularité des fonctions diminue. La moindre irrégularité dans l'ordre des fonctions est une incommodité ; toute incommodité est un principe de maladie, et

19. La cessation de règles est en soi une maladie des femmes : elle cause, par exemple, les suffocations de la matrice ; elle est donc rarement le signe infaillible d'une grossesse, notamment en l'absence des preuves visibles des derniers mois de la gestation. Les femmes peuvent toujours être grosses d'une mole, ou « faux germe », fruit proprement monstrueux, ce qui nécessite l'expertise médicale, Cathy McClive, « The hidden truths of the belly : the uncertainties of pregnancy in early modern Europe », *Social History of Medicine*, 15, n° 2, 2002, p. 219 *sq.*

20. Astruc, *Traité des maladies des femmes, où l'on a tâché de joindre à une théorie solide la pratique la plus sûre et la mieux éprouvée, op. cit.*, vol. 1, p. 64. C'est moi qui souligne.

> toute maladie peut parvenir au point d'éteindre les fonctions, et de causer la mort [21]. »

Un régime étudié, une vie mesurée, un corps bien réglé sont les clefs de la santé féminine. Pour autant, prévient Roussel,

> « il ne faut pas que l'exercice soit l'objet d'un calcul trop scrupuleux, ni s'occuper la montre à la main ; il vaut mieux consulter son goût actuel, ou plutôt l'instinct, dont l'impulsion est toujours sûre, que les idées chimériques d'ordre et de régularité auxquelles certaines personnes se soumettent servilement [22] ».

Ainsi, c'est bien à l'ordre naturel qu'il faut se plier et non à celui imposé par quelque médecin précepteur ou pédagogue.

> « Notre machine ne doit pas être plus réglée que l'élément qui l'environne [...]. Le changement est même nécessaire pour nous préparer aux secousses violentes qui quelquefois ébranlent les fondements de notre existence [23]. »

À partir du milieu du XVIIIe siècle, une véritable politique de santé se met en place à l'initiative du ministre Henri Bertin [24], contrôleur général des finances, ministre de Louis XV en 1759. En bonne intelligence avec le corps médical, cette politique se diffuse à l'aide d'un nouveau genre de littérature médicale, celui des cours d'accouchement [25]. À partir de 1760, on ne trouve plus guère de traités des maladies des femmes

21. Joseph RAULIN, *Traité des fleurs blanches, avec la méthode de les guérir*, chez Hérissant fils, Paris, 1766, p. 10.

22. Pierre ROUSSEL, *Système physique et moral de la femme, ou tableau philosophique de la constitution, de l'état organique, du tempérament, des mœurs, et des fonctions propres au sexe*, chez Vincent, Paris, 1775, p. 98.

23. *Ibid.*, p. 99.

24. « Le rôle de Bertin semble avoir été déterminant dans l'organisation des cours d'accouchement ; il est pourtant curieusement passé sous silence, au bénéfice de Turgot », Jacques GÉLIS, « Sages-femmes et accoucheurs : l'obstétrique populaire aux XVIIe et XVIIIe siècles », *Annales ESC*, 35, n° 5, 1980, p. 953-954.

25. Voir Marguerite Angélique LE BOURSIER DU COUDRAY, maîtresse sage-femme, dont le traité, *Abrégé de l'art des accouchemens*, chez la veuve Delaguette, Paris, 1759, est tiré à 5 000 exemplaires, soutenu et financé par les pouvoirs publics et notamment par le ministre Bertin, réédité cinq fois au XVIIIe siècle. Le traité de Joseph RAULIN, *Instructions succintes sur les accouchemens, en faveur des Sages-Femmes des Provinces ; faites par ordre du Ministère*, chez Vincent, Paris, 1770, est l'un des plus célèbres. Ainsi que celui d'Anne Aimable AUGIER DU FOT, *Catéchisme sur l'art des accouchemens pour les sages-femmes de la campagne, fait par l'ordre et aux dépens du gouvernement*, chez les libraires, Soissons, 1775 ; Jean-Louis BAUDELOCQUE, *L'Art des accouchemens*, 2 vol., Méquignon l'aîné, Paris, 1781, également plusieurs fois réédités. Pour le détail du tour de France effectué par Du Coudray, voir Nina GELBART, « Midwife to a nation : Mme du Coudray serves France », *in* Hilary MARLAND (dir.), *The Art of Midwifery : Early Modern Midwives in Europe*, Routledge, New York, 1993, p. 131-151.

grosses, mais plutôt un nombre considérable de cours d'accouchement, de « catéchismes[26] » sur l'art des accouchements, de traités des accouchements.

Désormais, tout se passe comme si la grossesse et l'accouchement n'étaient plus, ou plutôt *ne devaient plus* être, des maladies. En l'espace de quelques décennies, alors qu'il n'y a pas d'amélioration notable des moyens techniques relatifs à la naissance, la grossesse et l'accouchement sont passés de l'univers de la maladie à celui de la santé.

Pour comprendre ce renversement, il est nécessaire de faire intervenir un troisième terme : la Nation. La question devient alors : comment encourager la natalité si l'accouchement est considéré comme la maladie des femmes par excellence et si la mère n'est que l'une des multiples versions pathologiques d'une constitution féminine considérée par nature comme valétudinaire ? Mon hypothèse est que le maintien d'une pensée de l'inégalité des sexes, fondée sur les catégories du sain et du malsain, entre en contradiction avec la mise en place d'une politique nataliste, considérée comme le dispositif central du renouveau de la Nation française. Il s'agit donc de confier aux médecins non seulement la gestion de cette nouvelle politique nataliste, mais également la réforme du mode de conceptualisation de l'inégalité des sexes, prise au cœur de la question nationale.

Jusqu'ici absente des traités des maladies des femmes, la figure de la santé féminine, qui émerge dans la première partie du XVIIIe siècle, est à la fois l'un des signes et l'une des conditions de possibilité d'une véritable politique nataliste. Jean Astruc exprime l'enjeu d'un tel changement de perception quant au corps féminin : « La santé de la mère est nécessaire pour conserver la santé de l'enfant qu'elle porte[27]. »

La promotion de la « mère » rend nécessaire d'améliorer les conditions sanitaires de la grossesse et de l'accouchement, afin qu'ils soient effectivement moins dangereux, mais aussi afin qu'ils soient conçus, représentés et réputés moins morbides. La « mère » devient une norme de la santé féminine, car elle incarne un type physiologique à même de donner naissance aux enfants d'une Nation forte. Et, alors qu'on n'observe pas une

---

26. Voir, par exemple, Anne Aimable AUGIER DU FOT, *Catéchisme sur l'art des accouchemens pour les sages-femmes de la campagne, fait par l'ordre et aux dépens du gouvernement*, *op. cit.*

27. ASTRUC, *Traité des maladies des femmes, où l'on a tâché de joindre à une théorie solide la pratique la plus sûre et la mieux éprouvée*, *op. cit.*, vol. 5, p. 322.

amélioration réelle des conditions matérielles et hygiéniques, ni même une baisse de la mortalité infantile et maternelle, la grossesse et l'accouchement passent de la catégorie de *maladie* à celle de *tribut* ou de *travail* des femmes. En d'autres termes, pour qu'elle soit efficace, la prise en charge politique de la naissance doit être en mesure de promouvoir physiologiquement la maternité : la grossesse ne doit plus être assimilée à une maladie, mais plutôt à un événement éprouvant de la vie des femmes. D'où la disparition des titres « maladies des femmes grosses et accouchées », au profit d'une littérature beaucoup plus didactique, qui consiste tout autant à former des professionnels qu'à éduquer les futures mères de la Nation.

On doit à Raulin d'avoir donné les contours politiques et théoriques de cette politique de santé :

> « La grossesse est un état naturel ; elle ne saurait produire des maladies par elle-même. Toutes celles qui surviennent à son occasion sont des effets de la délicatesse du tempérament des femmes, de quelque irrégularité dans l'ordre de leurs fonctions, du trop de raideur ou de relâchement de leurs solides ; de quelque vice de la masse des liquides, ou de quelque autre désordre dans l'économie animale [28]. »

Raulin consacre bien une section de son ouvrage à l'exposé des maladies des femmes enceintes. Toutefois, la grossesse n'est pas la véritable cause de ces maladies, au contraire :

> « Ces maladies prennent leur source dans les effets d'une fausse éducation, et dans des abus commis dans le régime ; dans l'irritabilité et la délicatesse d'un tempérament souvent valétudinaire, et dans l'irrégularité des fonctions, suites constantes de pareils abus [29]. »

Même raisonnement chez Ballexserd, pour qui les saignées des femmes enceintes, mode répandue parmi les femmes de la bourgeoisie et de la noblesse, ne sont qu'un moyen de leur éviter de faire de l'exercice et de surveiller leur régime :

> « Les femmes qui habitent les grandes villes, et dans ce nombre celles surtout qui ont de la fortune, sont pour la plupart paresseuses et friandes à l'excès. Elles aiment mieux se faire saigner trois ou quatre fois pendant une grossesse, à des temps marqués par la mode

28. Joseph Raulin, *De la conservation des enfants, ou les Moyens de les fortifier... depuis l'instant de leur existence, jusqu'à l'âge de puberté*, chez Merlin, Paris, 1768, p. 230-231.

29. *Ibid.*, p. 239.

ou le préjugé, que de faire un exercice convenable et de réprimer leur gourmandise sur mille mets de caprice ou artistement empoisonnés [30]. »

La grossesse n'est donc une maladie que chez les femmes des classes privilégiées au tempérament valétudinaire, faible et maladif, dont les maternités donnent naissance à des enfants chétifs et débiles. Le très influent François Roussel, dans son *Système physique et moral de la femme*, publié en 1775, offre une vision des plus représentative du changement d'appréhension de la maternité. Pour lui, la grossesse n'est pas une maladie, « elle entre au contraire dans le système des fonctions de l'homme sain [31] ». Il ajoute :

« La grossesse n'est une maladie que pour les femmes en qui des organes énervés rendent toutes les fonctions pénibles ; que pour ces machines frêles et délicates, en qui chaque digestion est une courte maladie [32]. »

Si l'auteur reconnaît aisément que la grossesse est accompagnée d'une gêne certaine, en aucun cas elle n'est une infirmité ou une maladie. Il n'aura de cesse de rappeler ce nouvel adage. Même l'accouchement perd à ses yeux son ancienne réputation mortifère : « L'accouchement est une fonction animale dont vraisemblablement la nature n'a pas voulu faire une maladie [33]. » La maternité, de la conception jusqu'au retour de couches, est donc définie comme une fonction naturelle, exactement de la même façon que la digestion.

Ainsi, pour Roussel, la grossesse et plus encore l'accouchement ne sont apparus aux médecins comme des maladies douloureuses que parce qu'ils n'ont eu à faire qu'à des femmes douillettes : citadines, oisives et dénaturées par les manœuvres et les soins excessifs des sages-femmes ou des accoucheurs. Pour lui, la souffrance et la douleur sont un luxe, une affaire de mœurs, c'est-à-dire qu'elles sont le produit d'une société qui dénature le rapport originel que les femmes entretiennent à ce

30. Jacques Ballexserd, *Dissertation sur cette question : Quelles sont les causes principales de la mort d'un aussi grand nombre d'Enfants et quels sont les préservatifs les plus efficaces et les plus simples pour leur conserver la vie ? Par Jacques Ballexserd, citoyen de Genève, couronné par l'Académie Royale des Sciences de Mantoue en 1772*, chez Isaac Bardin, Genève, 1775, p. 7-8.

31. Roussel, *Système physique et moral de la femme, ou tableau philosophique de la constitution, de l'état organique, du tempérament, des mœurs, et des fonctions propres au sexe*, *op. cit.*, p. 290-291.

32. *Ibid.*, p. 291.

33. *Ibid.*, p. 331.

qui s'apparente à un travail « épuisant » plus que douloureux. Roussel parle même d'un « droit à être malade », que se réservent les femmes des villes, « une espèce d'étiquette et de convention, qui les assujettit, pendant un temps déterminé, au régime des malades lorsqu'elles ne le sont plus [34] ». L'idée selon laquelle la maladie ou la souffrance s'apparentent à des toilettes à la mode est également très présente concernant les troubles vaporeux [35].

Pour être considérées comme saines, les femmes doivent donc éviter deux écueils, une « souplesse sans force » et une « force sans souplesse [36] ». Entre ces deux excès opposés, nous obtenons un juste équilibre des qualités que les médecins prêtent au corps de la parturiente idéale, dont les accouchements sont de simples moments pénibles. Gabriel François Venel, dans son traité au titre révélateur, *Essai sur la santé et sur l'éducation médicinale des filles destinées au mariage*, pose la santé des filles comme la condition *sine qua non* de la santé du royaume ; sans elle, ajoute-t-il,

> « non seulement les fonctions de la génération se font mal, mais tous les dérangements physiques primitifs augmentent : de sorte que l'état de grossesse, qui n'a rien que de naturel et d'heureux pour une femme saine et bien constituée, devient pour celles-là une époque de langueur et de maux [37] ».

Venel considère avec nombre de ses confrères que la « mollesse ou flaxité des fibres » est la caractéristique typique du

---

34. ROUSSEL, *Système physique et moral de la femme, ou tableau philosophique de la constitution, de l'état organique, du tempérament, des mœurs, et des fonctions propres au sexe*, *op. cit.*, p. 328.

35. Jocelyne Livi rappelle ainsi que les vapeurs sont une maladie « impitoyable dans les salons » : « Les femmes du commun n'ont guère de vapeurs ; c'est un mal de condition qu'on ne prend que dans les boudoirs », écrira Beaumarchais. Mme d'Épinay dira : « Les vapeurs c'est l'ennui. » Il faudrait sans doute ajouter : c'est aussi la mode. Le docteur Hunauld remarque, dans son *Dialogue avec les jeunes vaporeuses* : « Être belle, jeune, aimable et sans vapeurs est un prodige », et il classe, non sans humour, les vapeurs en trois catégories : les « vapeurs à la mode », qui ne sont dues qu'à l'excessive mollesse et à la volupté, les « vapeurs hystériques » et les « vapeurs mixtes en quelque sorte puisque mélange de vapeurs à la mode et de vapeurs hystériques », LIVI, *Vapeurs de femmes : essai historique sur quelques fantasmes médicaux et philosophiques*, *op. cit.*, p. 93. Voir Pierre HUNAULD, *Dissertation sur les vapeurs et les pertes de sang*, chez Jean-Noël Leloup, Paris, 1756, p. 42. Parlant du traité de Hunauld, Paul Hoffmann écrit que, pour le médecin, les causes des vapeurs « sont des causes qu'entretient une raison retorse, qui voit dans la maladie une façon d'obtenir d'autrui intérêt et sollicitude », Paul HOFFMANN, *La Femme dans la pensée des Lumières*, Ophrys, Paris, 1977, p. 181.

36. VENEL, *Essai sur la santé et sur l'éducation médicinale des filles destinées au mariage*, *op. cit.*, p. 13.

37. *Ibid.*, p. VII.

corps maternel, l'exécution des fonctions maternelles requérant de la souplesse : « Puisque les organes qui doivent céder doivent aussi promptement revenir à leur premier état ou à peu près ; ce qui suppose nécessairement l'élasticité [38]. » Le débat sur la juste flexibilité ou élasticité des fibres maternelles est à ce point fourni que Constance de Salm, dans son « Épître aux femmes », écrira avec ironie :

> « Laissons l'anatomiste, aveugle en sa science,
> D'une fibre avec art calculer la puissance,
> Et du plus ou du moins inférer, sans appel,
> Que sa femme lui doit un respect éternel [39]. »

Roussel décrit le portrait physiologique de la femme saine, tout en justifiant par la même occasion une certaine docilité organique nécessaire à la fonction reproductrice :

> « Il est certain que le sexe de la femme l'assujettit à des révolutions qui peut-être bouleverseraient tous ses organes, s'ils n'offraient une trop forte résistance. Certaines parties de son corps sont exposées à souffrir des distensions, des chocs et des compressions considérables [40]. »

Le corps des femmes doit être capable de se déformer, de céder aux mouvements de la nature, sans opposer de résistance pour ne pas pâtir de ces révolutions, alors que celui des hommes doit être capable de surmonter les épreuves par une constitution souple mais puissante. L'avantage physiologique des femmes, qui compense leur moindre vigueur par rapport aux hommes, réside dans leur aptitude à céder, à se plier à la nature. Et cette docilité physique, cette capacité corporelle à « céder » est également perceptible dans l'ordre moral :

> « Si la force est essentielle à l'homme, il semble qu'une certaine faiblesse concoure à la perfection de la femme. Cela est encore plus vrai au moral qu'au physique : la résistance irrite le premier ; l'autre, en cédant, ajoute l'apparence d'une vertu à l'ascendant

---

38. *Ibid.*, p. 19. *Idem* chez Jacques BALLEXSERD, *Dissertation sur cette question : Quelles sont les causes principales de la mort d'un aussi grand nombre d'Enfants et quels sont les préservatifs les plus efficaces et les plus simples pour leur conserver la vie ? Par Jacques Ballexserd, citoyen de Genève, couronné par l'Académie Royale des Sciences de Mantoue en 1772*, *op. cit.*, p. 20.

39. Constance DE SALM, « Épître aux femmes », 1797, *in* Geneviève FRAISSE (éd.), *Opinions de femmes à la veille et au lendemain de la Révolution française*, Côté-femmes éditions, Paris, 1997, p. 70.

40. ROUSSEL, *Système physique et moral de la femme*, *op. cit.*, p. 17.

naturel de ses charmes, et fait par là disparaître la supériorité que la force donne à l'homme[41]. »

La réforme de la psychologie féminine, telle qu'elle s'opère au milieu du XVIIIe siècle, est l'effet d'une nouvelle figure physio-anatomique, avec des prédispositions morbides redéfinies et limitées. La force de la femme est sa faiblesse, et celle-ci doit être entretenue et exercée minutieusement dans des bornes convenues, au-delà desquelles elle tomberait dans un excès hystérique. À la fin du XIXe siècle, le docteur Grasset peut ainsi affirmer :

> « Sans vouloir manquer ici de galanterie, je ferais remarquer que la plupart des traits de caractère des hystériques ne sont que l'exagération du caractère féminin, le tempérament féminin devenu névrose[42]. »

Du tempérament flegmatique unique, qui fonde un déterminisme somatique non différencié (*toutes les femmes sont des femmes malades*), on passe donc à une échelle des tempéraments qui hiérarchisent les femmes entre elles, selon la distinction du sain et du malsain, lequel oscille entre l'excessive lâcheté des fibres et leur excessive tension. Au sommet de cette échelle, la « mère » est donc le type féminin de la santé, l'incarnation de la féminité même, laquelle s'autonomise progressivement de toute définition pathologique. Pourtant, si la santé se décline désormais au féminin, la « vraie » femme, celle qui est mère, possède exactement les mêmes caractéristiques physiologiques et physionomiques que celles qui attestaient une faiblesse d'essence au siècle passé. Toutefois, le nouveau paradigme physiologique et les impératifs politiques ont modifié la valeur de ces caractéristiques, à tel point que Roussel n'hésite pas à attribuer aux femmes le tempérament sanguin, traditionnellement considéré depuis des siècles comme le plus noble et le plus sain :

> « Il paraît donc que le tempérament qu'on appelle sanguin est en général celui des femmes ; elles en ont les attributs ; c'est le plus favorable à la beauté, et le plus approprié à la trempe de leur esprit. Des fibres souples et faciles à émouvoir doivent nécessiter un genre de sensibilité vive, mais passagère, et, en rendant aisées les

---

41. *Ibid.*, p. 18.

42. Cité par Yvonne KNIBIEHLER et Catherine FOUQUET, *La Femme et les médecins : analyse historique*, *op. cit.*, p. 223.

différentes opérations de la nature, accoutumer l'âme à un sentiment de confiance qui produit la gaieté [43]. »

Petit à petit, on voit donc se dessiner une véritable échelle des tempéraments féminins, sur laquelle un type physiologique sain, celui de la « bonne mère » dont la chair, les fibres, les nerfs et les muscles ne sont ni trop mous, ni trop irrités, ni trop raides, fonctionne comme une norme à l'aune de laquelle l'ensemble des femmes seront jugées saines ou malsaines, et au nom de laquelle on contrôle définitivement l'accès au genre féminin et au statut social et symbolique de mère.

La rhétorique féministe des médecins natalistes

Publié en 1762, l'*Émile*, est, pour la majorité des médecins des femmes, la référence incontournable. Pour autant, les premières pages du livre de Jean-Jacques Rousseau contiennent surtout une vive critique de la science médicale comme des médecins et des chirurgiens. La médecine guérit peut-être le corps, parfois, mais elle produit des âmes lâches, elle effraie en dissertant sur les dangers qui les menacent, elle émousse le courage, et, loin de faire reculer la mort, elle n'apprend qu'à vivre avec. Pour Rousseau, la médecine

> « est l'amusement des gens oisifs qui, ne sachant que faire de leur temps, le passent à se conserver. S'ils avaient eu le malheur de naître immortels, ils seraient les plus misérables des êtres : une vie qu'ils n'auraient jamais peur de perdre ne serait pour eux d'aucun prix. Il faut à ces gens-là des médecins qui les menacent pour les flatter, et qui leur donnent chaque jour le seul plaisir dont ils soient susceptibles, celui de n'être pas morts [44] ».

La réponse des médecins, qui partagent presque tous les vues rousseauistes, consiste à montrer que ce ne sont pas eux qui créent ces hommes déjà morts avant même d'avoir vécu, mais bien la société. Ils ont bien conscience qu'ils doivent réformer la médecine des femmes, et celle des enfants, pour voir un jour des hommes vigoureux et pour que la médecine ait effectivement pour but la conservation de la santé. Nombre des médecins tiennent donc un discours culpabilisateur à l'encontre des femmes, particulièrement à l'encontre de celles appartenant

---

43. ROUSSEL, *Système physique et moral de la femme*, *op. cit.*, p. 64.
44. Jean-Jacques ROUSSEAU, *Émile*, p. 58-59.

à la noblesse et à la grande bourgeoisie, auprès desquelles ils exercent pour la plupart. Ils considèrent que le genre de vie de ces femmes les affaiblit et les énerve, ce qui en fait des mères valétudinaires et fragiles ; plus encore,

> « la plupart des femmes enceintes, au lieu de chercher des moyens pour remédier aux incommodités de leur état, se livrent avec indiscrétion à tout ce qui est propre à rendre extrêmes des maux ou des incommodités qu'elles auraient pu prévenir, si elles avaient écouté la Nature, et pris la prudence pour règle de leur conduite [45] ».

Pour que la médecine redevienne efficace et utile aux hommes, elle doit retrouver sa fonction première qui est de suppléer la Nature. Pour cela, il est nécessaire de revenir à une forme de société davantage en accord avec les prescriptions de l'ordre naturel. Le médecin Roussel ne cesse en effet de rappeler :

> « Dans tous les climats, la nature a donné aux hommes et aux animaux les facultés nécessaires pour remplir les fonctions de la vie avec aisance [46]. »

Les femmes, qui suivent les modes de la vie citadine, ne sont plus physiologiquement dans l'état où les avait laissées la nature pour remplir leur fonction. Alors que le corps des femmes est soumis aux mêmes lois et connaît les mêmes besoins que celui des femelles des autres espèces, elles agissent de telle sorte qu'elles s'éloignent de leur naturel. Les femmes jouissent de trop d'attentions les rendant sensibles à la douleur et échappent ainsi à leurs devoirs naturels grâce à des médecins compatissants et sensibles à leurs plaintes.

> « Mais, dira-t-on, cette jeune femme est délicate, son tempérament n'est pas encore formé ; elle n'est pas parvenue encore à son accroissement : si elle nourrit, elle s'épuisera ; elle ne saurait y tenir. Je réponds que, puisqu'elle a eu assez de force pour concevoir, pour fournir pendant neuf mois la subsistance à son fruit, elle en aura assez encore pour nourrir son enfant après sa naissance, pour lui donner son lait. Le coup est porté : les organes, encore faibles et délicats de cette jeune personne, ont reçu pendant la grossesse les modifications, les dispositions nécessaires pour la formation du lait

45. RAULIN, *De la conservation des enfants, ou les Moyens de les fortifier... depuis l'instant de leur existence, jusqu'à l'âge de puberté*, *op. cit.*, p. 25.
46. ROUSSEL, *Système physique et moral de la femme*, *op. cit.*, p. 326.

> et sa sécrétion dans les mamelles ; ils ont acquis tout ce qu'il leur fallait pour l'exercice de cette fonction : la troubler et l'interrompre, c'est leur donner une secousse en sens contraire, c'est les exposer à un changement brusque et soudain, c'est heurter de front la nature [47]. »

Les innombrables plaidoyers en faveur de l'allaitement maternel, qui voient le jour à partir des années 1760, représentent l'une des étapes déterminantes de la fabrication de cette nouvelle figure physiopathologique qu'est la « mère ». Dans cette perspective, on comprend comment, à travers l'attaque rangée contre les nourrices mercenaires, ce sont bien les mères de la noblesse et de la bourgeoisie aisée des villes qui sont visées, celles-là mêmes qui, de par leurs désirs luxueux, provoquent la chute de l'humanité. Elles fragilisent leur propre constitution, et donnent naissance à des enfants faibles, d'autant plus qu'elles refusent de les allaiter, prétextant quelque mal. Elles finissent enfin d'achever leurs enfants en les confiant à une nourrice étrangère, fille d'un peuple au tempérament pathogène et aux mœurs dépravées. Alors que, au XVIIe siècle, les plaidoyers en faveur de l'allaitement maternel achoppaient sur l'argument de la faiblesse des mères, consécutive à l'accouchement et aux multiples maladies dont toutes les femmes sans exception étaient accablées tout au long de leur vie, au milieu du XVIIIe siècle, les médecins, à l'image de Linné, par exemple, sont persuadés que l'« on trouve beaucoup moins d'exemples de mères qui ne peuvent nourrir qu'on ne le pense communément [48] ».

Mais les propos de Landais, pour déterminer si cette jeune mère délicate est en mesure d'allaiter, sont également dignes d'intérêt pour une raison moins attendue. En effet, derrière un naturalisme exacerbé, il souligne que la représentation traditionnelle de l'infériorité des femmes et de l'inégalité des sexes, telle qu'elle a été véhiculée par les médecins, constitue finalement un obstacle à la régénération des mères. Autrement dit, les femmes ne profitent-elles pas de cette image morbide qui leur est associée pour se délester de leur devoir ?

---

47. M. LANDAIS, *Dissertation sur les avantages de l'allaitement des enfants par leurs mères ; séance publique de la Faculté de Médecine de Paris le 9 décembre 1779*, chez Méquignon l'aîné, Genève, Paris, 1781, p. 14.

48. Carl VON LINNÉ, *La Nourrice marâtre*, *in* BOISSIER DE SAUVAGES, *Les Chefs-d'œuvre de monsieur de Sauvages, ou Recueil de dissertations qui ont remporté le prix dans différentes académies*, tome second, chez V. Reguilliat, Lyon, 1770, p. 227.

« L'oisiveté des femmes a augmenté la délicatesse de leur tempérament : ceci leur a servi de *prétexte* pour se dispenser de nourrir leurs enfants dans un temps où elles se montrent plus vigoureuses que les hommes, dès qu'il est question de plaisirs, de veilles, ou de jeux [49]. »

Cette représentation des femmes comme des êtres valétudinaires et pathogènes, alors qu'elles sont plutôt frivoles et fourbes, ne les encourage-t-elle pas à commettre une « infraction aux lois de la nature [50] », sous les yeux d'une société qui court ainsi à sa perte ?

Paradoxalement, la rhétorique déployée par les médecins qui soutiennent la politique nataliste rassemble presque tous les *topoi* féministes usités un siècle plus tôt contre les médecins qui soutenaient l'inégalité des sexes. Parce que le royaume a besoin de femmes vigoureuses pour porter les enfants de la Nation, l'inégalité des sexes est, dans une certaine mesure, remise en cause. Nombre d'auteurs se laissent prendre au jeu, et font l'éloge de l'éducation platonicienne des Lacédémoniennes, admises à combattre comme les hommes. Joseph Raulin s'émerveille devant les

« femmes de l'ancienne Scythie [qui] supportaient le fardeau des armes et les travaux de la guerre jusqu'à leur mariage, et elles n'avaient la liberté de se marier qu'après avoir donné dans les combats des preuves réitérées de leur valeur. Les anciens Germains, ces peuples sages, distingués de leurs voisins par la valeur et par la vertu, donnaient à leurs femmes, pour présent de noces, un cheval harnaché, un bouclier avec la lance et l'épée ; ils y ajoutaient une partie de ce qui était nécessaire pour cultiver leurs campagnes [...]. Ces femmes ne faisaient pas la guerre comme celles des Scythes ; mais elles faisaient assez d'exercice pour se former des tempéraments à toute épreuve, et pour se mettre en état de fournir une postérité saine et capable de soutenir avec éclat la gloire de la Nation [51] ».

On trouve la même référence chez Pomme à propos des affections vaporeuses :

---

49. Pierre JOUBERT, *Des causes de la dépopulation et des moyens d'y remédier*, chez Dessain Junior, Londres, Paris, 1767, p. 32-33. C'est moi qui souligne.

50. LANDAIS, *Dissertation sur les avantages de l'allaitement des enfants par leurs mères ; séance publique de la Faculté de Médecine de Paris le 9 décembre 1779*, *op. cit.*, p. 24.

51. Joseph RAULIN, *Traité des affections vaporeuses du sexe, avec l'exposition de leurs symptômes, de leurs différentes causes, et la méthode de les guérir*, *op. cit.*, p. XXXV-XXXVI.

> « Aussi les femmes des anciens Scythes ne furent jamais sujettes aux vapeurs. Hippocrate nous dit qu'elles étaient élevées à l'exercice des armes : elles servaient dans la Cavalerie, et ne se mariaient jamais qu'après avoir tué trois ennemis [52]. »

Si, pour Raulin, la différence sexuelle est bien réelle, il n'y a pas à proprement parler de différenciation hiérarchique entre les corps féminins et masculins. Le tempérament sain et vigoureux des femmes leur permet sans conteste de rivaliser en force et en courage avec les hommes, sans pour autant se confondre physiologiquement avec eux. La différence sexuelle n'intervient nullement pour instituer un rapport de pouvoir, mais pour distinguer deux fonctions, dont la valeur est comparable, et qui nécessitent les mêmes qualités, autrement dit, une même norme de santé. Il y a équivalence entre la grossesse et la guerre : femmes et hommes doivent y être préparés pareillement. Ces tributs *genrés* supposent une réelle indistinction des sexes jusqu'à un certain stade de la division du travail, la grossesse instaurant un tempérament féminin inédit, distinct du type masculin. Hommes et femmes sains participent d'une même conception de la santé, laquelle se caractérise par la tempérance et la puissance, par l'équilibre, même si ce dernier ne se situe pas au même point ; la tâche qui incombe aux femmes demandant, par exemple, une élasticité plus grande des fibres. Au contraire, Raulin, à l'instar de la plupart de ses confrères, considère que le luxe de ses contemporains nivelle négativement les tempéraments sur celui des femmes languissantes, qu'il rend les hommes efféminés et lâches [53]. Tous les hommes ont tendance à partager ce tempérament féminin, flegmatique, qui rend le corps engorgé, traînant et mou.

La conséquence de cette rhétorique nataliste est qu'elle amène logiquement les médecins à conclure à une certaine égalité naturelle des sexes. On comprend mieux alors pourquoi Raulin, dans son *Traité des fleurs blanches*, vante le beau tempérament des femmes des siècles passés, habituées à l'exercice, au travail, à la sobriété « dans toutes les Nations qui n'étaient point assujetties au luxe et à la mollesse [54] », et mobilise toutes

52. POMME, *Traité des affections vaporeuses des deux sexes*, *op. cit.*, p. 45.

53. Il s'agit d'une opinion partagée par nombre de médecins et de philosophes : LANDAIS, *Dissertation sur les avantages de l'allaitement des enfants par leurs mères ; séance publique de la Faculté de Médecine de Paris le 9 décembre 1779*, p. 45 ; ou encore, Louis François Luc LIGNAC, *De l'homme et de la femme : considérés physiquement dans l'état du mariage*, 2 vol., chez J.B. Henry, Lille, 1772, I, p. 4.

54. *Ibid.*

les grandes figures de la tradition *gynophile* : Rébecca, Rachel, les princesses troyennes, la reine Artémise, Sémiramis, Zénobie, etc. Alors qu'on ne trouve plus au XVIIIe siècle de grands textes gynophiles, comparables à ceux de la « Querelle des femmes » telle qu'elle se développe au siècle précédent, c'est dans les traités des maladies des femmes que se rencontrent, à des fins natalistes, des arguments classiques en faveur des femmes.

Paradoxalement, à force d'affirmer que les femmes sont faibles, elles en ont profité pour renoncer à certaines de leurs fonctions, ce que les médecins n'ont pas manqué de leur reprocher en précisant que leur faiblesse ne tenait pas à leur naturel, mais bien à leurs mœurs et habitudes[55]. Or, si la faiblesse des femmes est une conséquence sociale, à laquelle certaines femmes héroïques échappent malgré tout[56], il est nécessaire de reconnaître que c'est bien la société qui produit et maintient l'inégalité des sexes et non la Nature.

Cette conclusion est-elle tenable pour les médecins ? Chambon de Montaux, par exemple, ouvre son traité *Des maladies des femmes* par un surprenant plaidoyer aux accents féministes. Il parle des

> « actions éclatantes de quelques femmes qu'on a crues extraordinaires, parce qu'elles ne s'étaient pas conformées aux usages les plus généralement suivis, des nations entières ont appris au monde que l'honneur animait également le cœur des deux sexes. Par quelle injustice se trouverait-il, entre l'homme et la femme, une distance si surprenante à cet égard, quand des qualités semblables se manifestent tous les jours sous nos yeux, dans les différents sexes des autres

55. C'est ainsi que l'on peut lire dans la dissertation de Landais non pas tant que les femmes ne peuvent pas être mères, mais bien que « les femmes *ne veulent plus* être mères ; elles rougissent également d'en avoir les qualités et les sentiments », comme si elles profitaient d'une incohérence des discours de l'inégalité des sexes pour abandonner leurs « devoirs », LANDAIS, *Dissertation sur les avantages de l'allaitement des enfants par leurs mères ; séance publique de la Faculté de Médecine de Paris le 9 décembre 1779*, *op. cit.*, p. 43.

56. Aux côtés des reines et des amazones, Raulin ne manque pas de rappeler que « la France, depuis le temps qu'elle s'est élevée au-dessus des autres Nations, par sa sagesse, par sa politique, par sa valeur et par ses armes, a formé des femmes illustres qui ont mérité dans différents états et dans différents genres de Littérature d'être comparées aux Sages et aux Savants de la Grèce et de Rome », Joseph RAULIN, *Traité des affections vaporeuses du sexe, avec l'exposition de leurs symptômes, de leurs différentes causes, et la méthode de les guérir*, *op. cit.*, p. XXXVIII-XXXIX. À la même période, de nombreuses fictions mettent en scène des femmes fortes, bravant les dangers ou régnant sur des royaumes interdits aux hommes. Voir l'excellent article de Josephine DE GRIEDER, « Kingdoms of women in french fiction of the 1780s », *Eighteenth-Century Studies*, 23, n° 2, 1989-1990, p. 140-156.

espèces ? C'est donc dans nos institutions et non pas, autant qu'on l'a pensé jusqu'alors, dans la nature de leur organisation, que se trouve la source de la différence que nous établissons entre elles et nous [57] ».

Les propos de ce médecin ont clairement pour fonction de soutenir une politique de santé dont la réussite dépend directement des femmes. Or, à peine un an plus tard, le même médecin, dans son traité *Des maladies des filles*, semble totalement revenir sur son opinion. Même si l'éducation et les mœurs qui ont cours dans une grande cité affaiblissent le tempérament féminin, les femmes sont de toute façon naturellement plus faibles que les hommes. « Il existe donc entre l'homme et la femme une différence physique et morale, indépendante des institutions humaines [58]. » Les femmes sont plus faibles, plus petites, plus molles, plus sensibles et donc davantage sujettes aux affections nerveuses que les hommes.

Comment comprendre ce changement de ton ? En 1784 *Des maladies des femmes* est un traité strictement consacré aux mères, ce dont témoigne la division des matières en maladies des femmes grosses, maladies des femmes en couches, maladies à la suite de couches (principalement engorgement ou suppression des lochies, fièvres et maladies des seins, dits « mamelles »), et maladies dans le « temps critique », ou au moment de la cessation des menstrues. En revanche, en 1785, l'auteur s'adresse aux filles nubiles, c'est-à-dire à celles qui, contrairement aux mères, sont les plus menacées par l'hystérie et la nymphomanie si elles tardent à se marier et à enfanter. Dans ce dernier traité, l'auteur reprend la division des tempéraments opérée par les Anciens et réinvestit très fortement ce concept. S'appuyant sur les écrits d'Aretée de Cappadoce, il divise les femmes en plusieurs complexions ou intempéries, chaude, froide, sèche et humide, lesquelles correspondent principalement aux affections hystériques ou aux pathologies liées à la chaleur (fureur et nymphomanie).

Dans cette perspective, nul éloge du courage et de la force de tempérament des femmes ou, plus exactement, des mères ; on observe plutôt un retour caractéristique aux autorités médicales

57. Chambon de Montaux, *Des maladies des femmes*, *op. cit.*, I, p. XVIII. Chambon de Montaux va même jusqu'à refaire l'histoire de l'exclusion des femmes des charges et des honneurs, en partant de l'Antiquité, considérée comme un âge d'or où les femmes animaient des écoles de poésie ou de philosophie, jusqu'aux temps récents où elles sont privées de liberté, d'instruction et de pouvoir.

58. Chambon de Montaux, *Des maladies des filles*, *op. cit.*, p. 9.

les plus traditionnelles et, pour une part, les plus misogynes. Le propos du médecin vise à énumérer toutes les maladies qui menacent les filles. Les vierges et les filles ne quitteront plus cette place, peu enviable, d'êtres les plus menacées par la maladie. « Il est manifeste [...] que le sexe féminin, et en particulier les filles sont la portion la plus maladive et la plus délicate du genre humain[59]. » À la fin du XVIIIe siècle, on assiste également à l'émergence des premiers traités spécifiquement consacrés à l'« âge critique » ou à l'« enfer des femmes ». La puberté et la ménopause sont donc désormais pensées comme les deux époques les plus critiques et les plus morbides de la vie féminine, entre lesquelles la maternité est appréhendée comme une période d'accomplissement et de santé féminine[60].

Cette promotion de la figure de la « mère » est à mettre en relation avec les discours défendant les femmes à la même période. Comment expliquer la moindre production d'écrits féministes au XVIIIe siècle et le sentiment d'euphémisation des arguments de ces écrits, comparés à ceux des protagonistes d'un féminisme prônant clairement l'égalité des sexes au XVIIe siècle ? Dans quelle mesure la rhétorique féministe des médecins natalistes a-t-elle épuisé, modifié, ou influé sur le contenu des discours en faveur de l'égalité ? Cette rhétorique a-t-elle gêné, et dans quelle mesure, le développement d'écrits féministes au milieu du XVIIIe siècle ?

D'une part, il me semble incontestable qu'on assiste à une réelle captation des thèmes gynophiles ou féministes par le milieu médical et philosophique ; ce qui prive, dans une certaine mesure, les défenseurs de l'égalité des sexes des ressources argumentatives laissées par le corpus de la « Querelle des femmes ».

D'autre part, il est tout aussi évident que les ressorts rhétoriques se déplacent. Les arguments dits « différentialistes » sont largement majoritaires à la fin du XVIIIe siècle : les femmes ont

59. VIREY, « Fille », *in* ALARD *et al.* (dir.), *Dictionnaire des sciences médicales*, *op. cit.*, tome 15, p. 516. Les filles sont d'une « complexion molle et humide » qui « les rapproche de l'état de l'enfance ; elles sont éminemment frêles et délicates pour la plupart », p. 517.

60. Dans un chapitre consacré à l'« enfer des femmes », Jocelyne Livi cite le docteur Saucerotte : « Lorsqu'elle perd les attributions de son sexe, il semble que la prolongation de son existence ne soit qu'un brevet d'infirmités », C. SAUCEROTTE, *Conseils aux femmes sur l'âge prétendu critique, ou conduite à tenir lors de la cessation des règles*, Paris, chez Mme Auger-Méquignon, 1828, cité par Jocelyne LIVI, *Vapeurs de femmes : essai historique sur quelques fantasmes médicaux et philosophiques*, *op. cit.*, p. 81.

tout intérêt à revendiquer des droits et des libertés en tant que mères. Mais cette référence à la maternité n'est pas nécessairement en contradiction avec l'affirmation d'une égalité naturelle absolue entre les sexes, comme en témoigne le texte de la *Déclaration des droits de la femme et de la citoyenne* d'Olympe de Gouges. En guise d'introduction, elle interpelle ainsi les hommes :

> « HOMME, es-tu capable d'être juste ? C'est une FEMME qui t'en fait la question ; tu ne lui ôteras pas du moins ce droit. Dis-moi ? Qui t'a donné le souverain empire d'opprimer mon sexe ? Ta force ? Tes talents ? Observe le créateur dans sa sagesse ; parcours la nature dans toute sa grandeur, dont tu sembles vouloir te rapprocher, et donne-moi, si tu l'oses, l'exemple de cet empire tyrannique [...] ; cherche, fouille et distingue, si tu le peux, les sexes dans l'administration de la nature. Partout tu les trouveras confondus, partout ils coopèrent avec un ensemble harmonieux à ce chef-d'œuvre immortel [61]. »

Pourtant, Olympe de Gouges énonce les droits naturels et imprescriptibles de la femme et de la citoyenne au nom « du sexe supérieur en beauté comme en courage, dans les souffrances maternelles [62] ». Or, cette référence à la maternité, loin de servir une conception « différentialiste » de l'égalité des sexes, qui serait en contradiction avec l'idée d'une indistinction des sexes dans l'ordre naturel clairement affirmée par Gouges, permet au contraire de se garantir des critiques : les femmes déclarent leurs droits naturels en référence à une expérience qui renvoie à l'état de nature dans lequel les sexes étaient égaux. En ce sens, il s'agit bien pour Olympe de Gouges « de rendre la différence sexuelle non pertinente en politique *et*, en même temps, d'associer les femmes – explicitement en tant que femmes – à la notion de sujet "actif" [63] ». Cette apparente contradiction, ce *paradoxe*, au cœur du projet féministe moderne selon Joan Scott, pourrait trouver un éclairage nouveau si on analysait les stratégies discursives misogynes caractéristiques de la fin du XVIIIe siècle et les apories dans lesquelles elles se sont elles-mêmes enferrées pour articuler l'exclusion

---

61. Olympe DE GOUGES, « Déclaration des droits de la femme et de la citoyenne », 1791, *in* Geneviève FRAISSE (éd.), *Opinions de femmes à la veille et au lendemain de la Révolution française*, *op. cit.*, p. 50.
62. *Ibid.*, p. 51.
63. Joan W. SCOTT, *La Citoyenne paradoxale. Les féministes françaises et les droits de l'homme*, Albin Michel, Paris, 1998, p. 56.

des femmes de la République et la centralité de leur rôle dans la construction de la Nation.

Chez nombre d'auteurs de la période révolutionnaire, la référence à la nature a ceci de particulier que la nature est synonyme de vertu. La vieille société est corrompue, elle est le règne de l'apparence, de l'imagination et du préjugé. Contre une société qui dénaturalise les mœurs justes et naturelles des hommes, il s'agit d'ériger des lois qui soient en mesure de les restaurer. Le retour à l'ordre de la nature se fait par l'intermédiaire de la raison, elle est le substitut de la nature : c'est elle qui dicte ce que la nature faisait spontanément [64]. C'est précisément dans cet esprit que les médecins natalistes et hygiénistes se réfèrent à l'ancien tempérament vigoureux des femmes, de ces mères qui souffraient courageusement. Or, cet appel à une nature non dénaturée signifie également le retour à un état des relations de genre fondées sur une égalité naturelle entre les hommes et les femmes, lesquels ne sont pas encore corrompus, et donc socialement différenciés, par la société. Les écrits féministes de la fin du siècle, en se référant au statut de mère, exploitent très largement ce naturalisme et ses conséquences féministes imprévues pour revendiquer l'inclusion politique des femmes dans la cité. Cette stratégie discursive et politique n'a été possible que parce que les médecins ont été en charge de fabriquer et de soigner la « femme régénérée », la mère de la Nation, donnant ainsi involontairement une légitimité à la revendication de l'égalité *naturelle* et, partant, *politique* des sexes.

Cependant, très vite, du côté des médecins, il n'est plus possible de maintenir une conception physiopathologique de la différence sexuelle dans laquelle l'état de santé est commun aux deux sexes, ce qui tendrait à conclure à une égalité des sexes naturelle et originelle. La tâche des médecins consiste donc désormais à affiner et à préciser cette figure de la santé féminine qu'est la « mère », afin de ne pas risquer d'en faire une égale. Après la Révolution, on observe que le discours a considérablement changé relativement aux exemples antiques :

64. Ainsi, on peut lire à l'article quatre de la *Déclaration* : « La liberté et la justice consistent à rendre tout ce qui appartient à autrui ; ainsi l'exercice des droits naturels de la femme n'a de bornes que la tyrannie perpétuelle que l'homme lui oppose ; ces bornes doivent être réformées par les lois de la nature et de la raison », Olympe DE GOUGES, « Déclaration des droits de la femme et de la citoyenne », *op. cit.*, p. 52.

> « Les anciens, qui prenaient tant de soins pour se procurer des citoyens sains et robustes, apportaient la plus sérieuse attention à l'éducation des filles, comme étant destinées à porter et nourrir une postérité vigoureuse. Nous ne conseillerons pas cependant la gymnastique des Lacédémoniennes à demi nues, sur les bords de l'Eurotas ou le mont Taygète, telle que l'avait instituée Lycurgue [65]. »

Il n'est pas étonnant à ce titre que le rédacteur des articles « Femmes » et « Filles » du *Dictionnaire des sciences médicales*, Virey, se réfère avec déférence à Roussel. Dans les années 1770, ce dernier a toujours affirmé une certaine infériorité des femmes par rapport aux hommes et n'a jamais investi un discours de l'égalité originaire des sexes pour promouvoir la maternité. Alors que des médecins comme Raulin, par exemple, établissent une histoire sociale des maladies et des corps, Roussel trace l'histoire naturelle des sociétés :

> « Le moment où la femme commence à indiquer le rang qu'elle doit tenir n'est pas précisément celui où elle se trouve en état de payer son tribut à l'espèce, et de seconder les vues de la nature ; on peut aisément la distinguer de l'homme longtemps auparavant [66]. »

Avec Roussel, Virey critique donc la dérive des médecins natalistes.

> « De même, écrit-il, quelles que soient les raisons alléguées par les partisans de l'égalité des deux sexes, et bien qu'une éducation plus mâle, des exercices plus forts puissent augmenter la vigueur physique et morale de la femme, elle ne peut pas être assimilée à l'homme sous ce rapport, malgré le divin Platon [67]. »

Comme exercices destinés aux vierges, Virey propose plutôt des danses ou des promenades dans la campagne : la santé féminine n'a donc plus rien de très viril. Pourtant, Virey reconnaît que les femmes mariées et les mères se virilisent en quelque sorte à force d'être « imprégnées » du sperme masculin :

> « Le changement de la fille en femme ne consiste pas seulement dans la *défloration*, dans la rupture de la membrane de l'*hymen* ; il y a pour toute l'économie une transformation manifeste. Cette fille pâle et languissante deviendra dégourdie, rubiconde ; sa timidité se changera en mâle assurance, en hardiesse, au besoin ; les fonctions

65. VIREY, « Fille », *in* ALARD *et al.* (dir.), *Dictionnaire des sciences médicales*, *op. cit.*, tome 15, p. 513.
66. ROUSSEL, *Système physique et moral de la femme*, *op. cit.*, p. 74.
67. VIREY, « Femme », *in* ALARD *et al.* (dir.), *Dictionnaire des sciences médicales*, *op. cit.*, tome 14, p. 504-505.

maternelles exigent du courage ; les animaux en donnent la preuve [...]. Il est donc certain que le sperme masculin imprègne l'organisation de la femme, qu'il avive toutes ses fonctions, qu'il donne plus de feu et d'activité à son économie, qu'elle s'en porte mieux, à moins que l'excès de jouissances ne l'énerve. Ce que l'homme est à l'égard de la femme, la femme l'est par rapport à la jeune vierge, ou l'adulte à l'égard de l'enfant [68]. »

Les descriptions de l'épouse sont étonnamment proches de celle de la prostituée : toutes deux incarnent des types « mâles ». Toutefois, la prostituée demeure une figure pathologique de la féminité. Au contraire, Virey comprend la différence des sexes comme un donné de nature, mais, au lieu d'investir le thème de la dénaturation, il pense l'indistinction relative des sexes, notamment la virilisation de l'épouse, sur le modèle de la contamination. La santé est, dans la vie des femmes, étroitement liée au coït. L'injonction à l'hétérosexualité reproductrice relève ainsi de la prescription médicale. Ce n'est donc pas simplement la maternité qui devient la marque de la santé et la quintessence de la féminité, c'est aussi l'hétérosexualité. Le mariage et la maternité fonctionnent tous deux comme des antidotes, comme un contrepoison provisoire à la morbidité et à la faiblesse naturelle de la féminité. La sexualité est au centre de la nouvelle définition de la santé féminine.

Virey n'a de cesse d'affirmer l'incommensurabilité de la différence sexuelle, thème pour lequel il est demeuré à une place privilégiée dans l'histoire des discours sexistes [69]. Pourtant, il développe avec insistance des phénomènes d'indistinction des sexes. Il insiste à plusieurs reprises sur ce processus inévitable d'imprégnation virile de l'épouse, sans que cela semble susciter une quelconque angoisse de sa part. Car, à ses yeux, cette virilisation de l'épouse n'est pas un processus négatif : au contraire, elle témoigne d'une amélioration significative de l'état de santé de la constitution féminine. Le mariage et la maternité viennent clairement « sublimer » le corps féminin qui, sans ce *régime*,

68. VIREY, « Fille », *in* ALARD *et al.* (dir.), *Dictionnaire des sciences médicales*, *op. cit.*, tome 15, p. 505.

69. Sur cet aspect de la pensée de Virey et des médecins philosophes du début du XIXe siècle, Yvonne KNIBIEHLER, « Les médecins et la "nature féminine" au temps du code civil », *Annales ESC*, 31, n° 4, 1976, p. 824-845 ; et Geneviève FRAISSE, *Muse de la raison : démocratie et exclusion des femmes en France*, Gallimard, Paris, 1989. L'idée selon laquelle, à la fin du XVIIIe siècle, on assiste au développement de la thèse de l'incommensurabilité de la différence sexuelle est développée par Thomas Laqueur, ainsi que par Sylvie STEINBERG, *La Confusion des sexes : le travestissement de la Renaissance à la Révolution*, Fayard, Paris, 2001.

serait incapable de santé. Virey veut « fortifier » l'épouse, lui donner un peu de cette assurance virile. Dans cette virilisation de l'épouse, il faut aussi comprendre que Virey met en œuvre la hiérarchie entre les femmes qui correspond à l'échelle des tempéraments féminins, telle qu'il l'a lui-même établie dans les articles du *Dictionnaire des sciences médicales.* Dans cette perspective, il faut nécessairement que l'épouse et la « mère » soit supérieures à l'hystérique, à la nymphomane, etc., que la mère « blanche » soit supérieure à la femme « sauvage », à l'Africaine, à l'esclave.

7

Épistémologie historique des savoirs obstétriques

Matrones et sages-femmes

S'il faut attendre le début du XVIIIe siècle pour voir apparaître une véritable politique populationniste, le soupçon d'infanticide pèse sur les accoucheuses et les parturientes. Un édit de février 1556 établit la peine de mort contre les femmes et les filles qui, ayant caché leur grossesse et leur accouchement, laissent périr leurs enfants sans baptême, et il impose d'accoucher en présence d'un témoin. Cette législation va de pair avec l'institutionnalisation de la charge de sage-femme qui marque la subordination des « matrones », considérées comme complices ou complaisantes dans les affaires d'infanticides.

Tout au long des XVIe et, surtout, XVIIe siècles, les autorités médicales, ecclésiastiques ou politiques s'appliquent ainsi à détrôner les matrones, en créant des procédures d'enregistrement et d'autorisation d'exercice, ainsi que d'habilitation et de vérification de leurs capacités professionnelles. Par le biais du soupçon de sorcellerie, la marginalisation des matrones, ces femmes expérimentées occupant une place importante dans la communauté, principalement à la campagne, est la condition de la professionnalisation du soin aux accouchées, mais aussi, parallèlement, de sa progressive masculinisation [1]. Désormais, la « sage-matrone », ou la « sage-dame » pensionnée, c'est-à-dire

1. À titre d'exemple : « L'évolution du nombre de sages-femmes dans le diocèse de Montpellier de 1680 à 1806 fait ressortir nettement ceci : dès lors que la profession s'institutionnalise, le nombre de femmes qui exercent diminue considérablement », Mireille LAGET, *Naissances. L'accouchement avant l'âge de la clinique*, Seuil, Paris, 1982, p. 203.

financée par les municipalités, doit se soumettre aux règlements municipaux qui régissent son activité. Derrière la dimension déontologique de ces règlements, c'est à la mise sous tutelle des matrones que l'on assiste, puisque l'« homme de l'art » intervient en général à deux niveaux : une première fois pour attester les compétences de la praticienne et une seconde fois au cours d'accouchements difficiles, puisqu'elle s'engage à demander de l'aide en cas de telles difficultés [2].

L'ensemble de ce processus a principalement été rendu possible grâce à la chasse aux sorcières [3] et à la théorie démonologique qui popularise l'idée selon laquelle la plupart des matrones sont des sorcières qui pratiquent des infanticides [4], des baptêmes sacrilèges [5] ou s'attaquent aux enfants non baptisés dans le but de les sacrifier au diable, de consommer leur chair lors du repas du sabbat ou d'utiliser leurs restes pour la confection d'onguents magiques… Les sages-femmes sont donc des cibles privilégiées, à tel point que le célèbre *Marteau des sorcières* leur consacre un chapitre entier, dans lequel Jakob Sprenger se targue d'avoir envoyé au bûcher des centaines de matrones. Ce manuel du bon chasseur de sorcières, publié pour la première fois en 1486, est réédité dans les années 1580, où il connaît un nouveau succès jusqu'en 1650, période à laquelle on estime que la chasse connaît son apogée, notamment avec des procès de masse.

Dans ce contexte, la stigmatisation des sages-femmes est déterminante pour comprendre le processus de professionnalisation de la gynécologie et de l'obstétrique, et, plus fondamentalement, les modalités d'instauration d'un véritable dispositif de contrôle des corps féminins aux XVIIe et XVIIIe siècles [6].

---

2. Jacques GÉLIS, *La Sage-femme ou le médecin : une nouvelle conception de la vie*, Fayard, Paris, 1988, p. 25. Sur l'histoire des règlements concernant les sages-femmes, voir également R. L. PETRELLI, « The regulation of french midwifery during the Ancien Régime », *Journal of the History of Medicine*, 26, 1971, p. 276-292.

3. En grande majorité ce sont les femmes qui sont inquiétées et persécutées. Voir Robert MUCHEMBLED, *La Sorcière au village, XVe-XVIIIe siècle*, 1979, Gallimard, Paris, 1991, p. 176 ; et Brian P. LEVACK, *La Grande Chasse aux sorcières*, Champ-Vallon, Paris, 1991, p. 39 *sq.*

4. Alfred SOMAN, « Les procès de sorcellerie au Parlement de Paris (1565-1640) », *Annales ESC*, 32, 1977, p. 797.

5. La question des baptêmes sacrilèges est au centre de la polémique qui divisa théologiens, médecins et juristes pour savoir s'il fallait octroyer aux sages-femmes le pouvoir de donner les premiers sacrements à des enfants moribonds (et souvent mort-nés).

6. Voir Philippe ARIÈS, *L'Enfant et la vie familiale sous l'Ancien Régime*, Seuil, Paris, 1973 ; Pierre DARMON, *Le Mythe de la procréation à l'âge baroque*, J.-J. Pauvert, Paris, 1977 ; Jean-Louis FLANDRIN, *Le Sexe et l'Occident*, Seuil, Paris, 1981 ; Mireille LAGET, *Naissances. L'accouchement avant l'âge de la clinique*, Seuil, Paris, 1982,

Vers 1690, date à laquelle la chasse aux sorcières décline, l'intériorisation des pratiques de surveillance des femmes permet aux institutions judiciaire et médicale de se redéployer efficacement. Désormais, plutôt que de dénoncer la malignité des sages-femmes présumées sorcières, ce qui s'apparente à la reconnaissance de leur pouvoir occulte voire surnaturel, on préfère stigmatiser leur incurie et leur indigence théorique en matière d'accouchement et de soin aux nouveau-nés.

Dès la seconde moitié du XVIIe siècle, on considère que les matrones ou les sages-femmes accusées de sorcellerie ne détiennent effectivement pas un pouvoir et un savoir remarquables ; pour autant, on vise leur « curiosité », laquelle les pousse à partager des secrets illicites et à les transmettre. La misogynie caractéristique des traités de démonologie donne une série d'arguments à l'encontre de la curiosité féminine et de la prétention des femmes à acquérir certaines connaissances, qui laissent à la disposition du pouvoir médical un arsenal critique efficace contre l'art des sages-femmes. Les sorcières, plus que toutes autres, sont aux prises avec cette « insatiable curiosité de savoir ce que Dieu ne veut être connu de l'homme et encore moins pratiqué [7] ». Tout le processus de dénégation et de neutralisation de ce savoir féminin passe donc par une série d'accusations qui sont principalement le fait de médecins, pour qui l'art des sages-femmes, tout comme celui des sorcières, est un leurre ; il consiste en de vieilles recettes qui sont le fruit de leur imagination, ce dont témoignent les maléfices de bonnes femmes. Les incantations des sorcières ne sont que des formules menaçantes inventées pour impressionner un auditoire crédule : elles « n'ont aucun livre par le moyen duquel elles soient instruites ou promues en leur profession : aussi n'ont-elles aucunes formes prescrites de leurs conjurations [8] ». Leurs maléfices ne sont que des soupes putrides faites d'excréments

Edward SHORTER, *Le Corps des femmes*, Seuil, Paris, 1984 ; Jacques GÉLIS, *La Sage-femme ou le médecin : une nouvelle conception de la vie*, Fayard, Paris, 1988 ; Hilary MARLAND (dir.), *The Art of Midwifery : Early Modern Midwives in Europe*, Routledge, New York, 1993 ; Hilary MARLAND et Anne-Marie RAFFERTY (dir.), *Midwives, Society, and Childbirth : Debates and Controversies in the Modern Period*, Routledge, New York, 1997.

7. Pierre NODÉ, *Déclamation contre l'erreur exécrable des maléficiers*, Paris, 1578, cité par Nicole JACQUES-CHAQUIN, « La curiosité sorcière : représentations du désir féminin et savoir chez les démonologues (XVIe-XVIIe siècle) », *in* Colette NATIVEL (dir.), *Femmes savantes, savoirs des femmes. Du crépuscule de la Renaissance à l'aube des Lumières*, Droz, Genève, 1999, p. 107.

8. Jean WIER, *Histoires, disputes et discours des illusions et impostures des diables*, II, p. 206. C'est selon une même argumentation que Jean Wier sauve des femmes du

et de déchets (urine, sang, fiente, charognes, etc.), qui, comme l'écrit Nicole Jacques-Chaquin, « sont ici le signe même du caractère dérisoire d'un savoir-faire illusoire : loin de toute articulation d'un savoir sur le réel, loin même de la noblesse d'une parole structurée, fût-elle, elle aussi, un simulacre diabolique sans effet réel, la sorcière est rejetée du côté de l'informe, du reste [9] ». Or, la violence de cette dénégation du savoir des sorcières va paradoxalement de pair avec une peur profonde envers l'effectivité d'un pouvoir sur la vie et la mort. Si le père Del Rio est persuadé que beaucoup de possédés apparents ne sont que des mélancoliques, il reconnaît aussi l'effectivité d'un savoir spécifiquement féminin, en matière de « maléfice d'avortement, de stérilité, d'homicides d'enfants et semblables [10] ».

Constamment surveillées et soupçonnées de magie ou de sorcellerie, les sages-femmes n'ont pas d'autre choix que de jouer la carte de la professionnalisation. Celles qui accèdent à la charge de sages-femmes « jurées » doivent rendre compte aux médecins et aux hommes d'Église ou de loi des pratiques illicites ou des intentions hérétiques des femmes. Si elle veut continuer à exercer librement, la sage-femme doit désormais dénoncer les filles ou les veuves dont elle soupçonnerait que leur ventre s'arrondit. Elle est même encouragée à profiter des douleurs de l'enfantement pour arracher le nom du séducteur. Elle est enfin habilitée à examiner la virginité de telle prétendante au mariage, l'impuissance de tel époux [11], ou encore la réalité de la grossesse invoquée par une femme condamnée à la peine capitale. Tout ce qui relève de l'examen gynécologique, à proprement parler, reste le domaine des sages-femmes jusqu'au milieu du XVIIIe siècle. Dans le cas des visites aux condamnées, au cours du XVIIIe siècle, la sage-femme est petit à petit accompagnée par un médecin, jusqu'à ce que le médecin soit chargé seul de l'examen.

La réglementation de la fonction des matrones, en instituant une charge, a eu pour conséquence la normalisation de leurs pratiques et la limitation de leurs prérogatives. Les sages-femmes, en prêtant serment, se plient à un code de conduite et

---

bûcher en arguant qu'elles ne sont que des hystériques et discrédite le savoir des sorcières.

9. Nicole Jacques-Chaquin, « La curiosité sorcière : représentations du désir féminin et savoir chez les démonologues (XVIe-XVIIe siècle) », *op. cit.*, p. 114.

10. Martin Del Rio, *Controverses et recherches magiques, divisées en six livres*, traduit par A. Duchesne, Régnault Chaudière, Paris, 1611, p. 738.

11. Pierre Darmon, *Le Tribunal de l'impuissance. Virilité et défaillances conjugales dans l'Ancienne France*, Seuil, Paris, 1979, p. 183-184.

bénéficient d'une formation souvent utile [12], mais, en même temps, elles deviennent économiquement dépendantes et dociles, puisque, au moindre écart, elles se voient interdites d'exercer ou condamnées à de lourdes peines : c'est bien la sage-femme que l'on contraint d'effectuer et de relayer le contrôle dont elle a été autrefois la cible privilégiée. Ainsi, la création de la charge de sages-femmes marque la naissance d'une véritable *police féminine*, d'un groupe de femmes habilitées à se soucier de la population féminine, et par conséquent capables de la surveiller de près.

Parallèlement à la criminalisation de pratiques culturelles devenues illicites, c'est aussi un savoir séculaire qui est dans la ligne de mire des autorités et commence à se transmettre avec de plus en plus de difficultés à mesure qu'il perd ses canaux. Ce savoir circule sous la forme de « secrets ». Le livre de dame Trotula de Salerne, *Passionibus mulierum curandorum*, inaugure cette tradition des livres des « secrets des femmes ». Ces livres diffèrent du corpus des « maladies des femmes », en ce qu'ils sont bien davantage attentifs à la douleur des femmes, aux remèdes qui soulagent comme à ceux qui embellissent, en ce qu'ils transmettent les recettes qui rétablissent la beauté et la jeunesse passées, ou les préceptes contraceptifs et abortifs connus des seules femmes [13].

« Ce livre est unique parce qu'il traitait un sujet interdit aux médecins du clergé ; il ne pouvait venir que de Salerne, centre de la médecine laïque. Avant sa première impression, au XVIe siècle, il a été si souvent copié à la main que les versions

12. Le plus important centre de formation européen est celui de l'Hôtel-Dieu à Paris. Créé au XIVe siècle, il reçoit des élèves sages-femmes à partir de 1630, mais en très petit nombre. Si la formation est réputée être de qualité (on y pratique une dissection d'une femme morte en couche par an), elle demeure totalement insuffisante. Ce n'est qu'en 1760 que l'État prend en charge la formation des sages-femmes. Toutefois, on doit à la sage-femme Angélique Le Boursier du Coudray la mise en place de la première grande formation obstétricale des sages-femmes sur l'ensemble du territoire. Voir Jacques GÉLIS, « La formation des accoucheurs et des sages-femmes aux XVIIe et XVIIIe siècles : évolution d'un matériel et d'une pédagogie », *Annales de démographie historique*, 1977, p. 153-180, et *La Sage-femme ou le médecin : une nouvelle conception de la vie*, p. 48 *sq*.

13. Ces thèmes caractérisent également les livres des « secrets de nature » : Johann WECKER, *Les Secrets et merveilles de la nature, receuillis de divers autheurs et divisez en XVII livres*, 1586, traduit par Gabriel Chappuys et Pierre Meyssonier, chez C. Le Villain, Rouen, 1633 ; on peut citer également celui de Levin LEMNE, *Les Occultes Merveilles et secrets de nature avec plusieurs enseignements des choses diverses*, 1559, traduit par J. Gohorry, Galiot du Pré, Paris, 1574. Sur les livres des secrets des femmes, voir l'article de référence, Monica H. GREEN, « From "diseases of women" to "secrets of women" : the transformation of gynecological literature in the later middle ages », *Journal of Medieval and Early Modern Studies*, 30, n° 1, 2000, p. 5-39.

qui en existent diffèrent quelque peu l'une de l'autre [14]. Toutes portent cependant le même titre très long, et couvrent à peu près les divers sujets annoncés : *De la cure des Maladies des Femmes avant, pendant, et après la parturition, jamais publié auparavant dans lequel sont exposés les accidents, maladies et passions du sexe féminin : le soin des nourrissons et des enfants à partir de la naissance ; le choix d'une nourrice et autres problèmes liés à ceci ; des maux touchant les deux sexes ; finalement les expériences de diverses maladies accompagnées de certains remèdes contribuant à l'embellissement du corps* [15]. »

À la fin du XVIe siècle et au début du XVIIe siècle, le genre des « secrets » est notamment repris par Jean Liébault et par Louise Bourgeois, avant d'être supplanté par les traités des maladies des femmes, bien que la tradition orale soit encore largement transmise par les matrones. Au XVIIIe siècle, dans son catalogue des traités des maladies des femmes, le médecin Astruc réfute la thèse, alors répandue, selon laquelle le traité de Trotula a été écrit non pas par une femme médecin, mais par un homme, signe que le genre des « secrets » est quasiment perdu.

Considérées comme des femmes possédant un savoir précieux, le rôle des matrones consiste avant tout à venir en aide à leurs compagnes, non seulement lors des accouchements, mais aussi après les couches (donner les premiers soins à l'enfant, soulager les douleurs de la mère consécutives à l'accouchement, transmettre des conseils de beauté…) et, enfin, à divulguer les recettes abortives ou contraceptives. Il s'agit bien ici d'un savoir du corps des femmes par les femmes elles-mêmes. Or, c'est principalement ce savoir-là qui est visé au moment où les hommes d'Église et les hommes de l'art s'engagent dans la bataille contre les matrones. Il est doublement un enjeu de pouvoir : d'une part, il est combattu comme un savoir illicite, celui qui consiste à donner la mort ou à choisir le moment de la vie – on parle alors des « funestes secrets » ; d'autre part, il est

14. On trouve plusieurs rééditions du livre attribué à Albert le Grand au cours du XVIIIe siècle : Albert LE GRAND, *Les Admirables Secrets d'Albert le Grand, contenant plusieurs traités sur la conception des femmes, et les vertus des herbes, des pierres précieuses et des animaux*, 1508, chez le dispensateur des secrets, Cologne, 1703.

15. VEITH, *Histoire de l'hystérie, op. cit.*, p. 100-101. D'après Jean Astruc : « On a sous ce nom un traité des maladies des femmes, intitulé, *Gynoeciorum Liber, curandarum oegritudinum in, ante et post partum.* Ce petit ouvrage, qui contient soixante-trois chapitres assez courts, fut imprimé à Strasbourg en 1544 par les soins de George Kraut, et depuis à Paris en 1550. » ASTRUC, *Traité des maladies des femmes, op. cit.*, IV, p. 189.

convoité comme un savoir sur les mystères de la vie. Evelyn Fox Keller écrit que « la fonction culturelle des secrets est toujours d'exprimer une frontière – un intérieur qui n'est pas visible pour ceux qui sont à l'extérieur, la démarcation d'un domaine séparé, d'une sphère de pouvoir autonome[16] ». Pour l'instant, nous définirons ce savoir, qui circule entre femmes sous la forme de secrets, comme féminin, bien qu'il puisse être partagé par les hommes, dans la mesure où la grossesse – qu'elle soit menée à son terme ou non – instaure un espace d'*homosociabilité* dans lequel les femmes ont l'occasion et le temps de se transmettre ce savoir entre elles. Or, à partir du moment où ce savoir est à la fois rendu illicite et convoité, c'est cet espace, ce lieu de transmission qui est en passe d'être contrôlé. Enfin, c'est sur ce territoire que la Nation est en passe de s'élever.

Secrets des femmes *vs* science obstétrique

La question des secrets des femmes est centrale dans la mesure où elle renvoie au savoir contraceptif que pouvaient divulguer les matrones. On évalue à deux cents le nombre de méthodes contraceptives ou abortives, médicinales ou mécaniques, utilisées par les femmes à l'âge classique[17]. Les méthodes de limitation des naissances sont d'ailleurs connues, répandues et accessibles[18]. Les plus pratiquées sont vraisemblablement le coït interrompu et l'infanticide. Le coït interrompu peut être le fait de l'homme comme de la femme, et les médecins ont même tendance à en faire une technique féminine. Énumérant les causes naturelles qui font échouer la conception, comme l'absence d'amour entre époux, Varande écrit :

> « Je ne parle point de ces détestables embrassements des débauchées, et semblables pestes qui, ou en remuant, ou en se mettant en

16. Evelyn Fox KELLER, *Secrets of Life, Secrets of Death : Essays on Language, Gender and Science*, Routledge, New York, 1992, p. 60.

17. Londa SCHIEBINGER, *Has Feminism Changed Science ?* Harvard University Press, Cambridge, 1999, p. 110.

18. Dans le célèbre pamphlet *Les Caquets de l'accouchée*, la mère de la jeune accouchée, qui en est déjà à son septième enfant, dit à ses compagnes : « Si j'eusse bien pensé que ma fille eût été si vite en besogne, je lui eusse laissé gratter son devant jusques à l'age de vingt-quatre ans sans être mariée ; je ne fusse pas maintenant à la peine de voir tant de canailles à ma queue », *Les Caquets de l'accouchée*, 1622, C. Marpon et E. Flammarion, Paris, 1855, p. 12-13.

des postures ridicules, ou retardant la semence, empêchent qu'elle n'entre de peur d'avoir la peine d'une grossesse [19]. »

Dans le cas de l'infanticide, on le soupçonne souvent d'être maquillé, soit en accident lors d'un accouchement difficile, soit en étouffement involontaire de l'enfant quelques jours après la naissance, par la mère ou la nourrice endormies. Tout ceci a contribué à modifier en profondeur l'organisation spatiale de l'espace privé, mais aussi le rapport à l'intime, puisque c'est en partie pour combattre les infanticides par suffocation qu'apparaissent le « lit conjugal » et les couches individuelles (lit, berceau, etc.). Indépendamment de ces pratiques, on trouve diverses méthodes, dont certaines sont déjà décrites ou évoquées dans les œuvres d'Hippocrate [20] : des coctions à base de plantes réputées pour leur vertu d'infécondité (ante- ou post-coïtales) ou abortives, des émétiques violents, des pessaires, des sortes de spermicides (huile, gomme, pulpe de grenade ou de figue à appliquer sur le col de la matrice), des éponges ou tampons, des lavements (à l'aide de douches ou de seringues), des fumigations, des fomentations astringentes, des bains, des préservatifs masculins (le « fourreau de verge » décrit par Gabriel Fallope et initialement utilisé pour se préserver de la syphilis), des remèdes oraux (tisanes, bouillons, breuvage à base de vin chaud), des techniques d'avortement [21]. La célèbre plante appelée « rue » ou « rhue » était réputée pour faire revenir les règles ; en effet, « c'était surtout un puissant emménagogue qui irritait la muqueuse et provoquait l'hémorragie puis l'avortement [22] ». On utilisait également d'autres purgatifs, comme la pomme de coloquinte et la sabine, mais aussi le safran, le soufre, l'eau d'hysope, la graine de chènevis, l'absinthe… Louys de Serres, dans son *Discours de la nature, causes, signes et curation des empeschemens de la conception, et de la sterilité des femmes*, encourageant les femmes stériles à se réjouir de leur état au regard du calvaire des femmes

19. VARANDE, *Traité des maladies des femmes*, p. 305.

20. HIPPOCRATE, *Œuvres complètes*, *op. cit.* Par exemple dans *Des maladies des femmes*, vol. 8, I, p. 177 *sq.*, Hippocrate donne toute une série de recettes (plantes, pessaires, potages, fumigations, etc.), qui sont autant de purgatifs ou d'expulsifs que le médecin prescrit soit pour avorter, soit pour évacuer un fœtus mort.

21. Voir John M. RIDDLE, *Eve's Herbs : a History of Contraception and Abortion in the West*, Harvard University Press, Cambridge, 1997 ; et A. NETTER et H. ROZENBAUM, *Histoire illustrée de la contraception*, Éditions Roger Dacosta, Paris, 1985.

22. Jacques GÉLIS, *L'Arbre et le fruit : la naissance dans l'Occident moderne (XVIe-XIXe siècle)*, Fayard, Paris, 1984, p. 392.

enceintes ou de celui des mères, profite pour donner l'ensemble des

> « aliments ordinaires et médicamenteux, auxquels on attribue la vertu d'infécondité, tels que sont le persil, le pouliot, l'aurone, la fleur de nymphée, la rhue, le camphre, le vin doux, les pigeons ramiers, les feuilles de saule, nommées Amerina, et autres semblables, lesquels il vaut mieux taire que nommer, de peur qu'on ne croie que nous en voulions instruire ceux qui en pourraient mal user [23] ».

Ce bel exemple de prétérition ne trompera personne, en matière de recettes abortives ou contraceptives, *dénoncer c'est divulguer*. Ce sont le plus souvent les hommes qui écrivent sur ces secrets de « bonnes femmes » et qui les rendent publics. Les femmes restent très discrètes sur ces affaires qui, si elles étaient avérées, leur coûteraient la vie [24].

La problématique d'un savoir féminin, circulant sous le régime du secret, d'un secret réservé aux femmes, a donné lieu à nombre d'études féministes et à une meilleure compréhension du rapport entre genre et construction du savoir scientifique. Les poursuites contre les sorcières et les sages-femmes offrent un exemple privilégié pour comprendre le processus éminemment sexué de professionnalisation du corps médical et de formation d'une science rationnelle, qui se dit victorieuse des préjugés et des superstitions. Dans cette perspective, la philosophe Susan Bordo a qualifié les années 1550-1650 de siècle particulièrement « gynophobique », ce dont témoigne la prise de contrôle de la naissance et du « pouvoir naturel » des femmes sur la reproduction. Faisant référence à Bacon et à Descartes, Susan Bordo écrit : « Le projet mis en œuvre par la science empirique et le rationalisme a été de mater l'univers féminin. La science empirique l'a fait par agression, en prenant d'assaut et en violant son "secret" ; le rationalisme par la neutralisation philosophique de sa vitalité [25]. » De là, elle déduit l'existence d'un modèle masculin de connaissance, un modèle

---

23. SERRES, *Discours de la nature, causes, signes, et curation des empeschemens de la conception, et de la sterilité des femmes*, p. 176-177.

24. Voir, par exemple, *Discours faict au Parlement de Dijon sur la presentation des lettres d'abolition obtenues par Helene Gillet, condamnée à mort pour avoir celé sa grossesse et son fruict*, Paris, 1625, *in* E. FOURNIER, *Variétés historiques*, tome I, Paris, 1855, p. 36-47.

25. Susan BORDO, « The Cartesian masculinization of thought », *in* Jean F. O'BARR et Sandra HARDING (dir.), *Sex and Scientific Inquiry*, University of Chicago Press, Chicago et Londres, 1986, p. 263.

culturellement construit et sans fondement biologique, une « "masculinisation" de la pensée », caractérisée par le détachement, l'objectivité. Si son analyse offre un modèle de lecture heuristique qui permet d'aller au-delà de la simple interprétation des métaphores sexuelles à l'œuvre dans l'histoire des idées, je pense néanmoins qu'elle pose un certain nombre de difficultés. Ces secrets sont-ils sexués de par leur contenu ou bien par la nature de ce savoir ? Comme on l'a vu, le savoir anticonceptionnel est partagé par les hommes, les compagnons, les soigneurs en tous genres, et une grande majorité de médecins : il s'agit donc plus ou moins d'un secret de polichinelle.

De plus, la cabale des médecins vise à la fois les personnages féminins de cette scène, mais aussi l'ensemble de ces curieux, soignants, colporteurs, rebouteux, sorciers, alchimistes, qui prétendent partager les secrets de la vie. Dans ces conditions, la campagne menée contre les sages-femmes s'inscrit dans un processus plus global qui vise l'« anarchie médicinale [26] ». Comme l'écrit Lindsay Wilson : « En tant que gardiennes et relais de l'ensemble des croyances et des remèdes traditionnels que les docteurs et chirurgiens tentaient de supplanter, les femmes étaient accusées non seulement de constituer la grande partie de la clientèle des charlatans, mais de pratiquer illicitement elles-mêmes la médecine. Comme clientes et praticiennes du charlatanisme, les femmes étaient perçues comme représentant un véritable obstacle au progrès de la médecine et de la communauté médicale [27]. »

Pourtant, cette problématique n'éclaire pas totalement le conflit qui oppose sages-femmes et médecins au XVIIe siècle. Susan Bordo a raison, il faut également s'intéresser à la nature du savoir incriminé. Dans une certaine mesure, le savoir des sages-femmes est le fait de formules, de conseils empathiques, de « trucs » de bonnes femmes ; il est transmis et régi par elles. Toutefois, l'un de ses attributs principaux est le fait qu'il est convoité : il possède une valeur et un intérêt à la mesure des

26. Il s'agit du titre de l'ouvrage du médecin lyonnais Gilibert, publié en 1772 : « La plus grande branche de la médecine pratique est entre les mains de gens nés hors du sein de l'art ; les femmelettes, les dames de miséricorde, les charlatans, les mages, les rhabilleurs, les hospitalières, les moines, les religieuses, les droguistes, les herboristes, les chirurgiens, les apothicaires traitent beaucoup plus de maladies, donnent beaucoup plus de remèdes que les médecins », Jean-Emmanuel GILIBERT, *L'Anarchie médicinale*, 2 vol., Neufchâtel, 1772, II, p. 3-4.

27. WILSON, *Women and Medicine in the French Enlightenment : the Debate over Maladies des Femmes*, *op. cit.*, p. 6.

efforts engagés pour y détrôner les femmes. Cette valeur précieuse, c'est la vie : non pas en tant qu'expérience vécue, spécifique aux femmes, mais en tant que matière, qu'objet propre d'un savoir médical qui réforme ses méthodes et ses normes scientifiques.

Par conséquent, à l'inverse de ce qu'affirme Susan Bordo, je ne crois absolument pas que l'objectivité toute virile des hommes de science vienne violenter la douce empathie des femmes avec la nature. On assiste plutôt à un conflit sans pitié pour la prise de pouvoir d'un lieu de savoir. Si la « science expérimentale » s'est tant acharnée à déposséder les femmes de leur propre corps, c'est précisément parce que, sans accès au corps des parturientes, les médecins croupissent dans leur pédanterie scolastique. La science empirique n'est donc pas venue à l'assaut d'une expérience vécue, spécifiquement féminine, puisque la connaissance qu'ont les femmes de leur propre corps participe d'un savoir empirique convoité. Ainsi, c'est bien la dimension empirique de ce savoir qui est enviable au moment où le savoir médical se constitue comme science expérimentale. De la même façon, la rationalité n'est pas venue figer une connaissance intuitive. L'interprétation de Susan Bordo est donc problématique : en faisant de l'arraisonnement du corps des femmes le pendant de la masculinisation de la pensée, elle essentialise les termes d'une crise, d'un conflit épistémologique, qui complexifie le processus d'objectivation du corps des femmes, et par là même elle tend à invisibiliser les enjeux de pouvoir qui ont présidé à la naissance de l'obstétrique.

Petit à petit, le régime du secret tend donc à s'évanouir en ce qui concerne le savoir sur le corps des femmes. Les sages-femmes ne constituent plus des relais du secret, soit qu'elles le diffusent, soit qu'elles le recueillent ; au contraire, elles doivent désormais le percer et divulguer ce qui auparavant était compris comme un « secret de femmes » partagé. Bien évidemment, les connaissances abortives et contraceptives n'étaient pas connues des seules femmes. Le problème qui est soulevé ici ne désigne pas tant un contenu qu'un régime de connaissances. En d'autres termes, l'injonction faite aux sages-femmes de dire, de révéler les secrets féminins, au risque de ne pas survivre économiquement ou effectivement, a moins de conséquences sur la connaissance populaire relevant de la limitation des naissances que sur la connaissance des femmes concernant leur propre corps : de la valeur accordée à leur expérience, qu'elles soient patientes ou soignantes. L'enjeu n'est pas la disparition d'une connaissance

« typiquement » féminine, à savoir les connaissances sur les moyens d'éviter les grossesses et de limiter les naissances, mais bien l'expropriation des femmes d'un lieu de savoir où ces connaissances circulaient librement, entraînant la dépossession de leur corps.

Au tournant des XVIIe et XVIIIe siècles, les femmes n'ont progressivement plus le monopole dans l'organisation de ce savoir : le temps est venu de surveiller et la quantité de gens du royaume et la qualité et la vitalité de ces derniers et, en la matière, il s'agit d'une affaire d'État. On assiste alors à la dépossession des femmes de leur propre corps au niveau même de la perception de celui-ci, dans la mesure où la connaissance des femmes sur leur corps n'a plus d'espace social où se dire, n'a plus de communauté propre où se confier et se réfléchir. On trouve, par exemple, une description parodique de cet espace et des pratiques ritualisées qui y avaient cours dans les très célèbres *Caquets de l'accouchée*, petits cahiers parus en 1622 relatant les conversations d'un groupe de femmes au chevet d'une jeune mère, durant huit journées. Les accouchements pouvant durer plusieurs jours, voire une semaine ou plus, les femmes se tenaient compagnie et s'assistaient [28], puis les visites continuaient encore, une fois la mère délivrée. Cette libre parole, quand bien même elle était tout à fait minoritaire, et des plus rare dans ses expressions [29], n'en demeurait pas moins une forme de conceptualisation de la chair et du corps féminins, concurrente de la traditionnelle perception misogyne. « Parties honteuses » – sexe vil ou impur, à l'image d'Ève –, le sexe féminin est laissé de côté, hors de vue de toute objectivation. À la fin du XVIIe siècle, soupçonné à outrance, le corps des femmes devient non seulement une affaire publique, mais également un objet digne d'investigation et d'interprétation, qui prétendent rétablir une vérité déformée par la parole féminine. En attestent les remarques, de plus en plus courantes dans les traités de médecine, sur le fait que les femmes mentent ou se trompent lorsque le médecin les interroge sur leurs maux, qu'elles soient de mauvaise foi, ou ignorantes de leur propre

28. Elles s'occupaient de la parturiente, mais elles pouvaient aussi prendre en charge les enfants et certaines tâches domestiques, laissant le temps à la mère de se remettre, choses que n'effectueront pas les médecins-accoucheurs. Voir Londa L. SCHIEBINGER, *Has Feminism Changed Science ? op. cit.*, p. 109.

29. Voir en particulier les *plaintes* d'Hélisenne DE CRENNE, dans *Les Angoisses douloureuses* (1543), ou celles d'Olympe ESTIENNE LIÉBAULT, dans son fameux poème *Misères de la femme mariée* (1573), qui participent d'un genre d'écriture féminine qui semble disparaître au cours du XVIIe siècle.

organisme, dont seul le médecin possède la connaissance véritable. Ainsi, au milieu du XVIIIe siècle, Jean Astruc prévient ses futurs confrères qu'ils doivent se méfier du témoignage des femmes parce qu'elles ont souvent un grand intérêt à mentir dans le but de cacher leur grossesse [30]. Plus généralement : « Il ne faut pas même se fier toujours à ce que les femmes disent, lors même qu'elles semblent n'avoir aucun intérêt à mentir [31]. »

Enfin, la marginalisation des sages-femmes apparaît à un moment où les médecins et les chirurgiens n'ont, quant à eux, jamais vu une femme accoucher. Le centre du problème est lié à une opposition non plus entre savoir secret et savoir public, mais entre expérience et théorie dans le cadre d'une rationalisation de la gestion sociale de la reproduction. Il va s'agir d'un conflit violent pour garder ou obtenir l'accès au lit de la parturiente. Les médecins, forts de leur savoir livresque, ont besoin d'expérimenter et de mettre en pratique leurs connaissances pour éprouver ces dernières. Un obstacle les maintient dans des considérations scolastiques, dans une déférence stérile vis-à-vis des « anciens » : les sages-femmes et leur monopole sur la sphère de l'expérience.

Pour Hippocrate, par exemple, ou même pour Galien, que les femmes aient le monopole de l'intervention sur le corps souffrant en travail ne posait pas de problème particulier : il suffisait que les matrones rapportent ce qu'elles avaient vu et ce qu'elles avaient fait pour que le médecin se figure les séquences de l'accouchement et puisse conseiller tels ou tels remèdes ou telles ou telles manipulations en cas de problèmes. Au XVIIe siècle, le rapport au savoir et à la connaissance est en pleine mutation, les pratiques elles-mêmes ont changé. Si, comme on l'a vu précédemment, en cas de complication et principalement dans les cas d'« accouchements difficiles, laborieux, ou contre nature [32] », les sages-femmes sont désormais

---

30. « L'hôpital a eu longtemps la faveur de celles qui simulaient l'hydropisie ; la qualité des soins y était médiocre, et les praticiens prescrivaient l'émétique à tout bout de champ : une aubaine pour celles qui souhaitaient avorter en toute impunité », GÉLIS, *L'Arbre et le fruit : la naissance dans l'Occident moderne (XVIe-XIXe siècle), op. cit.*, p. 396. Beaucoup de femmes également demandaient à être saignées, sachant que cela pouvait avoir des effets abortifs.

31. ASTRUC, *Traité des maladies des femmes, op. cit.*, II, p. 37.

32. Il s'agit de la dénomination classique. Par cette expression on désigne : les accouchements par le siège, les accouchements où l'enfant présente un de ses membres, son dos, son ventre, les accouchements où la tête de l'enfant est bloquée par l'os du bassin, les naissances multiples, les naissances monstrueuses, les enfants mort-nés, etc. La plupart du temps, le chirurgien intervient pour démembrer le fœtus afin de libérer la

légalement tenues de faire appel aux chirurgiens, les chirurgiens, et à plus forte raison les médecins, n'ont pas beaucoup d'occasions d'observer le corps féminin vivant lors d'« accouchements naturels ». La plupart des observations d'Ambroise Paré, par exemple, sur le corps des femmes enceintes ou accouchées sont faites lors d'autopsie quelque temps après le décès ou, plus rarement, lorsqu'il est appelé par la sage-femme pour un accouchement difficile :

> « Chez les femmes mortes, en les disséquant rapidement après qu'elles ont rendu le dernier soupir ; chez les vivantes, lorsque j'ai été appelé pour les délivrer, la nature ne pouvant faire son devoir[33]. »

Mais, remarque-t-il :

> « À tout cela, le chirurgien remédiera autant que ce sera possible ; les sages-femmes habiles également mais il y en a peu, parce qu'elles ne veulent rien apprendre du médecin et du chirurgien, ce qui est cause de grands maux[34]. »

Certes, mais les connaissances effectives de l'accouchement des hommes de l'art sont très souvent parfaitement inutiles et, bien que le chirurgien soit attendu comme le dernier secours, les femmes le redoutent, ce dont témoigne son surnom de « boucher[35] ». Les instruments chirurgicaux, pour sortir les enfants morts dans le ventre, contribuent principalement à cette réputation sordide : les couteaux ou les crochets qui démembrent le corps du fœtus pour l'extraire, mutilant au passage, dans la plupart des cas, l'utérus, le vagin et la vulve. Entre chirurgiens et sages-femmes donc, l'enjeu réside dans l'accès et la maîtrise d'une nouvelle forme de connaissance du corps, essentielle au geste thérapeutique lui-même. Or, les médecins des femmes ou les chirurgiens considèrent que l'orgueil des matrones, qui

---

femme ; le fœtus étant bloqué ou déjà mort, il ne reste pas d'autre choix que de le sacrifier.

33. Paré, *Œuvres*, *op. cit.*, III, p. 936-937.

34. *Ibid.*, p. 961.

35. Pour Mauriceau, les chirurgiens sont en partie responsables de cette réputation, non pas tant en raison de leurs pratiques que de leur accoutrement : il explique en effet que nombre de chirurgiens, pour ne pas éveiller la jalousie du mari, se font pousser la barbe, se présentent sales et repoussants. François Mauriceau, *Des maladies des femmes grosses et accouchées. Avec la bonne et véritable méthode de les bien aider en leurs accouchements naturels, et les moyens de remédier à tous ceux qui sont contre nature, et aux indispositions des enfants nouveau-nés : ensemble une très exacte description de toutes les parties de la femme qui sont destinées à la génération*, chez Jean Hénault, Jean d'Houry, Robert de Ninville, Jean-Baptiste Coignard, Paris, 1668, p. 267.

refusent de reconnaître leur impuissance, est le principal obstacle à cet apprentissage.

En 1668, François Mauriceau écrit :

> « Il y a certaines sages-femmes qui ont si peur que les Chirurgiens leur ôtent leur pratique, ou de paraître ignorantes devant eux, qu'elles aiment mieux tout risquer, que de les envoyer quérir dans la nécessité : quelques autres sont si présomptueuses, qu'elles croient être aussi capables qu'eux de tout entreprendre. Il s'en voit aussi qui à la vérité n'ont pas ces vices, mais qui faute de connaissance et d'expérience en leur art espèrent toujours en vain que l'enfant pourra reprendre avec le temps une bonne situation [36]. »

Ces trois cas de figure montrent bien la situation de conflit qui réside entre sages-femmes, médecins et chirurgiens en cette fin du XVIIe siècle et le net recul des sages-femmes. Désormais, tous les médecins stigmatisent le « faux » savoir des matrones et son incomplétude – elles manquent de connaissances : l'habitude de hâter l'accouchement, les frictions violentes sur le nouveau-né, les pratiques superstitieuses, les conseils erronés à la parturiente (l'empêcher de dormir, la mettre debout, etc.) ; François Mauriceau leur conseille d'ailleurs vivement de cesser de se mesurer aux hommes de l'art et, au contraire, de les appeler à temps ; cela contribuera à améliorer leur réputation et, surtout, en cas de problème, cela permettra de rejeter l'entière responsabilité sur le chirurgien, ce qui évitera qu'elles soient accusées ou accablées (« leur conscience sera aussi déchargée [37] » si l'enfant meurt avant d'avoir été baptisé). Commencé un siècle plus tôt, le conflit entre sages-femmes et chirurgiens est en vérité en train de se résoudre à l'avantage des hommes : aux sages-femmes est laissé le soin d'assister la nature, aux hommes de l'art d'y suppléer, lorsque l'accouchement est « contre nature ».

L'épisode entre Louise Bourgeois dite Boursier, sage-femme de Marie de Médicis, et Charles Guillemeau, premier chirurgien du roi, à l'occasion de la mort de la belle-sœur du roi en juin 1627, au cours d'un accouchement difficile, est particulièrement exemplaire de ce conflit historique. Le rapport des dix hommes de l'art, suite à l'autopsie, évoque de façon fallacieuse l'oubli d'une partie du placenta dans la matrice et accuse Louise Bourgeois, alors au sommet de sa carrière, de négligence, d'arrogance et d'incurie. *Le Rapport de l'ouverture du*

36. *Ibid.*, p. 243-244.
37. *Ibid.*, p. 244.

corps de feu Madame stipule que la matrice était largement gangrenée et qu'« au côté droit du fond s'est trouvée une petite portion de l'arrière-faix tellement attachée à la matrice qu'on n'a pu la séparer sans peine avec les doigts[38] ». Dans son apologie, rédigée par elle-même, Louise Bourgeois montre qu'elle n'est pas dupe de l'accusation que sous-entend le rapport. En l'attaquant, les médecins veulent prendre le pouvoir sur les « secrets des maladies des femmes » :

> « Mais pour savoir les secrets des maladies des femmes, il faut avoir fréquenté les sages-femmes, et avoir assisté à plusieurs accouchements, comme avait fait vôtre grand maître et législateur Hippocrate, qui, au fait des maladies des femmes, consultait les sages-femmes, s'en rapportait à leur jugement[39]. »

Parallèlement, alors qu'on met en cause leur incurie, la formation des sages-femmes demeure limitée à une fin précise, elle vise à faire des assistantes et non des savantes. Cela étant, on observe un réel effort de diffusion et de vulgarisation du savoir obstétrical, avec tout ce que le terme de « vulgarisation » peut comporter d'ambiguïté quant à la division sexuelle du savoir. Deux mouvements se sont donc opérés : le premier a consisté en la captation d'un lieu de savoir, jusqu'ici exclusivement féminin, le lit de la parturiente, c'est-à-dire un espace d'où l'on observe, examine et expérimente le fonctionnement d'un corps vivant ; le second, dans la restitution en retour d'un nouveau savoir spécifiquement destiné aux sages-femmes. Ainsi, malgré l'ignorance théorique des sages-femmes, c'est leur accès direct aux mécanismes de l'accouchement et aux patientes qui est enviable. Désormais, si leur formation permet bien de les instruire, sa finalité première est avant tout de médiatiser leur accès au corps féminin, *via* le prisme de la loi judiciaire et morale. Il faut donc penser la relation conflictuelle entre sages-femmes et médecins au XVIIe siècle comme un processus d'inversion des positions respectives de savoir et de

38. Sur cette affaire, voir Clara DOMINGUES, « Louise Bourgeois : la cabale des hommes de l'art contre les sages-femmes », *Women in French Studies*, vol. 10, 2002, p. 23-35. Dix médecins signent le rapport : Charles Guillemeau, François Vautier, Pierre Seguin, Rodolphe Le Maistre, François Tornaire, Abel Brunier, Jean Menard, Simeon Pimpernelle, Guillaume Carillone et François Neron. Ce rapport est publié le 8 juin par Louise Bourgeois elle-même dans l'édition de sa réponse intitulée *Fidelle relation de l'accouchement, maladie et ouverture du corps de feu Madame* [s.l. n.d.]. Nous utiliserons la réédition de cette réponse publiée dans Louise BOURGEOIS, *Récit véritable de la naissance des messeigneurs et dames les enfants de France et autres textes*, édition par F. Rouget et C. Winn, Droz, Genève, 2000, p. 108-109.

39. *Ibid.*, p. 107.

pouvoir vis-à-vis du corps des femmes. Et cette inversion a évidemment pour conséquence l'apport d'une nouvelle modalité de connaissance pour les chirurgiens.

Comparé à Hippocrate, ou même à Ambroise Paré, François Mauriceau ne dépend plus du savoir des sages-femmes, il est l'un des plus grands médecins accoucheurs de son temps, connu dans toute l'Europe : c'est lui à présent qui forme des sages-femmes à l'Hôtel-Dieu ; elles, qui dépendent de ses leçons. La relation à son objet d'étude est totalement différente : il ne vise pas le « secret » des maladies des femmes, mais la « vérité ». François Mauriceau compare ainsi les auteurs anciens à ces géographes qui « nous font la description de plusieurs terres qu'ils n'ont jamais vues [40] ». Il encourage son lectorat à « se fier au chemin » qu'il montre, lequel a été tracé sur la base d'une connaissance pratique des accouchements et théorique des parties génitales de la femme, lesquelles connaissances permettront d'établir et d'assurer à la fois l'étiologie et la thérapeutique. Le point déterminant est le rapport nouveau non seulement aux autorités et aux textes, mais aussi au savoir anatomique et à l'observation des fonctions organiques *in situ*.

> « Car je vous déclare, que je me suis seulement attaché à vous faire connaître la vérité, de quoi j'espère que vous aurez plus de satisfaction, et que vous me saurez plus de gré que si j'avais toujours aveuglement suivi la pensée des autres [41]. »

On comprend mieux alors pourquoi Mauriceau critique longuement dans son traité *Des maladies des femmes grosses et accouchées* un passage de l'œuvre d'Ambroise Paré. Selon Paré, les os du pubis se séparent en deux pour laisser passer l'enfant au moment de l'accouchement, comme il a pu le constater « un jour de février 1579, en disséquant le corps d'une femme qui avait été pendue quinze jours après son accouchement [42] » – observation menée avec témoins, précise Paré. Mauriceau semble particulièrement intrigué par ce cas et consacre plusieurs pages à son examen critique. Sans vouloir accuser Paré d'imposture, il affirme clairement que ce dernier s'est trompé. Il est en effet invraisemblable que quinze jours après l'accouchement le squelette soit demeuré en un tel état – l'os du pubis ouvert d'un demi-doigt – que cette femme n'aurait pu

---

40. Mauriceau, *Des maladies des femmes grosses et accouchées*, *op. cit.*, « Avis au lecteur », non paginé.
41. *Ibid.*
42. Paré, *Œuvres*, *op. cit.*, III, p. 936.

tenir sur ses jambes pour monter à l'échafaud : cette fracture de l'os n'a donc pu être faite qu'après sa mort, par exemple suite à la chute du cadavre lorsqu'on l'a détaché de l'échafaud. Reste le problème de départ : comment la tête de l'enfant peut-elle passer par une issue aussi étroite ? Planche anatomique à l'appui, Mauriceau développe une connaissance précise de la structure du bassin féminin et énonce les conditions de possibilités réelles pour faciliter le passage de la tête de l'enfant (par exemple, la position du corps ou le fait que la vessie et le rectum soient correctement vidés), sur la base des observations et des attouchements pratiqués lors des accouchements menés à l'Hôtel-Dieu [43].

Deux éléments peuvent éclairer le sens de la critique. D'une part, Mauriceau montre qu'on ne peut pas se contenter du corps mort pour connaître le corps vivant ; le cadavre ne livre pas la vérité d'un organisme dont il est précisément une forme altérée. Cette idée [44] pourrait contredire le fait que tout au long du XVIIe siècle, l'anatomie et la pratique de la dissection ne cessent de se développer. Or, elle n'est pertinente que si on précise qu'il s'agit de la compréhension d'une fonction organique caractéristique de l'anatomophysiologie féminine, c'est-à-dire de corps auxquels aucun médecin n'avait jusqu'ici directement accès, si ce n'est morts. L'ambition de Mauriceau, loin de se limiter à l'examen des formes pathologiques de l'accouchement, vise au contraire la connaissance de la fonction organique elle-même, la « vérité » de la reproduction : d'où le fait que non seulement le savoir théorique, livresque, mais aussi, bien que dans une moindre mesure, le savoir anatomique ne suffisent pas pour connaître le corps en « travail ».

D'autre part, Mauriceau apprécie le luxe que constituent l'observation et l'intervention sur des femmes qui accouchent, le fait de pouvoir écouter leur parole et, comme dans n'importe quelle autre maladie, de mettre éventuellement en relation la description du mal et sa localisation dans le corps autopsié. Dans cette perspective, l'accouchement dit « naturel » n'est plus appréhendé par l'auteur comme s'il s'agissait d'une *maladie des femmes* ni même comme une « affaire de

43. MAURICEAU, *Des maladies des femmes grosses et accouchées*, *op. cit.*, p. 199-203.

44. Cette idée est héritière d'une antique querelle entre la secte dite des Dogmatiques et celle des Empiriques, puis des Méthodiques. Pour ces dernières, les connaissances anatomiques ne sont pas indispensables car « la connaissance de l'homme vivant ne saurait s'édifier sur celle de l'homme mort – voire mourant », Rafael MANDRESSI, *Le Regard de l'anatomiste. Dissections et invention du corps en Occident*, *op. cit.*, p. 46.

femmes », car désormais la science médicale possède la « véritable méthode de les bien aider et secourir en leurs accouchements [45] ».

L'exclusion des sages-femmes marque l'instauration d'un nouveau mode de connaissance et d'appréhension de la naissance et de la maternité, qui va modifier en profondeur la définition physiopathologique du corps des femmes et leur fonction sociale au sein de la reproduction. Cette modification historique correspond clairement à l'apogée d'un processus d'objectivation du corps féminin qui, progressivement dépossédé de pouvoir et de savoir, par l'intermédiaire de sa mise sous tutelle et de sa réduction au silence, devient la condition de possibilité du développement d'une science médicale. Or c'est précisément cette science médicale désormais constituée, avec ses protagonistes, ses objets propres et ses possibilités expérimentales, qui est en passe de devenir l'outil privilégié de la politique nataliste naissante. Parce que le corps féminin est l'objet d'une science qui en révèle la « vérité », la rationalisation des questions de population est possible : la Nation devient donc l'effet d'un dispositif de savoir/pouvoir qui s'est abattu de façon privilégiée sur le corps des femmes.

45. Mauriceau, *Des maladies des femmes grosses et accouchées*, *op. cit.*, p. 1.

8

Le lait, le sang, le sol

Une démiurgie monstrueuse : les nourrices

L'éloignement définitif des sages-femmes prendra du temps, près de deux siècles ; mais la prise de contrôle de l'univers de la naissance ne s'arrête pas là. Au contraire, désormais toutes les femmes occupant une fonction dans le travail reproductif font l'objet d'une attention de plus en plus soupçonneuse : la sage-femme ou la matrone, la génitrice elle-même et la nourrice. C'est ce triptyque qui va être bouleversé au cours du XVIIe siècle, pour faire place au XVIIIe siècle à une nouvelle « gestion sociale de la reproduction [1] ». Comme l'écrit Paola Tabet, « l'examen des données sur la gestion du corps reproducteur et sur les agents qui interviennent aux différents moments de la séquence ou du processus reproductif : depuis l'organisation sociale du coït, la grossesse, etc., jusqu'au sevrage de l'enfant, [montre que] tout moment de la séquence reproductive [est] un terrain possible de décision, de gestion, de conflit » [2]. Cette dénaturalisation critique de la reproduction est très utile pour comprendre les changements opérés dans la gestion sociale de la reproduction à l'âge classique et, précisément, comment la progressive naturalisation de la reproduction est passée par la mise à l'écart des sages-femmes et des nourrices.

1. Paola Tabet, *La Construction sociale de l'inégalité des sexes. La gestion sociale de la reproduction*, L'Harmattan, coll. « Bibliothèque du féminisme », Paris, 1998.
2. *Ibid.*, p. 78.

La figure de la nourrice est souvent décrite de façon tout aussi négative que celle de la matrone ; ce sont des femmes que l'on considère peu et dont on se méfie. Les études historiques ou de sociologie historique sont beaucoup moins nombreuses que sur les sages-femmes [3]. Pourtant, dans la plupart des traités des maladies des femmes, on retrouve, selon une division classique des matières [4], de longues considérations sur le choix et le profil des nourrices, ainsi que sur les maladies dont elles souffrent spécifiquement.

Sur le choix de la nourrice, les propos sont quasiment les mêmes qu'en ce qui concerne le choix de la sage-femme : les parents doivent prendre en compte avant tout la propreté et la moralité de la femme à qui l'enfant est confié. Elle doit avoir deux ou trois enfants elle-même, selon Ambroise Paré. Il faut examiner l'âge, la constitution du corps, les mœurs, la forme des seins et des mamelons, la nature du lait, le sexe de son dernier enfant [5]. On vérifiera également qu'elle n'est pas enceinte et qu'elle est saine, sans aucun soupçon de lèpre ou de vérole, car c'est une règle infaillible que du « lait que l'enfant tète dépend toute sa santé corporelle [6] ».

Si Paré considère qu'il est toujours préférable que ce soit la mère de l'enfant qui le nourrisse, il consacre néanmoins un long développement au choix de la nourrice. Elle doit être jeune (entre vingt-cinq et trente-cinq ans), car c'est l'âge le plus tempéré et donc le plus sain chez les femmes – sans humeurs superflues. Elle doit être robuste, la chair ferme et non mollasse. Elle ne doit pas être rousse, avoir un beau visage, la peau un peu brune :

> « Les brunes sont d'une tempérament plus chaud que les blanches, par conséquent leur chaleur digère mieux les aliments et le lait en est rendu meilleur [7]. »

Elle doit être habillée décemment, douce, aimante et s'exprimer convenablement. L'ensemble de ces traits physiques

---

3. George D. Sussman, *Selling Mothers' Milk : The Wet-nursing Business in France, 1715-1914*, University of Illinois Press, Urbana, 1982 ; Ruth Perry, *Colonizing the Breast : Sexuality and Maternity in Eighteenth-Century England*, Cultural Studies Project Massachusetts Institute of Technology, Cambridge, 1991 ; Marilyn Yalom, *A History of the Breast*, Alfred A. Knopf, New York, 1997. En français : Élisabeth Badinter, *L'Amour en plus : histoire de l'amour maternel (XVIIe-XXe siècle)*, Flammarion, Paris, 1980.

4. C'est Soranus d'Éphèse qui rend les chapitres sur le choix des nourrices incontournables pour tout traité de maladies des femmes.

5. Si elle a un garçon, c'est le signe d'un tempérament sain et vigoureux.

6. Paré, *Œuvres*, *op. cit.*, III, p. 946.

7. *Ibid.*

et psychiques est essentiel car « *avec le lait les enfants tètent son tempérament*[8] ». Paré illustre cette idée en affirmant que si des chiots sont élevés par une lionne ou par une louve, ils seront cruels et hardis, et, inversement, pour adoucir des lionceaux ou des jeunes léopards, il faut les nourrir avec du lait de chèvre ou de vache.

Le lait transmet donc les caractères héréditaires. Le lait n'a pas seulement les mêmes vertus que le sang, il est du sang de couleur blanche.

> « Nous devons admirer ici la providence de la nature de transformer ainsi le sang en couleur blanche. Car, si le lait était de couleur rouge, il eût été odieux à la nourrice de voir son sang couler ainsi et à l'enfant de le sucer[9]. »

Le lait est du « sang blanchi », selon la tradition hippocratique et aristotélicienne[10]. En effet, si la femelle se caractérise par une moindre capacité de coction, le résidu de nourriture qui n'a pu être consumé se transforme soit en règles, soit en lait. La seule différence est que le lait est du sang des menstrues ayant subi une nouvelle coction, cette fois-ci parfaite, du fait de la proximité de la chaleur du cœur, d'où sa blancheur.

On comprend alors la raison pour laquelle les médecins donnent la préférence aux nourrices brunes : elles sont réputées d'un tempérament plus chaud. Louys de Serres écrit, par exemple, que

> « la couleur noire accompagnée de sang, et de mœlle, est un signe certain de chaleur abondante, d'une vigueur mâle dans un corps féminin, et d'une vertu puissamment capable de génération[11] ».

Ainsi, les femmes d'Égypte et d'Éthiopie ont beaucoup de lait. De même, une brebis noire donnera toujours plus de lait qu'une blanche et la chair d'une poule noire sera toujours plus riche qu'une autre[12]. La bonne nourrice est caractérisée par un

---

8. *Ibid.*, p. 947. C'est moi qui souligne.

9. *Ibid.*, p. 949.

10. « La nature du lait est la même que celle des règles », ARISTOTE, *De la génération des animaux*, *op. cit.*, II, 4, p. 69.

11. SERRES, *Discours de la nature, causes, signes, et curation des empeschemens de la conception, et de la stérilité des femmes*, *op. cit.*, p. 22.

12. *Ibid.*, p. 23. Dans les possessions outre-mer, je montrerai comment cette question du nourrissage mercenaire est un enjeu crucial. Ce que l'on peut retenir dès à présent est le fait que les femmes esclaves, razziées sur les côtes africaines, seront réputées, dans certaines colonies, comme de bonnes nourrices, puisqu'on leur prête les qualités physiologiques les plus favorables à cette fonction. Toutefois, dans les colonies françaises, dès le XVIIIe siècle, la plupart des médecins déconseilleront de prendre des esclaves comme nourrices de peur qu'elles ne transmettent leur *tempérament* aux enfants des colons.

tempérament viril qui est capable d'effectuer une coction parfaite du sang pour le transformer en un lait riche et abondant. Une nourrice saine est une nourrice à la physiologie masculine. Les nourrices sont principalement des paysannes, dont les activités les rapprochent physiquement et physiologiquement des hommes. Les médecins sont d'ailleurs convaincus que les paysannes sont rarement réglées, parce que leur travail quotidien les oblige à brûler toute la nourriture. Pourtant, les nourrices ne doivent pas être virilisées de par leur activité, elles doivent plutôt être naturellement ou physiologiquement « viriles », pour faire un bon lait – l'activité empêchant sa fabrication ou son abondance comme pour les règles.

Dans les deux cas, règles ou sang, il s'agit d'un résidu qui a pour fin de nourrir le fœtus à l'intérieur du ventre, ou l'enfant à l'extérieur. C'est pourquoi, pendant l'allaitement, les règles, et donc la conception à laquelle elles participent, sont suspendues – ce pour quoi Paré recommande de bien vérifier que la nourrice n'est pas enceinte et d'éviter qu'elle ait des relations sexuelles. L'interdit des relations sexuelles pendant l'allaitement tient également à l'idée selon laquelle le coït gâte le lait et fait revenir les menstrues ou repartir le sang vers le ventre pour y nourrir un éventuel fœtus.

On suppose que ce sont les pères qui ont contribué à systématiser la mise en nourrice, bientôt encouragée par l'impératif de fidélité promu par l'Église [13], ce dont témoignent par exemple les contrats de nourrissage passés entre hommes (géniteur et nourricier) [14]. La mise en nourrice permet également d'avoir une nouvelle grossesse plus rapidement et d'augmenter le nombre d'héritiers viables. Peut-on mesurer la mise en nourrice à l'âge classique ? « L'allaitement mercenaire concernait non seulement les enfants trouvés ou les enfants des familles nobles et bourgeoises, mais aussi ceux des familles d'artisans et de boutiquiers [15]. »

---

13. Voir FLANDRIN, *Le Sexe et l'Occident*, p. 189. Au XVIIIe siècle, Carl von Linné énumère les raisons pour lesquelles les mères recourent au nourrissage mercenaire. Parmi ces raisons, il évoque les maris qui « seraient privés pendant longtemps des plaisirs du mariage ; car si nous consultons sur ce point la nature, qui suit toujours des lois générales, nous verrons que tous les quadrupèdes sont en chaleur et désirent le coït dès qu'ils ont perdu leur progéniture », LINNÉ, *La Nourrice marâtre*, *in* BOISSIER DE SAUVAGES, *Les Chefs-d'œuvre de monsieur de Sauvages, ou Recueil de dissertations qui ont remporté le prix dans différentes académies*, *op. cit.*, II, p. 228-229.

14. Voir, par exemple, Christiane KLAPISCH-ZUBER, « Genitori naturali e genitori di latte nella Firenze del Quattrocento », *Quaderni Storici*, 44, 1980, p. 543-563.

15. FLANDRIN, *Le Sexe et l'Occident*, *op. cit.*, p. 185. L'allaitement préservait en partie les nourrissons des maladies, d'où les recommandations de les garder en nourrice

Dans les traités des maladies des femmes, les médecins conseillent unanimement l'allaitement maternel, mais ils interdisent aux mères de nourrir leurs nourrissons les premiers jours après l'accouchement, car on considère que le « premier lait », le *colostrum*, est un lait impur, qui draine toutes les humeurs croupissantes du sein et qu'il faut attendre l'arrivée du bon lait. Au milieu du XVIIIe siècle, des médecins commencent à s'intéresser à ce *colostrum*. Linné écrit, par exemple, qu'il est une excellente liqueur grasse, adaptée aux premiers jours de l'enfant et dont la vertu légèrement purgative permet de le débarrasser du *meconium* qui obstrue ses voies respiratoires [16]. Ce n'est qu'à la fin du XIXe siècle que les nourrissons profiteront des vertus du *colostrum*, chargé des premières défenses immunitaires.

L'enjeu qui réside dans le choix et le statut de la nourrice touche à la fois à la quantité de la descendance, mais aussi à sa qualité. La conception du lait féminin implique, en effet, un certain nombre de considérations et de précautions quant au tempérament de la nourrice. Les médecins pensent que la transmission des caractères héréditaires passe à la fois par les semences des deux sexes géniteurs, mais aussi, dans un second temps, par le lait, qui est en fait de la semence féminine sous une qualité différente. Au moment où l'allaitement maternel reste une pratique isolée, en tout cas dans les couches moyennes et hautes de la société, où les enfants qui survivent au traumatisme de l'accouchement sont dès les premiers jours de leur vie confiés à une nourrice, celle-ci est toute désignée pour supporter, aux côtés de la sage-femme, la responsabilité de la mortalité infantile qui mine le royaume.

Malgré leurs avis, les médecins savent bien qu'il est très rare que la mère allaite elle-même son enfant. Ainsi, en plus des chapitres sur « comment bien choisir sa nourrice », on trouve de plus en plus une série d'accusations portées à l'encontre du nourrissage mercenaire. L'un des textes les plus intéressants à ce sujet est l'« Épître aux dames » rédigé par Jacques Guillemeau en 1609 [17].

---

jusqu'à l'âge de deux ou trois ans. Depuis Hippocrate, la période de sevrage est relative aux premières dents, mais de fait cela dépend de l'état de la mère, du sexe de l'enfant et du pouvoir économique des parents.

16. LINNÉ, *La Nourrice marâtre*, *in* BOISSIER DE SAUVAGES, *Les Chefs-d'œuvre de monsieur de Sauvages, ou Recueil de dissertations qui ont remporté le prix dans différentes académies*, *op. cit.*, II, p. 222 et p. 230.

17. Jacques GUILLEMEAU, *De la nourriture et gouvernement des enfants dès le commencement de leur naissance, et le moyen de les secourir et garantir des maladies*, chez N. Buon, Paris, 1609.

Dans ce texte, Guillemeau milite pour l'allaitement maternel et établit quatre chefs d'accusation à l'encontre des nourrices. Premièrement, il rappelle ces histoires bien connues d'échanges d'enfants. Suite à l'étouffement ou à la chute de l'enfant, il n'est pas rare que la nourrice, pour éviter d'être punie, soit tentée d'échanger l'enfant avec un autre. Une fois sevré, les parents récupèrent alors un enfant qui est en tout différent d'eux. Guillemeau rapporte l'histoire des Lacédémoniens qui, à la mort de leur roi, prirent pour héritier celui des fils qui avait été allaité par sa mère et non celui qui avait été mis en nourrice, de crainte de confier le trône à un enfant « changé en nourrice ».

Deuxièmement, un autre argument contre la mise en nourrice consiste à montrer aux mères ce dont elles se privent. Allaiter son enfant de « son propre sang », c'est garantir son attachement :

> « Il tâche en récompense à lui donner mille plaisirs et contentements, pour lui faire perdre, et prendre à gré tant de soin et travail qu'elle a reçus : il lui fait mille singeries, il la baise, il lui tire les cheveux, le nez, les oreilles : il la flatte, il se contrefait, il se courrouce : étant grandelet, il se joue avec elle ; occasion que l'un et l'autre se portent telle amour, qu'il est incroyable de l'exprimer [18]. »

De nouveau, Guillemeau appuie cette idée par des exemples illustres, et montre que c'est l'ingratitude de leurs propres fils que les mères doivent redouter si elles les mettent en nourrice, risquant un jour de voir leurs enfants préférer leur mère ou leur famille de *lait*, plutôt que celle de *sang*. Ainsi, la mise en nourrice durant trois ans environ est susceptible d'instaurer de nouvelles lignées, des solidarités ou des amitiés qui bouleversent les liens du sang. La mise en nourrice crée des généalogies contre nature.

Troisième menace qui pèse sur les familles, celle de la mutation physiologique, le changement de tempérament familial. Selon l'adage galénique, les mœurs, les qualités psychologiques et morales sont déterminées par des dispositions physiques et physiologiques. Comme le souligne Guillemeau, la transmission du tempérament se passe en deux temps : pendant que l'enfant est nourri par le sang à l'intérieur de la matrice et pendant qu'il est nourri par le lait à l'extérieur. Or, la « nourriture de la nourrice » peut contredire la nourriture de la mère et corrompre les mœurs de l'enfant :

---

18. *Ibid.*, « Épître aux dames », non paginé.

> « Premièrement, il est écrit que les mœurs suivent le tempérament de tout le corps, lequel tempérament est bâti dessus la bonne nourriture, et tel que sont les humeurs, telles sont les mœurs, il faut croire que l'enfant en tétant le lait de la nourrice qui sera vicieuse suce aussi les vices et malices d'icelle : et davantage lorsqu'il entend et considère ce qu'elle dit et fait, il le retient, il le redit, et le contrefait [19]. »

Plus d'un siècle et demi plus tard, Carl Linné utilisera exactement la même trame argumentative :

> « Le tempérament des enfants, une fois contracté, changera difficilement. On ne doit donc pas être surpris s'ils reçoivent de leurs nourrices les qualités de leur esprit et leur caractère [...] ; ce qui a donné lieu à l'axiome suivant : telle est la nourrice, tel est le chyle, tel est le sang, telle est la nutrition, et les humeurs qui en sont les suites [20]. »

Selon un proverbe plus laconique cité par Guillemeau, « *par nourriture passe nature* ». Les dispositions acquises pendant la mise en nourrice sont littéralement incorporées par l'enfant et peuvent constituer une seconde nature, au sens où elles peuvent redéfinir son tempérament et donc son sang, sa généalogie et son caractère. Pour figurer ces identités familiales, Jacques Guillemeau emploie à plusieurs reprises des exemples de mutations d'espèces, comme l'histoire de cet enfant nourri du lait d'une chienne qui se relevait la nuit pour hurler avec les autres chiens. L'auteur utilise aussi la métaphore de la terre et évoque la dégénérescence des arbres vigoureux transplantés dans des sols étrangers.

Quatrièmement, sur le modèle de la transmission du tempérament et donc des mœurs, les nourrices transmettent aussi leurs maladies. Le jugement porté sur l'ensemble de ces risques ataviques, sanitaires et moraux est sans appel : si les nourrices sont malades, elles ne seront pas en mesure de rendre les nourrissons sains et vigoureux. Or, dans ce cas, la mise en nourrice perd sa seule justification acceptable, puisque l'argument principal du nourrissage mercenaire est que la mère étant bien trop faible pour être en mesure de fortifier l'enfant suite à la grossesse et à l'accouchement, elle doit choisir une autre femme pour s'en charger.

---

19. *Ibid.*

20. LINNÉ, *La Nourrice marâtre*, *in* BOISSIER DE SAUVAGES, *Les Chefs-d'œuvre de monsieur de Sauvages, ou Recueil de dissertations qui ont remporté le prix dans différentes académies*, *op. cit.*, II, p. 224-225.

> « Ainsi la propre mère si elle n'est malade, ou par trop délicate, elle tâchera par tous moyens de nourrir son enfant, considérant que nature lui a donné deux mamelles pour ce faire, il n'y a aucun animal qui ne nourrisse ses petits [21]. »

Jacques Guillemeau, au nom d'une supposée finalité de nature – les femmes ont des seins pour allaiter –, naturalise une fonction – l'allaitement –, et confond la naturalité d'une fonction physiologique et la naturalisation d'une fonction sociale. En d'autres termes, il modifie la définition sociale du statut de mère : pour être de « vraies » mères, les femmes doivent allaiter leurs propres enfants. Par conséquent, il remet en cause la division sociale du travail reproductif, à l'œuvre chez ses contemporains, qui distingue traditionnellement la génitrice de la nourricière, et considère qu'une seule et même femme peut remplir ces deux fonctions.

Enfin, l'enjeu de cette réforme de l'allaitement est, selon le médecin, d'assurer non seulement la santé de la descendance des familles, mais également la fidélité de cette descendance au tempérament de ladite famille, laquelle est pensée selon une analogie avec l'espèce. Ainsi, la santé des femmes a pour corollaire la question de l'hérédité. Or justement, dans le texte de Guillemeau, cette santé féminine, condition de possibilité de l'allaitement maternel et présupposé logique pour que son plaidoyer soit valable, se dérobe constamment ; et tout se passe comme si elle ne pouvait être pensée qu'au conditionnel : « Si les femmes n'étaient pas valétudinaires, alors elles devraient allaiter. »

Près d'un siècle plus tard, François Mauriceau, en ouverture du dernier chapitre de son traité consacré « Aux conditions requises et nécessaires au choix d'une bonne nourrice », écrit que la principale qualité d'une bonne nourrice n'est autre que d'être la mère de l'enfant, « à cause du rapport du tempérament de l'un à l'autre [22] ». Mauriceau reprend l'ensemble des métaphores présentes chez Ambroise Paré ou chez Jacques Guillemeau, celle de la transplantation d'un arbre, celle du lion nourri par une vache ou celle du chien furieux allaité par une louve. Au-delà de ces métaphores, c'est le tempérament qui est au centre de son raisonnement. Le choix d'une nourrice est déterminant quant à la santé des enfants car,

---

21. GUILLEMEAU, *De la nourriture et gouvernement des enfants dès le commencement de leur naissance, et le moyen de les secourir et garentir des maladies*, « Épître aux dames », non paginé.

22. MAURICEAU, *Des maladies des femmes grosses et accouchées*, *op. cit.*, p. 529.

« quant à la santé du corps, chacun sait qu'elle correspond aux humeurs dont toutes les parties sont nourries et entretenues, lesquelles humeurs tiennent toujours de la nature des aliments, dont elles ont été engendrées ; pour ce qui est des mœurs, elles suivent ordinairement le tempérament, lequel procède aussi de la qualité des humeurs, et les humeurs des aliments ; par cette conséquence, telle sera la nourrice, tel pourra devenir l'enfant [23] ».

Le profil qu'il dresse de la bonne nourrice ne présente pas de différences notables par rapport à celui de ses prédécesseurs : elle doit avoir entre vingt-cinq et trente-cinq ans, elle doit avoir eu deux ou trois enfants et, ajoute Mauriceau, si elle vient d'accoucher à terme d'un « mâle vivant et bien sain », alors c'est là un indice de bonne constitution. Comme chez Paré, elle ne doit pas être rousse, mais avoir le « poil brun ou châtain [24] », elle doit être belle de visage, propre sur elle et s'exprimer correctement. En un mot, elle doit être d'un « tempérament sanguin », autrement dit, elle doit être proche du tempérament masculin, réputé typiquement sain.

On peut noter que, entre le début et la fin du XVIIe siècle, le tempérament renvoie d'abord à une identité familiale, d'où la peur des changements d'identité et des héritages ou des trônes usurpés ; alors que, chez Mauriceau, c'est-à-dire à la fin du XVIIe siècle, les termes se déplacent davantage sur la question des caractères héréditaires en général. On s'intéresse à ce qui pourrait contrarier le « naturel » ou le modifier, mais aussi à ce qui pourrait permettre de l'accentuer pleinement, ou même de l'améliorer. En effet, si la nourrice respecte l'ensemble des critères énoncés,

« par un régime de vivre accommodé au tempérament de l'enfant, et qui ne soit pas contraire au sien, il y a pour lors tout sujet d'espérer qu'elle est capable de faire une très bonne nourriture, et d'élever en parfaite le fils d'un Prince [25] ».

Autrement dit, par-delà les familles ou les sangs, se profile une typologie des tempéraments, transversaux aux tempéraments familiaux, pouvant améliorer, anoblir ou détériorer, en se mélangeant, tel ou tel naturel. Mauriceau n'est donc pas insensible au fait que, si les nourrices peuvent détériorer le tempérament naturel des enfants, elles peuvent également l'améliorer,

23. *Ibid.*, p. 530.
24. *Ibid.*, p. 532.
25. *Ibid.*, p. 536.

d'où l'importance que requiert la sélection des meilleures d'entre elles, quelle que soit leur condition sociale.

Du dépeuplement à la dégénérescence

Au XVIIIe siècle, ce sont les pouvoirs médical, judiciaire, ecclésiastique et philosophique qui vont coordonner une véritable entreprise de naturalisation de l'allaitement. Concrètement, il va s'agir de la mise sous tutelle des nourrices (de l'institutionnalisation, de la réglementation et de la moralisation de leur charge), qui annonce, en fait, la volonté d'éradication du nourrissage mercenaire. Théoriquement, désormais, un seul personnage est au centre de l'univers de la naissance, « la mère », laquelle occupe une fonction autrefois dévolue à plusieurs femmes différentes ; elle devient la condition *sine qua non* du succès de la politique volontariste pour repeupler et revigorer le royaume.

L'un des réquisitoires les plus violents contre les nourrices est certainement la *Dissertation sur la dépopulation* de Gilibert. Parmi les dangers du nourrissage mercenaire, les vices des nourrices, pour la plupart venues de la campagne, sont les plus redoutables et les plus attentatoires à la vie des nourrissons. Gilibert parle de la méchanceté et de la cruauté de ces nourrices qui ne viennent chercher des nourrissons à la ville que pour l'appât du gain[26]. Elles sont décrites comme des femmes luxurieuses, ivrognes, mélancoliques, cruelles, voleuses. Certaines, « scélérates, emportent les enfants, les nourrissent avec des châtaignes, des truffes, du gros pain mâché, leur font boire du petit vin ou des vins aigres, tournés[27] ». Comme leur méchanceté n'a souvent d'égale que leur pauvreté, elles sont souvent

> « obligées de travailler à la sueur de leur front, [et] elles passent la plus grande partie de la journée, éloignées de leurs chaumières ; pendant ce long espace de temps, le malheureux enfant noyé dans ses excréments, collé dans un berceau, garrotté comme un criminel, il n'a que la langue de libre, aussi ne témoigne-t-il des douleurs que par des cris ; dévoré par les insectes de toute espèce, abandonné

26. Jean-Emmanuel GILIBERT, *Dissertation sur la dépopulation*, *in* BOISSIER DE SAUVAGES, *Les Chefs-d'œuvre de monsieur de Sauvages, ou Recueil de dissertations qui ont remporté le prix dans différentes académies*, *op. cit.*, II, p. 272 *sq.*

27. *Ibid.*, p. 282.

absolument ou confié à d'autres enfants ; jugez la pitoyable situation [28] ».

La situation des nouveau-nés est un véritable calvaire ; quant à ceux qui survivent à ces premiers mois de vie, ils sont encore les victimes de la paresse des nourrices : maillot, fourreau dur, appelé « corps de baleine », sont une énième prison dans laquelle passe l'enfant, selon Gilibert.

En 1770, le ton de Gilibert exprime un jugement sans appel à l'encontre des nourrices mercenaires. Il n'est plus seulement question d'une dénaturation du tempérament familial de l'enfant, mais bien d'une atteinte directe aux forces de la patrie. L'argument se fait donc plus virulent sur la question du statut social des nourrices et des nourrissons qui partent en nourrice. Ce sont les enfants du peuple qui subissent de plein fouet les conséquences du nourrissage mercenaire.

> « Les enfants du peuple sont surtout très exposés à ce malheur ; leurs parents, se croyant trop heureux de trouver des nourrices de bonne composition, s'inquiètent fort peu si elles sont saines ou non ; cependant ces enfants méritent autant que ceux des riches que l'on veille à leur santé ; ils doivent être un jour des citoyens très précieux à la Patrie ; c'est eux qui fourniront des soldats et des artisans de toutes espèces ; s'ils ont été négligés dans leur enfance, ils seront toute leur vie des sujets faibles et malades, et ce qui est plus douloureux encore, des souches éternelles de générations dépravées [29]. »

Cette attention portée au peuple demeure ambiguë. Gilibert compare les gens du peuple à des animaux [30]. Les ouvriers, tout comme les bêtes, ont un tempérament froid et maladif : « Germe des humeurs froides à la ville [31]. » Une mauvaise nourriture explique leur constitution faible, sujette aux écrouelles, comme leurs mœurs dépravées, du fait de cette nourriture âpre qui rend leurs organes grossiers. La campagne est-elle plus clémente ? Foyer d'infections, le peuple des champs, d'où provient la majorité des nourrices, est à la fois victime et cause de la dépopulation et de la dépravation des générations à venir. Les qualités du tempérament du peuple, des villes comme des

---

28. *Ibid.*, p. 286. La conséquence d'un tel traitement est physiologiquement décrite en ces termes : « Laissez-vous un enfant enseveli dans ses excréments, la chaleur de son corps en accélérera la putréfaction ; les parties les plus subtiles et les plus âcres étant repompées par les pores de la peau feront fermenter les humeurs qui circulent dans les vaisseaux et occasionneront des fièvres de très mauvais caractère », p. 290.
29. *Ibid.*, p. 275.
30. *Ibid.*, p. 299.
31. *Ibid.*, p. 280.

champs, sont ainsi les mêmes que celles du tempérament traditionnellement attribué aux femmes : elles permettent de conclure à une infériorité des classes laborieuses et de légitimer leur mise sous tutelle sanitaire et morale.

Dans le texte de Gilibert, en plus du tempérament lié aux caractères héréditaires, il y a donc clairement un *tempérament de classe*. Le milieu social influence le tempérament de la même façon que le climat, par exemple. Toutefois, dans le texte de Gilibert, la définition du tempérament du peuple et des différentes classes est étroitement liée à une description de la « primitive société des hommes [32] ». Si ce sont bien les conditions de vie et l'alimentation du peuple qui sont tenues pour responsables de son tempérament valétudinaire, l'auteur admet pourtant une cause originelle de la division entre riches et pauvres. Dans cet heureux temps primitif, l'espèce humaine a prospéré, mais la multitude d'hommes n'avait d'égale que la multitude croissante des passions et des désirs. Petit à petit, l'espèce humaine s'est divisée en deux : le riche

> « toujours dévoré par des désirs extravagants travaille à enlever au pauvre la faible nourriture que le sort lui a abandonnée ; celui-ci, se persuadant que l'autre est plus heureux que lui, fait tous ses efforts pour lui enlever une partie de ses richesses [33] ».

Tout se passe comme si l'histoire de l'espèce humaine, originellement divisée entre ces deux classes, pouvait clairement être comprise comme la lutte intestine entre deux groupes distincts, définis par leur naturel et leurs passions, les différences sociales devenant alors des traits anthropologiques. L'inégalité sociale donne lieu à un conflit entre deux parties, les riches qui s'efforcent de s'enrichir davantage, les pauvres qui luttent pour ressembler aux riches : tout le monde veut passer pour riche et jouir des plaisirs charnels. Le raisonnement, empreint de rousseauisme, de Gilibert porte sur l'argument d'une dénaturation des besoins humains, produite par l'inégalité et la trop grande disparité des fortunes. Le luxe relève de l'économie, mais aussi de l'anthropologie : il s'agit d'une maladie épidémique de la faculté appétitive qui est une source de conflit social, et qui finit par épuiser l'ensemble de la société. L'homme,

32. *Ibid.*, p. 268.
33. *Ibid.*, p. 270.

« plus vivement agité par l'amour de lui-même que par celui de ses semblables, et ses besoins ayant multiplié à l'infini, il ne put les satisfaire qu'au détriment de son espèce [34] ».

La conséquence de cette dénaturation morale originelle est donc la dégénérescence physique de l'espèce humaine. Toutefois, alors que les riches ont les moyens matériels de pallier la fragilité de leur tempérament, parvenant tant bien que mal à fortifier ce dernier, les pauvres, quant à eux, n'ont aucun moyen de suppléer la faiblesse de leur naturel. La dépopulation est donc l'effet d'une histoire antagonique des classes, dans laquelle les nourrices mercenaires occupent le devant de la scène.

Dans la dissertation de Gilibert, le tempérament n'est plus lié à la sphère familiale : on ne souffre plus de la perte, de la mutilation ou de l'échange des héritiers, mais bien de l'extinction de l'espèce. Le concept de tempérament est compris comme le tempérament général, au sens du « naturel » ou de la constitution physiopathologique de la population ; la population définie comme un groupe d'individus soumis aux mécanismes biologiques de l'espèce. « Cela ne veut pas dire simplement un groupe humain nombreux, mais des êtres vivants traversés, commandés, régis par des processus, des lois biologiques. Une population a un taux de natalité, de mortalité, une population a une courbe d'âge, une pyramide d'âge, a une morbidité, a un état de santé, une population peut périr ou peut, au contraire, se développer [35]. » Selon Michel Foucault, la population est le corps social pris dans sa « matérialité » physiologique, l'« élément physique », régi par des lois propres, de la société civile. Dans cette perspective, la question de sa perpétuation, tout ce qui porte atteinte à sa vie, à commencer par le milieu dans lequel elle évolue, devient un véritable objet politique : les villes, avec leurs miasmes, leurs eaux stagnantes, les corps, avec leurs besoins, leurs maladies, etc., deviennent ainsi des lieux d'intervention politique continuelle.

À la différence des griefs adressés aux matrones, les nourrices ne menacent pas tant la vie des enfants que leur tempérament. En d'autres termes, il ne s'agit plus ici de la seule menace de *dépopulation*, de *dépeuplement*, mais de la

---

34. *Ibid.*, p. 269.
35. Michel FOUCAULT, « Les mailles du pouvoir », *in Dits et écrits*, IV, *op. cit.*, p. 193.

dégénérescence. Les cris des enfants [36] abandonnés à des étrangères sont perçus comme les cris de la Nature elle-même. Les médecins en appellent donc aux mères, à ce nouveau personnage qui est en passe d'occuper une place déterminante sur la scène politique :

> « Qu'elles nous disent enfin, si, nourris par elles, leurs enfants ne sont pas plus sains, plus robustes, plus susceptibles de bons principes, et si souvent elles n'ont pas été persuadées qu'ils auraient péri en des mains mercenaires [37]. »

Selon Prost de Royer, lieutenant de police à Lyon, le calcul est fort simple : les deux tiers des enfants meurent en nourrice, et sur le tiers qui reste, la moitié est saine et l'autre mourante.

La densité de population des villes inquiète : non seulement parce que les activités urbaines vident les campagnes, mais aussi parce que la masse ainsi entassée se paupérise et y contracte des maladies :

> « Il faudrait que nos villes ne regorgeassent pas de gens entassés les uns sur les autres, et occupés dans une posture penchée à mille petits métiers, qui leur donnent des maux particuliers qui n'appartiennent qu'à eux, et à leur chétive postérité. Il faudrait enfin que les Chefs des nations, les Arbitres des sociétés politiques voulussent bien sentir que partout où le peuple est heureux, la multitude est nombreuse ; et qu'au contraire, tout se dessèche, tout languit et s'éteint par l'oppression et la contrainte [38]. »

La multitude ne fait pas tout, la richesse des nations n'est pas seulement une population nombreuse, mais un peuple sain, actif et heureux. Certes, comme le soutient Des Essartz, la conservation des enfants est de première importance ; elle permet « d'assurer aux familles des héritiers de leur nom, de leurs richesses, de leurs dignités et de leurs vertus », mais elle est également la condition de la puissance des États : elle assure

---

36. En 1782, paraît même un pamphlet qui met en scène la parole des fœtus : « Ces plaintes porteront, en premier lieu, sur ce que nous ne sommes pas en sûreté pour entrer dans ce monde », « Requête en plainte présentée à Nosseigneurs des États de Languedoc par les enfants à naître contre les prétendues sages-femmes », cité par Mireille LAGET, « La naissance aux siècles classiques. Pratiques des accouchements et attitudes collectives en France aux XVIIe et XVIIIe siècles », *Annales ESC*, 35, n° 5, 1980, p. 968.

37. Prost DE ROYER, *Mémoire sur la conservation des enfants, lu dans l'Assemblée publique de l'Académie des Sciences de Lyon*, 5 mai 1778, chez Aimé de la Roche, Lyon, 1778, p. 10.

38. Jacques BALLEXSERD, *Dissertation sur cette question : Quelles sont les causes principales de la mort d'un aussi grand nombre d'Enfants et quels sont les préservatifs les plus efficaces et les plus simples pour leur conserver la vie ? Par Jacques Ballexserd, citoyen de Genève*, *op. cit.*, p. 5.

> « à la Société des Membres dignes d'accroître ses avantages et ses douceurs, et à l'État des citoyens capables de soutenir sa gloire et sa prospérité [39] ».

La France ne peut donc prendre le risque de s'affaiblir. Au moment même où les grandes épidémies diminuent d'intensité et de fréquence [40], on impute aux nourrices mercenaires et, plus généralement, aux conditions déplorables d'accueil et de soin des nouveau-nés la responsabilité de la dépopulation. Même si d'autres facteurs accentuent ou provoquent le dépeuplement et la dégénérescence de la population : la plupart des textes stigmatisent le célibat (des communautés religieuses ou des soldats) [41], les asiles et les hôpitaux, les migrations de population (pour des raisons économiques ou religieuses), la colonisation de tel pays et la désertification, en retour, soit des campagnes, soit de l'Europe (au profit des Amériques notamment).

Ainsi, alors que la France dégénère, la population de l'Inde ou de l'« Amérique unie » ne cesse de se renforcer. Ainsi, le nourrissage mercenaire ne soulève pas seulement des enjeux sanitaires et philosophiques, relatifs au rapport à la nature, il s'est trouvé au centre d'une vive critique de la politique des États européens en matière d'expansion coloniale. L'objectif populationniste du système mercantile est réévalué à l'aune de la nouvelle politique impériale : la question n'est plus tant le nombre des sujets que leur « naturel », leur répartition sur un territoire et leur aptitude à y produire des richesses. Les mouvements migratoires non seulement privent le royaume de bras, mais produisent des modifications physiopathologiques sous l'influence des changements de milieu (climat, nourriture, air). Ces modifications du tempérament de tel individu, de telle famille, de telle nation ou même de l'espèce humaine en son entier les renforcent ou, au contraire, les affaiblissent. La question de la transmission des tempéraments familiaux *via* le sang ou le lait, qui anoblissent ou gâtent la constitution et le naturel d'un nourrisson, sert donc de modèle pour convaincre de

---

39. M. DES ESSARTZ, *Traité de l'éducation corporelle des enfants en bas âge ou réflexions pratiques sur les moyens de procurer une meilleure constitution aux citoyens*, chez Jean-Thomas Hérissant, Paris, 1760, p. v-vi.

40. Voir François LEBRUN, « Les crises démographiques en France aux XVIIe et XVIIIe siècles », *Annales ESC*, 35, 1980, p. 205-234.

41. Le célibat a fait l'objet d'une importante polémique au XVIIIe siècle, qu'il faut mettre en relation avec la discussion sur la polygamie. Sur ce point précis, voir Carol BLUM, *Strength in Numbers : Population, Reproduction, and Power in Eighteenth-Century France*, Johns Hopkins University Press, Baltimore, 2002.

l'importance du contrôle des mouvements et des caractères de la population.

À l'article « Population » de l'*Encyclopédie*, Damilaville rapporte les propos de Montesquieu, selon lequel la terre a perdu la dixième partie des hommes : elle se dépeuple de jour en jour, à tel point que dans dix siècles elle ne sera plus qu'un désert. Damilaville critique ce mythe du dépeuplement. Il montre que, comme les atomes, le nombre de la population de la terre est fixe et nécessaire, et que ce que l'on prend pour une diminution, en ces temps où les fléaux semblent révolus, ne sont que des diminutions locales, la population en sa totalité demeurant inchangée et constante. Damilaville énumère donc les causes locales des fluctuations des peuples. Dans les pays où le faste des États absorbe tout le produit du travail ou des terres, il faut s'attendre à une dégénérescence de la population.

> « Des enfants faibles et débiles qui ne s'élèvent point ; le tempérament de ceux qui échappent à leur mauvaise constitution et aux maladies populaires achève de se perdre par la mauvaise nourriture qu'ils reçoivent. Ces créatures éteintes, pour ainsi dire, avant d'avoir existé sont bien peu propres ensuite à la propagation. Ainsi donc là où les peuples sont misérables, l'espèce dégénère et se détruit ; là où est l'abondance générale, elle augmente en force et en nombre. La nature et le bien-être invitent les individus à se reproduire [42]. »

La question de la population est abordée comme un enjeu de politique internationale : il s'agit de déterminer l'état de tel ou tel peuple, afin de mesurer sa force sur la scène internationale et donc sa capacité à dominer les autres nations. Si la population terrestre est fixe et constante, et si le bien-être des peuples favorise la propagation, alors toute dépopulation locale est le pendant nécessaire de la régénération d'une population étrangère. Ce qui contribue à l'hégémonie d'un peuple témoigne nécessairement du déclin d'un autre. Le rapport de force entre les nations suit donc les fluctuations quantitatives et qualitatives des peuples. Tout ce qui contribue à leur affaiblissement les rend politiquement vulnérables sur la scène du monde : l'inégalité des rangs, les grands corps de célibataires, les armées qui « dépeuplent autant en paix que pendant la guerre » [43], le désir de dominer et le luxe des États qui ruinent et épuisent les peuples, mais aussi les colonies.

---

42. DAMILAVILLE, « Population », *in Encyclopédie*, éditée par Denis Diderot, tome 13, p. 96.

43. *Ibid.*, p. 98.

L'armée constitue une multitude « stérile » et « coûteuse », qu'il faut entretenir et renouveler sans cesse, et qui ne se reproduit pas. Pour Damilaville :

> « C'est une *anthropophagie monstrueuse*, qui dévore à chaque génération une partie de l'espèce humaine. Il faut convenir que nous avons des opinions et des contrariétés bien bizarres ; on trouve barbare de mutiler des hommes pour en faire des chanteurs, et l'on a raison ; cependant on ne trouve point qu'il le soit de les châtrer pour en faire des homicides [44]. »

Cette critique de l'armée permet à Damilaville de redéfinir la norme de la masculinité : en comparant les soldats aux castrats, loin de les opposer, il les confond. Contre l'opinion commune, le soldat n'incarne pas les canons de la masculinité, dans la mesure où la véritable masculinité tient à la capacité de reproduction des hommes. Castrats ou soldats, efféminés ou virils, la frontière entre les hommes passe donc par la paternité : non seulement les soldats meurent à la guerre sans descendance, mais en plus ils n'ont jamais les moyens d'entretenir une famille en temps de paix.

Il considère, en outre, que l'esprit de conquête, dont témoignent les armées nombreuses ou la multiplication des colonies, est une cause de dépopulation, car il produit une contradiction entre le territoire et le peuple. Les conquêtes ne sont nécessaires que lorsque le territoire est trop exigu pour une population donnée. Au contraire, dans le cas des colonies des puissances d'Europe, il faut toujours dépeupler telle proportion de territoire pour peupler telle autre. Or, la dureté et les périls du voyage, la différence de climat et les maladies ont fait de la population de l'Amérique une entreprise coûteuse et funeste. Quant à la traite des esclaves, a-t-elle permis de pallier ces difficultés ?

> « Quels avantages a-t-on tirés pour la population de l'Amérique du nombre prodigieux de nègres que l'on y transporte continuellement de l'Afrique ? Ils périssent tous ; il est triste d'avouer que c'est autant par les traitements odieux qu'on leur fait souffrir, et les travaux inhumains auxquels on les emploie, que par le changement de température et de nourriture [45]. »

Malgré les efforts de l'Espagne, les Indes et l'Amérique sont des « déserts » et la nation ibérique elle-même l'est devenue,

---

44. *Ibid.* C'est moi qui souligne.
45. *Ibid.*, p. 99.

renchérit l'auteur. Le mercantilisme, le « commerce de luxe et de superfluité », et le système esclavagiste sont des causes évidentes de la dépopulation : d'un côté, il fait périr les hommes dans les mines ou dans les sucreries et, de l'autre, il pervertit les mœurs de l'Europe. Quels avantages pour le pays ? Les terres sont laissées en friche, au profit des colonies et des manufactures des villes, créant l'impression d'une abondance de population, alors que les campagnes se dépeuplent. L'ultime conséquence de cette dépopulation est éminemment politique. En arrachant les hommes à leurs terres, pour en faire des journaliers, on a transformé des citoyens, des patriotes en *apatrides*.

Or, les nourrices sont stigmatisées comme des « marâtres barbares » des terres étrangères qui pervertissent le « naturel » des nourrissons. Le sang, le lait et la terre participent d'un même souci séculaire. Si la nourrice est à ce point au centre des débats sur la population, c'est qu'elle représente un personnage familier qui permet de condamner les colonisations aberrantes, les migrations, les transplantations, ces modifications dont pâtissent les enfants des grandes familles que sont les nations. Alors que la sage-femme est marquée par la mort, la nourrice est l'emblème des sans-famille, des sans-nation, de la déliquescence politique. Le nourrissage mercenaire est un contre-modèle qui permet de critiquer le mercantilisme des États où l'intérêt personnel prime sur les intérêts nationaux. Ainsi, Joubert compare les enfants en nourrice à des plantes transplantées :

> « Semblables à ces plantes qu'on sort du terrain où elles ont pris naissance, pour les transplanter ailleurs, quelques soins, quelque attention qu'en ait le cultivateur, on s'aperçoit qu'elles n'ont ni cette végétation ; ni cette vigueur qu'elles auraient eue dans les lieux où elles sont nées ; qu'elles sont sujettes à des infirmités qu'elles n'auraient pas eues ; et qu'elles ne parviennent point à leur perfection ordinaire [46]. »

En suivant ce raisonnement, il est particulièrement intéressant de constater que ce sont les mères européennes qui symbolisent le luxe et incarnent la politique mercantile des États, alors que leurs enfants représentent le peuple qui dépérit. Et quel est le produit de luxe pour lequel les femmes sont prêtes à abandonner leurs rejetons ? La beauté du corps et le plaisir des sens,

46. JOUBERT, *Des causes de la dépopulation et des moyens d'y remédier*, *op. cit.*, p. 34-35.

selon les médecins et les philosophes populationnistes [47]. Les pères ne sont pas non plus exempts de reproches. Toutefois, s'ils sont bien rendus responsables d'abandonner leurs enfants à des seins étrangers, ils sont surtout critiqués pour leur faiblesse face aux femmes :

> « [...] Les maris amollis par la volupté cèdent à cette éloquence naturelle dont les femmes savent au besoin embellir leur discours [48]. »

Pour faire de la démission des femmes l'un des symboles d'une société mue par le luxe, il faut que la médecine ait, de son côté, modifié son appréhension de la maternité et que, d'événement pathogène et morbide, elle soit désormais considérée par le corps médical comme un tribut ou comme un travail simplement éprouvant. Mieux encore, il faut que la grossesse et l'allaitement soient considérés comme des facteurs de santé. Ainsi, avec l'allaitement, les femmes

> « évitent beaucoup de maladies, leur tempérament se fortifie davantage par l'intervalle d'une couche à l'autre, elles deviennent plus propres à être fécondées de nouveau, et à mieux remplir les vues de l'Être Suprême, qui ne les a créées que pour une plus grande multiplication de nos êtres [49] ».

L'argument de Joubert est des plus clair : les femmes sont par définition des mères et elles deviennent, à ce titre, l'un des principaux outils de la nouvelle politique de l'État, qui rejoint ainsi les fins de la Nature ou les desseins de l'Être suprême. En effet, dans un contexte où la force des nations étrangères, c'est-à-dire la santé des peuples, est un thème omniprésent et un objet de préoccupation constante pour les pouvoirs politiques, l'univers

---

47. Ce thème est particulièrement développé par Mirabeau. « [Aujourd'hui], se désole l'auteur, les jeunes femmes paraissent dans le monde dix ans plutôt, et à l'âge de onze ans [...], à quinze ou seize, on les marie, elles vont seules dans le monde. L'embonpoint qu'on ne saurait avoir à cet âge est passé de mode, un air étourdi et des yeux roulants dans la tête constituent le joli [...]. L'assortiment de ce joli carillon est nécessairement le mouvement perpétuel, des courses, des soupers, des veilles, jamais de faim, jamais de sommeil. Le tempérament s'allume, la poitrine s'échauffe, et cette petite lueur précoce n'attend qu'une couche pour disparaître, et aller rejoindre quelque feu follet, d'où elle semble être sortie. Cette couche cependant est ce qui donne un successeur à une grande maison, et voilà le plus beau sang dégénéré en asthmatique », Victor RIQUETI, marquis DE MIRABEAU, *L'Ami des hommes, ou Traité de la population*, Avignon, s. n., 1756, p. 306-307. Voir également DES ESSARTZ, *Traité de l'éducation corporelle des enfants en bas âge ou réflexions pratiques sur les moyens de procurer une meilleure constitution aux citoyens*, *op. cit.*, p. XXV-XXVI.

48. JOUBERT, *Des causes de la dépopulation et des moyens d'y remédier*, *op. cit.*, p. 33.

49. *Ibid.*, p. 28.

de la naissance poursuit sa mutation. On assiste à la destruction de l'ancien triptyque de la naissance – la génitrice, la matrone et la nourrice. La définition d'un tempérament féminin, par définition valétudinaire, instrument du maintien de l'inégalité entre les hommes et les femmes, a produit des effets complexes : efficace pour assurer la pérennité de la domination de genre, l'articulation entre le sain et le masculin, et, à l'inverse, entre le malsain et le féminin a cependant suscité ou encouragé une certaine inquiétude. Si les mères sont faibles et malades, qu'attendre de leurs enfants ? Or, si les enfants d'une Nation sont languissants et maladifs, quel sera son devenir ? Les femmes malades, c'est la Nation qui est perdue. S'affairant à la santé des femmes, les médecins sont en vérité au chevet de la Nation.

Hybridité des peuples et marchés aux esclaves

Les nourrices mercenaires constituent une possibilité d'altération, mais aussi d'amélioration du tempérament d'une famille. Les effets néfastes de leur lait sur les enfants sont à la mesure de leur pouvoir de modification des caractères innés. *Topos* des premières politiques populationnistes, la question des nourrices inaugure ainsi toute une série de techniques qui visent à renforcer les qualités physiopathologiques, esthétiques et morales d'un peuple. Au XVIIIe siècle, les caractères héréditaires ou acquis – transmis par la génitrice, par la nourrice ou par d'autres facteurs environnementaux comme le climat ou la terre – sont au cœur de nombreux débats relatifs à la puissance des Nations, qui modifie en profondeur les techniques de gouvernement.

Si l'on peut améliorer la santé d'un enfant en le confiant à une nourrice vigoureuse, pourquoi ne pas rationaliser cette pratique « artisanale », pourquoi ne pas la généraliser à l'échelle de la nation ? Pourquoi ne pas généraliser le principe des *croisements volontaires* à l'espèce humaine ? L'homme ne représente pas une exception dans la Nature, en tant qu'animal, il peut devenir un objet pour lui-même, un objet de dénomination, d'étude et d'expérimentation.

> « Puisque l'on est parvenu à perfectionner la race des chevaux, des chiens, des chats, des poules, des pigeons, des serins, pourquoi

ne ferait-on aucune tentative sur l'espèce humaine ? Pourquoi s'amuser aux plaisirs de la nature, et oublier ses merveilles [50] ? »

Au milieu du XVIIIe siècle, le médecin Charles Augustin Vandermonde défend ardemment ce projet. Pour ce faire, il prend l'exemple des chevaux d'Espagne et de Barbarie, qu'il emprunte à Buffon :

« Il est donc nécessaire de renouveler les races, en les croisant à chaque génération ; c'est le meilleur moyen de perfectionner les ouvrages de la nature. Plus les animaux seront de climats opposés, plus leur production sera belle et forte. Quand on veut avoir de beaux chevaux, on se garde bien de donner à une jument de France un étalon du même pays : on fait venir des chevaux d'Espagne, de Barbarie, ou de quelque contrée plus chaude ou plus froide que la France, et on a soin, à la première progéniture, de leur donner d'autres chevaux étrangers ; autrement ils dégénéreraient [51]. »

Chez Buffon, il s'agit d'un exemple central dans la démonstration de la variété de l'espèce humaine, contre l'idée d'une diversité des « espèces » humaines. Or, si Vandermonde demeure sur les mêmes positions monogénistes, il dévie quelque peu l'argument de Buffon. Vandermonde utilise l'exemple des chevaux pour montrer toutes les améliorations que produisent les croisements. Pour sa part, Buffon voulait montrer combien l'influence du climat modifie les caractéristiques des familles d'une même espèce, quand bien même elles n'auraient jamais été mélangées [52]. Buffon pouvait alors conclure que ce sont bien le climat, la nourriture et les conditions de vie (les mœurs pour les humains) qui font varier la forme, la couleur ou le naturel des animaux d'une même espèce.

Ainsi, alors que l'argumentation de Buffon était concentrée autour de la tension entre diversité et unité de l'espèce humaine, Vandermonde, s'il partage cette position, insiste davantage sur un principe de diversification interne et généalogique. En

---

50. Charles Augustin VANDERMONDE, *Essai sur la manière de perfectionner l'espèce humaine*, 2 vol., chez Vincent, Paris, 1756, I, p. 94.

51. *Ibid.*, p. 103.

52. « Qu'on amène des chevaux d'Espagne ou de Barbarie en France, il ne sera pas possible de perpétuer leur race, ils commencent à dégénérer dès la première génération, et à la troisième ou quatrième ces chevaux de race barbe ou espagnole, sans aucun mélange avec d'autres races, ne laisseront pas de devenir des chevaux français ; en sorte que, pour perpétuer les beaux chevaux, on est obligé de croiser les races, en faisant venir de nouveaux étalons d'Espagne ou de Barbarie », Georges-Louis LECLERC, comte DE BUFFON, *Histoire naturelle générale et particulière : avec la description du Cabinet du Roy*, *op. cit.*, III, p. 529.

d'autres termes, il développe l'idée selon laquelle ces principes exogènes de variabilité (le climat, la nourriture, les pratiques, etc.), de la forme, de la couleur et du naturel des espèces peuvent progressivement, de génération en génération, s'incorporer et se fixer dans le tempérament de l'espèce, comme l'une de ses caractéristiques propres. Vandermonde donne ainsi une consistance théorique à des pratiques communes (effectives dans l'élevage des animaux ou bien dans le choix des nourrices mercenaires).

Or, dans sa préface à son *Essai sur la manière de perfectionner l'espèce humaine*, Vandermonde montre comment la « médecine préventive des femmes grosses[53] », c'est-à-dire la santé et la vigueur des femmes, ainsi que celles de leurs enfants sont des moyens par lesquels les médecins peuvent participer à l'amélioration des qualités physiques et morales de l'espèce humaine. Le projet de Vandermonde est eugénique, au sens où il consiste à « améliorer » la population humaine par sélection artificielle, dans le cadre d'un contrôle de la reproduction : il développe un véritable plan qui vise à perfectionner l'humanité. Le corps est considéré comme un objet malléable et transformable par l'effet combiné de l'héritage génétique, du régime, du climat et de l'éducation, qui sont autant de facteurs de changement qui agissent sur le tempérament, sur le « naturel » du corps.

Cette idée est, dans sa trame générale, déjà ancienne. En 1655, Claude Quillet publie en latin un poème fameux, intitulé *Callipaedia*, qui est un recueil de préceptes pour faire de beaux enfants. Choix des parents, régime de la mère, soins au nouveau-né, le texte de Quillet reprend des thèmes très populaires[54]. En 1749, le poème de Quillet est traduit pour la première fois en français[55] : il connaît de très nombreuses éditions tout au long des XVIIIe et XIXe siècles, et marque le retour

53. VANDERMONDE, *Essai sur la manière de perfectionner l'espèce humaine*, *op. cit.*, p. XIII.

54. On trouve les mêmes considérations chez Paré et Liébault, inspirées du corpus hippocratique ou de la *Gynécologie* de Soranos d'Éphèse. Sur le poème de Quillet, voir Jean-Louis FISHER, « La callipédie ou l'art d'avoir de beaux enfants », *Dix-Huitième Siècle*, 23, 1991, p. 141-158.

55. Claude QUILLET, *La Callipédie ou la manière d'avoir de beaux enfants*, traduit par Charles-Philippe de Monthenault d'Égly, Amsterdam, 1749. L'édition originale est Claude QUILLET, *Calvidii Leti, Callipaedia, seu de Pulchrae prolis habendae ratione poema didacticon*, T. Jolly, Leyde et Paris, 1655.

sur le devant de la scène de théories physiognomoniques actualisées [56].

Toutefois, entre le XVIIe et le XVIIIe siècle, la place du pouvoir médical a changé. Il ne s'agit plus d'affaire familiale ou matrimoniale dans laquelle la médecine intervient ponctuellement ; au contraire, la médecine joue désormais un rôle primordial dans la régénérescence de la population. Les médecins sont instamment invités à changer d'échelle, à passer de l'individu, ou de la famille, à l'espèce elle-même. L'amélioration des dispositions physiques générales, et principalement de la qualité et de l'harmonie des fibres du corps, est aussi la condition d'une amélioration morale et intellectuelle du genre humain [57].

Vandermonde déclare qu'il ne veut pas écrire un énième recueil de recettes pour faire disparaître les taches sur la peau ou pour faire des garçons, par exemple. « Si le hasard peut faire dégénérer l'espèce humaine, l'art peut aussi la perfectionner [58]. » Le choix des époux constitue désormais l'objet d'un véritable savoir : le désir qu'ils doivent éprouver l'un pour l'autre est la condition nécessaire d'une fécondation réussie ; inspiré par les travaux de Maupertuis [59], le désir est pensé comme le pendant physiologique des lois de l'attraction. Chaque parent doit avoir une bonne constitution, il ne doit être ni trop grand, ni trop petit, ni trop gras, ni trop maigre, ni trop jeune, ni trop vieux. La référence aux théories médicales des XVIe et XVIIe siècles est claire, mais le souci est bien davantage la vigueur des enfants que leur nombre. Autrement dit, Vandermonde ne s'intéresse pas au tempérament des parents pour tenter de résoudre les cas de stérilité, comme Liébault ou Paré, mais pour lutter contre la dégénérescence.

Le projet de Vandermonde témoigne donc d'un souci envers la population des hommes en son entier. Au milieu du XVIIIe siècle, ce souci relève d'une « double conviction : premièrement, que l'amélioration de la condition humaine était à la

---

56. Voir notamment Louis-Joseph Marie ROBERT, *Essai sur la mégalanthropogénésie, ou l'art de faire des enfants d'esprit, qui deviennent des grands hommes*, Debray, Paris, 1801, inspiré des travaux de Johann Caspar Lavater ; ainsi que le traité de Jacques-André MILLOT, *L'Art de procréer les sexes à volonté*, chez l'auteur, Paris, 1801. Sur ce courant du début du XIXe siècle, on pourra lire l'article de Michael WINSTON, « Medicine, marriage, and human degeneration in the French enlightenment », *Eighteenth-Century Studies*, vol. 38, n° 2, 2005, p. 263-281.

57. Antoine LE CAMUS, « Mémoire sur la conservation des hommes bien faits », *Mémoires sur divers sujets de médecine*, Paris, 1760, p. 287.

58. *Ibid.*, p. 91-92.

59. Pierre-Louis MOREAU DE MAUPERTUIS, *La Vénus physique*, Diderot éditeur, Paris/NY, 1997 ; et *Les Lettres sur le progrès des sciences*, s.l., 1752.

fois un but nécessaire et atteignable ; et deuxièmement, que seul le médecin philosophe avait les connaissances physiologiques et philosophiques requises pour y parvenir[60] ».

Or, si l'amélioration de la descendance familiale dépend des qualités des parents, à un niveau global, l'amélioration de l'espèce humaine dépend-elle des qualités des différentes familles d'hommes ? Le postulat ici est l'idée selon laquelle l'humanité peut être divisée en plusieurs groupes qui correspondent chacun à des types physiopathologiques, exactement de la même façon que les individus peuvent être répartis selon leur tempérament. En d'autres termes, les différentes nations de la terre sont représentées comme autant de familles aux qualités physiques et morales propres, c'est-à-dire jouissant d'un tempérament propre. Pour perfectionner l'espèce humaine, il faut donc procéder de la même façon que pour perfectionner la descendance de telle ou telle famille, ou de telle ou telle espèce animale, c'est-à-dire qu'il faut choisir correctement les géniteurs, la mère et le père, en fonction de leurs qualités. Pourquoi alors ne pas croiser les peuples entre eux ? Pourquoi ne pas élever l'espèce humaine comme on élève des chevaux, des oiseaux ou des chiens ?

Là encore, il ne s'agit pas d'une nouvelle pratique, mais bien de la rationalisation d'une pratique répandue, dont il s'agit de maximiser l'efficacité. La plupart des « hybridations » humaines se font au gré des règles de la conjugalité ou des migrations. Elles se font au hasard des rencontres ou selon les intérêts particuliers des familles et sans aucun contrôle politique. De celles-ci, ne naissent que « des races de louches, de boiteux, de goutteux, de phtisiques : et malheureusement il ne faut pas pour leur établissement une longue suite de générations[61] ». Vandermonde reprend quasiment mot pour mot le texte de la *Vénus physique* de Maupertuis :

> « Si nous ne voyons pas parmi nous ces races nouvelles de beautés, nous ne voyons que trop souvent des races de boiteux, de borgnes, de louches, d'aveugles, de phtisiques, de goutteux qui se perpétuent dans certaines familles[62]. »

60. Anne C. VILA, *Enlightenment and Pathology. Sensibility in the Literature and Medicine of Eighteenth-Century France*, The Johns Hopkins University Press, Baltimore, 1998, p. 91.

61. MAUPERTUIS, *La Vénus physique*, *op. cit.*, p. 95.

62. VANDERMONDE, *Essai sur la manière de perfectionner l'espèce humaine*, *op. cit.*, p. 97.

Le modèle de ces *hybridations sauvages* peut être qualifié de *nosologique*, il s'inspire des discours sur les maladies et les malformations qui sont, pour une grande part d'entre elles, réduites à des affections héréditaires.

De la même façon que les parents transmettent à leurs enfants leur tempérament propre, ce qu'atteste le fait que les enfants héritent des mêmes prédispositions morbides que leurs parents, les peuples transmettent de génération en génération leurs caractéristiques physiopathologiques. Or, les familles sont en partie responsables de leur généalogie terrifiante : elles préfèrent souvent un bon parti, plutôt qu'un beau parti, alors qu'il faut « être de bons gardiens de la descendance plus que de tout autre bien [63] ».

À l'opposé de cet art hasardeux et morbide, et à condition d'une intervention politique sur la gestion de la reproduction, les familles, aidées par les pouvoirs publics, peuvent rivaliser de beauté et de santé. Seul l'État peut donc organiser efficacement l'engendrement d'une Nation saine et forte. Maupertuis cite l'exemple d'un roi qui est parvenu par cette technique de sélection à engendrer une nouvelle Nation, conforme à son goût, et note qu'il s'agit d'une « puissance singulière » :

> « Un Roi du Nord est parvenu à élever et embellir sa nation. Il avait un goût excessif pour les hommes de haute taille et de belle figure : il les attirait de partout dans son royaume ; la fortune rendait heureux tous ceux que la nature avait formés grands. On voit aujourd'hui un exemple singulier de la puissance des Rois. Cette nation se distingue par les tailles les plus avantageuses et par les figures les plus régulières [64]. »

L'idée n'est certes pas nouvelle : il existe de nombreux projets de police des mariés, pourrait-on dire, préconisant la consultation prénuptiale pour savoir si les tempéraments des époux pouvaient s'accorder [65]. Toutes les familles, et à plus

63. Platon, *La République*, traduit par Pierre Pachet, Gallimard, Paris, 1993, 415 b, p. 196.

64. Maupertuis, *La Vénus physique*, *op. cit.*, p. 95.

65. Ne parle-t-on pas encore aujourd'hui d'« incompatibilité d'humeur » en cas de séparation ou de divorce ? Venette, *Tableau de l'amour considéré dans l'état du mariage*, livre II, chap. 1, p. 68 *sq.* Ces considérations sont également très développées chez Huarte, dont l'œuvre porte sur l'*ingegnium*, littéralement sur les qualités innées. Se référant aux principes de la République idéale décrite par Platon, il écrit : « Nous devons savoir reconnaître la qualité des époux qui vont se marier, et donner à chaque homme la femme qui lui correspond en proportion, et à chaque femme son homme déterminé », Jean Huarte, *Essame de gl'ingegni degli huomini per apprender la scienza*, 1580, traduit par M. Camillo Camilli, Venetia, 1632, p. 295. Les proportions

forte raison celles de la noblesse, se préoccupent de leur descendance. On peut citer, par exemple, les dernières recommandations que ce noble, René Fleuriot, adresse à ses enfants :

> « Lors donc que vous voudrez vous marier, regardez de prendre une bonne alliance et d'une race qui ne soit point tachée d'aucun mal héréditaire comme lèpre, épilepsie ou mal caduc, bosse, folie hypocondriaque et plusieurs autres maladies, qui sont comme héréditaires en certaines familles que l'on doit fuir, quelque commodité qu'on y rencontre, qu'il faut un siècle pour purger une race de ces maladies qui passent de père en fils [...] ; choisissez une bonne alliance et d'une race non tachée et tâchez si possible de reconnaître l'humeur de celle que vous désirez faire compagne de votre vie et fortune [66]. »

Les préoccupations de ce vieillard concernent l'intégrité de sa « race », c'est-à-dire de la lignée des hommes de sa famille, d'où son insistance sur les alliances saines, sa crainte des maladies, et ses mises en garde sur l'« héritage » qu'apportent les épouses par voie maternelle, qui comporte à la fois les humeurs dominantes de leur naturel mais aussi leur éducation, les caractères acquis de leur tempérament. La transmission héréditaire des terres, des noms et des blasons, par voie paternelle, se double donc d'une attention particulière envers la transmission héréditaire d'un tempérament noble, sanguin, qui reconnaît l'action de la lignée maternelle.

Mais au XVIIIe siècle, les médecins vont bien plus loin. Désormais, il faut être des plus attentif à la transmission des caractères par voie maternelle. Ainsi, en 1760, le médecin Des Essartz insiste bien sur le fait que les enfants

> « doivent à leur père et à leur mère conjointement les premiers ligaments qui forment leur machine : mais c'est à leur *mère seule* qu'ils en doivent le développement, l'augmentation et la force. Elle seule peut contribuer à *leur faire un bon tempérament*, et à corriger, au moins en partie, les défauts que le père pouvait leur avoir transmis [67] ».

---

dont parle Huarte sont celles des tempéraments et des diverses qualités qui les caractérisent.

66. « Advis moraux » de René FLEURIOT (1620), cité par Jean MEYER, « Noblesse et racisme », *in* Léon POLIAKOV (dir.), *Ni juif ni grec : entretiens sur le racisme : actes du colloque tenu du 16 au 20 juin 1975 au Centre culturel international de Cerisy-la-Salle*, Mouton, Paris/New York, 1978, p. 17-18.

67. DES ESSARTZ, *Traité de l'éducation corporelle des enfants en bas âge ou réflexions pratiques sur les moyens de procurer une meilleure constitution aux citoyens*, *op. cit.*, p. 4. C'est moi qui souligne.

Il s'agit désormais de mettre en accord la théorie et des pratiques communes et anciennes, la raison savante et un « bon sens » populaire : le laboureur, explique Des Essartz, prend autant de soin à sélectionner ses meilleurs grains qu'à préparer au mieux sa terre. Il effectue des gestes de bon sens, que les hommes de haute qualité semblent incapables d'appliquer à la propagation de leur propre espèce [68]. Les États eux-mêmes sont parfois plus attentifs à la « race » de leurs chiens qu'à celle des épouses de leurs nobles :

> « Plusieurs souverains sont soigneux de conserver les aras des chevaux, accouplant les bons avec les semblables, et n'ont soin d'empêcher des mariages que les généreux gentilshommes sont contraints par la pauvreté de contracter avec des femmes sorties des plus vicieuses et viles personnes de leur État [69]. »

Malgré l'adage aristotélicien selon lequel la mère n'est que la cause matérielle de la génération, les mésalliances sont redoutées : prioritairement parce qu'une épouse tarée ou laide, malgré son rang, est potentiellement une femme stérile et, par conséquent, inutile, mais aussi parce que l'épouse apporte un patrimoine matériel et physiologique dont dépend l'avenir de la descendance. La complémentarité des tempéraments des époux, qui rend les unions fécondes, est un lieu commun des traités de médecine populaire ou de morale ; les médecins du XVIIIᵉ siècle en font un enjeu politique et lui donnent une expression théorique plus aboutie, plus systématique, octroyant à la mère une certaine capacité formatrice dans la génération. Dans cette perspective, l'élevage animal permet d'illustrer et de penser un certain nombre de pratiques qui attestent l'importance accordée à la lignée maternelle.

> « Sans vouloir humilier l'homme en le menant à l'école des animaux, rappelons-le à lui-même, et comparons-le avec ceux qui mettent leur plaisir à élever des oiseaux, à avoir de beaux chiens, des chevaux de belle encolure, et à embellir un parterre de ce qu'il y a de plus curieux en fleurs. Quels soins minutieux ! Quelle attention scrupuleuse pour se procurer et conserver dans sa perfection l'espèce chérie qui fait l'objet de leurs désirs [70] ! »

---

68. *Ibid.*, p. XXV.
69. Jean DE SAULX-TAVANES, *Mémoires de Gaspard de Saulx*, cité par Arlette JOUANNA, « L'idée de race en France au XVIᵉ siècle et au début du XVIIᵉ siècle (1498-1614) », université de Paris-IV-Sorbonne, 1975, p. 154-155.
70. DES ESSARTZ, *Traité de l'éducation corporelle des enfants en bas âge*, *op. cit.*, p. XIX.

La gestion de la reproduction par sélection et croisement renvoie donc à des pratiques courantes, dans les familles (il faut assurer une descendance), comme dans la culture (il faut assurer la reproduction ou l'augmentation d'un troupeau). Si ces techniques d'élevage par sélection sont principalement répandues chez les nobles de l'Ancien Régime, il est urgent d'apporter autant de soin à la sélection de l'espèce humaine qu'à celle des chevaux. Les médecins en appellent donc aux autorités royales pour qu'elles prennent modèle sur des pratiques nobiliaires anciennes de sélection, qu'elles les généralisent et les rationalisent pour les appliquer à l'échelle de la nation entière.

L'élevage de chevaux est une activité traditionnelle de la noblesse qui voit dans le cheval un animal digne de son intérêt ; les chiens et les oiseaux de proie sont également élevés en vue de la vénerie, monopole aristocratique qui participe de l'identité nobiliaire. « Mais il y a bien plus. Dès le début du XVIIe siècle, la noblesse française voue à l'arboriculture une attention passionnée, ce qui se traduit par une fantastique augmentation du nombre d'espèces, entre autres, de pommiers et de poiriers [71]. » Dans toutes les bibliothèques nobiliaires, les traités des jardins abondent. « Inévitablement, poursuit Jean Meyer, ces pratiques quotidiennes (car nos correspondances nobiliaires du XVIIIe siècle abondent en détails sur les vergers et les jardins, dénotant une occupation assidue) passent fatalement dans la réflexion quotidienne de la moyenne noblesse, [ce qui nous semble] replacer la question du "racisme" nobiliaire sous un jour différent de celui où l'envisage un Boulainvilliers [72]. » L'idée importante est que l'émergence de la notion moderne de « race », si elle est étroitement liée à la noblesse, participe d'une zootechnie. Cette zootechnie ne semble pas significativement antérieure aux techniques de gestion de la reproduction humaine [73]. La continuité des pratiques de sélection et d'amélioration des groupes, animaux ou humains, permet plutôt

71. Jean MEYER, « Noblesse et racisme », *in* Léon POLIAKOV (dir.), *Ni juif ni grec*, *op. cit.*, p. 117.

72. *Ibid.*

73. Un élément important permet d'en attester : la mise en place d'une véritable politique de sélection des étalons date de Colbert, c'est-à-dire au moment même où apparaissent les premières considérations sur les « races » humaines. À la fin du XVIIe siècle, on trouve le traité de Georg Simon WINTER, *Traité nouveau et augmenté de George Simon de Adlersflügel pour faire des races de chevaux*, traduit de la langue allemande, en la latine, italienne et françoise, Nümberg, in Verlegung W. M. Endters, 1687. En 1668-1672, Colbert réalise une réformation de la noblesse, qui va permettre de vérifier les titres et d'écarter les « faux » des « vrais » nobles.

d'analyser les conditions d'émergence d'une nouvelle technique de gouvernement. Le souci de la « race » naît de la centralité politique du concept de tempérament. Ainsi, le « racisme » nobiliaire témoigne d'une volonté de régénérer les qualités de la noblesse et d'assurer physiquement, esthétiquement et moralement sa domination sur le reste de la société. En ce sens, il me semble que la référence de Meyer à Boulainvilliers est trop rapide. Boulainvilliers se voit comme l'historien ou, plutôt, comme le généalogiste des « races » de la noblesse de France. Au fond, son grand drame, comme il le dit lui-même, c'est l'« affranchissement des serfs », élevés à un pied d'égalité par les nobles ; ce qui a considérablement dissous la descendance germanique de la noblesse française (issue des fameux Francs). Parlant de Philippe IV, dit le Bel, il écrit :

> « Il a été le premier de nos Rois qui se soit attribué la puissance d'anoblir le sang des Roturiers, et qui, par un abus à peu près semblable quoique différent dans l'espèce, ait créé de nouvelles Pairies, sans que l'on ait réclamé néanmoins ni contre l'une ni contre l'autre entreprise. Ce qui prouve que l'on avait déjà oublié de son temps que la Noblesse est un privilège naturel et incommunicable d'autre manière que par la voie de la naissance, et pareillement que la Pairie Françoise n'était fondée que sur l'égalité d'origine, prise dans le sang des Conquérants des Gaules [74]. »

Il s'agit donc de ne pas dénaturaliser la transmission des privilèges. En d'autres termes, cet intérêt indéniable de la noblesse pour les techniques d'élevage s'inscrit dans une politique plus générale d'alliance et de préservation, *via* la lignée des familles, des qualités humorales supérieures qui justifient et assurent les privilèges de cette classe.

Si le projet d'amélioration de l'humanité apparaît de prime abord comme la transposition d'une zootechnie d'élevage aux populations humaines, il n'est pas question d'analyser en termes d'analogie la réduction des hommes à un cheptel. Je voudrais plutôt montrer ici pourquoi la question de l'antériorité de la zootechnie par rapport à l'eugénisme n'est pas pertinente – il

---

74. Henri DE BOULAINVILLIERS, *Lettres aux Parlemens par feu M. le comte de Boulainvilliers*, aux dépens de la Compagnie, La Haye, 1727, lettre VI, p. 38. Chez Boulainvilliers, la question n'est pas encore celle de la lutte et de l'opposition frontale entre deux classes, mais bien celle de la dénaturalisation des privilèges et, partant, de leur politisation – condition *sine qua non* pour en faire un objet de conflit social. Ainsi, il a bien conscience que les anoblissements ont été rendus nécessaires, d'une part, parce que la lignée de certaines familles nobles s'est éteinte, d'autre part, parce qu'il fallait bien trouver un moyen de récompenser les « grands Hommes » issus des anciens affranchis, toutefois il s'en alarme.

s'agit plutôt de diverses pratiques locales qui ont trait à la conjugalité comme à l'identité nobiliaire et à la « race » –, et dans quelle mesure il est possible de distinguer un ensemble de techniques témoignant plutôt d'une continuité de pratiques sociales et politiques. Haras, élevage, alliances entre familles : les pratiques s'inscrivent sur un axe continu. Or, on ne saurait comprendre l'ampleur du projet eugénique qui semble se développer dans le milieu médical, politique et philosophique vers 1750, sans montrer comment il s'inscrit également dans le contexte colonial de la gestion des populations asservies. Ainsi, c'est également en référence au modèle esclavagiste que le même Vandermonde propose de transposer les techniques de sélection au territoire national.

La hantise des maladies héréditaires, notamment par voie maternelle, est le revers néfaste d'un phénomène qui, s'il est maîtrisé, peut bénéficier aux diverses nations. En croisant entre eux les peuples, les « races », dit Vandermonde, les Nations peuvent améliorer la beauté de leur population ; la beauté étant considérée comme un signe de santé et de fécondité. Or, ces qualités donnent une autorité prétendument naturelle à ceux qui les possèdent : le sain et le malsain figurent donc un rapport de domination.

La beauté est un privilège, elle est censée refléter une distinction fondée en nature. Les peuples des régions tempérées sont considérés par les Européens comme les peuples les plus beaux :

> « Les habitants des provinces septentrionales du Mogol, de la Perse, les Arméniens, les Turcs, les Grecs sont très bien partagés du côté des agréments du corps. Les Circassiens, les Cachemiriens sont très renommés pour la beauté. La Géorgie est aussi très fertile en beaux hommes. Quoique tous ces Pays soient assez éloignés de nous ; cependant il y a beaucoup de ressemblance entre ces peuples et nous, puisque le sang des Français est assez beau [75]. »

Ce second type d'hybridation, concerté et finalisé en vue de l'amélioration des qualités physiques et esthétiques du peuple, est donc pratiqué, à l'échelle du monde, dans le cadre d'un trafic, concernant essentiellement l'échange de femmes réputées pour leur beauté et leur santé. Tout au long du XVIIIe siècle, on trouve ainsi un nombre important de références à un type

75. VANDERMONDE, *Essai sur la manière de perfectionner l'espèce humaine*, *op. cit.*, p. 44.

d'esclavage quasi exclusivement entretenu à des fins eugéniques.

> « La Turquie, qui est un des États les plus florissants du monde, est aussi un de ceux où le sang est le plus beau. Cela n'est pas surprenant. Ce vaste empire n'est qu'un composé de différents peuples qui lui sont devenus tributaires. Les Arméniens, les Arabes, les Égyptiens, les Européens même, dans le temps des Croisades, ont beaucoup contribué à donner aux naturels du pays la beauté qu'ils ont en partage : en outre, la quantité prodigieuse d'esclaves Géorgiennes, Mingréliennes, Circassiennes, que l'on transporte tous les ans dans cette contrée, achève d'y perfectionner les agréments que ces peuples avaient reçus de la nature : car les Turcs sont en général assez bien faits, leurs femmes fort belles, et il est rare de trouver parmi eux des bossus et des boiteux [76]. »

Pour prendre la mesure de l'ampleur de cet esclavage, il faut se référer à Buffon et au texte sur la « Variété dans l'espèce humaine ». On trouve la description d'au moins trois grandes zones de marchés aux esclaves à des fins eugéniques, celui de Goa, ceux de Perse et d'Inde :

> « La ville de Goa est, comme l'on sait, le principal établissement des Portugais dans les Indes, et quoiqu'elle soit beaucoup déchue de son ancienne splendeur, elle ne laisse pas d'être encore une ville riche et commerçante ; c'est le pays du monde où il se vendait autrefois le plus d'esclaves, on y trouvait à acheter des filles et des femmes fort belles de tous les pays des Indes ; ces esclaves savent pour la plupart jouer des instruments, coudre et broder en perfection ; il y en a de blanches, d'olivâtres, de basanées, et de toutes couleurs ; celles dont les Indiens sont le plus amoureux sont les filles Cafres de Mozambique, qui sont toutes noires [77]. »

L'échange des femmes permet une régénération physique, mais aussi morale et culturelle, puisqu'on achète des corps mais aussi des savoir-faire : coudre, jouer d'un instrument, danser, caresser ; toutefois, la spécificité de ce trafic est l'exploitation sexuelle des femmes, puisque les hommes qui sont également vendus sont, dans la plupart des récits, des eunuques [78]. Ces marchés charrient des femmes de toutes les régions et cette diversité des physiques correspond à la diversité des canons de la beauté, relative au pays et aux coutumes des acheteurs.

---

76. *Ibid.*, p. 111-112.
77. Buffon, *Histoire naturelle générale et particulière : avec la description du Cabinet du Roy*, *op. cit.*, III, p. 418-419.
78. *Ibid.*, p. 412.

« On voit en Perse une grande quantité de belles femmes de toutes couleurs, car les marchands qui les amènent de tous les côtés choisissent les plus belles. Les blanches viennent de Pologne, de Moscovie, de Circassie, de Géorgie et des frontières de la grande Tartarie ; les basanées des terres du grand Mogol et de celles du Roi de Golconde et du Roi de Visapour, et pour les noires elles viennent de la côte de Melinde et de celles de la mer Rouge [79]. »

David Brion Davis, l'un des plus grands spécialistes actuels de l'esclavage, rappelle que, à la fin du Moyen Âge, le terme *servus* a progressivement donné le terme *sclavus*, racine de *schiavo*, *esclavo*, *esclave*, *sclau*, *sklave* et *slave*, réduisant toute personne d'origine slave à une condition ancillaire, en raison du trafic, *via* le territoire de l'Allemagne, de captifs slaves païens vers l'Espagne musulmane. Principalement organisé par les marchands italiens, ce trafic prend des proportions considérables au XIIIe siècle – touchant les peuples du Caucase jusqu'à l'Est des Balkans, qui étaient régulièrement assujettis par les envahisseurs venus d'Asie centrale. « Représentant une multitude de langues et de cultures, ces captifs Arméniens, Circassiens, Géorgiens, Kazakhes, Abkhaziens, Mingréliens, Russes, Tartares, Albanais et Bulgares ne constituaient pas plus un unique peuple distinct que les "Nègres", qui deviendront plus tard les esclaves américains. Au début du XIIIe siècle, toutefois, ces "Slaves", qui étaient extrêmement prisés en Égypte, en Syrie, à Chypre, en Sicile, en Catalogne, et dans d'autres marchés méditerranéens, ont commencé à transformer le vocabulaire européen pour désigner la marchandise esclave, en la distinguant des serfs. Les notaires italiens ont appliqué le label *sclavus*, non seulement aux peuples non slaves de la mer Noire, mais aussi aux captifs musulmans des régions reconquises comme Majorque et l'Espagne [80]. » Ce commerce esclavagiste est très bien connu des auteurs des XVIIe et XVIIIe siècles, qui soulignent toujours le fait qu'il avait pour principal but le déplacement et la vente des femmes, dans le cadre d'un esclavage sexuel reproductif ou non.

Le commerce le plus populaire est celui des femmes de la région du Caucase ; les références sont nombreuses, dès lors qu'on y prête attention. Ainsi, Voltaire, dans « La onzième

---

79. *Ibid.*, p. 422.

80. David Brion DAVIS, *Slavery And Human Progress*, Oxford University Press, New York, 1984, p. 33.

lettre sur l'insertion de la petite vérole », prend l'exemple des Circassiens :

> « Les Circassiens sont pauvres et leurs filles sont belles, aussi ce sont elles dont ils font le plus de trafic, ils fournissent de beautés les Harems du Grand Seigneur, du Sophi de Perse, et de ceux qui sont assez riches pour acheter et pour entretenir cette marchandise précieuse : ils élèvent ces filles en tout bien et en tout honneur à caresser les hommes, à former des danses pleines de lascivité et de mollesse, à rallumer par tous les artifices les plus voluptueux, le goût des Maîtres dédaigneux à qui elles sont destinées : ces pauvres créatures répètent tous les jours leur leçon avec leur mère, comme nos petites filles répètent leur catéchisme, sans y rien comprendre [81]. »

On comprend alors, poursuit Voltaire, quelle menace représente la petite vérole : une fille morte ou défigurée représente une véritable catastrophe et la ruine des familles. D'où la généralisation, depuis un temps immémorial, de l'inoculation de la petite vérole dans cette région du monde :

> « Une Nation commerçante est toujours fort alerte sur ses intérêts, et ne néglige rien des connaissances qui peuvent être utiles à son négoce [82]. »

Si l'histoire politique et militaire offre des exemples d'hybridations réussies, certaines nations ne s'en sont pas seulement remises au hasard des guerres et des mouvements migratoires, elles ont mis en place un commerce de femmes, un système esclavagiste à grande échelle, afin de perfectionner le « naturel » de tel ou tel peuple :

> « Les Persans, qui tirent leur origine des Tartares, seraient aussi laids, mal faits et grossiers que les peuples d'où ils descendent, s'il n'y avait eu depuis long temps un mélange entre eux et les Géorgiens. Presque tous les gens de qualité de Perse ont une mère Géorgienne ou Circassienne. Le Roi est ordinairement du côté maternel, Géorgien ou Circassien d'origine [83]. »

---

81. VOLTAIRE, *Lettres philosophiques par M. de V...* chez E. Lucas au Livre d'Or, Amsterdam, 1734, p. 94-95.

82. *Ibid.*, p. 96. Les femmes de Circassie pratiquent ainsi une incision au bras de leur jeune enfant et y insèrent une pustule prélevée sur le corps d'une personne infectée. Ainsi, l'enfant contracte une fois la petite vérole sous une forme bénigne, mais il est ensuite préservé pour le reste de ses jours.

83. VANDERMONDE, *Essai sur la manière de perfectionner l'espèce humaine*, *op. cit.*, p. 112. Vandermonde recopie Buffon qui recopie Jean CHARDIN, *Journal du voyage du chevalier Chardin en Perse et aux Indes orientales : par la mer Noire et par la Colchide*, M. Pitt, Londres, 1686, p. 204. Chardin poursuit en affirmant que la preuve

Il existe, à ma connaissance, très peu d'études sur cette question. L'histoire de cette traite orientale et moyen-orientale est évidemment connue, mais peu d'études insistent sur son aspect éminemment sexuel. Les rares travaux existants s'attachent à l'iconographie relative à la beauté des femmes du Caucase, car le personnage de la pâle Circassienne ou Géorgienne occupe une place centrale dans l'orientalisme : « Imaginées comme des victimes non consentantes du despotisme oriental [...], elles peuvent être conceptualisées comme potentiellement asexuées et, par conséquent, elles sont jugées bien plus morales que les femmes noires, qui incarnent le stéréotype de la femme sexuellement active et immorale. Les femmes à la peau pâle des harems ressemblent et ne ressemblent pas aux femmes européennes, c'est-à-dire qu'elles sont à la fois des objets autorisés et des objets interdits. Une partie de l'émotion qu'a suscitée l'odalisque blanche vient de la projection de la femme blanche (un objet licite) dans ce qui s'apparente à un bordel (un lieu illicite) : elle inspire la pitié mais aussi le désir, elle représente l'image combinée des contradictions qui traversent l'Europe par rapport à la sexualité féminine [84]. » Si l'analyse de Lewis est tout à fait pertinente, elle ne fonctionne pas pour l'âge classique. Aux XVIIe et XVIIIe siècles, les Circassiennes et les Géorgiennes sont des ressources politiques qui participent d'une stratégie bien rodée. Ce qui intéresse alors les Européens, c'est une technique politique d'amélioration et de régénération nationale des plus efficace et les possibilités de sa transposition. Il n'est pas question de trafiquer en masse les femmes du Caucase : il s'agit plutôt de faire des Françaises les Circassiennes de l'Europe – non pas tant pour les vendre que pour régénérer la Nation française elle-même.

---

ultime de cette beauté, c'est le fait que les gens d'Église n'y résistent pas et achètent également des esclaves géorgiennes pour en jouir.

84. Reina LEWIS, « Only women should go to Turkey : Henriette Browne and the female Orientalist gaze », *in* Kymberly N. PINDER (dir.), *Race-ing Art History : Critical Readings in Race and Art History*, Routledge, New York, 2002, p. 106-107.

III

La fabrique de la race

9

La Nation à l'épreuve des colonies

La question de l'autochtonie

L'amélioration des caractères physiques d'une espèce par le croisement des individus « bien nés » n'est évidemment pas une invention de la Cour ottomane. Nombre de pays semblent bénéficier et alimenter de tels marchés d'esclaves à l'âge classique. La fascination que ce commerce exerce sur les observateurs européens est à ce titre tout aussi intéressante à étudier que le commerce lui-même. Au moment où l'industrie sucrière se développe considérablement dans les colonies des Antilles, où le système plantocratique des colons européens importe donc de plus en plus d'hommes et de femmes des côtes africaines, ce sont surtout les marchés de femmes qui retiennent l'attention des philosophes. Leurs multiples références aux Géorgiennes et, plus généralement, la question de l'influence maternelle en matière de tempérament familial ou national et celle du commerce sexuel des femmes sont pourtant largement passées inaperçues aux yeux des critiques contemporains.

Au XVIIIe siècle, c'est la congruence entre les récits des marchés aux esclaves du Caucase et l'intensification de la traite transatlantique qui m'intéresse.

Que ce soit dans les récits de la traite transatlantique ou dans ceux des marchés de femmes, un même thème revient de façon récurrente : celui de la sexualité des femmes et des unions entre les populations.

Tout se passe comme si les auteurs des Lumières avaient en quelque sorte recouvert la traite transatlantique par le récit de plus en plus érotisé de la traite caucasienne. Ce qui n'empêche pas cependant que les récits de la traite transatlantique abondent et livrent les détails les plus insoutenables. Si l'« institution embarrassante » l'est effectivement pour la philosophie des Lumières[1], l'esclavage est l'objet d'un nombre impressionnant de textes relatifs aux dispositions légales ou conventionnelles, aux règlements et à l'administration des habitations, aux conseils aux planteurs, etc.

Les possessions françaises outre-mer apparaissent à la fois comme une ressource et comme un gouffre qui épuise les richesses militaires et humaines du royaume. Source considérable de richesses en matières premières, elles attirent les investissements et renferment des trésors, notamment des plantes médicinales et une diversité de populations indigènes dont il s'agit de définir les qualités et les défauts esthétiques et psychophysiologiques ; toutefois, elles sont également considérées comme une cause de la dépopulation de la métropole, comme un lieu de dépravation morale et d'épuisement physique.

En raison même de cette ambivalence, les colonies sont concrètement devenues un espace privilégié où sont observées, élaborées, mises en place, empruntées et testées un certain nombre de techniques de gouvernement et de domination. L'administration royale est des plus attentive : aux colonies, les décrets royaux n'ont pas vraiment force de loi, pourtant un certain ordre y règne, alors que les conditions sont périlleuses et belliqueuses. Les Européens sont très largement minoritaires face à une population servile qui ne cesse d'augmenter et dont les conditions de vie sont, de l'avis même de nombreux colons, calamiteuses. Par quelles techniques politiques le système des planteurs parvient-il alors à se maintenir et à enrichir les propriétaires ?

Lointain observateur de la situation des colonies des Antilles et des territoires d'Amérique, Vandermonde tente de convaincre de l'avantage d'un plan concerté de mélanges, afin d'éviter la dégénérescence du naturel des Européens. Pour lui, comme pour de nombreux médecins du XVIIIe siècle, le contre-exemple est l'Espagne.

> « Depuis que l'on a fait la découverte du nouveau monde, les alliances des Blancs avec les Nègres ont été plus communes. Les Espagnols, qui se sont établis les premiers en Amérique, ont été, pour ainsi dire, forcés de s'allier avec des Indiennes, des Négresses ;

1. Eleni VARIKAS, « L'institution embarrassante. Silences de l'esclavage dans la genèse de la liberté moderne », *Raisons politiques*, 11, 2003, p. 81-96.

et de ces assemblages mal assortis, on a vu naître des individus d'une espèce différente, des métis, des mulâtres, des quarterons, des demi-quarterons [2]. »

Dans leurs propres colonies, ce ne sont donc pas les Espagnols qui sont parvenus à améliorer les qualités de leur peuple, mais bien les peuples colonisés et assujettis qui ont tiré parti des Espagnols pour perfectionner les leurs. Vandermonde pense même que les traits des populations ibériques se sont « abâtardis », « adultérés » :

> « Si ces espèces d'hommes se multipliaient beaucoup en Espagne, ils pourraient bien un jour corrompre le sang des Espagnols plus qu'ils ne l'ont fait jusqu'à présent, et les faire dégénérer tout à fait [3]. »

La politique de l'Espagne, si fière de son sang, est tenue pour un dangereux échec aux yeux des nations européennes engagées dans la colonisation. Les termes « métis [4] » ou « mulâtre » ont d'ailleurs été créés pour désigner les enfants des Espagnols avec des Indiennes ou des esclaves africaines. Le terme « mulâtre » vient du portugais *mulato*, terme inspiré du castillan et qui désigne le mulet, animal stérile issu de l'union d'un âne et d'une jument ou d'un cheval et d'une ânesse. Traiter les enfants des colons et des esclaves de « mulâtres », d'hybrides stériles s'apparente de la part de la société esclavagiste à une attitude de conjuration, face à l'importance grandissante, dans les colonies françaises, de la population « mulâtre ».

Les territoires conquis d'Amérique et des Caraïbes constituent un espace déterminant de redéfinition *in situ* des termes du pouvoir et des modalités de la souveraineté à l'âge classique. La particularité de la situation aux colonies tient à la présence d'une riche classe bourgeoise de planteurs, en nette infériorité numérique, qui domine un grand nombre d'hommes et qui forge son identité et sa domination sur une prétendue « supériorité naturelle ». Enfin, cette classe des planteurs est

---

2. VANDERMONDE, *Essai sur la manière de perfectionner l'espèce humaine*, *op. cit.*, p. 90.
3. *Ibid.*, p. 91.
4. Le terme « métissage » vient du latin *miscere* (« mêler », « mélanger »). Le terme *mestiz* ou *mestis* apparaît en français au XIIIe siècle, le féminin *métice* en 1615. Ce terme est péjoratif, il s'applique aux animaux – surtout aux chiens – et aux êtres humains de « basse extraction ». En 1690, il désigne, dans le *Dictionnaire universel* d'Antoine FURETIÈRE, les enfants nés d'un Espagnol et d'une Indienne ou d'un Indien et d'une Espagnole.

plus ou moins méprisante à l'égard de la tutelle royale. En témoigne la réception du Code noir, promulgué en 1685 dans les Amériques (Louisiane, Saint-Domingue, Martinique et Guadeloupe) et en 1725 dans les Mascareignes (île Bourbon et île de France) : ce texte, qui légifère sur les relations maître/esclave dans les plantations et sur l'organisation sociale et administrative des colonies, n'est en pratique ni respecté ni même appliqué par les planteurs, qui y voient une atteinte à leur intérêt et une ingérence de l'administration royale dans leurs affaires – les plantations étant pratiquement de petites principautés où prime la loi du maître [5]. Ainsi, Bernardin de Saint-Pierre peut écrire en 1773 que le Code noir est une loi « en faveur » des esclaves :

> « Il y a une loi en leur faveur, appelée le Code noir. Cette loi favorable ordonne qu'à chaque punition ils ne recevront pas plus de trente coups ; qu'ils ne travailleront pas le dimanche ; qu'on leur donnera de la viande toutes les semaines, des chemises tous les ans ; mais on ne suit point la loi [6]. »

Dans ces conditions, l'unité de la classe des planteurs n'est pas comme celle de la noblesse réalisée par la personne du roi : d'une part, son autorité n'est pas absolue, d'autre part, cette classe de planteurs fonde son pouvoir non pas tant sur sa condition de sujets du roi de France que sur son statut de peuple dominant. La souveraineté découle par conséquent non pas d'un seul individu, le roi, mais d'un corps : corps social à qui l'on prête des traits naturels (un « sang », une « couleur », un « tempérament » ou un « naturel ») légitimant son pouvoir et sa domination sur les esclaves et les indigènes, qui ne font pas partie de ce corps.

Nous avons donc ici une définition organique de l'unité de cette classe dominante et de la nature du pouvoir qu'elle exerce. Il y a une réelle continuité dans le passage de la personne du roi à la classe dominante (dont la domination se passe précisément de la personne du roi), dans la mesure où le roi est considéré comme un être physiquement parfait. Les journaux tenus sur la santé du roi [7] par les médecins décrivent tous le tempérament de

---

5. Voir Louis SALA-MOLINS, *Le Code noir ou le calvaire de Canaan*, PUF, Paris, 2002.

6. Henri BERNARDIN DE SAINT-PIERRE, *Voyage à l'Île de France*, *in Œuvres posthumes*, Ledentu, Paris, 1840, p. 56.

7. *Journal de la santé du roi Louis XIV de l'année 1647 à 1711*, par VALLOT, D'AQUIN et FAGON, édition par J.-A. Le Roi, A. Durand, Paris, 1862.

l'enfant roi, sa force, sa beauté : son pouvoir divin se reflète dans la puissance de son corps physique. Un épisode du *Journal de la santé du roi Louis XIV* retrace, par exemple, la querelle qui oppose le médecin d'Aquin à son successeur, le médecin Fagon, sur le tempérament du roi. Le premier prétend que les maladies royales sont le fait d'un tempérament par trop bilieux, ce que le second conteste vivement. Fagon, après avoir décrit la belle physionomie royale – ses cheveux sont noirs et sa peau est blanche –, écrit :

> « Personne au monde n'a été maître de soi-même autant que le roi. Sa patience, sa sagesse et son sang-froid ne l'ont jamais abandonné, et avec une vivacité et une promptitude d'esprit qui le font toujours parler très juste [...]. Si l'on joint à toutes ces circonstances un courage inébranlable dans la douleur, dans les périls, et dans la vue des plus grandes et des plus embarrassantes affaires qui soient jamais arrivées à personne [...], peut-on douter que le tempérament du roi ne soit celui des héros et de tous les plus grands hommes, et que l'humeur tempérée mélancolique du sang n'en compose le mélange [8] ? »

Ici, la bile noire, en juste proportion, marque le corps du roi du sceau des naturels d'exception.

De la même façon, le pouvoir de la classe des planteurs est défini comme « naturel », un pouvoir lié à sa supériorité physio-pathologique et esthétique. L'élément déterminant est ici le passage du tempérament exceptionnel du roi, qui rayonne en quelque sorte sur ses sujets, au tempérament d'une classe ou d'une société qui est partagé à l'identique par tous ses membres. Ce n'est plus la personne royale, mais bien le tempérament commun, le « naturel » de cette population qui permet de la définir comme une nation en un sens nouveau.

Le développement de la science naturelle, de la médecine, de l'histoire et de l'anthropologie permet incontestablement ce déplacement dans la conception de la souveraineté ; développement d'un savoir qui va de pair avec le développement historique et économique du pouvoir de la bourgeoisie, et qui participe de la sécularisation de l'autorité politique. Ce mouvement est perceptible tout au long de la seconde moitié du XVIIIe siècle. Pendant cette période, les parlements n'ont de cesse de saper l'autorité monarchique, en déniant au roi le

8. *Ibid.*, p. 210.

pouvoir d'*incarner* la nation pour mieux prétendre la lui *représenter*[9].

Mon hypothèse est donc que ce mouvement est largement initié dans les colonies depuis la fin du XVIIe siècle. En d'autres termes, le système plantocratique et la société coloniale constituent, à mon sens, l'un des hauts lieux de la formation d'une idéologie nationale. J'en veux pour preuve la façon dont cette société s'est donné un « tempérament national » à la source de son unité. Dans cette perspective, le terme « tempérament » peut être défini comme un outil politique privilégié, qui permet de naturaliser la nation : il fait de la nation une entité dont l'identité est présente et se développe en chacun. Or, dans le contexte de la colonisation, ce « naturel » ne peut en aucune façon être produit par le climat, comme le pensait la tradition médicale et philosophique depuis Hippocrate. Les membres d'une même nation doivent demeurer identifiables, même sous de lointaines latitudes, même nés sur un sol étranger, dans la mesure où leur tempérament n'est pas déterminé par un facteur extérieur (climat ou régime), mais bien par un principe endogène, inné. Qui permet la constitution de ce caractère national malgré l'éloignement du territoire national ? Qui est garant de la transmission de ce tempérament ?

Pour Hippocrate, le climat, comme les régimes politiques, l'alimentation ou les conditions de vie, fait partie des facteurs extérieurs qui influent sur le tempérament des hommes ; c'est lui qui permet de rendre compte de certaines différences régionales (couleurs de cheveux, couleurs de peau, taille, fertilité/stérilité, moral, beauté, etc.). « Le tempérament constitue l'interface entre le corps et le cosmos, par laquelle le second fait subir son influence au premier, ou, peut-être plus exactement, l'intègre[10]. » Chez Aristote, la température de l'air détermine même le caractère des peuples, c'est-à-dire le tempérament pris en un sens plus psychologique. Toutefois, pour Aristote, le point déterminant est que pour chaque « naturel »

9. Le parlement de Rennes déclare en 1757 que le parlement « ne parle jamais à la Nation qu'au nom du roi, et il ne parle jamais à son roi qu'au nom de la nation », ce qui constitue une véritable atteinte à la personne du roi, qui jusqu'alors était pensé comme réalisant l'unité de la nation, et annonce soit son élimination, soit la réduction de sa charge à un rôle de figuration. Voir sur ce point l'excellent travail de Jean-Yves GUIOMAR, *L'Idéologie nationale*, Éditions Champ Libre, Paris, 1974, p. 40.

10. Marie-Dominique COUZINET et Marc CRÉPON, « À quoi sert la "théorie des climats" ? Éléments d'une histoire du déterminisme environnemental », *Corpus*, 34, 1998, p. 14.

– il en existe trois types correspondant à trois régions géographiques –, il existe un régime politique adapté.

> « Quant à la race (*genos*) des Hellènes, tout comme elle occupe une région intermédiaire, elle participe des deux tempéraments, et est à la fois courageuse et intelligente ; c'est pour cela qu'elle mène une existence libre et jouit en même temps du meilleur gouvernement, qu'elle est capable d'assurer son empire sur tous, pourvu qu'elle obtienne un régime unique [11]. »

Ainsi, pour Aristote, les Grecs sont bien « naturellement » libres, le régime politique étant en accord avec le « naturel » propre à la région. Au fond, ce qui fait l'objet d'une querelle pour la philosophie des Lumières renvoie à une tension déjà perceptible dans le texte d'Aristote. Aristote suppose que même si les Hellènes dominent au-delà des frontières de la région tempérée, un régime unique permettra de maintenir leur domination : autrement dit, aux portes de l'Asie, ils ne deviendront pas un peuple esclave. C'est postuler que le régime politique est en mesure de tordre ou de modifier le « naturel » de tel ou tel peuple. Auquel cas, il n'est plus le meilleur régime et s'expose même à être renversé ; en effet, la proposition de départ est infirmée, à savoir que le meilleur régime politique est celui qui s'accorde le mieux avec le « naturel » des peuples. Cette tension, présente dès les premières réflexions sur l'influence du climat sur les peuples, trouve de nombreuses autres expressions. Certes, le « naturel » des peuples est déterminé par le climat, mais il varie également en fonction de l'âge, en fonction des saisons, des tempéraments et du régime de vie de chacun. Dans ces conditions, est-il nécessaire d'adapter les lois au « naturel » de chacun [12] ?

Au XVIIIe siècle, l'attention se porte sur la question des variations des « tempéraments nationaux » non pas dans l'espace, mais précisément dans le temps. Comment expliquer les variations des tempéraments nationaux, les changements des caractères responsables des « génies des peuples [13] », alors que le climat est par définition immuable ou, en tout cas, incapable de révolutions ? En 1748, dans son essai sur *Les Caractères*

11. ARISTOTE, *Politiques*, *op. cit.*, VI, 7, 1327b, 19-38.

12. David HUME, *Essais moraux, politiques et littéraires*, édition par Gilles Robel, PUF, Paris, 2001, p. 411.

13. Cette idée d'un génie propre à chaque peuple est dans une large mesure héritière de la querelle des Anciens et des Modernes. Sur ce point, voir Jean EHRARD, *L'Idée de nature en France dans la première moitié du XVIIIe siècle*, 1963, Albin Michel, Paris, 1994, p. 255 *sq*.

nationaux, David Hume critique la thèse antique, reprise par Montesquieu, selon laquelle les différents caractères des peuples dépendent dans une large mesure du climat. Il fournit une contre-argumentation méthodique et décisive, considérant qu'« il y a peu de questions plus curieuses que celle-ci, ou qui se posent aussi souvent dans nos enquêtes sur les affaires, il convient de l'examiner de manière exhaustive [14] ». Hume dénie toute action aux causes physiques sur les affaires humaines et sur l'esprit. Pour le démontrer, il avance une série de neuf arguments. Le sixième nous intéresse plus particulièrement :

> « Le même ensemble de mœurs s'attache à une nation aussi bien que ses lois et sa langue, et suit ses membres où qu'ils soient sur le globe. On discerne aisément les colonies espagnoles, anglaises, françaises et hollandaises, même entre les tropiques [15]. »

Hume se veut rassurant : la nation suit ses membres où qu'ils soient.

Qui porte ce *genos* ? Qui transmet cette « autochtonie [16] » ?

> « Nous avons vu que le lait de la mère était pour l'enfant naissant la nourriture la plus appropriée à ses organes ; que le livrer à une nourrice étrangère, c'était l'exposer à un dépérissement presque certain. L'arbuste naissant, destiné à porter, dégénère et périt souvent dans un sol étranger. L'arbuste, c'est l'enfant qui naît [17]. »

La mère, c'est le sol natal. C'est elle qui fait des enfants de colons de « vrais » Français, à des lieux des terres historiques du royaume. Bien plus encore que l'allaitement maternel, qui est au fond une préoccupation très ancienne des médecins, c'est la figure de la mère en son entier qui porte et incarne l'ensemble des traits nationaux. Ainsi, la construction de la Nation ne se fonde plus sur l'hégémonie de quelques familles historiques, ni sur la personne du roi, ni même sur la terre et le climat, mais bien sur le tempérament transmis par les mères. Le corps de la Nation naît véritablement du lait des mères, *via* lequel elles transmettent un « naturel », un tempérament

---

14. David HUME, *Essais moraux, politiques et littéraires*, *op. cit.*, p. 415.

15. *Ibid.*, p. 415. Sur l'histoire des théories du climat, qui n'est pas notre objet premier ici, voir Roger MERCIER, « La théorie des climats des *Réflexions critiques* à l'*Esprit des lois* (I) et (II) », *Revue d'histoire littéraire de la France*, 53, n° 1 et 2, 1953, p. 2-37 et p. 159-174.

16. Je m'inspire ici de la réflexion de Nicole Loraux sur le mythe de l'autochtonie en Grèce antique. Voir Nicole LORAUX, *Les Enfants d'Athéna*, 1981, Paris, Seuil, 1990, p. 35-36.

17. LANDAIS, *Dissertation sur les avantages de l'allaitement des enfants par leurs mères*, *op. cit.*, p. 38.

national qui fonde l'unité et l'identité d'un peuple éparpillé. Comme je l'ai déjà montré, l'importance de la mère dans la transmission des caractères héréditaires n'est pas absolument nouvelle. Toujours dans le *Journal de la santé du roi*, les médecins se réjouissent que la « bonté du tempérament de la reine et sa santé héroïque » aient pu rectifier celui du roi son père, épuisé par une charge débilitante [18]. Au XVIIIe siècle, la politique coloniale vient pourtant bouleverser l'ancienne conception du corps social : c'est dans ce contexte spécifique que le corps vigoureux des mères devient central.

Les mères doivent non seulement allaiter, mais elles doivent également être présentes et avoir la charge de la première éducation, pour transmettre presque sensuellement à leur enfant tout le « naturel » de leur tempérament. Pourquoi les mères, plutôt que les pères ? Deux raisons majeures : si le père intervient au moment de la fécondation, la mère influe pendant tout le temps de la gestation et il s'agit désormais de tirer tous les avantages de ce pouvoir démiurgique. L'enfant n'existe pas en lui-même, comme un être distinct de la mère, au moment de l'accouchement, mais au moment du sevrage, ou au moment de la puberté.

> « Deux instruments à cordes et à liqueurs, montés à l'unisson et parfaitement d'accord, quoique d'un volume différent, ne donneraient qu'une image grossière de la parfaite correspondance d'une mère avec son enfant qu'elle allaite [19]. »

Les modifications survenues dans la division du travail reproductif ont permis de redéfinir les traits physiopathologiques et psychologiques de la figure de la « mère », mais aussi son rôle et ses attributions, tout autant que la personne de l'enfant : il « est une cire molle qui retient toutes les impressions qu'on lui laisse prendre [20] » ; ou encore, « il est un abrégé d'elle-même [21] ».

---

18. *Journal de la santé du roi Louis XIV de l'année 1647 à 1711*, *op. cit.*, p. 2.

19. Jacques BALLEXSERD, *Dissertation sur cette question : Quelles sont les causes principales de la mort d'un aussi grand nombre d'Enfants et quels sont les préservatifs les plus efficaces et les plus simples pour leur conserver la vie ? Par Jacques Ballexserd, citoyen de Genève, couronné par l'Académie royale des sciences de Mantoue en 1772*, *op. cit.*, p. 27. Il ajoute : « Si l'on veut se voir revivre dans ses enfants, c'est à l'instant de leur naissance que l'on doit commencer d'y travailler, et que l'on peut espérer d'y réussir », p. 33.

20. LANDAIS, *Dissertation sur les avantages de l'allaitement des enfants par leurs mères*, séance *publique de la Faculté de Médecine de Paris le 9 décembre 1779*, *op. cit.*, p. 40.

21. *Ibid.*, p. 48.

Seconde raison pour laquelle la mère est celle qui transmet l'autochtonie et la naturalité du peuple : le tempérament féminin. Lorsqu'il s'agit de déterminer les spécificités anthropologiques des différents peuples du monde, les naturalistes et les voyageurs portent une attention particulière aux spécimens féminins, chez qui les traits naturels sont davantage saillants ou représentatifs, notamment en raison du critère esthétique, discriminant dans les classifications. Le corps féminin est caractérisé par sa porosité, ce qui le rend particulièrement sensible aux influences et aux impressions extérieures, mais il est en même temps beaucoup plus uniforme et stable, c'est-à-dire beaucoup plus hermétique aux influences sociales, culturelles ou intellectuelles. Les tempéraments féminins sont à la fois plus marqués et plus invariables que ceux des hommes. Ces caractéristiques, la porosité et l'uniformité, en apparence contradictoires, s'expliquent par le fait que ce qui caractérise le tempérament féminin est un déterminisme du physique sur le moral.

Au contraire, les hommes peuvent intervenir sur leur tempérament, autrement dit, ils jouissent du pouvoir de déterminer leur corps en agissant sur lui par le moral. Si les hommes peuvent également être influencés par les éléments physiques qui les environnent et les affectent, cette influence est relative. L'idéal de l'homme sain est un idéal d'indifférence, associant un tempérament tempéré et une morale de la tempérance [22]. Même si les hommes passent pour refléter un certain « naturel » national, on considère que ce « naturel » n'est jamais aussi lisible chez eux que chez les femmes, en qui il ne dégénère pas. Plus réceptives au tempérament national, les femmes en sont aussi plus représentatives. Les hommes, eux, peuvent influer et intervenir sur leur tempérament. C'est pour cette raison que, au contraire des animaux, l'esprit humain n'est pas sous l'emprise d'un déterminisme physique. Hume, à la fin de son essai, estime que :

> « Élevées avec soin, les races animales ne dégénèrent jamais : les chevaux en particulier montrent toujours dans leur figure, leur fougue et leur vivacité le sang dont ils sont issus ; tandis qu'un petit maître peut fort bien engendrer un philosophe, et un homme vertueux donner naissance à une canaille [23]. »

---

22. Voir Charles A. Knight, « The images of nations in eighteenth-century satire », *Eighteenth-Century Studies*, 22, n° 4, 1989, p. 497.
23. Hume, *Essais moraux, politiques et littéraires*, *op. cit.*, p. 425.

Il n'en est pas de même pour les femmes. Dans la mesure où elles sont à la fois dépositaires des fins de la nature et assignées à la reproduction, elles ne peuvent intervenir librement sur le corps, ni même sur leur « naturel » ou leur tempérament.

Du corps colonial au corps national

À partir des années 1750, les traités des maladies des femmes ou les textes relatifs à la conservation des enfants et à l'éducation des mères, qui tous témoignent de la mise en place d'une « nosopolitique », mentionnent la situation dans les colonies. Cette référence est double et fonctionne de façon circulaire.

Premièrement, les médecins considèrent que ce sont les produits de luxe venus des Amériques qui contribuent à l'affaiblissement général de la complexion féminine, soit que ces produits ramollissent et relâchent les fibres, soit qu'ils les échauffent et les énervent. Le café, le chocolat, le sucre sont perçus comme des produits qui dénaturent le tempérament des femmes et menacent leur santé. La définition de la santé étant davantage centrée sur une notion de puissance, de vigueur et d'activité – on parle désormais de « force *athlétique*[24] » –, l'embonpoint n'est plus le signe infaillible de la bonne constitution qu'il était encore quelques années auparavant. L'image des femmes aristocrates, enfermées dans leur salon où elles boivent du chocolat, est présentée comme le comble de la dégénérescence, étant entendu qu'aux côtés de ces femmes oisives se trouvent des hommes efféminés et migraineux, qui pérorent dans des effluves de tabac. Les femmes sont dénaturées et provoquent la dégénérescence de la descendance. Ainsi, Raulin écrit :

> « L'abondance que les richesses des grandes Indes ont répandue dans le reste de la Terre a étendu les sources de la mollesse parmi les hommes, et multiplié ses pernicieux effets ; les drogues incendiaires qu'on en retire flattent le goût, le séduisent, excitent les passions, trompent les sens et les émoussent [...]. C'est ici où se fait entendre le plus haut cri de la Nature ; il est porté à une période effrayante pour l'espèce humaine ; si elle continue de dégénérer, on ne verra dans les siècles postérieurs que débilité, que faiblesse, que maladies, que langueur[25]. »

24. LIGNAC, *De l'homme et de la femme : considérés physiquement dans l'état du mariage*, *op. cit.*, p. 26.
25. RAULIN, *Traité des fleurs blanches, avec la méthode de les guérir*, *op. cit.*, p. XVIII.

Pour Landais :

> « Notre éducation molle, lâche, efféminée nous affaiblit et nous énerve ; nous vieillissons avant le temps, et l'âge de la virilité n'est plus chez nous que celui de la faiblesse et de la maladie [26]. »

Pour Lignac, il sort des « villes des hommes efféminés, déjà vieux au printemps de leur âge ; [qui traînent] sous les drapeaux de Mars les infirmités qu'ils doivent à l'Amour ». Les hommes sont donc efféminés, stériles : ils sont vieux avant d'avoir vécu, excepté pour les plaisirs des sens et la débauche. Ainsi, alors que les autres nations du monde se développent, les nations civilisées s'épuisent et se dépeuplent. La France n'est plus dans l'« âge viril » : la vieillesse de la population est pensée sous les traits d'une effémination générale. Or, l'effémination est caractérisée non seulement par la débilité physique, et donc l'incapacité d'assurer sa descendance, mais aussi par l'hétéronomie et la soumission : les femmes se conquièrent et se prennent.

À partir de ces mises en scène dramatiques, la seconde référence aux colonies intervient comme un signal d'alarme. Au regard de l'état de santé de la population française, la Nation affaiblie et féminisée est menacée parce qu'elle est sans défense. Que se passera-t-il en cas de nouvelle guerre ? Qui défendra les territoires conquis ? Qui cultivera les terres [27] ?

Selon Lignac, la France pourrait faire illusion pour des observateurs peu avertis :

> « Si nous observons la masse des individus qui forment quelques Nations Européennes, quel spectacle imposant ! Les campagnes offrent de toutes parts de nombreux cultivateurs, dont les bras robustes arrachent à la terre ses productions ; entassés les uns sur les autres, une quantité innombrable de citoyens habitent les grandes villes, et son activité, soit pour le travail, soit pour le plaisir, fait un spectacle enchanteur ; une jeunesse courageuse et bouillante, formée à l'art cruel de la guerre, sacrifiant ses jours pour servir la patrie…

26. LANDAIS, *Dissertation sur les avantages de l'allaitement des enfants par leurs mères*, séance *publique de la Faculté de Médecine de Paris le 9 décembre 1779*, *op. cit.*, p. 45.

27. « Qu'importe en effet à la société qu'il naisse beaucoup d'enfants, si les enfants usés et énervés apportent au monde toute l'imbécillité du tempérament de leurs pères ? Incapables de remplir les emplois et les charges, ils ne seront plus que des citoyens inutiles, *fruges consumere nati* », *ibid.*, p. 52.

> Voilà l'idée que prendrait d'une Nation un homme transporté des déserts de l'Afrique en Europe [28]. »

Lignac détourne un procédé littéraire et philosophique caractéristique du XVIIIe siècle : le regard critique de l'étranger, ou même du « sauvage » éclairé, sur les sociétés européennes se transforme en un jugement naïf et fasciné. Si l'Africain était philosophe, il verrait

> « dans les campagnes des hommes que la Nature avait fait robustes, mais qui dégénèrent insensiblement. Ceux qui habitent les grandes villes ne seront plus à ses yeux que des êtres infortunés sur lesquels la Nature jette encore de temps en temps un regard tendre qu'ils ne veulent pas apercevoir, mais que se passera-t-il [29] ? »

La rhétorique de Lignac consiste à montrer que la France ne doit son salut qu'au manque de perspicacité des étrangers. Le choix de l'observateur africain n'est pas anodin. Il inverse doublement la situation réelle : un Africain transporté en Europe, à la place d'un Africain déporté aux Amériques ; un Africain venu observer l'Europe, à la place des Européens débarqués sur le continent africain – leur sens philosophique aigu leur ayant permis d'apprécier à leur juste valeur les ressources présentes.

Les différentes situations coloniales offrent des exemples contrastés aux médecins : en face de l'Espagne, métissée et dépeuplée par les conquêtes et le commerce du luxe, s'élèvent les jeunes Amériques Unies, dont la population double tous les vingt ans [30]. C'est la jeunesse et la vigueur des Amériques qui fascinent, au moment où tout porte les contemporains à croire que la France suit le même chemin que l'Espagne.

À la fin du XVIIe siècle, les esclaves africaines sont réputées être de bonnes nourrices. Certaines femmes de colons confient leur nouveau-né à des esclaves dans le but de les préserver de la malaria, pensant que les femmes africaines sont immunisées contre cette maladie. On profite donc des esclaves pour préserver ou améliorer la santé des enfants de colons [31]. Toutefois, selon Paula A. Treckel, dont les recherches portent sur les colonies du Sud des États-Unis, à partir du milieu du

28. LIGNAC, *De l'homme et de la femme : considérés physiquement dans l'état du mariage*, *op. cit.*, p. 3.
29. *Ibid.*, p. 4.
30. ROYER, *Mémoire sur la conservation des enfants*, *op. cit.*, p. 10.
31. Exactement de la même façon que Mauriceau estimait que si la nourrice était plus saine que la mère, on pouvait bénéficier de son tempérament pour améliorer celui de l'enfant.

XVIIIe siècle, les nourrices esclaves d'enfants de colons sont assez rares. Si les journaux des observateurs et des voyageurs mentionnent souvent des nourrices noires allaitant des enfants blancs, c'est davantage parce que cette scène devait choquer. Le mythe de la nourrice noire s'occupant des enfants légitimes du planteur n'est pas attesté dans les documents du XVIIIe siècle [32]. Les sociétés coloniales redoutent que l'enfant suce avec le lait le tempérament de l'esclave, qu'il incorpore sa prétendue lascivité, voire sa couleur [33]. En 1787, à Saint-Domingue, le médecin Lafosse recommande aux habitants des colonies de ne pas confier leurs enfants aux esclaves, car ce sont elles qui leur transmettent leur tempérament plutôt que leurs mères [34]. Ainsi, même si des esclaves ont allaité des enfants de colons, la promotion de l'allaitement maternel par les médecins des colonies est cruciale : loin du royaume de France, c'est le tempérament maternel qui est au cœur de la fabrique nationale, il est par conséquent impossible de confier les enfants européens à des femmes africaines sans risquer de corrompre leur tempérament, c'est-à-dire de l'*africaniser*.

Après la déclaration d'indépendance de l'Amérique, on s'émerveille, depuis la France, des mères américaines qui deviennent un véritable modèle.

> « Épouses chastes, mères tendres, maîtresses économes, citoyennes vertueuses, les Philadelphiennes allaitent leurs enfants, encouragent leurs époux, filent pour vêtir les armées et font des vœux pour la patrie [35]. »

Les Philadelphiennes figurent la force de la jeune nation américaine. Le système plantocratique a largement promu et valorisé la maternité des femmes « blanches ». En France, la diffusion par la bourgeoisie de l'idéologie nationale s'appuie sur l'exemple des sociétés coloniales et fait la promotion de la régénération de la nation. L'Ancien Régime sue le luxe, la stérilité et la vieillesse : il faut porter une Nation nouvelle.

---

32. Paula A. TRECKEL, « Breastfeeding and maternal sexuality in colonial America », *Journal of Interdisciplinary History*, 20, n° 1, 1989, p. 48.

33. Benedict Anderson rapporte qu'au XVIe siècle les franciscains portugais de Goa s'opposaient à l'admission de créoles dans leur ordre sous prétexte que, même nés de parents européens à la peau blanche, ils avaient été allaités par des *ayahs* dans leur enfance et que leur « sang » en avait été contaminé à vie. Voir Benedict ANDERSON, *L'Imaginaire national. Réflexions sur l'origine et l'essor du nationalisme*, La Découverte, Paris, 2002, p. 71.

34. J. F. LAFOSSE, *Avis aux habitants des colonies, particulièrement à ceux de l'Isle de Saint-Domingue*, chez Royez, Paris, 1787, p. 63 et *sq.*

35. ROYER, *Mémoire sur la conservation des enfants*, *op. cit.*, p. 10.

> « Il est temps que la nation se gouverne elle-même... Comment donc nos constituants, vos prédécesseurs, ont-ils pu établir que la royauté soit déléguée héréditairement à la race régnante, de mâle en mâle par ordre de primogéniture ? Que peut être cette race régnante dans un temps où tout doit être régénéré [36] ? »

Le modèle colonial permet de saisir la tournure rhétorique que prend l'idéologie nationale à la veille de la Révolution française. La promotion d'une régénération de la Nation passe par la redéfinition de ce qui fait l'unité et l'identité du peuple français et de la souveraineté nationale. Face au peuple épuisé, diminué, face au luxe des aristocrates, c'est la promotion d'une nouvelle figure de la « mère » saine et vigoureuse qui fera des Français non pas des sujets, mais des frères au sein d'une même entité souveraine.

Pour remédier à la dégénérescence nationale, la « mère » apparaît au terme d'une réflexion au cours de laquelle les médecins ont envisagé plusieurs solutions. Le chirurgien Lignac a sérieusement envisagé la technique de l'esclavage sexuel, si probante dans l'expérience turque, avant de s'en remettre à l'opinion de Voltaire et de Mirabeau : « L'esclavage est contraire à l'amour [37] » :

> « Quel bonheur honteux, cruel, empoisonné,
> D'assujettir un cœur qui ne s'est point donné,
> De ne voir en des yeux dont on sent les atteintes,
> Qu'un nuage de pleurs et d'éternelles craintes,
> Et de ne posséder dans sa funeste ardeur,
> Qu'une esclave tremblante à qui l'on fait horreur [38]. »

Qui plus est, de telles unions sont peu fécondes : les femmes maintenues en esclavage n'aiment pas, elles empêchent la génération ou sont résolues à commettre des infanticides. Les enfants nés d'un tel trafic sont donc rares.

Cette solution « exotique » écartée, c'est l'examen des véritables remèdes qui va décider du destin de la Nation, c'est la réflexion sur le choix des soins à apporter à la population nationale qui va faire naître le peuple français. La modification de la gestion sociale de la reproduction et la définition d'un type

---

36. Adresse du Conseil général de la Commune de Marseille lue à la Législative le 12 juillet 1791, cité par Jean-Yves GUIOMAR, *L'Idéologie nationale*, *op. cit.*, p. 41.

37. LIGNAC, *De l'homme et de la femme : considérés physiquement dans l'état du mariage*, *op. cit.*, p. 31.

38. VOLTAIRE, dans une pièce intitulée *Orphelin de la Chine*, acte III, scène 4, cité par LIGNAC, *ibid.*, p. 30.

physiologique féminin qui constituent le canon de la santé permettent de promouvoir la figure de la nouvelle « mère », à la fois aimante et allaitante.

> « Que les mères nourrissent leurs enfants ; que l'on proscrive les nourrices mercenaires : ce premier abus réformé amènera nécessairement à sa suite la réforme successive d'une infinité d'autres usages également nuisibles et dangereux. Les enfants seront mieux soignés ; ils seront élevés avec plus d'intérêt : les mères plus éclairées apporteront plus de choix dans la manière de les coucher, des les vêtir, de les allaiter, et de leur donner des aliments étrangers. Plus dociles aux préceptes des Médecins, elles en sentiront mieux l'avantage et la vérité. Elles verront croître, s'élever et profiter autour d'elles et dans leur bras des enfants sains et bien constitués, des enfants qui dans tous les temps seront la joie, la consolation de leurs pères, l'espérance de leur famille, le soutien et la gloire de la patrie[39]. »

La question de la Nation renvoie constamment à sa corporéité. L'émergence d'un type sain féminin permet d'établir une échelle des tempéraments féminins où la « mère », au sommet de l'échelle, est définie en fonction de traits physiques qui excluent une multitude de femmes de la maternité. À son tour, la définition physiopathologique de la « mère », d'une complexion idéale, permet de définir un groupe bien délimité de femmes, choisies et autorisées à donner à la Nation leurs fils : blanches, chastes et de bonne naissance. L'identité de la Nation vient de l'identité du tempérament de ces femmes. Qui dit Nation dit origine et donc génitrice unique : à cette origine imaginaire et fantasmée, le tempérament féminin sain offre des corps ayant tous le même « naturel », le même type. La Nation n'est plus le rassemblement de sujets hétérogènes sous l'autorité d'un même roi, mais la réunion de frères, fils d'une seule et même mère.

Au XVIIIe siècle, le principe des deux corps du roi – le corps réel du souverain et le corps imaginaire de la monarchie – est remis en cause par les parlements, qui prétendent représenter la Nation auprès du souverain. Simples organes judiciaires, les parlements se présentent désormais en tant qu'instance médiane entre le roi et la nation. Le corps imaginaire se distingue du corps du souverain. Comme l'écrit Jean-Yves Guiomar : « De la sorte, il n'y aura plus de dualité entre corps réel et corps

---

39. LANDAIS, *Dissertation sur les avantages de l'allaitement des enfants par leurs mères*, *op. cit.*, p. 52-53.

imaginaire : la nation est la réalisation du corps imaginaire du roi, mais sans qu'un corps réel individuel lui corresponde : *autrement dit, la nation se donne elle-même comme un corps réel*[40]. » Elle se donne un corps fait de chair et de sang, celui d'une mère saine, blanche et féconde. Dans l'idéologie nationale, la figure de la mère est donc ce qui vient donner à proprement parler corps à la nation imaginée. Les contours de cette nouvelle maternité ont été définis à partir des expériences croisées de la société coloniale et de la politique de santé du royaume, dont le point commun est la norme du sain comme figure du pouvoir. La « mère » devient donc l'instrument majeur de la *génotechnie*[41], la technologie la plus efficace pour fabriquer un peuple, constituer un peuple français d'hommes blancs et propriétaires. Elle porte en elle à la fois l'*autochtonie* et la *domination*, elle incarne le tempérament de la Nation, elle va devenir la matrice de la race.

40. Jean-Yves GUIOMAR, *L'Idéologie nationale*, *op. cit.*, p. 64.

41. J'emprunte cette expression à Grégoire Chamayou, que je remercie infiniment. Nos nombreuses discussions m'ont été extrêmement utiles et précieuses dans l'élaboration de ma réflexion sur les techniques politiques.

10

Généalogie du racisme

L'émergence du concept moderne de race

En 1684, paraît anonymement dans le *Journal des Sçavans* un texte intitulé « Nouvelle division de la Terre par les différentes espèces ou races d'hommes qui l'habitent ». L'auteur est François Bernier, disciple du philosophe Gassendi et voyageur. Ce texte est considéré comme le premier écrit en langue française où le terme de « race » reçoit son acception moderne [1]. François Bernier rappelle que, jusqu'ici, seuls les géographes s'étaient chargés de diviser la terre en différents pays ou régions, traçant les frontières naturelles, territoriales et politiques du globe. Les cartes géographiques ont pourtant un défaut majeur : elles identifient des territoires et des nations et non les hommes qui y circulent. Dans ces conditions, comment connaître l'origine de tel ou tel voyageur, de tel ou tel migrant ou de tel ou tel colon ?

François Bernier élabore ainsi une nouvelle méthode pour connaître la « Race » ou l'« Espèce » des hommes. Malgré les différences physionomiques entre les individus, ce dont témoigne la singularité de tout visage, les hommes ont en commun certains traits qui permettent de les répartir en quelques grandes familles. Les avantages de ce nouveau critère tiennent au fait qu'il est « dans les hommes [2] », ce qui permet

1. Voir Léon POLIAKOV, *Le Mythe aryen. Essai sur les sources du racisme et des nationalismes*, Calmann-Lévy, Paris, 1971.

2. François BERNIER, « Nouvelle division de la Terre par les différentes espèces ou races d'hommes qui l'habitent, envoyée par un fameux voyageur à M. l'abbé de la *** à peu près en ces termes », *Journal des Sçavans*, 1684, p. 133.

de fonder une nouvelle division de la Terre selon quatre ou cinq « races ». Autrement dit, le terme de « race » se présente pour la première fois comme une détermination endogène, un principe de discrimination qui transcende les familles, mais aussi les frontières politiques et culturelles de la terre, rendu nécessaire en raison de l'intensification des migrations.

Bernier divise les hommes en quatre grands groupes. Le premier est réparti sur une zone qui va de l'Europe jusqu'au Nil, en passant par l'Asie, la Perse et les Maldives. Le second s'étend sur le continent africain, à l'exception des habitants du Nord. Bernier prend pour caractéristique commune de cette « race » la couleur noire de peau des Africains, quel que soit le climat dans lequel on les transporte [3], ce qui justifie d'en faire une « race » à part. Il relève également comme caractéristique distinctive de ces hommes qu'ils sont presque imberbes. Cette dernière considération reprend un *topos* de la caractérologie de l'époque, selon laquelle l'indistinction des caractères sexués est un signe d'infériorité et de basse naissance. Comme le rappelle Sylvie Steinberg, « la juste différence des sexes est l'apanage des gens de bonne complexion qui ne sont pas dénaturés par une naissance ignoble et le labeur [4] ». On retrouve des considérations similaires dans les récits de voyages ou les traités naturalistes qui remarquent constamment combien les peuples dits « sauvages » ne sont pas ou peu physiologiquement différenciés sexuellement, ce dont témoignent classiquement l'absence de barbe chez les hommes et l'absence ou le peu de règles chez les femmes. Les systèmes racistes du milieu du XIXe siècle systématiseront de telles affirmations [5].

Le troisième groupe défini par Bernier comprend les habitants de Sumatra, des Philippines, de la Chine, du Gange, de la Moscovie et du Turkestan. Enfin, le quatrième contient exclusivement les Lapons, par rapport auxquels l'auteur se demande s'il faut encore les reconnaître comme appartenant à l'espèce humaine. Il s'appuie sur le rapport que lui ont fait « quantité de

3. Cette idée est combattue par Buffon, dans la mesure où elle constitue le contre-argument classique du monogénisme.

4. STEINBERG, *La Confusion des sexes : le travestissement de la Renaissance à la Révolution*, *op. cit.*, p. 285. Pour illustrer son propos, elle cite Pierre Petit : « Naturellement dans les lieux où les hommes sont d'une constitution moins parfaite, on ne peut pas si bien distinguer les mœurs et les inclinations naturelles des femmes avec celles des hommes des mêmes pays », *Traité historique des Amazones*, tome I, p. 181, cité *in ibid.*, p. 185. Les filles et les garçons des paysans français ou même des peuples du Nord sont quasiment identiques et peuvent à peine se distinguer, regrette Petit.

5. Voir, par exemple, LE BON, *Lois psychologiques de l'évolution des peuples*, 1894.

personnes » pour affirmer des Lapons que ce sont de « vilains animaux [6] ». Un cinquième groupe pourrait comprendre les Américains mais Bernier considère, comme dans les cas des Égyptiens qui sont pourtant noirs de peau, que le teint olivâtre des Américains ne constitue pas une différence suffisante pour en faire une espèce différente du premier groupe.

Bernier élabore et prend en compte un ensemble de traits : la taille, le dessin du visage, la couleur et la pilosité. Pourtant, après avoir exposé sa division de l'espèce humaine dans les premières pages de sa lettre, il passe rapidement à une seconde classification qui porte toujours sur l'humanité mais qui, cette fois, prend pour critère quasi exclusif de différenciation la beauté des femmes. On retrouve quatre grands groupes qui ne recouvrent pas tout à fait la première division. Le premier groupe comprend les femmes d'Égypte et du reste de l'Afrique. Bernier parle de certaines femmes à la beauté si surprenante « qu'elles effaçaient à mon avis la Vénus du palais Farnese de Rome [7] » : des femmes à la peau noire, mais au « nez aquilin » et avec une « petite bouche ». Ici, Bernier ne fait pas grand cas de la couleur de la peau.

> « J'en ai vu à Moka plusieures toutes nues qui étaient à vendre, il ne se peut rien voir de plus beau au monde, mais elles étaient extrêmement chères, vendues trois fois le prix des autres [8]. »

Toutes les femmes auxquelles il fait référence dans son texte sont pour la plupart des esclaves et Bernier établit clairement une cotation du marché de l'esclavage sexuel sur la base d'un critère esthétique. Ainsi, les femmes du Gange, vers Bengale, sont

> « généralement estimées. Celles du Kachemire encore davantage ; car outre qu'elles sont blanches comme en Europe, elles ont une douceur de visage et une taille admirable ; aussi est-ce de là que viennent celles qui sont à la Cour ottomane, et que tous les Grands Seigneurs ont auprès d'eux [9] ».

Enfin l'auteur continue son tour du monde et insiste de nouveau sur l'importation d'esclaves dans certains pays, permettant d'améliorer les qualités esthétiques de telle ou telle famille royale ou de tel ou tel peuple :

---

6. Bernier, « Nouvelle division de la Terre… » *op. cit.*, p. 136.
7. *Ibid.*, p. 137.
8. *Ibid.*
9. *Ibid.*, p. 138-139.

> « On ne peut pas dire que les femmes naturelles et originaires de Perse soient belles : cela n'empêche pourtant pas que la Ville d'Hispan ne soit remplie d'une infinité de très belles femmes, aussi bien que de très beaux hommes, à cause de ce grand nombre de belles esclaves qui leur sont amenées de la Géorgie et de la Circassie. Les Turcs ont aussi grand nombre de très belles femmes ; parce que outre celles du Pays qui ne sont pas laides, ils ont ces beautés Grecques dont vous avez si souvent ouï parler, et outre cela une quantité prodigieuse d'Esclaves qui leur viennent de la Mingrélie, de la Géorgie et de la Circassie, où, de l'aveu de tous les Levantins et de tous les Voyageurs, se trouvent les plus belles femmes du monde [10]. »

La première classification anthropologique moderne en langue française est étroitement liée à des politiques d'amélioration physique des populations par le biais de l'importation de femmes esclaves. Chez Bernier, en effet, sa classification est en grande partie établie sur des critères esthétiques directement issus du barème des prix de vente des femmes de diverses régions du monde, déportées dans le cadre d'un trafic sexuel licite. La distinction raciale de l'humanité est donc fondée sur l'exploitation sexuelle des femmes comprise comme une technologie politique : technologie qui répond à une stratégie militaire relative à la puissance des États – des hommes sains et vigoureux forment une armée forte et résistante – et à une exigence diplomatique de « rayonnement culturel » – des hommes beaux et de belle stature témoignent d'une supériorité physique et morale sur le reste du monde.

Nombre de savants européens ont construit leur anthropologie sur ces pratiques eugéniques : si l'Empire ottoman importe en nombre des femmes venues du Caucase pour améliorer la beauté de son peuple, cette politique prouve, aux yeux des naturalistes, que ces femmes sont unanimement considérées comme les plus beaux spécimens de l'espèce humaine. À la fin du XVIIIe siècle, Johann Friedrich Blumenbach désignera les principales « variétés humaines » sous le vocable de Caucasiens, Mongoliens, Éthiopiens, Américains et Malais. L'ensemble des hommes à peau blanche, vivant en Europe, étant prétendument issus du Caucase, cette région sera durablement considérée comme le creuset de la beauté et de la perfection humaines [11].

10. *Ibid.*, p. 139.

11. Johann Friedrich BLUMENBACH, *De generis humani varietate nativa*, Vandenhoeck, Gottingen, 1776. Voir l'excellent article de H. J. AUGSTEIN, « From the land of

La plupart des spécialistes du racisme ont souligné l'importance du critère esthétique dans les premières classifications anthropologiques fixistes, sans tenter pour autant de comprendre l'attention particulière portée aux femmes. Londa Schiebinger, au contraire, a brièvement relevé l'importance accordée par Bernier à la question de la beauté, en soulignant son intérêt pour les marchés aux esclaves. De la même façon, elle montre que Johann Friedrich Blumenbach s'est largement appuyé sur la beauté attribuée aux femmes des diverses régions du monde pour établir sa classification anthropologique. « Cela ne veut pas dire que la beauté était déniée aux hommes. Dans la mesure, cependant, où l'environnement était réputé déterminer la beauté, les femmes – le sexe le plus délicat et le plus malléable – étaient considérées plus facilement influençables (on disait ainsi que les belles femmes ne pouvaient pas se rencontrer dans les régions où l'eau ou le sol étaient infertiles) [12]. » Effectivement, Bernier remarque :

> « Les Indiens ont raison de dire qu'il ne se trouve pas de belles femmes dans les Pays où il y a de méchantes eaux, et où la terre n'est pas abondante et fertile. En effet la bonté des eaux et celle de la nourriture contribuent sans doute beaucoup à la beauté. »

Cela étant, Bernier continue en ces termes :

> « Il n'est pourtant pas généralement vrai que partout où ces deux qualités se rencontrent, les femmes y soient toujours belles. Cela dépend encore à mon avis de quelques autres conditions, qui sont que la beauté est plus rare et dispersée par cantons. Elle ne vient donc pas seulement de l'eau, de la nourriture, du terroir et de l'air, mais aussi de la semence qui sera particulière à certaines races ou espèces [13]. »

Autrement dit, selon Bernier, la beauté est également le fait d'une complexion interne dont la semence est l'extrait. Ainsi la physionomie de chaque « race » ou « espèce » serait le signe d'une complexion, dont les caractéristiques esthétiques, physiques et morales se transmettraient d'une génération à l'autre par la semence de chacun des deux parents. Outre le fait que Bernier utilise de façon inédite le terme de « race », appliquant au genre humain ce qui ne désignait que des familles de

---

the Bible to the Caucasus and beyond », *in* Waltraud Ernst (dir.), *Race, Science and Medicine, 1700-1960*, Routledge, New York, 1999, p. 59-79.

12. Londa Schiebinger, *Nature's Body*, Beacon Press, Boston, 1993, p. 126.

13. Bernier, « Nouvelle division de la Terre... » *op. cit.*, p. 138.

la noblesse [14], le point déterminant ici est le passage d'un principe de détermination externe – le climat, le pays et ses ressources – à un principe de détermination interne des individus et des populations.

L'ensemble des critères de classification anthropologique peut être analysé avec Colette Guillaumin comme autant de signes ou de « marques ». Lorsque Bernier parle des différentes « races » d'hommes, il effectue un geste déterminant dans la genèse du racisme. Il abandonne non seulement un système de marques statutaire, conventionnel ou contractuel (le vêtement, la coiffe, le fer rouge, le blason, etc.) par définition réversible, mais également un système de marques culturel ou environnemental (le climat, la nourriture, les régimes politiques, etc.). Il passe ainsi à un système de marques prétendument naturelles, évidentes, existant à la fois indépendamment et antérieurement à celui qui les appréhende [15]. En d'autres termes, il naturalise la « race ». Selon lui, il existe différentes espèces ou races d'hommes sur terre, en raison d'une cause interne qui produit des physionomies aux caractéristiques esthétiques et physiques distinctes. Prise en ce sens, la « race » est comprise comme l'effet du tempérament, du « naturel », et non celui du climat : on ne change pas de « race », en changeant de latitude. Bernier articule donc sa classification anthropologique autour d'une « unité close endodéterminée », pour reprendre l'expression de Colette Guillaumin. Cette unité est le tempérament.

En 1719, un voyageur embarqué sur un bateau négrier remarque que les enfants des esclaves africaines naissent blancs et foncent progressivement :

> « À quoi attribuer ce changement, ou au climat et à l'air du pays, ou au sang et au tempérament de ces hommes ? Je vous en laisse le juge, très cher lecteur, et sans vouloir en aucune façon faire passer mon sentiment pour décisif, je dis que ce changement doit plutôt être attribué au tempérament des Nègres qu'au climat et à l'air ; parce que en quelque autre pays que les Nègres engendrent avec des Négresses, leurs enfants deviennent également noirs dans la suite, quoiqu'ils naissent blancs ; et les Blancs qui engendrent avec des Blanches dans les pays des Nègres produisent des enfants qui

14. Sur ce point, voir Pierre H. BOULLE, « François Bernier and the originis of the modern concept of race », *in* Sue PEABODY et Tyler STOVALL, *The Color of Liberty. Histories of Race in France*, Duke University Press, Durham, 2003, p. 11-27.

15. Colette GUILLAUMIN, *L'Idéologie raciste* (1972), *op. cit.*, p. 331 *sq.*

naissent non seulement blancs, mais qui conservent leur même blancheur pendant toute leur vie [16]. »

Ainsi, ce qui marque l'*Autre* comme différent n'est plus un ensemble de traits aléatoires ou variables, mais bien une identité génétique, une cause interne.

Au début du XVIIIe siècle, le tempérament apparaît ainsi comme un instrument de naturalisation des différences anthropologiques, condition de possibilité à l'élaboration du concept moderne de *race*. En ce sens, les auteurs qui investissent le concept de tempérament s'opposent plus ou moins fermement à ceux qui continuent de penser que les différences anthropologiques sont le fait de facteurs extérieurs, au premier rang desquels on trouve le climat. Plus précisément, la tradition inaugurée par Bernier tend à redéfinir le tempérament de telle sorte qu'il puisse s'autonomiser de la théorie du climat. La théorie du climat a certes permis une distinction et une hiérarchisation des peuples, comme en témoigne l'œuvre majeure de Buffon. Toutefois, elle pose un certain nombre de difficultés dès lors qu'il s'agit de différencier et de naturaliser les rapports de pouvoir entre les peuples, non plus de façon abstraite dans le cadre d'histoires naturelles, mais en contexte colonial.

Buffon s'inspire explicitement de Bernier, notamment sur la question de la beauté des femmes des diverses régions du monde, mais il ne partage pas sa position quant à une division de l'espèce humaine en plusieurs « races » distinctes. Dans le cadre d'une démonstration du monogénisme, Buffon pose que le blanc est la couleur primitive de l'homme. Les autres nuances que l'on remarque chez les différents peuples du monde s'apparentent à une « dégénération », c'est-à-dire à des écarts relatifs à un modèle, à une « empreinte » originaire. La modification des qualités premières de l'espèce, sous l'influence de leur histoire naturelle et, dans le cas des hommes, de leur histoire culturelle et politique, donne lieu aux variétés existantes. Pour Buffon, à la différence de Bernier, la couleur, la stature, la physionomie comme le tempérament ou le « naturel » sont les effets du climat.

Toutefois, le système monogéniste de Buffon n'empêche pas une certaine hiérarchisation des peuples. L'homme blanc vivant dans un climat tempéré se rapproche le plus de ce que devait être le « moule » originaire : il est le prototype de l'espèce

16. N., M., *Voyages aux côtes de Guinée et en Amérique*, Amsterdam, 1719, p. 149-150.

humaine [17]. Par conséquent, il incarne le mieux l'homme tel que l'a créé la Nature.

> « Le climat le plus tempéré est depuis le 40e degré jusqu'au 50e, c'est aussi sous cette zone que se trouvent les hommes les plus beaux et les mieux faits, c'est sous ce climat qu'on doit prendre l'idée de la vraie couleur naturelle de l'homme, c'est là où l'on doit prendre le modèle ou l'unité à laquelle il faut rapporter toutes les autres nuances de couleur et de beauté, les deux extrêmes sont également éloignés du vrai et du beau : les pays policés situés sous cette zone sont la Géorgie, la Circassie, l'Ukraine, la Turquie, d'Europe, la Hongrie, l'Allemagne méridionale, l'Italie, la Suisse, la France, et la partie septentrionale de l'Espagne, tous ces peuples sont aussi les plus beaux et les mieux faits de toute la terre [18]. »

Selon Buffon, le climat est le principe premier de variabilité de l'espèce humaine, suivent le régime et les mœurs, qui sont des facteurs déterminants mais qui dépendent dans une large mesure du premier. Comme l'écrit Michèle Duchet, « la beauté des corps, l'harmonie des visages sont les signes visibles d'une parfaite adéquation entre le milieu et l'espèce. L'homme n'est pleinement homme que sous certaines latitudes : un vocabulaire emprunté à l'esthétique reflète un équilibre biologique, et les qualités de l'esprit vont de pair avec ces heureuses dispositions du corps [19] ». La conséquence ultime de l'histoire naturelle de Buffon n'est-elle pas que les Européens sont condamnés à dégénérer dans les colonies d'Amérique ? Dans quelle mesure le climat des colonies n'est-il pas le tombeau du

17. « Il y a dans la nature un prototype général dans chaque espèce, sur lequel chaque individu est modelé, mais qui semble, en se réalisant, s'altérer ou se perfectionner par les circonstances en sorte que, relativement à certaines qualités, il y a une variation bizarre en apparence dans la succession des individus, et en même temps une constance qui paraît admirable dans l'espèce entière. Le premier animal, le premier cheval, par exemple, a été le modèle extérieur et le moule intérieur sur lequel tous les chevaux qui sont nés, tous ceux qui existent et tous ceux qui naîtront ont été formés », Georges-Louis LECLERC comte DE BUFFON, *Histoire naturelle générale et particulière : avec la description du Cabinet du Roy*, *op. cit.*, IV, p. 225.

18. BUFFON, *Histoire naturelle générale et particulière : avec la description du Cabinet du Roy*, *op. cit.*, III, p. 528. Il s'agit de la conclusion à laquelle Buffon voulait parvenir. « Si nous examinons maintenant ceux qui habitent sous un climat plus tempéré, nous trouverons que les habitants des provinces septentrionales du Mogol et de la Perse, les Arméniens, les Turcs, les Géorgiens, les Mingréliens ; les Circassiens, les Grecs et tous les peuples de l'Europe sont les hommes les plus beaux, les plus blancs et les mieux faits de toute la terre, et que quoiqu'il y ait fort loin de Cachemire en Espagne, ou de la Circassie à la France, il ne laisse pas d'y avoir une singulière ressemblance entre ces peuples si éloignés les uns des autres, mais situés à peu près à une égale distance de l'équateur », p. 433.

19. Michèle DUCHET, *Anthropologie et histoire au siècle des Lumières : Buffon, Voltaire, Rousseau, Helvétius, Diderot*, Albin Michel, Paris, 1995, p. 255-256.

beau « naturel » des hommes blancs, modèle de l'humanité ? Cette dégénération ne s'accompagnera-t-elle pas nécessairement d'une certaine dégénérescence morale des Européens transportés sous des latitudes brûlantes, puisque selon Buffon lui-même les habitants de ces zones sont moralement dépravés, impudiques et plus enclin à la débauche ?

Dans le texte sur la *Variété dans l'espèce humaine*, on trouve de nombreuses remarques sur les femmes des diverses régions du monde – remarques pour la plupart empruntées aux traités ou aux récits de voyages sur lesquels s'appuie l'auteur. Toutes ces considérations sur les femmes sont relatives à leur sexualité : elles ont trait soit aux objets que ces femmes jugent les plus désirables, soit aux attitudes qu'elles et leurs compagnons ont par rapport à la sexualité. À quelques exceptions près, en dehors des femmes des pays dits « tempérés », Buffon insiste sur la laideur des habitantes de certaines régions ou sur leur lascivité et leur manque de pudeur. Parlant des « Bengalois », il écrit par exemple : « Les femmes sont beaucoup moins chastes, on prétend même que de toutes les femmes de l'Inde, ce sont les plus lascives [20]. » À Pondichéry, les femmes du peuple ont plusieurs amants, et « les bourgeoises n'ont qu'un mari mais elles s'abandonnent aux étrangers sans que leur mari ait rien à dire [21] ». Les Lapons n'ont aucune pudeur : « Ils offrent aux étrangers leurs femmes et leurs filles, et tiennent à grand honneur qu'on veuille bien coucher avec elles [22] » ; *idem* chez les Égyptiens [23] et les habitants du « Cap-verd [24] » qui prostituent leurs femmes et leurs filles. Ou bien les femmes sont lascives et se donnent volontiers, ou bien ce sont les hommes qui les offrent. Dans ce dernier cas de figure, comment interpréter un tel geste ? Pour Buffon, il est clair que c'est là, de la part de ces

---

20. BUFFON, *Histoire naturelle générale et particulière : avec la description du Cabinet du Roy*, *op. cit.*, III, p. 412.

21. *Ibid.*, p. 413.

22. *Ibid.*, p. 376.

23. Au contraire des Arabes, fort jaloux, les « Égyptiens qui sont si voisins des Arabes, qui ont la même religion, et qui sont comme eux soumis à la domination des Turcs, ont cependant des coutumes fort différentes de celles des Arabes ; par exemple, dans toutes les villes et villages le long du Nil on trouve des filles destinées aux plaisirs des voyageurs, sans qu'ils soient obligés de les payer ; c'est l'usage d'avoir des maisons d'hospitalité toujours remplies de ces filles, et les gens riches se font en mourant un devoir de piété de fonder ces maisons et de les peupler de filles qu'ils font acheter dans cette vue charitable : lorsqu'elles accouchent d'un garçon, elles sont obligées de l'élever jusqu'à l'âge de trois ou quatre ans, après quoi elles le portent au patron de la maison ou à ses héritiers qui sont obligés de recevoir l'enfant, et qui s'en servent dans la suite comme d'un esclave », *ibid.*, p. 427.

24. *Ibid.*, p. 457.

peuples, un aveu de leur propre laideur : en offrant leurs femmes, les Lapons reconnaissent la beauté des « étrangers » – autrement dit, des Blancs. Cette coutume étrange consistant à offrir leurs femmes

> « et d'être fort flattés qu'on veuille bien en faire usage peut venir de ce qu'ils connaissent leur propre difformité et la laideur de leurs femmes, ils trouvent apparemment moins laides celles que les étrangers n'ont pas dédaignées : ce qu'il y a de certain, c'est que cet usage est général chez tous ces peuples, qui sont cependant fort éloignés les uns des autres, et même séparés par une grande mer, et qu'on le retrouve chez les Tartares de Crimée, chez les Calmuques, et plusieurs autres peuples de Sibérie et de Tartarie, qui sont presque aussi laids que ces peuples [25] ».

Buffon montre donc qu'il existe une norme universelle du Beau partagée par toute l'humanité : ce qui tend doublement à prouver son unité. Premièrement, tous les hommes possèdent le même sens de la beauté ; pour preuve, même les peuples les plus laids sont disposés à reconnaître leur laideur et sont honorés que des hommes mieux faits désirent leurs femmes. Deuxièmement, la laideur des peuples des climats non tempérés est bien l'effet d'une « dégénération » ; dégénération que ces populations tentent presque instinctivement de pallier en se mélangeant à de beaux hommes. Ainsi, en parlant des habitantes noires du « Cap-verd », Buffon écrit qu'elles

> « sont ordinairement très bien faites, très gaies, très vives et très portées à l'amour, elles ont du goût pour tous les hommes, et particulièrement pour les Blancs qu'elles cherchent avec empressement, tant pour se satisfaire que pour en obtenir quelque présent ; leurs maris ne s'opposent point à leur penchant pour les étrangers, et ils n'en sont jaloux que quand elles ont commerce avec des hommes de leur nation, ils se battent même souvent à ce sujet à coups de sabre ou de couteau, au lieu qu'ils offrent souvent aux étrangers leurs femmes, leurs filles ou leurs sœurs, et tiennent à honneur de n'être pas refusés [26] ».

---

25. *Ibid.*, p. 377.

26. *Ibid.*, p. 457-458. Pour d'autres auteurs, les hommes des pays chauds sont au contraire extrêmement jaloux, caractère lié au tempérament des femmes, réputées « plus amoureuses » sous les climats chauds, d'où les harems surveillés par des eunuques. Voir par exemple Julien-Joseph VIREY, *De la femme, sous ses rapports physiologique, moral et littéraire*, *op. cit.*, p. 37. Toutefois, le même auteur écrit quelques pages plus loin : « C'est aussi parmi la race mongole qu'on trouve des exemples de femmes présentées à des étrangers pour en jouir, même sous des climats chauds où règne d'ailleurs la jalousie, comme au Pégu, à Siam, au Tonquin, à Camboye, à la Cochinchine, à la terre d'Iesso ; mais surtout chez les Tchoutschis et les Koriaques sédentaires, les propres

Il y a dans le texte de Buffon une tendance à déviriliser subtilement les peuples qu'ils jugent peu policés. Ces hommes qui « offrent souvent aux étrangers leurs femmes, leurs filles, ou leurs sœurs » font à la fois l'aveu de leur laideur, mais aussi de leur incapacité à satisfaire sexuellement leurs lascives compagnes. Cette tendance à la dévirilisation des hommes et à l'érotisation outrancière des femmes a pour conséquence de les exclure des définitions normatives de la masculinité et de la féminité, telles qu'elles fonctionnent dans la société européenne.

Les études postcoloniales ont très largement démontré comment dans l'Inde coloniale, par exemple, la construction de la masculinité a revêtu une très grande importance ; elle a été un instrument permettant d'entériner symboliquement le rapport d'oppression instauré par les Anglais à l'égard des colonisés. L'omniprésence des discours très fortement centrés sur la sexualité a permis de déprécier durablement le Bengali Babu, considéré comme lascif, indiscipliné et efféminé, alors que l'Anglais, par contraste, était présenté comme actif, courageux, vigoureux et chevaleresque, et, par conséquent, légitime à gouverner[27].

Selon un même processus discursif, les discours des naturalistes ont justifié l'exploitation sexuelle des femmes et l'humiliation des hommes esclaves ou indigènes dans les sociétés coloniales françaises : en considérant les femmes noires ou indiennes comme des femmes sexuellement insatiables, ils jugeaient les hommes incapables de satisfaire sexuellement leurs propres compagnes, voire heureux de les céder aux étrangers. Une telle rhétorique a servi de justification idéologique à l'exploitation sexuelle systématique des femmes esclaves colonisées par les Européens. Elle a permis de tenir ces femmes pour seules responsables de l'initiative sexuelle, préservant pour une part leur violeur de l'accusation de « débauché ». L'érotisation des femmes est ainsi l'une des conditions de possibilité de la dévirilisation des hommes colonisés. Ce processus de dévirilisation participe de l'infériorisation de ces hommes, selon une technique politique – à la fois discursive et pratique – qui use du

---

maris offrent leurs épouses, et ce serait leur faire injure que de ne pas les accepter », *ibid.*, p. 42.

27. Mrinalini SINHA, *Colonial Masculinity : The « Manly Englishman » and the « Effeminate Bengali » in the Late Nineteenth Century*, Manchester University Press, Manchester, 1995 ; ainsi que les travaux majeurs d'Anne MCCLINTOCK, *Imperial Leather*, Routledge, New York, 1995, et d'Ann Laura STOLLER, *Race and the Education of Desire : Foucault's History of Sexualité and the Colonial Order of Things*, Duke University Press, 1995, et *Carnal Knowledge and Imperial Power : Race and the Intimate in Colonial Rule*, University of California Press, 2002.

rapport de genre et de la sexualité pour produire et figurer du pouvoir [28].

Mais la sexualité ne figure pas seulement du pouvoir, elle assure aussi la pérennité d'un rapport de force. Ainsi lorsqu'il parle des nations peu regardantes sur la fidélité de leurs femmes, ou qui les prostituent, Virey remarque qu'il s'agit particulièrement des peuples d'Afrique et d'Inde [29] – les deux zones les plus touchées par l'esclavage. Or, cette intimité sexuelle entre dominants et dominées représente un atout politique majeur pour les colons :

> « Sur les côtes de Guinée, [...] les Négresses découvrent aux hommes auxquels elles s'attachent les perfidies que les naturels machinent souvent contre les étrangers [30]. »

Déjà dans les années 1750, Thibault de Chanvalon rapportait de son *Voyage en Martinique* que « le gouvernement doit [aux Négresses] d'avoir découvert une conspiration générale qu'avaient formée les Nègres de la Martinique [31] ». En véhiculant cette idée de collaboration des femmes esclaves et le prétendu récit de leur trahison, le discours raciste a considérablement miné le rapport de genre.

Du tempérament de sexe au tempérament de race

Dès le XVIIIe siècle, la sexualité devient un instrument majeur des rapports de pouvoir à l'œuvre dans l'entreprise coloniale. Lorsque Buffon veut stigmatiser le caractère dégénéré des « sauvages » américains, il s'attache surtout à montrer combien

> « le Sauvage est faible et petit par les organes de la génération ; il n'a ni poil, ni barbe, ni nulle ardeur pour la femelle [32] ».

28. Voir Joan W. Scott, « Genre : une catégorie utile d'analyse historique », *Le Genre de l'histoire. Les Cahiers du GRIF*, n° 37-38, 1988, p. 125-153.

29. Virey, *De la femme, sous ses rapports physiologique, moral et littéraire*, *op. cit.*, p. 151.

30. *Ibid.*, p. 152.

31. Jean-Baptiste Mathieu Thibault de Chanvalon, *Voyage à la Martinique*, 1763, édition par Monique Pouliquen, Karthala, Paris, 2004, p. 95.

32. Buffon, *Histoire naturelle générale et particulière : avec la description du Cabinet du Roy*, IX, p. 104. Ces considérations sur la virilité des Indiens d'Amérique ne sont pas isolées. Virey écrit : « Les Américains passent en général pour être très froids ; car la difficulté de vivre sans agriculture, et du secours seul de la chasse ou de quelques racines agrestes, affaiblit extrêmement leur constitution ; aussi les femmes, dit-on, savent exciter leur ardeur par des applications d'insectes ou de végétaux stimulants sur leurs organes flétris et énervés. Les tribus de l'Amérique septentrionale, les

La rhétorique tourne autour de la jeunesse de ce peuple et donc, dans une certaine mesure, de son manque de virilité. Buffon est persuadé que le peu de diversité dans les us et coutumes, ainsi que l'absence de ruines ou de monuments tendent à prouver que les Indiens sont récemment arrivés sur ce continent. Cette question est cruciale : Buffon précise lui-même que les Indiens d'Amérique vivant sous la même latitude que la « Zone Torride » – ce que nous appellerions aujourd'hui l'Équateur – devraient, sous l'effet du climat, avoir la peau noire. Or, ce n'est pas le cas. Ce peuple infirme-t-il le monogénisme de Buffon ? Au contraire, selon Buffon, des éléments probants montrent que les Indiens ne séjournent pas depuis longtemps sur cette terre et que l'effet du climat n'est pas encore parvenu à son ultime conséquence : la progressive noirceur de leur peau [33]. Il est donc fort probable que ce peuple se soit constitué à partir d'individus échappés d'Europe ou d'Asie [34]. Les Indiens d'Amérique sont un peuple qui n'est qu'au premier stade de son histoire : le naturaliste les voit comme des enfants aimables et très peu libidineux, ce qui expliquerait pourquoi les Indiens, hommes efféminés parce qu'à peine sortis de l'enfance de leur civilisation, se sont laissé massacrer sans opposer aucune résistance. Cette prétendue absence de résistance des Indiens est un lieu commun de la littérature des Lumières.

En 1768, dans ses *Recherches philosophiques sur les Américains*, Pauw s'oppose à Buffon sur la question de la datation du peuplement du continent américain [35]. Peuple naïf et enfantin ou héritiers d'une histoire politique et culturelle au faste légendaire,

---

Iroquois, regardent l'amour comme un sentiment au-dessous d'un guerrier, et qui ne peut que l'amollir. Plusieurs d'entre eux sont peu jaloux ; les forts Patagons même laissent librement les étrangers avec leurs femmes », VIREY, *De la femme, sous ses rapports physiologique, moral et littéraire*, *op. cit.*, p. 54. Virey remarque aussi les grandes disparités dans les normes de beauté entre les peuples et insiste de nouveau sur l'absence de virilité de tel ou tel, par exemple : « Les femmes des Salives, sauvages les plus vains et efféminés de la Guiane, font la toilette de leurs maris », *ibid.*, p. 55.

33. La théorie du climat n'est donc pas renversée. La naissance du peuple américain renvoie à la « querelle du Nouveau Monde », entretenue par la découverte des monuments incas, signes d'une magnificence civilisationnelle : « Comment concilier en effet la grandeur de l'ancien Pérou et de l'ancien Mexique avec tout ce qu'on sait par ailleurs du continent et de l'homme américains ? D'où la tentation de récrire entièrement l'histoire de l'Amérique, ou plutôt d'écrire celle de l'Amérique précolombienne, en partant non plus des récits des conquérants, mais des données fournies par l'histoire naturelle », Michèle DUCHET, *Anthropologie et histoire au siècle des Lumières : Buffon, Voltaire, Rousseau, Helvétius, Diderot*, *op. cit.*, p. 201.

34. BUFFON, *Histoire naturelle générale et particulière : avec la description du Cabinet du Roy*, *op. cit.*, III, p. 493.

35. « Je crois qu'on me saura gré de ne toucher ici à aucune hypothèse sur l'origine de la population du nouveau continent : je me contenterais de dire qu'il n'y a pas de

Pauw considère que les Indiens sont une « espèce dégénérée ». Qu'est-ce qui lui permet d'affirmer cela ? Exactement les mêmes éléments qu'utilisait Buffon pour caractériser les Américains : ils sont imberbes, frêles et très peu libidineux – Pauw insiste également sur « la petitesse de l'organe et la longueur du scroton qui était excessive chez quelques-uns [36] ». Or, pour qualifier l'ensemble de ces caractères, Pauw n'hésite pas à utiliser le terme de « tempérament », absent du texte de Buffon. Ainsi, à propos des Indiens imberbes, il écrit :

> « Charlevoix [37] prétend que le sang des Indiens occidentaux, étant moins imprégné de sel et plus limpide que le nôtre, occasionne naturellement ce phénomène : nous ferons voir au contraire que c'est l'effet de l'humidité de leur constitution, et qu'ils sont imberbes pour la même raison que les femmes le sont en Europe, et dans les autres parties du monde : leur peau est chauve, parce que leur tempérament est extrêmement froid [38]. »

Pauw place donc clairement la spécificité physique des Indiens non pas dans leur sang – ce qui est la thèse de Charlevoix – mais bien dans leur tempérament, dans leur complexion physiopathologique. En ce milieu du XVIIIe siècle, le sang renvoie encore à l'ancienne définition de la « race » ou de la « nation », définition généalogique qui renvoie à l'idée nobiliaire de famille. Au contraire, Pauw présente le tempérament comme une explication novatrice, car il lui permet de caractériser des groupes humains qui transcendent les familles ou les nations. Dans cette perspective, le tempérament, tel qu'il est communément en usage pour penser la différence sexuelle, s'avère particulièrement opératoire pour penser la différence raciale.

Lorsque Pauw rapproche les Indiens des femmes, il ne s'agit pas d'une analogie entre différence sexuelle et différence raciale, mais bien de l'assimilation d'une population au tempérament féminin, au « naturel » des femmes, afin de marquer sa différence et son infériorité. En d'autres termes, la *racialisation* des Indiens consiste en leur effémination. L'auteur poursuit :

---

vraisemblance dans le sentiment d'un auteur moderne qui accorde à peine six cents ans au genre humain en Amérique », Cornélius DE PAUW, *Recherches philosophiques sur les Américains*, 3 vol., chez George Jacques Decker, Berlin, 1768, I, p. 29-30.

36. *Ibid.*, p. 37-38. Le gonflement du membre génital n'est pas un « caractère imprimé par la nature, mais un effet de l'art », p. 38 et p. 63-64.

37. Pierre-François-Xavier CHARLEVOIX, *Histoire de l'île espagnole ou de S. Domingue*, 2 vol., chez H.-L. Guérin, Paris, 1730-1731.

38. Cornélius DE PAUW, *Recherches philosophiques sur les Américains*, *op. cit.*, I, p. 38.

> « Le peu d'inclination, le peu de chaleur des Américains pour le sexe démontraient indubitablement le défaut de leur virilité et la défaillance de leurs organes destinés à la régénération : l'amour exerçait à peine sur eux la moitié de sa puissance : ils ne connaissaient ni les tourments, ni les douceurs de cette passion, parce que la plus ardente et la plus précieuse étincelle du feu de la nature s'éteignait dans leur âme tiède et phlegmatique. La masse de leur sang était certainement mal élaborée, puisque, dans plusieurs endroits, les hommes faits et les adultes avaient du lait dans leurs mamelles [39]. »

Ici, la référence au sang intervient clairement dans le cadre d'une argumentation qui recycle la pensée humorale. Dans la tradition médicale empreinte d'aristotélisme, le tempérament flegmatique, froid et humide, rend la coction de sang en sperme difficile ou impossible et ne parvient qu'à produire des règles ou du lait – incapacité naturelle fondatrice de la différence sexuelle [40]. Pauw ne dit pas que les Indiens n'ont pas le même sang que les Européens, mais plutôt que les Indiens ne sont pas de la même espèce que les Européens, car ils ont le même tempérament que les femmes : le lait qui coule de leurs seins est la preuve qu'ils sont réglés, qu'ils souffrent des mêmes pléthores qui affectent les femmes. C'est donc la non-participation à la norme de la virilité qui les exclut de l'espèce supérieure que sont les Européens. L'en-dehors de cette norme de la virilité européenne est ou bien la féminité – l'absence de virilité –, ou bien la bestialité – une virilité sauvage, brute. Dans le cas des Indiens, Pauw n'hésite pas écrire :

> « Je suis donc persuadé que l'humidité du tempérament causait, dans les habitants du Nouveau Monde, ce vice qui devait influer, comme il est aisé de le comprendre, sur leurs facultés physiques et morales. Aussi peut-on dire que les hommes y étaient plus que femmes, poltrons, timides et peureux dans les ténèbres, au-delà de ce qu'on peut s'imaginer [41]. »

39. *Ibid.*, p. 42.

40. « Si le tempérament des femmes n'était point et plus flasque et plus humide que celui des hommes, elles se trouveraient hors d'état d'allaiter leurs enfants », *ibid.*, p. 44.

41. *Ibid.*, p. 43. S'ensuit une déduction du caractère des Indiens qui, comme les femmes, sont d'un « génie borné », « vindicatifs », etc. La comparaison est longuement travaillée par l'auteur et se poursuit sur plusieurs paragraphes : « Les Américains avaient toutes ces qualités, qui résultaient nécessairement de leur tempérament : ils devaient encore leur longue vie à cette tiédeur de leur constitution, qui fait aussi excéder, parmi nous, l'âge des femmes en raison de celui des hommes : toutes les parties cartilagineuses et osseuses de leur machine, étant continuellement rafraîchies et humectées, se durcissent plus tard, et durent par conséquent plus longtemps », *ibid.*, p. 45.

Selon Nancy Leys Stepan, l'analogie scientifique entre « sexe » et « race » est déterminante à la fin du XVIIIe et au XIXe siècle : « Par analogie avec les prétendues races inférieures, les femmes, le déviant sexuel, le criminel, le pauvre des villes et le fou sont d'une manière ou d'une autre construits comme des races biologiques "à part", dont les différences avec l'homme blanc, et leur ressemblance entre elles, "expliquent" leur position différente et inférieure dans la hiérarchie sociale [42]. » Mais Pauw établit bien plus qu'une analogie. Lorsqu'il met en relation la différence sexuelle et la différence raciale, il ne conclut pas simplement à une identité de rapport – les Indiens sont aux Européens ce que les femmes sont aux hommes. Dans sa pensée, non seulement les Indiens sont aux Européens ce que les femmes sont aux hommes ; mais, plus encore, ils sont littéralement assimilés physiologiquement aux femmes. En attribuant aux Indiens un tempérament flegmatique, qui induit des traits psychologiques et physiopathologiques typiquement féminins, Pauw suppose que les Indiens ne sont pas « comme » des femmes mais qu'il s'agit d'êtres féminins. Ce qui intéresse Pauw ici, c'est de montrer que les Indiens sont dégénérés ; or, le tempérament féminin étant réputé faible et maladif, il permet d'affirmer que les Indiens ont le plus grand mal à se reproduire. Ils ont également le même type de maladies que les femmes, c'est-à-dire des formes de rétention d'humeur pituiteuse et maligne qui infectent tout le corps, comme le mal vénérien, que la plupart des médecins considèrent originaire des Amériques [43].

S'appuyant sur la tradition misogyne aristotélicienne, Pauw considère que les Indiens, tout comme les femmes, ont un tempérament froid et pathogène responsable de leur faible fécondité, voire de leur stérilité. Fidèle à cette tradition selon laquelle la semence masculine est le principe formel de la génération, Pauw peut affirmer que, en l'absence de virilité, la population américaine diminue et s'affaiblit constamment, ce pour quoi il la qualifie de « dégénérée ».

Joyce E. Chaplin a parfaitement montré comment pour les médecins et les philosophes de l'âge classique la question des maladies et du déclin de la population des Indiens est au cœur de la genèse d'une définition raciale de l'humanité. Vers la fin du

---

42. Nancy Leys STEPAN, « Race and gender. The role of analogy in science », *in* Sandra HARDING (dir.), *The « Racial » Economy of Science. Toward a Democratic Future*, Indiana University Press, Bloomington, 1993, p. 361.

43. Cornélius DE PAUW, *Recherches philosophiques sur les Américains*, *op. cit.*, p. 47-48.

XVIIe siècle, Anglais et Français établis aux Amériques considèrent que les natifs sont moins résistants aux maladies que les Européens et que cette faiblesse est le fait d'une complexion pathogène, d'une faiblesse constitutive et interne. Au contraire, en dépit du changement de climat et de la dureté des conditions de vie dans la « Zone Torride », les colons semblent garder leur « beau » tempérament. « En appliquant le langage de la philosophie naturelle à l'épuisement américain et à la vigueur anglaise, les colons ont défini un nouvel idiome : l'importante variation humaine en Amérique du Nord n'est pas due à un environnement externe mais bien aux corps eux-mêmes de ces peuples européens et indiens[44]. » Au-delà de la seule affirmation d'une différence prétendument naturelle (un élément contingent comme le climat ou les mœurs pourrait très bien produire à terme des différences à ce point incorporées qu'elles deviendraient « naturelles »), le tempérament suppose que la différenciation est interne au corps lui-même.

On comprend mieux dans ces conditions à quel point Pauw s'oppose à Buffon et à l'ensemble des partisans de la seule théorie du climat, ce qui explique pourquoi Pauw non seulement emploie la notion de tempérament, mais l'utilise telle qu'elle a été thématisée pour fonder la domination d'un sexe sur l'autre. Par ce choix, il veut clairement se distinguer de la position de Buffon qui s'inscrit dans une tradition hippocratique et plus largement politique, selon laquelle c'est le climat qui produit les variations les plus importantes dans l'espèce humaine. L'immense apport de la notion de tempérament est donc de minimiser l'influence de la température de l'air sur la nature du corps et des peuples, et, plus largement, l'influence des caractères acquis sur les générations futures. Le tempérament est désormais compris comme le principe premier, stable de détermination et de distinction physique et psychologique de l'humanité.

Pauw utilise le concept de tempérament tel qu'il fonctionne pour définir la différence sexuelle afin de définir une différence raciale entre les populations et, partant, des tempéraments de race. En ce sens, il sous-estime sciemment la transmission des caractères acquis. Il conteste, par exemple, l'idée selon laquelle l'absence de pilosité des Indiens serait l'effet d'une coutume ancestrale qui a modifié leur apparence physique. Selon Pauw,

44. Joyce E. CHAPLIN, « Natural philosophy and an early racial idiom in North America : comparing English and Indian bodies », *The William and Mary Quarterly*, 54, 1997, p. 230-231.

l'argument ne fonctionne pas, puisque les enfants des « sauvages » naissent poilus et perdent ce duvet au bout de quelques jours.

> « Cette observation doit donc prouver le ridicule des écrivains qui ont assuré que les premiers habitants de l'Amérique étaient, à force de se dépiler, parvenus à rendre héréditaire, dans leurs descendants, cette défectuosité artificielle dans son origine. Je dis que cette espèce d'opinion est ridicule, parce que les mutilations violentes qu'essuient les parents ne se transmettent nulle part à la postérité, comme on en apportera des preuves bien convaincantes, en traitant de la Circoncision : quelque répétées que puissent être ces amputations pendant un nombre infini de filiations, la nature triomphe, reste immuable, et ne condescend pas aux caprices de ceux qui prétendent l'asservir[45]. »

L'auteur rejette totalement la notion d'hérédité des caractères acquis par le biais des mœurs et des coutumes. L'explication des modifications physiques ou physiopathologiques survenues au cours des générations s'appuie presque exclusivement sur les phénomènes de métissage des populations. Si l'on voit des Indiens avec un duvet au-dessus de la lèvre supérieure, c'est la conséquence de leur mélange avec des « Européens », des « Nègres, des Mulâtres, et des Hybrides de toute espèce[46] ». Au reste, l'absence de barbe des Indiens,

> « loin d'être une preuve de vigueur et de vaillance, est au contraire l'empreinte de la faiblesse, et cette faiblesse tenait plus au climat et au tempérament de ces nations en général, qu'aux mœurs et à la façon d'exister et de se nourrir de chacune d'elles en particulier[47] ».

Mais là encore, le climat doit être compris comme une cause secondaire de modification des populations, et bien moins active que le tempérament.

> « Il s'ensuit naturellement qu'ils [les Indiens] devaient ne point avoir de barbe, mais d'immenses chevelures : en effet on n'a pas trouvé d'homme au nouveau Monde dont les cheveux ne fussent longs, lisses et très épais, comme ceux des femmes : on n'y a pas vu de peuplade peut-être point un seul individu à cheveux bouclés, crépus ou lanugineux, ce qui indique que les hommes, même sous l'Équateur, avaient un tempérament aussi humide que l'air et la terre où ils végétaient[48]. »

---

45. Cornélius DE PAUW, *Recherches philosophiques sur les Américains*, *op. cit.*, p. 40.
46. *Ibid.*
47. *Ibid.*, p. 41.
48. *Ibid.*, p. 53.

L'argument consiste à dire que, nés sous des climats comparables, Indiens et Africains ne se ressemblent pas : c'est donc qu'ils diffèrent selon leur tempérament.

Toutefois, le point déterminant qui permet à l'auteur de minimiser l'influence du climat au profit de celle du tempérament est la question des maladies. La maladie exprime le tempérament des individus (une personne sujette aux pneumonies est flegmatique, une personne sujette aux douleurs abdominales est bilieuse, etc.), elle permet de classer les prédispositions de chacun. Or, au début de la colonisation, les premiers médecins et voyageurs redoutent le climat des Amériques, les maladies ou les altérations qu'il peut causer au corps. On s'inquiète des effets de la « transplantation » sur les planteurs européens, ainsi que sur les armées et les forces chargées du maintien de l'ordre dans les villes, les ports ou les habitations. Pour les colons comme pour les esclaves, le corps médical préconise un temps d'adaptation et d'acclimatation. Dans le cas des Indiens, le fait qu'ils soient décimés par les maladies, la plupart introduites et répandues par les Européens, est progressivement interprété non pas comme la conséquence du bouleversement de leurs conditions de vie, mais comme l'effet d'une complexion particulièrement pathogène. En d'autres termes, si chaque population possède un tempérament qui dépend de son climat natal et qui lui est accordé, comment comprendre que les Indiens aient une capacité d'adaptation moindre ? Pourquoi ont-ils un tempérament naturellement défaillant et sujet à de nombreuses affections ?

Pour Pauw, ce n'est pas le climat dans lequel ils vivent qui est morbide, mais eux-mêmes : pour preuve, dans le même climat, les Européens survivent mieux que les Indiens. À la fin du XVIIIe siècle, les colons et les planteurs des Amériques seront d'ailleurs enclins à affirmer que si les Indiens sont également victimes du climat, cela prouve qu'ils sont eux-mêmes des colons et non les « véritables » natifs de ce continent. Le « Nouveau Monde » est alors perçu comme un monde à la recherche de ses résidents « naturels » : au moment de la construction d'une identité américaine indépendante des Vieilles Nations, les colons européens pourront se présenter comme les « vrais Américains », les occupants les plus légitimes de ces étendues de terres « vierges » qu'ils sont en droit de s'approprier, puisqu'ils ont une meilleure résistance physique que les Indiens au climat américain [49].

---

49. Voir CHAPLIN, « Natural philosophy and an early racial idiom in North America : comparing English and Indian bodies », *op. cit.*, p. 251-252.

Les *Recherches philosophiques* de Pauw permettent de prendre la mesure de l'intérêt que pouvait revêtir le concept de tempérament au moment de la constitution des classifications anthropologiques. L'emploi de ce terme est relativement passé inaperçu aurpès des commentateurs contemporains qui ont souvent trop privilégié la seule question de la couleur, alors même que le débat sur la variété humaine au XVIIIe siècle fait intervenir plusieurs candidats à la « biologisation » de la race[50]. Pourtant, en 1766, dans son *Systema Naturae*[51], le naturaliste Linné fonde sa division de l'humanité sur le concept de tempérament. Ainsi, lorsqu'il établit son tableau des variétés humaines, c'est bien à partir d'une division humorale entre les hommes qu'il fonde son essentialisme racial. Le tempérament permet d'établir une différenciation interne entre les peuples qui rejette ou minimise le déterminisme environnementaliste au profit d'une causalité physiopathologique établissant des identités de groupes ou de types humains.

L'humanité est divisée en cinq groupes chez Linné, qui définit les Américains, les Européens, les Asiatiques et les Africains ; à ces quatre grands types, il en rajoute un cinquième, composé de toutes sortes de « monstres », dont les Hottentots. Tout y est distribué selon les règles de l'art : chacun des quatre tempéraments correspond à une physionomie caractéristique (le système pileux est l'une de ces grandes caractéristiques), des penchants psychologiques ou un caractère et des capacités intellectuelles. Chez Linné, les Américains ont un tempérament bilieux, « cholérique », les Européens sont sanguins, les Asiatiques mélancoliques. Et ce sont les Africains qui sont *flegmatiques*.

Il a fallu un siècle pour que se mette en place un discours raciste. Un siècle, au cours duquel le concept de race a acquis une signification nouvelle, supplantant la religion, la morale ou les mœurs jusqu'alors tenus pour les premiers facteurs de différenciation et de hiérarchisation des peuples et des nations.

---

50. À l'exception du remarquable travail de Roxann WHEELER, *The Complexion of Race : Categories of Difference in Eighteenth-Century British Culture*, University of Pennsylvania Press, 2000, qui souligne la complexité du processus de formation du concept moderne de race au XVIIIe siècle.

51. Système que Buffon considérera comme une taxinomie n'étant en rien fidèle à l'ordre de la nature. Sur la querelle entre Buffon et Linné, voir Phillip R. SLOAN, « The Buffon-Linnaeus controversy », *Isis*, 67, n° 3, 1976, p. 356-375, et Patrick TORT, *La Raison classificatoire*, Aubier, Paris, 1989.

Le tempérament a permis d'opérer ce processus de naturalisation des différences anthropologiques, au fondement de la définition moderne de la race. L'histoire du concept de tempérament, le fait qu'il ait efficacement produit et maintenu la différenciation sexuelle des corps et leur hiérarchisation l'ont transformé en outil idéal au moment de l'intensification de la colonisation et de la traite négrière. Idéal car il renferme l'idée d'un principe endogène de différenciation et de discrimination articulé aux catégories du sain et du malsain. En ce sens le tempérament peut être défini comme un schème, comme une notion-outil, il fournit la règle d'application des catégories politico-historiques que sont le sexe ou la race. Autrement dit, à l'âge classique, le tempérament a non seulement permis de conceptualiser le sexe et la race, mais il a également permis de définir à qui s'appliquaient en priorité ces catégories : les femmes, les Indiens, les esclaves… Il s'agit donc d'un schème cognitif et discursif qui participe d'un dispositif de pouvoir. La fabrication d'un tempérament de race sur le modèle d'un tempérament de sexe sert non seulement l'idéologie esclavagiste qui se développe au cœur des Lumières européennes, mais aussi un rapport de force éminemment violent, une domination plantocratique précaire, à l'œuvre dans les colonies françaises.

11

Les « maladies des nègres »

Médecine coloniale et médecine esclave

À partir de la fin du XVIIe siècle, un genre médical nouveau se développe : la médecine coloniale. La « Zone Torride » est réputée pathogène : l'acclimatation est réputée difficile[1] ; le climat et les conditions de vie sont une source de maladies encore inconnues des médecins. Nombre de traités sont consacrés à ces maladies ainsi qu'aux moyens de conserver sa santé dans les colonies[2]. Ils divisent communément la population des possessions outre-mer en trois ou quatre grandes catégories : les « habitants » (c'est-à-dire les colons propriétaires), les Indiens ou les Caraïbes (Indiens des Antilles), les esclaves et les créoles (c'est-à-dire la population blanche ou noire, servile ou libre, née dans la colonie).

Cette médecine coloniale est née de la médecine navale – médecine des « gens de mer » –, rendue nécessaire par l'allongement des voyages, notamment des traversées transatlantiques, et le contact avec les environnements pathogènes des Antilles, de l'Afrique et de l'Amérique. Au XVIIe siècle, la médecine navale se développe considérablement car les enjeux attachés à la survie des « gens de mer » sont à la fois militaires

1. Voir Karen Ordahl KUPPERMAN, « Fear of hot climates in the Anglo-American colonial experience », *in* Kenneth F. KIPLE et Stephen V. BECK, *Biological Consequences of European Expansion 1450-1800*, Ashgate, Londres, 1997, p. 175-240, et Michael A. OSBORNE, « Acclimatizing the world : a history of the paradigmatic colonial science », *Osiris*, vol. 15, 2000, p. 135-151.

2. Voir le chapitre « The history and scholarship of enslavement and medicine », *in* Katherine BANKOLE, *Slavery and Medicine. Enslavement and Medical Practices in Antebellum Louisiana*, Garland Publishing, New York, 1998, p. 5-26.

et commerciaux. En France, sous l'influence de la politique de Richelieu, les activités maritimes sont soumises à un contrôle sanitaire. Dans les années 1630, un ou plusieurs chirurgiens barbiers sont embarqués sur chaque bateau et à la fin du siècle des hôpitaux sont créés dans les grands ports comme Rochefort ou Toulon.

Une maladie est rapidement considérée comme étant propre aux marins, mais aussi aux soldats et aux prisonniers : le scorbut. En 1498, Vasco de Gama, après douze semaines de mer, note les progrès d'une maladie affectant les membres de son équipage, qui cause une enflure des membres inférieurs, des mains et des gencives, des taches noirâtres et sanguinolentes sur le corps, et provoque une mort subite. Comme la maladie cesse rapidement dès que les hommes ont mis pied à terre, on l'impute à l'air marin, au vent froid et salin, et à une certaine tristesse ou mélancolie. Le chirurgien naval James Lind, célèbre pour ses travaux sur le sujet au XVIIIe siècle, pense que la maladie survient en mer « parce que le climat froid et humide resserrait ou bouchait les pores de la peau [3] ». Pour la majorité des médecins, le principe morbifique est associé au froid et à l'humidité de l'air qui provoquent un engorgement des humeurs dans le corps et un excès d'humeur mélancolique ou flegmatique [4].

La nosologie est ici comparable aux traités des maladies liées à des professions, qui apparaissent au début du XVIIIe siècle, le plus connu étant celui de l'Italien Ramazzini [5]. Toutefois, dans

3. Cité par Kenneth CARPENTER, « Scorbut », *in* Dominique LECOURT (dir.), *Dictionnaire de la pensée médicale*, PUF, Paris, p. 1021. Voir James LIND, *A Treatise of the Scurvy in Three Parts. Containing an Inquiry into the Nature, Causes and Cure of that Disease, Together with a Critical and Chronological View of What Has Been Published on the Subject*, A. Millar, Londres, 1753, et le commentaire de Kenneth CARPENTER, *The History of Scurvy and Vitamin C*, Cambridge University Press, Cambridge, 1986.

4. Voir ANONYME, « Mémoire sur les causes des maladies des gens de mer », 1792, Les Archives de la Révolution française BNF, 9.5.301 Fac-sim. de ms. de Paris, dans lequel l'auteur présente son ventilateur naval pour remédier non pas tant à la morbidité de l'air marin qu'à celle des cales des navires.

5. Bernardino RAMAZZINI, *Essai sur les maladies des artisans*, 1700, traduit par Antoine-François de Fourcroy, chez Moutard, Paris, 1777. Voir le chapitre sur les maladies des artisans dans Philippe HECQUET, *La Médecine, la chirurgie et la pharmacie des pauvres... Avec la vie de l'auteur, contenant un catalogue raisonné de ses ouvrages*, édition par Lacherie, Lefebvre de Saint-Marc, G. L. C. Pérau, 3 vol., La Veuve Alix, Paris, 1740. Il faut également citer les travaux de Pajot de Charmes à la veille de la Révolution, notamment ses mémoires sur les maladies des ouvriers des manufactures de draperie, sur les ouvriers de la verrerie, ou sur les maladies des imprimeurs. « Le vocabulaire relativement serein, toujours précis, employé pour parvenir à décrire des conditions d'emploi par moments insupportables, qui tirent le corps humain au-delà de ce qu'il peut subir et désagrègent à la fois sa santé et sa dignité, témoigne

les deux cas – maladies des gens de mer ou maladies des artisans, par exemple –, ce n'est jamais le tempérament des individus qui est en cause mais bien l'air, le climat, le régime et les activités. Il en va de même pour les maladies des gens des colonies : elles ne sont pas le fait de leur « naturel », mais bien du climat de la « Zone Torride » et des conditions de vie dans les colonies. À une exception près : les esclaves.

Aux XVIIe et XVIIIe siècles, les seules catégories sociales qui font l'objet de traités de pathologie spécifiques sont les « gens de mer », les artisans, les enfants, les femmes, les colons et les esclaves. Toutefois, dans le cas des marins, des colons, des artisans et même des enfants, la morbidité de ces populations est due à des facteurs exogènes qui sont respectivement : les voyages en mer, le climat, les conditions de travail (pollution, intoxication, épuisement, malnutrition...), et les négligences ou les mauvais traitements des sages-femmes et des nourrices. Par conséquent, seuls les esclaves et les femmes souffrent de maladies spécifiques qui sont le fait d'un tempérament par nature pathogène. La référence de Linné au tempérament flegmatique des Africains n'est donc pas isolée : elle est en grande partie puisée dans une littérature médicale abondante pour qui les esclaves, les « Nègres », sont des êtres naturellement plus faibles que les Européens car sans cesse accablés de mille maux. Cette médecine des esclaves a joué un rôle déterminant dans l'élaboration et l'imposition du discours raciste propre au système esclavagiste. Elle a fourni la trame du discours des dominants, au moment où la naturalisation des rapports sociaux à l'œuvre dans la société esclavagiste s'est révélée une stratégie efficace pour contribuer à maintenir la domination d'une population européenne de plus en plus en minorité.

La traite transatlantique est officiellement autorisée par Louis XIII en 1642. Elle marque le développement sans précédent de la déportation de millions d'individus : on estime environ à onze millions le nombre total de personnes déportées d'Afrique vers les Amériques entre le XVIIe et le XIXe siècle.

Les colonies françaises les plus importantes sont Saint-Domingue (Haïti) – la plus rentable de toutes les Caraïbes –, la Martinique, la Guadeloupe, la Guyane, île de France (Maurice), île Bourbon (Réunion), la Louisiane ; à cela il faut ajouter les

---

de la façon dont des notables "peuvent" parler du peuple. Leur tâche est de limiter le mal, non de s'insurger », Arlette FARGE, « Les artisans malades de leur travail », *Annales ESC*, 1977, p. 995.

comptoirs répartis sur ce que l'on appelle alors la côte de Guinée, comme par exemple ceux de Saint-Louis et de Gorée. Le système esclavagiste est officiellement soumis à une législation royale. En 1685, préparé par Colbert sous le règne de Louis XIV, le Code noir est promulgué en mars. En France, le commerce des esclaves est l'un des plus lucratifs qui soient. Au cours du XVIIIe siècle, la traite connaît un développement continu, mobilisant entre 1713 et 1793 plus de 3 300 navires à partir de Bordeaux, Nantes et Le Havre.

> « À leur arrivée aux îles, chaque tête de Nègre se vend depuis trois jusqu'à cinq cents livres, suivant leur jeunesse, leur vigueur et leur santé. On ne les paie pas pour l'ordinaire en argent, mais en marchandises du pays. Les Nègres sont la principale richesse des habitants des îles. Quiconque en a une douzaine peut être estimé riche [6]. »

Dès lors, à raison de 8 000 à 25 000 Africains [7] annuellement embarqués et déportés dans les colonies françaises, on comprend pourquoi les questions sanitaires liées aux « cargaisons » et à l'état de la force de travail sur les « habitations » (qui comprenaient pour la plupart des plantations, des sucreries, des ateliers et la maison du maître à proprement parler) deviennent prioritaires.

La « Zone Torride » des Amériques est réputée pour être un environnement extrêmement hostile : les Européens sont familiarisés avec l'idée que les climats chauds des colonies sont des climats pathogènes ; les maladies y sont nombreuses, inévitables et, dans la plupart des cas, mortelles. Ainsi, les colons s'élèvent parfois contre la mauvaise réputation sanitaire de leur île :

> « Il faut premièrement qu'ils [les Européens] ne fassent aucune attention à des discours qui ne tendent qu'à leur inspirer une terreur panique ; tels que ceux-ci, que le bon homme de Saint-Domingue ne pardonne guère, qu'il faut que tout le monde lui paie le *tribut* : mensonge odieux, imposture grossière ! Combien y est-il de gens qui n'ont jamais été malades ? La frayeur qu'on inspire à la plupart rend souvent très dangereuse la plus légère indisposition qu'ils éprouvent ; au moindre mal de tête, à la migraine qui les saisit, ils se

---

6. Chevalier DE JAUCOURT, « Nègres (commerce) », *in Encyclopédie*, *op. cit.*, tome 11, p. 80.

7. En 1776, le médecin Dazille écrit même qu'on transporte annuellement environ 25 000 Africains rien qu'à Saint-Domingue et 3 000 aux îles de France et de Bourbon, M. Dazille, *Observations sur les maladies des nègres, leurs causes, leurs traitements et les moyens de les prévenir*, chez Didot le Jeune, Paris, 1776, p. 22.

croient déjà morts, s'abandonnent au désespoir et deviennent véritablement malades [8]. »

Quoi qu'il en soit, les autorités médicales et politiques peinent à assainir l'environnement des populations libres, à commencer par celui de leurs garnisons [9].

Pourtant, si la politique de santé telle qu'elle se déploie dans les colonies doit composer avec la mort et la maladie, on peut dire que cette contrainte, en grande partie matérielle, a donné lieu à une nouvelle forme de politique, à une instrumentalisation systématique des catégories du sain et du malsain comme catégories de pouvoir.

D'une part, étant donné les profits du commerce triangulaire, la politique du royaume favorise clairement le renouvellement des esclaves aux dépens d'une reproduction sur site de la population servile : le taux de mortalité parmi les esclaves est démesuré (entre 1784 et 1791, par exemple, le nombre de décès dépasse de 75 000 celui des naissances à Saint-Domingue). D'autre part, la maladie et la mort ont une fonction idéologique déterminante quant à la pérennité de la domination des colons. Lorsqu'on regarde en détail les traités des maladies des Noirs, on s'aperçoit qu'il existe une subtile classification des maladies des esclaves qui permet de soutenir une hiérarchisation physiopathologique des populations dans les colonies.

Le discours médical entretient, parmi les colons, une crainte relative à la meilleure résistance des esclaves à l'environnement. L'intérêt est clair : en insistant sur les qualités physiques des Africains, le pouvoir médical entretient l'idéologie esclavagiste. Il légitime les conditions de vie extrêmement dures des esclaves sous prétexte qu'ils peuvent physiquement les endurer ;

8. M. BOURGEOIS, « Mémoire sur les maladies les plus communes à Saint-Domingue : leurs remèdes ; le moyen de les éviter ou de s'en garantir moralement et physiquement », dans *Voyages intéressants dans différentes colonies françoises, espagnoles, anglaises, etc. ; contenant des observations importantes relatives à ces contrées et un Mémoire sur les maladies les plus communes à Saint-Domingue*, édité par M.N., Jean-François Bastien, Londres et se vend à Paris, 1788, p. 435-436. Le « tribut » est le nom donné à une maladie qui affecte principalement les nouveaux arrivés aux colonies, il s'agit vraisemblablement de l'insolation.

9. La santé des troupes est un enjeu militaire et stratégique. Parlant des maladies qui touchent les Européens, Dazille écrit : « Ces maladies sont, comme aux environs des bords du Gange, des fièvres putrides, malignes et des dysenteries [...] ; c'est pour cela que les Anglais dans le Bengale, et les Hollandais à Batavia tiennent leurs troupes cantonnées dans des lieux élevés, d'où elles viennent faire le service des villes ; sans cette sage précaution, leurs garnisons périraient en peu de temps : il serait à souhaiter pour l'humanité que les autres nations établies dans des colonies insalubres prissent les mêmes précautions », DAZILLE, *Observations sur les maladies des nègres, leurs causes, leurs traitements et les moyens de les prévenir*, *op. cit.*, p. 19.

il encourage une répression impitoyable de la moindre opposition, compte tenu de la supériorité numérique, mais aussi physique, des esclaves. Parallèlement, la médecine stigmatise, souvent dans les mêmes textes, les faiblesses, l'infériorité du tempérament des Africains, notamment face à certaines affections : le tempérament intervient alors pour naturaliser le rapport de domination, indépendamment du climat, entre Blancs et Noirs, ces derniers étant apparentés au tempérament flegmatique.

Dans ce jeu rhétorique du sain et du malsain, les Noirs sont *survirilisés*, assimilés à des hommes particulièrement vigoureux, aux qualités physiques supérieures, même si cette conception de la virilité renvoie à une virilité animale, celle d'une bête de somme. En même temps, les esclaves sont *dévirilisés*, efféminés, leur constitution est subsumée sous un tempérament traditionnellement féminin, pathogène et les maladies qui leur sont prétendument propres sont toutes définies sur le modèle des maladies des femmes.

Les mentions aux maladies des Noirs se trouvent réunies soit dans des traités médicaux, soit dans des récits de voyages, soit dans des documents administratifs relatifs à la gestion des colonies [10]. Elles sont généralement réparties en différentes catégories : les maladies liées aux conditions de vie, les maladies liées au climat et communes avec les « habitants », les maladies propres aux Noirs, qui sont ou bien spécifiques à leur tempérament, ou bien importées avec eux.

Concernant les maladies liées aux conditions de vie, elles sont d'abord le fait de la capture, de la détention, de la traversée :

> « Le lendemain en louvoyant, j'ai gagné la rade du fort Saint-Pierre, où j'ai mouillé avec trois cents trente-quatre Noirs, vivants, m'en étant mort cent dans la traversée, depuis Ardres, jusqu'à la Martinique. Ainsi, mon voyage a duré, de France, à Ardres, deux mois trois jours, et d'Ardres aux îles, trois mois moins sept jours. Après avoir déchargé mes Noirs, et avoir fait recharger mon navire, de sucre et de tabac pour la France, j'ai mis à la voile le 21 juillet [11]. »

---

10. C'est le cas par exemple du mémoire de M. Bourgeois, secrétaire à la chambre d'agriculture du Cap (principale ville de Saint-Domingue).

11. V., I. C. S. D., *Relation de ce qui s'est passé dans les Isles et Terre-Ferme de l'Amérique, pendant la dernière Guerre avec l'Angleterre, et depuis en exécution du Traité de Breda. Avec Un Journal du dernier Voyage du S. de la Barre en la Terre-Ferme, et Isle de Cayenne, accompagné d'une exacte description du Pays, mœurs et naturel des Habitants*, chez Gervais Cloizier, Paris, 1671, p. 469-470. Plus d'un siècle plus tard, participant à l'« expédition » napoléonienne en Égypte, le médecin Louis

Sur les bateaux négriers, les déportés périssent en nombre, soit de maladie, soit de faim et de soif quand les vivres viennent à manquer, soit ils sont assassinés en cas de révolte ou, à l'époque où la traite est interdite [12], pour éviter à l'armateur des amendes. Le scorbut est l'une des causes principales de mortalité. Dans son *Voyage aux Antilles*, Leblond fait le récit d'un navire négrier débarquant à King's Town avec les restes d'une cargaisons de 360 africains, dont 200 ont été jetés à la mer après une traversée de trois mois, soit le double qu'à l'accoutumée.

> « La raison en est simple, la dyathèse scorbutique s'était emparée de ces Nègres enchaînés dans la cale et dans les entreponts, salis de leurs propres déjections fétides, dont il n'était pas aisé de les délivrer, respirant un air infect, stagnant et excessivement chaud, privés d'alimens frais, éprouvant depuis longtemps la disette d'eau [...]. Toutefois comment se fait-il que de tout l'équipage du bâtiment au nombre de vingt-deux hommes blancs, continuellement occupés à soigner ces malheureux Noirs, à vider leurs immondices, à transporter, à jeter leurs cadavres à la mer, respirant le même air contagieux et éprouvant la même disette d'eau et d'alimens frais, comment se fait-il que pas un n'ait été atteint de cette dysenterie [13] ? »

D'emblée la question est posée d'une prédisposition physiopathologique des populations africaines déportées ; l'explication faisant fi du fait que l'équipage ait certainement rationné à outrance les provisions destinées aux captifs, en partie pour sa propre survie. De plus, dans le cas du scorbut, c'est-à-dire d'une avitaminose, il n'y a pas de phénomène de contagion, d'où la perplexité du médecin quant à l'absence de transmission du mal malgré l'extrême proximité de l'équipage avec la « marchandise ». Pour la majorité des médecins, le scorbut n'est

---

Frank précise qu'après une longue marche à travers le désert les esclaves sont vendus sur le marché du Caire. L'acheteur ne paie pas tout de suite la somme, il a vingt jours pour constater quelque défaut comme par exemple « ronfler beaucoup, pisser au lit ». Plus loin, il écrit : « Il est vraisemblable que les Ghellabis [marchands d'esclaves] perdraient moins de Nègres s'ils leur donnaient quelques soins, et surtout s'ils voulaient consulter quelque médecin européen ; mais ou leur intelligence n'arrive pas à saisir cette vérité, ou bien ils ne sont point disposés à faire aucune dépense de ce genre », Louis FRANK, *Mémoire sur le commerce des nègres au Kaire et sur les maladies auxquelles ils sont sujets en y arrivant*, Armand Kœnig, Paris, 1802, p. 43.

12. La traite est rendue illégale sur les navires français par une ordonnance de janvier 1817.

13. J.-B. LEBLOND, *Voyage aux Antilles et à l'Amérique méridionale, commencé en 1767 et fini en 1802*, Arthus-Bertrand, Paris, 1813, p. 214-215. Voir également *Les Voyages de Jean-Baptiste Leblond, médecin naturaliste du Roi aux Antilles, en Amérique espagnole et en Guyane de 1767 à 1802*, édition par Monique Pouliquen, Paris, Éditions du CTHS, 2001.

cependant pas particulièrement considéré comme une maladie propre aux Noirs, bien qu'elle ait décimé nombre de déportés au moment de la traversée transatlantique.

Cela étant, les médecins remarquent que les esclaves sont bien plus touchés par les maladies et la mort que les Européens ou les créoles et ce dans toutes les possessions françaises outre-mer. Le docteur Dazille écrit ainsi :

> « La mortalité des Nègres étant à peu près partout la même, dans les pays malsains comme dans les climats les plus salubres, dans ceux, en un mot, où les autres vivent, pour ainsi dire, exempts des maladies, on ne peut raisonnablement rapporter cette mortalité excessive qu'à des *causes qui leur sont particulières dans ces climats divers* [14]. »

Pour les médecins, les causes de cette mortalité exceptionnelle sont généralement le fait de la pauvreté de leur nourriture, de l'absence de vêtements, du genre de vie et du travail auxquels sont réduits les esclaves. Tenus au travail forcé aux champs, aux ateliers ou dans les maisons de maîtres, leur nourriture se compose, dans les îles, essentiellement de racines de manioc et de bananes dont ils ont souvent la charge de la culture [15]. Les maladies sont donc d'abord le fait des conditions de détention et d'exploitation des esclaves. Pourtant, les auteurs, médecins ou administrateurs, s'accordent tous sur une liste de maladies auxquelles les esclaves semblent davantage résister que les colons et sur une série de maladies qu'ils considèrent propres aux Noirs et qui épargnent, au contraire, les Blancs.

Les Noirs ne semblent pas pâtir de la fièvre jaune, alors qu'elle fait des ravages dans toutes les Antilles. La fièvre jaune est définie comme un pourrissement des humeurs, qui gangrène tout le corps et provoque des vomissements de matières putrides. La maladie se déclare en général dans le carénage, puis se répand dans la ville. Les bateaux mouillés en rade sont infectés et, faute d'hôpital où l'on pourrait transporter les malades, la plupart des marins meurent.

> « Un chien n'avait cessé d'aboyer toute la nuit, à bord d'un petit bâtiment américain. Ne voyant paraître personne sur ce bâtiment, on

---

14. DAZILLE, *Observations sur les maladies des nègres, leurs causes, leurs traitements et les moyens de les prévenir*, *op. cit.*, p. 23. C'est moi qui souligne.

15. Sur l'organisation du travail dans la société esclavagiste, voir Caroline OUDIN-BASTIDE, *Travail, capitalisme et société esclavagiste. Guadeloupe, Martinique (XVIIe-XIXe siècle)*, La Découverte, Paris, 2005.

fut à bord, et l'on trouva les gens de l'équipage morts ou mourants ; les autres s'étaient esquivés probablement avec la chaloupe. Je vis le capitaine en débarquant ; il avait des taches livides sur le visage et sur la poitrine, les lèvres et les gencives saignantes, il était jaune comme un coing, et vomissant de temps en temps une matière noirâtre et infecte ; il expira au bout de deux heures. Il n'y avait pas à se tromper sur le caractère de la maladie qui était bien certainement la fièvre jaune [16]. »

L'apparente immunité des esclaves face à certaines fièvres suscite d'abord la crainte d'une diminution critique de la population militaire blanche des colonies. Le chirurgien naval anglais, John Hunter, affirme que le taux de mortalité des troupes anglaises à la Jamaïque en 1782 est de 25 % ; en trois ans, sur les 7 000 soldats envoyés, à peine 2 000 sont sur pied [17]. Il note que les troupes nouvellement débarquées, en remplacement des morts ou des malades, sont à leur tour attaquées par la fièvre jaune, alors que l'armée espagnole, en incorporant des créoles, semble mieux résister. Les hommes libres étant très largement minoritaires dans les colonies, les fièvres qui tuent les Européens, « nouveaux arrivés » ou même « acclimatés », font redouter des actes de désobéissance de la part des esclaves, qui pourraient tirer parti de cette situation, voire des révoltes [18].

Ainsi, le pouvoir physiologique de résistance à la maladie [19] annonce un pouvoir de rébellion, une résistance politique au système esclavagiste en son entier. Dans de très nombreux

16. DAZILLE, *Observations sur les maladies des nègres, leurs causes, leurs traitements et les moyens de les prévenir, op. cit.*, p. 122.

17. John Hunter, *Observations on the Diseases of the Army in Jamaica*, Londres, 1788, cité par Kenneth F. KIPLE et Kriemhild Coneè ORNELAS, « Race, war and tropical medicine in the eighteenth-century caribbean », *in* David ARNOLD (dir.), *War Climates and Western Medicine : The Emergence of Tropical Medicine, 1500-1900*, Rodopi, Amsterdam, Atlanta, 1996, p. 69. Sur la fièvre jaune, voir également Kenneth F. KIPLE et Virginia HIMMELSTEIB KING, *Another Dimension to the Black Diaspora : Diet, Disease, and Racism*, Cambridge University Press, Cambridge, 1981, p. 29 *sq.*

18. Leblond s'inquiète, par exemple, des chiffres de la population de Sainte-Lucie : 2 000 Blancs, 1 000 Noirs ou mulâtres libres, face à 14 000 esclaves.

19. À Cuba, au milieu du XIXe siècle, un observateur remarque à propos de cette résistance de l'homme noir : « Il y a sans aucun doute quelque chose dans sa constitution ou une disposition organique, nous ne savons pas quoi, une influence ou un pouvoir de résistance qui lui fait passer l'épreuve de la malaria, et des fièvres dévastatrices résultant à ce que nous appelons bien malaria quand elles agissent sur les hommes blancs », John DAVY, *The West Indies, Before and Since Slave Emancipation*, Londres, 1854, cité par Kenneth F. KIPLE et Kriemhild Coneè ORNELAS, « Race, war and tropical medicine in the eighteenth-century caribbean », *op. cit.*, p. 71. Cette « résistance » peut être due à une déficience d'une enzyme du sang qui empêche la prolifération de la maladie. Cette quasi-immunité se double d'une résistance acquise – le fait de souffrir de la maladie et d'en réchapper ; ce qui explique le fait que les « Blancs acclimatés » aient également moins souffert de certaines maladies.

textes, la crainte omniprésente des colons est perceptible [20] : ils vivent dans la peur de la maladie et de la mort ; une peur qui n'a d'égale que celle des soulèvements d'esclaves. Une peur entretenue par l'incompétence manifeste du personnel médical. À Saint-Domingue, pendant l'hiver 1755, une épidémie de « fièvre putride » a ravagé toute l'île, et la pratique de la saignée finit d'achever les mourants. Dans ces conditions, les observateurs accusent le personnel médical qui pratique dans les colonies : la plupart ne sont que des chirurgiens barbiers, chirurgiens de navire, qui ne savent faire que des saignées [21]. Or, dans les territoires d'outre-mer, les Blancs ont tout intérêt à garder tout leur sang.

> « Les Européens qui arrivent dans le pays sont heureux quand on leur conserve le sang qu'ils y apportent. Le chile par lequel ils pourraient le remplacer ne vaut rien ou presque rien, de quelque bonne nourriture dont on use à Saint-Domingue, parce qu'en général la meilleure y est très mauvaise ; outre que les aliments par eux-mêmes n'ont guère de substance, il règne un défaut de police impardonnable [22]. »

Le climat, les maladies, le genre de vie, la négligence des autorités sanitaires et un mauvais régime font que « les Européens végètent dans la Zone Torride [23] ». Leur tempérament perd ses qualités faute de pouvoir reproduire ses forces et sa vigueur. En face, les esclaves n'utilisent jamais la saignée, ni les lavements. Parmi eux, nombreux sont ceux qui possèdent une parfaite connaissance de la médecine : n'est-ce pas le secret de leur résistance aux fièvres ? Leurs médecins utilisent des coctions, des cataplasmes, des tisanes à base de plantes, dont ils connaissent toutes les vertus ; ils pratiquent également les massages en cas de foulure ou de luxation et même l'inoculation. À Cayenne, rapporte le médecin Leblond, les Indiens, les Noirs, les créoles et mêmes les femmes, entendons les femmes

---

20. Face à la peur de la fièvre jaune : « Les bons vins de Bordeaux et de Madère n'étaient pas épargnés, comme fortifiant et très propres à bannir de l'esprit la crainte de cette funeste maladie », LEBLOND, *Voyage aux Antilles et à l'Amérique méridionale, commencé en 1767 et fini en 1802*, *op. cit.*, p. 210.

21. Voir Bernard GAINOT, « La santé navale et l'Atlantique comme champs d'expérimentation : les "hôpitaux flottants" », *Dix-Huitième Siècle*, 33, 2001, p. 165-182.

22. BOURGEOIS, « Mémoire sur les maladies les plus communes à Saint-Domingue : leurs remèdes ; le moyen de les éviter ou de s'en garantir moralement et physiquement », *op. cit.*, p. 429. L'auteur affirme que les boucheries ne sont pas contrôlées, qu'on ne vérifie pas si les bêtes sont saines et qu'il y a une trop grande consommation de viandes, de poissons salés et de viande de porc.

23. LEBLOND, *Voyage aux Antilles et à l'Amérique méridionale, commencé en 1767 et fini en 1802*, *op. cit.*, p. 148.

européennes, se font piquer par un serpent pour se préserver de son venin, selon la méthode des Indiens et des esclaves :

> « Nous aurons des occasions de voir que cette doctrine de guérir une maladie par une autre n'est nullement imaginaire, et que, dirigée convenablement, elle peut beaucoup étendre les progrès de la science médicale [24]. »

Cette maîtrise d'un savoir salutaire, celui des moyens de conserver la santé, inquiète et intrigue les colons :

> « Notre colonie possède une infinité de Nègres et même de Négresses qui exercent la médecine, auxquels on voit beaucoup de Blancs se confier [25]. »

On a même vu, écrit le même auteur, un chirurgien atteint du mal vénérien s'en remettre aux

> « Nègres et Négresses qui réparaient ce que leur art [aux chirurgiens des colons] n'avait pu faire [26] ».

Dans son mémoire sur les maladies à Saint-Domingue, Bourgeois note qu'il a essayé à plusieurs reprises d'extirper aux esclaves leur savoir, mais que ces derniers préfèrent garder leur « secret inviolable [27] », quels que soient la somme d'argent ou les biens qu'on leur propose en échange. Est-ce l'aveu que les médecins des esclaves sont plus savants que les médecins européens ? Bourgeois considère que les remèdes à base de plantes des esclaves sont souvent trop forts pour les colons, mais « nos habiles disciples d'Hippocrate corrigeraient aisement ce défaut, et trouveraient le secret d'en composer un très bon remède », comme l'ont fait les Anglais en Jamaïque, précise-t-il [28]. Bajon, médecin célèbre de Cayenne, écrit également :

---

24. *Ibid.*, p. 360.

25. BOURGEOIS, « Mémoire sur les maladies les plus communes à Saint-Domingue », *op. cit.*, p. 476. Déjà au début du siècle, le père Labat s'étonne que les Africains pratiquent la médecine : « Je me suis trompé quand j'ai dit qu'il n'y avait point de Médecins parmi les Maures et chez les Nègres. Il ne serait pas juste qu'ils fussent plus exempts que les autres hommes de la suite du péché originel, ils ont des maladies pour les faire souffrir, et des Médecins pour les tourmenter », Jean-Baptiste LABAT, *Nouvelle Relation de l'Afrique occidentale : contenant une description exacte du Sénégal et des païs situés entre le Cap-Blanc et la rivière Serrelionne*, 5 vol., Paris, chez Guillaume Cavelier, 1728, III, p. 89.

26. BOURGEOIS, « Mémoire sur les maladies les plus communes à Saint-Domingue », *op. cit.*, p. 498.

27. *Ibid.*, p. 487.

28. *Ibid.*, p. 501.

> « Outre les plantes dont nous venons de parler, les Négresses en ont une infinité d'autres dont elles font de très grands secrets, et qu'il n'est guerre possible de connaître [29]. »

Le savoir des Indiens caraïbes est également loué, tout autant que convoité par les médecins européens, notamment celui des femmes :

> « Pendant le temps des lochies, la mère reste oisive ou couchée sur une planche près d'un petit feu, et va se laver de temps en temps ; on prétend que ces bains d'eau froide préservent la mère du *prolapsus uteri* [30]. »

Pour les esclaves, comme pour les Indiens caraïbes, le fait de ne pas transmettre ce savoir équivaut à une forme de résistance ; on comprend alors comment au moment de la colonisation des Amériques une lutte acharnée pour la survie a été menée, au cours de laquelle le savoir médical a constitué une véritable arme de part et d'autre [31]. Du côté des colons, des planteurs et des négriers, les connaissances médicales des esclaves fascinent et terrifient : si les Africains sont capables de sauver des vies, ils sont également capables de tuer. Thibault de Chanvalon à la Martinique propose que l'on fasse eunuques les esclaves « qui seraient mêlés de traiter des maladies, que l'on aurait surpris avec des simples ou ingrédients inconnus [32] ». L'un des épisodes les plus emblématiques de cette peur collective est une affaire d'empoisonnement survenue à Saint-Domingue au milieu du XVIIIe siècle, celui qu'on accuse étant aussi l'un des meneurs des premiers soulèvements d'esclaves dans l'île :

> « Il en a coûté cher à M. Le Normand de Mézi et à la colonie, pour n'avoir pas su qu'un nommé Macandal, Nègre de Mezurade,

29. D. Bajon, *Mémoires pour servir à l'histoire de Cayenne et de la Guiane française*, 2 vol., chez Gangé, la veuve Duchesne, Paris, 1777, I, *Mémoire*, IV, p. 114.

30. Leblond, *Voyage aux Antilles et à l'Amérique méridionale, commencé en 1767 et fini en 1802*, *op. cit.*, p. 181.

31. Voir Francis Brooks, « The impact of disease », *in* George Raudzens (dir.), *Technology, Disease and Colonial Conquests, Sixteenth to Eighteenth Centuries*, Brill, Leiden/Boston, Köln, 2001, p. 127-166. L'un des épisodes les plus fameux de cette guerre est celui qui opposa les Anglais aux Indiens au moment de la cession par les Français d'une partie des Appalaches : « Sur ordre du général anglais Jeffrey Amherst, le commandant de Fort Pitts offrit aux chefs indiens qui le combattaient, au cours d'une négociation, des couvertures infectées par la variole. Il s'agissait d'une première dans ce que nous qualifions aujourd'hui de "guerre bactériologique". L'épidémie se déclencha rapidement chez les Indiens », Howard Zinn, *Une histoire populaire des États-Unis de 1492 à nos jours*, Agone, Marseille, 2002, p. 105.

32. Thibault de Chanvalon, *Voyage à la Martinique*, *op. cit.*, p. 258.

l'avait été [médecin] dans son pays : d'un autre côté, c'est à la prise de ce Nègre, chef de parti, que l'on doit la découverte de cet horrible fléau d'empoisonnement, qui a si fort désolé notre colonie, et qui n'y est encore pas tout à fait éteint [33]. »

L'épisode date de 1758, il est resté célèbre car Macandal avait réussi à organiser une révolte d'esclaves en 1748. Vivant depuis dans la clandestinité, il devient la terreur des colons qui lui prêtent le projet d'empoisonner tous les Blancs de l'île. Dans les récits des colons sur Macandal, on peut lire la plupart du temps que ce sont les Noirs eux-mêmes qui ont livré Macandal dont ils redoutaient les pouvoirs.

Face à l'hécatombe des Européens, l'homme noir apparaît comme un être physiquement supérieur : il est capable à la fois de résister à la maladie, mais aussi de la comprendre et de la maîtriser.

« Je ne revenais pas de mon étonnement en voyant les Noirs vigoureux, affichant la santé sur leurs riants visages. Le contraste avec la mine valétudinaire des Blancs était on ne peut plus remarquable, et je sentis dès lors que l'influence de l'air stagnant, trop chaud et infesté de miasmes, était contraire aux Blancs originaires des zones tempérées, et favorable en quelque sorte, ou du moins peu nuisible à la santé des Noirs originaires de l'Afrique, c'est-à-dire des contrées les plus chaudes que l'on connaisse, où l'influence marécageuse domine dans les plaines que leur insouciance dédaigne de dessécher [34]. »

L'opinion de Leblond nous permet d'introduire le second type de discours sur la résistance physiologique des esclaves aux maladies des colonies. La crainte du pouvoir des Noirs est bien réelle et dans une certaine mesure fondée – en témoigne la permanence des mouvements ou pratiques de résistance sur les habitations –, mais elle est aussi un instrument d'oppression. Paradoxalement, le fait de vanter la capacité physique des esclaves est une justification efficace de l'esclavage. Aux yeux des médecins européens, seuls les Africains ont une constitution adaptée aux conditions de vie dans un climat comme celui des Antilles.

33. Bourgeois, « Mémoire sur les maladies les plus communes à Saint-Domingue… » *op. cit.*, p. 470-471. Il y a véritablement un mythe de l'esclave empoisonneur dans la littérature plantocratique.

34. Leblond, *Voyage aux Antilles et à l'Amérique méridionale, commencé en 1767 et fini en 1802*, *op. cit.*, p. 121-122.

L'esclavage, un régime de santé

Pour les médecins, les Africains jouissent d'un tempérament vigoureux, car le climat des Antilles n'est pas fondamentalement différent de celui de leur région natale, au contraire des Européens qui sont littéralement « transplantés ». La thèse générale est la suivante :

> « Les Nègres dont aucun ne fut attaqué de ces fièvres meurtrières me semblaient d'une nature ou d'une constitution différente de celle des Blancs [...]. Je les comparais aux arbres et aux plantes des pays chauds de la Zone Torride, dont la plupart ne végètent tristement que dans nos serres, et que la moindre gelée tuerait infailliblement. Je comparais aussi les Blancs aux arbres et aux plantes de leurs climats froids, qui [...] dégénèrent dans les climats brûlants des tropiques, au point de perdre la faculté de se reproduire par leurs semences, et je concluais de ces deux comparaisons que l'homme susceptible de vivre à toutes les températures les plus opposées ne conserve cependant toute sa vigueur naturelle que dans le climat où il est né, ou dans des climats analogues [35]. »

À chaque climat, à chaque température de l'air, correspondent un type de tempérament, un type d'hommes et une norme de santé. La santé n'est plus définie comme une capacité illimitée de pâtir sans dommage des changements de climat, de régime ou d'activité. Les qualités du pays, du sol et du climat doivent correspondre à celles des humeurs du corps, puisque la nourriture qui les compose en est extraite. La métaphore de l'arbre est déterminante : la terre nourrit l'arbre ; de la même façon, le sol, le climat, le régime font le tempérament. Seuls les Africains, habitués au climat chaud et humide, peuvent vivre convenablement dans les colonies, car il y a une espèce de sympathie entre leur tempérament et la température, une correspondance naturelle. Climat et tempérament fonctionnent ici comme une nature originaire, un donné fixe et stable, que rien ne peut modifier : chaque individu doit donc veiller à toujours vivre dans un environnement similaire à celui qui l'a vu naître s'il ne veut pas se « dénaturer ».

Commentant l'ouvrage de Leblond lors d'une séance de l'Institut national, les rapporteurs, deux médecins protagonistes de la politique de santé à la fin du XVIIIe siècle, Hallé et Des Essartz, écrivent :

---

35. *Ibid.*, p. 212-213.

> « Ainsi, le Noir, né dans les sables brûlants de l'Afrique, et qui dépérit promptement dans la région froide, est l'habitant indigène ou naturel de la région chaude. Il s'établit une espèce d'harmonie entre son corps et l'impression des exhalaisons des marais, des eaux croupissantes que le soleil dessèche ; une sueur abondante et d'une odeur nauséabonde est le moyen que la nature et la perméabilité de sa peau emploient pour expulser ces miasmes putrides, et lui conserver la santé [36]. »

Chaque type d'hommes obéit à une norme de santé différente et incommensurable, à une façon d'être en bonne santé relative à un milieu natal. Bientôt, la « race » désignera donc, pour une partie de la pensée médicale, cette sédimentation, cette essentialisation des caractéristiques propres d'un organisme relativement à son milieu « originaire ».

L'intérêt politique d'un tel raisonnement est clair :

> « Le travail, auquel on occupe perpétuellement les Nègres, contribue beaucoup, à mon avis, à les débarrasser, par la voie de la transpiration, des sucs grossiers que doivent amasser en eux les aliments dont ils usent. Ils font avec cela des diètes forcées, qui ne nuisent point à leur santé : car ce sont tous les repas que nous accumulons inconsidérablement les uns sur les autres qui nous rendent si valétudinaires, en dérangeant nos estomacs [37]. »

Dans la mémoire de Bourgeois, alors que, dans un premier moment, c'est le « naturel » des esclaves qui leur permettait de résister au climat et à l'esclavage, dans un second moment de l'argumentation, c'est en vérité l'esclavage qui entretient la santé de ces hommes, qui les maintient en bonne santé dans cet environnement. Le travail harassant, depuis le lever du jour jusqu'au soir, une alimentation rudimentaire et réduite à un seul et unique repas [38] sont donc les bases d'un régime de santé propre au tempérament des Noirs.

Si les Africains sont les seuls hommes physiquement et physiologiquement capables de supporter le travail que nécessite

---

36. *Ibid.*, « Procès-verbal lu à la séance du 19 messidor XIII, signé Hallé et Des Essartz et certifié conforme par Cuvier », p. 453.

37. Bourgeois, « Mémoire sur les maladies les plus communes à Saint-Domingue », *op. cit.*, p. 485.

38. Le repas du soir, selon Bourgeois, « mine insensiblement notre tempérament » : « Or les Nègres ne soupent point, ou très rarement ; et ce qu'ils mangent le soir est si léger, qu'en vérité cela n'est pas capable de leur causer d'indigestion : ajoutez qu'ils ne s'endorment que tard, aimant à causer entre eux ; qu'ils retournent au travail au point du jour, exercice qui ranime toutes les facultés arrêtées par la fraîcheur de la nuit, bien moins dangereuse pour eux que le feu qu'ils allument sans cesse et qui échauffe leurs cases », *ibid.*, p. 485-486.

l'exploitation coloniale, l'esclavage est toutefois le seul régime qui permet aux Africains déportés d'être sains et vigoureux. Aucun homme ne serait capable d'assumer leur tâche sans perdre la santé et la vie, mais ce sont ces conditions de vie serviles et ce régime qui en font des hommes sains.

> « La preuve que cet exercice d'un travail journalier leur est salutaire, c'est que les Nègres paresseux sont bien plus maladifs que les autres. On peut l'observer sur toutes les habitations. Ils deviennent hydropiques, malsains, sujets à la colique, aux fièvres et à tous les maux qui désolent les Blancs sous un climat qui exige un exercice continuel pour s'y bien porter. Leur paresse les éloignant du travail, ils seraient des piliers d'hôpital, si l'on ne veillait à les en faire sortir[39]. »

Derrière ce sophisme – si les Africains n'étaient pas tenus en esclavage, ils seraient malades, donc l'esclavage les maintient en bonne santé –, nous trouvons l'une des justifications idéologiques les plus exploitées du système esclavagiste.

Pour les colons et le lobby esclavagiste, il ne s'agit donc pas de soutenir que les esclaves africains sont physiquement supérieurs aux Européens, mais bien de montrer que l'esclavage est le moyen le plus adapté à leur constitution pour les maintenir en bonne santé. En d'autres termes – comme le mariage pour les femmes européennes –, sans l'esclavage, les Noirs sont par nature des êtres physiologiquement inférieurs et maladifs. Par conséquent, dans toute la littérature coloniale du XVIIIe siècle, il n'y a jamais eu la moindre reconnaissance d'une supériorité physique absolue des Noirs par rapport aux Blancs. La prétendue vigueur des esclaves est finalement toujours imputée au régime esclavagiste lui-même.

Il reste désormais à prouver positivement la supériorité physiopathologique des Blancs sur les Noirs. Comment établir une telle hiérarchie ? En définissant un certain nombre d'affections, de maladies propres aux Noirs, c'est-à-dire indépendantes du climat ou des conditions d'existence des esclaves. Il s'agit donc de soutenir que les Noirs sont davantage prédisposés à un nombre plus important de maladies que les Blancs, et que, sans un régime esclavagiste, ils souffriraient d'une multitude de maladies liées à leur tempérament pathogène. Dès les années 1730, le modèle nosopolitique des maladies des femmes est efficacement transposé et utilisé pour justifier et maintenir

39. *Ibid.*, p. 487.

le rapport de domination entre les colons et les esclaves : c'est précisément la fonction politique des traités des maladies des Noirs.

Alors que, dans les textes du XVIIe siècle, les récits de voyageurs ou de médecins ne définissent pas d'affections spécifiques au « naturel » des esclaves [40], au XVIIIe siècle, en revanche, nombre de maladies sont réputées propres à la complexion pathogène des Noirs, à tel point que les médecins estiment que la complexion des Noirs est proche de celle des femmes ou des enfants.

L'un des exemples les plus connus est celui de la maladie du sommeil. Le célèbre chirurgien naval anglais John Atkins dans *The Navy Surgeon* définit la maladie du sommeil, *sleepy distemper*, comme une maladie très répandue parmi les esclaves. Or, la cause de cette « funeste somnolence chez les esclaves est sans aucun doute une surabondance de flegme, ou sérum, déversée dans le cerveau, qui obstrue l'irradiation des nerfs [41] ». Atkins est l'un des premiers médecins ayant développé de façon systématique une pensée polygéniste. Selon lui, les Noirs souffrent de maladies spécifiques du fait d'une certaine « immaturité » constitutionnelle de leurs fibres qui s'apparente à une caractéristique raciale. C'est cette « immaturité » des fibres, que l'on retrouve chez les femmes ou les enfants, qui provoque un excès de l'humeur flegmatique. En assimilant la complexion pathogène des Noirs à celle des femmes, le chirurgien pense montrer l'infériorité de l'homme noir. En plus de la maladie du sommeil, les médecins attribuent de nombreuses autres maladies aux esclaves.

D'autres maladies prétendument typiques de la constitution des esclaves peuvent être définies sur le modèle des maladies hystériques. En ce sens, on assiste à une *hystéricisation* du corps esclave et je propose d'appeler « hystérie raciale [42] » cet

---

40. Par exemple, on ne trouve pas de telles considérations dans le récit de voyage du médecin DELLON, *Relation d'un voyage des Indes orientales*, chez Claude Barbin, Paris, 1685, dans lequel on trouve pourtant un « Traité des maladies particulières aux pays orientaux et dans la route, et de leurs remèdes ».

41. John ATKINS, *The Navy Surgeon : or, a Practical System of Surgery... To Which is Added a Treatise on the Venereal Disease... an Enquiry into the Origin of that Distemper*, C. Ward and R. Chandler, Londres, 1734, appendix, p. 19, cité par Norris SAAKWA-MANTE, « Western medicine and raical constitutions. Surgeon John Atkins'theory of polygenism and sleepy distemper in the 1730s », *in Race, Science and Medecine*, *op. cit.*, p. 35-36.

42. J'emprunte ce terme à BIRNBAUM, « Racial hysteria : female pathology and race politics in Frances Harper's Iola Leroy and W.D. Howells's An Imperative Duty », *African American Review*, 33, n° 1, 1999, p. 7-23.

ensemble de pathologies propres au corps noir ; corps dont la construction et la définition physiopathologique s'opèrent sur le modèle du corps féminin et se confondent même avec lui.

Ainsi, le médecin Leblond note que les Noirs sont affectés par une maladie appelée la *pica* : il s'agit d'une maladie qui altère l'appétit et provoque une dépravation du goût, poussant le malade à manger du charbon, de la cendre ou de la terre. On l'appelle également *malacia* ou névralgie de l'estomac [43]. Cette maladie est longuement décrite dans les traités des maladies des femmes car elle est initialement connue pour toucher les jeunes filles. Cette maladie provoque une pâleur et une langueur générales du corps, exactement comme dans la *chlorose* ou « pâles couleurs », l'hystérie des jeunes filles :

> « Cette maladie qui, comme la chlorose, peut être la suite d'une fièvre aiguë et d'une longue convalescence, attaque principalement les Noirs récemment arrivés de la côte d'Afrique, elle a ordinairement son origine dans les longs chagrins entretenus par le travail forcé, auquel ils ne sont point accoutumés, et surtout par la nostalgie, ou le doux souvenir de leur pays qu'ils regrettent [44]. »

Pour le médecin Thibault de Chanvalon, la pica des Noirs ressemble exactement à la « cachexie des femmes blanches » – suppression des règles [45].

La pica pousse le malade à se laisser dépérir ; parfois il s'enfuit et on le retrouve errant, insensé, ou bien il se pend. Leblond encourage donc les colons à respecter la période d'acclimatation, qui permet aux esclaves à peine débarqués aux Antilles de se remettre quelque peu avant de les mettre progressivement au travail. Le médecin Lafosse préconise une période d'adaptation durant laquelle on encouragera les nègres bossales [46] à se distraire – danse, chant – afin de les guérir d'un chagrin mortel [47]. Mais quand cette période s'achève, la pica peut survenir de toute façon :

> « Les ménagements sont oubliés, on les brusque, et les paresseux finissent par tomber dans la maladie dont nous venons d'esquisser

43. Voir M. G. Levacher, *Guide médical des Antilles ou études sur les maladies des colonies en général et sur celles qui sont propres à la race noire*, J.-B. Baillère, Paris, 1834, p. 184 *sq.* Levacher a été médecin sur les habitations de l'île de Sainte-Lucie.

44. Leblond, *Voyage aux Antilles et à l'Amérique méridionale, commencé en 1767 et fini en 1802*, *op. cit.*, p. 366.

45. Thibault de Chanvalon, *Voyage à la Martinique*, *op. cit.*, p. 117.

46. Se dit des esclaves déportés d'Afrique par opposition aux « Nègres créoles ».

47. J.F. Lafosse, *Avis aux habitants des colonies particulièrement à ceux de l'île Saint-Domingue*, *op. cit.*, p. 99 *sq.*

> le triste tableau. On s'aperçoit qu'ils mangent de la terre, et au lieu de ranimer leur courage par un traitement humain, compatissant, on les menace, on les châtie, on les pousse au désespoir, en portant la barbarie jusqu'à leur mettre des masques de fer et à languette qui leur entre dans la bouche pour les empêcher de mâcher[48]. »

On sait que cet appareillage a été principalement utilisé sur les habitations pour réprimer les esclaves rebelles. Le corps esclave est ici présenté comme un corps incapable de se maîtrisé, dépossédé de lui-même et totalement soumis à l'arbitraire du pouvoir colonial. Enfin, Leblond note que les esclaves ont l'habitude en pareil cas de donner une tisane à base de clous rouillés ou de vieille ferraille avec du gingembre, du jus de citron et du sucre de canne. Le remède pouvait avoir quelque efficacité : on sait aujourd'hui que la « pica » est une affection provoquée par une carence en fer.

Tous les médecins du XVIIIe siècle qui se sont intéressés aux maladies des esclaves notent que les esclaves nouvellement débarqués souffrent de cette mélancolie profonde qui provoque des troubles physiques graves et les rend inaptes au travail. Au traumatisme de la traite, les médecins ajoutent volontiers une particularité des Africains, d'une sensibilité excessive, incapables de surmonter ce déracinement, laminés par leur sort.

Or, cette opinion tend à faire des résistances des maladies propres aux Noirs. Les pratiques de résistances des esclaves ont été systématiquement pathologisées par les colons, afin d'être dépolitisées. En faisant de ces actes (sabotage, empoisonnement, fuite, vol, meurtre, rébellion, suicide…) des maladies, médecins et administrateurs des colonies tentent de contrôler leur exemplarité : Macandal est un fou empoisonneur et non un insurgé dangereux et menaçant ; Solitude[49] est une catin hystérique et non une cheffe rebelle, puissante et respectée.

Dans de nombreux traités médicaux, les médecins insistent sur la propension des esclaves à se suicider comme s'il s'agissait d'une faiblesse de caractère. De fait, les archives regorgent de récits ou de rapports sur des suicides ou des tentatives de suicide des esclaves, mais ces suicides témoignent de la violence inouïe du système esclavagiste et de l'extrême dénuement

48. *Ibid.*, p. 387.

49. Figure de la résistance au moment du rétablissement de l'esclavage en 1802 en Guadeloupe. Enceinte au moment de son arrestation par les troupes de l'Empire menées par Richepance, elle est suppliciée et exécutée le lendemain de son accouchement. Voir Arlette GAUTIER, *Les Sœurs de Solitude*, Éditions caribéennes, Paris, 1985.

dans lequel étaient les esclaves pour lui échapper[50]. La plupart des suicides ont lieu sur les bateaux négriers ou sur les habitations elles-mêmes, mais aussi lorsque, acculés par leurs poursuivants, les esclaves en fuite préfèrent la mort à la torture[51], l'exécution ou la remise en esclavage. Ainsi, en 1733, les planteurs danois de l'île de Saint-Jean sont dépassés par une rébellion esclave sans précédent : retranchés, ils demandent l'aide des Français. La Martinique envoie alors des régiments chargés de rétablir l'ordre. Mais tout au long de la mission, ces milices ne parviendront qu'à trouver des cadavres : les esclaves se sont suicidés par dizaines ; alignés à terre, chaque corps tenait un fusil pointé sur la tempe du voisin[52].

Le « vagabondage » et la « fugue », loin d'être interprétés comme des actes de désobéissance et de rébellion, sont également considérés comme des pathologies : le marronnage est la maladie des Noirs par excellence. Fléau pour les planteurs, le marronnage a été tout au long de la période esclavagiste une pratique commune, très fréquente et très durement réprimée. Le fait de le considérer comme une maladie est là encore une façon de le disqualifier : pour les médecins, la fuite des marrons, loin d'être une pratique de résistance, est un mouvement involontaire, irrépressible, une forme de folie. D'ailleurs, cette maladie est censée s'évanouir avec la « créolisation » des esclaves ; les esclaves nés sur les habitations étant considérés comme plus dociles et de meilleure constitution que les esclaves bossales :

> « Peu de Noirs créoles se livrent au marronnage ; la majeure partie des marrons provient des Noirs importés, qui ont conservé leurs habitudes de paresse et de vagabondage [...]. Au fur et à mesure que les Noirs d'importation disparaîtront, le marronnage diminuera : ce n'est que dans l'enfance ou l'adolescence que les Noirs créoles se livrent au marronnage[53]. »

---

50. Orlando PATTERSON parle en ce sens de « mort sociale », *Slavery and Social Death : A Comparative Study*, Harvard University Press, 1982.

51. S'ils étaient repris, les marrons étaient estropiés ou tués.

52. « Relation exacte de la destruction des Nègres révoltés de l'île de Saint-Jean appartenant au Roi du Danemark », Martinique, 1734, CAOM, D.F.C. XI, 47, 147.

53. Rapport du procureur général, du 23 novembre 1843, Martinique, Exposé général des résultats du patronage des esclaves dans les colonies françaises imprimé par ordre du ministre secrétaire d'État de la Marine et des Colonies, p. 347. Le « vagabondage » des esclaves est présent dans de nombreux récits. Bernardin de Saint-Pierre explique, quant à lui, comment l'amour reste la seule consolation des esclaves : « Si leur maîtresse demeure chez un autre habitant, ils feront, la nuit, trois ou quatre lieues dans des chemins impraticables pour l'aller voir. Quand ils aiment, ils ne craignent ni la fatigue ni les châtiments », BERNARDIN DE SAINT-PIERRE, *Voyage à l'Île de France*, *op. cit.*, p. 56.

En 1850, la Société médicale de l'État de Louisiane effectue une étude sur la race noire, qui conclut que la fugue en est l'une des caractéristiques psychopathologiques. « C'est là, à l'évidence, un type de folie, de sorte que la commission inventa un diagnostic de *drapetomania*. Le terme est tiré d'une racine grecque signifiant s'enfuir. Les esclaves qui tentent d'échapper à leurs maîtres sont déclarés fous et atteints de drapetomanie [54]. » Cependant cette étiologie est très vite abandonnée, peut-être parce que la médicalisation de l'évasion ne permettait plus sa répression violente.

Tout est théoriquement en place. La pensée médicale a bien permis de naturaliser un rapport social de domination. D'une différence de condition, elle a supposé une différence de complexion : il est désormais aisé d'induire une différence de sang :

> « Les nègres sont encore sujets à plusieurs autres maux, qui n'attaquent guère les Blancs, et qui prennent leur source dans un sang trop épaissi dans des humeurs différentes des nôtres, qui ne filtrent qu'avec peine, et dans l'altération naturelle des liqueurs. Je ne sais si je me trompe, mais j'ai remarqué que le sang des Nègres diffère naturellement et substantiellement du nôtre, étant beaucoup plus épais, plus noir, moins visqueux et bien moins fluide : on dirait effectivement, à l'examiner de près et avec attention, qu'il serait presque dénué de la partie blanche, qui constitue aussi essentiellement notre sang que la partie rouge. Je souhaite que ceci serve à faire étudier ce sang plus attentivement ; peut-être y découvrira-t-on des singularités que je n'ai pu qu'entrevoir [55]. »

L'auteur prend l'exemple de plusieurs maux, parmi lesquels on trouve des affections des membres inférieurs appelées « malingres », sortes de plaies infectées qui gangrènent les jambes.

> « Combien de Nègres sont par là rendus infirmes et inutiles à leurs maîtres ! Il n'est guère d'habitations où l'on ne voie de ces jambes monstrueuses, que l'on a la sottise de croire l'effet du poison ou des sortilèges, tandis que la cause en est toute naturelle, ne résidant que dans un sang infecté par les humeurs viciées qui s'y mêlent, et que l'on y laisse séjourner [56]. »

---

54. Ian Hacking, *Les Fous voyageurs*, Les Empêcheurs de penser en rond, Paris, 2002, p. 132. Comme l'explique Hacking, cette pathologie connaît un destin beaucoup plus important en France, notamment à cause de Charcot qui en fait une des manifestations de l'hystérie masculine. On la retrouve également dans les cas de désertion : les appelés déserteurs pouvant être diagnostiqués comme des « fugueurs » « héréditaires », « dégénérés ».

55. Bourgeois, « Mémoire sur les maladies les plus communes à Saint-Domingue », *op. cit.*, p. 482-483.

56. *Ibid.*, p. 458.

Pour anticiper toute objection, notamment quant aux conditions inhumaines d'exploitation et de vie des esclaves qui pourraient expliquer ces blessures, Bourgeois souligne que même « le Blanc le plus misérable ou qui a des relations avec les Noirs n'en est pas affecté [57] ».

Cette remarque suffit pour conclure qu'il ne s'agit pas d'une affection provoquée par l'indigence des esclaves, ni même d'une maladie contagieuse. Toutes ces maladies ne sont donc pas liées à une condition sociale, mais à une couleur, à un sang qui témoigne d'un tempérament singulier – d'humeurs « différentes des nôtres », affirme Bourgeois.

Sur ce modèle, le tétanos est considéré comme une maladie qui touche bien davantage les esclaves que les colons. Les médecins ne s'accordent pas sur la nature et les causes de la maladie : pour certains, il s'agit d'une suppression subite de la sueur, pour d'autres, d'une fièvre paralysante... Toutefois, nombre de médecins considèrent que les Noirs sont prédisposés à souffrir davantage de cette affection en raison de leur tempérament.

> « Les chairs fongueuses leur sont si particulières, si analogues à la moindre indisposition qu'ils ont, et si susceptibles d'être attaquées au plus petit dérangement de leur santé, que je ne saurais me persuader que ce ne soit pas l'effet *d'une constitution différente de la nôtre*. Seraient-ils pétris d'un autre limon [58] ? »

En 1828, dans un manuscrit intitulé « Notice abrégée sur les causes et les effets du tétanos qui attaque principalement les nègres transportés à l'île Maurice », le tétanos est défini comme une raideur spasmodique des muscles très courante « chez les nègres employés aux différents services des créoles » :

> « Mais ce n'est pas seulement à la suite des piqûres plus ou moins légères ou par suite de blessures plus ou moins graves que le tétanos paraît avoir les conséquences fâcheuses chez les hommes de couleur qui résident à l'île Maurice, car on le voit presque toujours se développer dans l'esquinancie, dans toutes les affections du *septum stophylin*, dans la suppuration [...], que dans les affections

---

57. *Ibid.*, p. 483. L'auteur parle aussi des « crabes » et des « guignes », des parasites qui attaquent la plante des pieds et qui finissent par empêcher le malade de marcher. Toutefois, « ils n'en travaillent pas moins ; ainsi cette espèce d'hommes est faite pour dérouter toute la science humaine », BOURGEOIS, « Mémoire sur les maladies les plus communes à Saint-Domingue », *op. cit.*, p. 485. D'autres auteurs, comme Leblond, parlent également des « chiques » mais ne considère pas ce parasite comme propre aux esclaves : LEBLOND, *Voyage aux Antilles et à l'Amérique méridionale, commencé en 1767 et fini en 1802*, *op. cit.*, p. 217.

58. BOURGEOIS, « Mémoire sur les maladies les plus communes à Saint-Domingue », *op. cit.*, p. 483. C'est moi qui souligne.

cérébrales ou nerveuses accompagnées de fièvre convulsive, par la présence de vers intestinaux, à la suite de chagrins, de frayeurs, des excès en tout genre, de l'intempérance, des maladies des voies urinaires qui causent la stagnation du liquide dans la vessie [59]. »

Le tétanos est donc considéré comme le symptôme universel de toutes les maladies des Noirs, la sécheresse caractéristique de leur complexion les prédisposant à un raidissement pathologique des nerfs et des muscles du corps à la moindre affection morbifique.

Alors que, dans le cas de la maladie du sommeil, Atkins insistait sur le caractère pathogène et efféminé du tempérament flegmatique des esclaves, dans le cas du tétanos les médecins insistent davantage sur le tempérament nerveux, sec et cassant des esclaves. Le médecin Dazille, par exemple, pense que les Noirs appartiennent au « genre nerveux », car leur tempérament se caractérise par « la sécheresse et l'aridité naturelles des fibres [60] ». Or, exactement sur le même modèle que les pathologies féminines liées à la chaleur, la perte de flexibilité des fibres est donc la conséquence d'un tempérament brûlant mais aussi d'une intempérance morale. C'est la description exacte du tempérament pathologique de la nymphomane. Toutefois, Dazille note quelques pages plus loin que les « Nègres » ont communément les fibres trop relâchées [61]. Dans un même ouvrage, on trouve donc des descriptions physiopathologiques opposées.

Enfin, le médecin Lafosse considère que le tétanos touche plus particulièrement les « Nègres les plus forts et les plus robustes [62] », plutôt que les individus d'une constitution médiocre ou faible qui ont des fibres ni trop lâches, ni trop tendues. Même les esclaves les plus robustes sont donc prédisposés à des maladies qui leur sont typiques, comme si leur force physique se retournait en vulnérabilité pathologique. En 1834,

59. Thimotée ALLARD, « Notice abrégée sur les causes et les effets du tétanos qui attaque principalement les nègres transportés à l'île Maurice », 1828, MS 2196 Bibliothèque universitaire de médecine. Avec cette notice, le créole Allard, docteur en médecine de la faculté de Paris, demande le titre d'associé correspondant de la Société médicale d'émulation de Paris.

60. DAZILLE, *Observations sur les maladies des nègres, leurs causes, leurs traitements et les moyens de les prévenir, op. cit.*, p. 32.

61. *Ibid.*, p. 156.

62. J. F. LAFOSSE, *Avis aux habitants des colonies, particulièrement à ceux de l'île de Saint-Domingue, op. cit.*, p. 182.

le docteur Levacher dans son *Guide médical des Antilles* écrit à propos du « tempérament des Nègres » : « Dans leur organisation, un mélange de vigueur et de faiblesse se montre à la fois d'une manière tout aussi entière [63]. » Athlétique ou débile, le corps des esclaves est toujours pathogène et c'est précisément cet attribut constant qui permet aux médecins de conclure systématiquement à une infériorité de nature. La logique de ce discours est toujours duelle et ne craint pas la contradiction : la stigmatisation fonctionne toujours sur deux propositions contraires, sans que la conclusion change.

Pour les médecins, si l'esclavage permet de sublimer le tempérament pathogène des Noirs, il est également nécessaire pour les discipliner, les moraliser – là résiderait sa seule violence :

> « Nés et parvenus à un âge avancé, sans principes, il est très difficile de leur inspirer des mœurs, aussi sont-ils très enclins au libertinage, l'extrême paresse est encore un de leurs vices dominants ; et c'est presque uniquement dans la nécessité du travail et dans la gêne et le peu de facilité qu'ils ont pour les plaisirs de l'amour qu'ils font consister la rigueur de leur esclavage [64]. »

Les deux penchants, les deux vices caractéristiques de la psyché esclave sont donc la paresse et le libertinage. Ce dernier est attesté par une autre maladie, importée aux îles avec les esclaves [65] : le « pian ». Cette maladie ressemble au mal vénérien, mais n'affecte que les Africains.

Les « nègres pianistes », comme les appellent les médecins des colonies, sont très nombreux : cette affection préoccupait les colons car elle rendait leur « commerce » avec leurs esclaves dangereux. Alors que, à la fin du XVIIe siècle, le médecin Dellon considère que le mal vénérien est commun aux Blancs et aux Noirs, au cours du XVIIIe siècle, le « pian » n'affecte plus que les Noirs et devient la marque ostensible de leurs mœurs prétendument licencieuses. En faisant de cette maladie une pathologie typique des esclaves, les médecins visent particulièrement les femmes. Ils prétendent qu'elles sont par nature des femmes

63. M.G. LEVACHER, *Guide médical des Antilles ou études sur les maladies des colonies en général et sur celles qui sont propres à la race noire*, *op. cit.*, p. 182.

64. DAZILLE, *Observations sur les maladies des nègres, leurs causes, leurs traitements et les moyens de les prévenir*, *op. cit.*, p. 28.

65. C'est le cas également d'un vers que les médecins appellent le « vers de Guinée », parasite démesuré qui se loge sous la peau.

lubriques et débauchées, ce qui explique pourquoi elles sont pratiquement toutes atteintes du mal vénérien.

> « Les Négresses, autant pour gagner de l'argent que par esprit de débauche, les viennent trouver [les nouveaux arrivés], et leur font toutes les avances ; ils s'y livrent avec d'autant plus d'ardeur que la mer, qu'ils viennent de quitter, échauffe extraordinairement : la fièvre les prend là-dessus, on les saigne, ou parce qu'on néglige de leur demander ce qu'ils ont fait, ou parce qu'ils ont honte de l'avouer, ou parce que, tombés déjà dans l'affaiblissement, ils sont hors d'état de s'expliquer. La mort en ce cas est inévitable [66]. »

Le mal vénérien qui touche les femmes esclaves est perçu comme le symptôme de leur tempérament brûlant, de leur intempérance morale et de leur régime irritant (elles mangent une nourriture trop épicée, comme le poivre rouge, elles boivent du *tafia* – eau-de-vie de canne à sucre – et elles entretiennent continuellement un foyer dans leur case, qui échauffe l'air). Le médecin Bajon opère une différence entre les maladies des femmes européennes et les maladies des esclaves africaines dans la Zone Torride, réaffirmant que les esclaves sont bien plus sujettes au mal vénérien ou « gonorrhée ». Ainsi, à propos des fleurs blanches, il écrit :

> « On sait encore qu'il est très facile de confondre cet écoulement [celui provoqué par les fleurs blanches] avec celui qui est produit et entretenu par un vice vénérien. C'est ce qui arrive très fréquemment dans les pays chauds, surtout parmi les Négresses, qui sont pour le moins aussi sujettes à la gonorrhée qu'aux fleurs blanches. Il est malheureux pour les femmes honnêtes et pour les gens de l'art qu'il n'y ait pas de signes certains, par lesquels on puisse distinguer ces deux maladies [67]. »

En l'absence d'un critère clinique qui permettrait de distinguer les fleurs blanches, espèce de trouble hystérique, de la gonorrhée ou du mal vénérien, le médecin s'appuie sur un postulat anthropologique et raciste : les femmes noires étant plus lascives que les femmes blanches, elles sont davantage touchées par le mal vénérien que par les fleurs blanches.

Bajon note une autre différence entre les maladies des femmes européennes ou africaines : le prolapsus ou descente de matrice. Cette fois-ci, il considère que cette prédisposition

66. BOURGEOIS, « Mémoire sur les maladies les plus communes à Saint-Domingue… » *op. cit.*, p. 422-423.

67. BAJON, *Mémoires pour servir à l'histoire de Cayenne et de la Guiane française*, *op. cit.*, p. 102.

morbide est liée aux conditions de travail des esclaves, « assujettis à des travaux continuels [68] » ; mais il s'empresse de préciser que de très jeunes esclaves, prétextant un « mal de matrice », en profitent pour quitter l'habitation et se faire soigner leur petite vérole. En conséquence, il préconise que chaque planteur engage un chirurgien pour soigner spécialement ses esclaves et contrôler les allées et venues des femmes.

Le texte de Bajon est l'un des rares écrits médicaux qui mentionnent les maladies des femmes (européennes ou africaines) dans les colonies. Ces considérations sur les maladies des esclaves africaines sont précieuses dans la mesure où elles permettent de comprendre la façon dont ces femmes sont nosologiquement différenciées des femmes de colons. En d'autres termes, on observe une différenciation au sein même des maladies des femmes et non une différenciation entre les maladies des femmes esclaves et les maladies des hommes esclaves. Par conséquent, parmi les esclaves, il n'y a pas de différenciation sexuelle *via* la nosologie. Cette absence de différenciation est en partie le reflet de la division sexuelle du travail sur les habitations. Dans la société esclavagiste, les femmes esclaves sont en général toujours minoritaires car les planteurs préfèrent une main-d'œuvre masculine réputée plus forte physiquement, mais elles exécutent les mêmes tâches que les hommes : il y a une « indifférenciation des fonctions », excepté en ce qui concerne les tâches les plus qualifiées qui sont resexualisées [69], bien qu'il y ait une exploitation sexuelle quasi systématique des femmes esclaves. Les femmes sont assignées aux mêmes tâches, aux mêmes horaires, aux mêmes châtiments, y compris celles qui sont enceintes [70].

Pour autant, médecins, administrateurs et voyageurs relèvent souvent la facilité des femmes noires à enfanter sans douleur. Quels intérêts ont les observateurs de s'émerveiller de la capacité des femmes africaines à accoucher sans assistance dans les champs et à reprendre leur travail à peine l'enfant né [71] ? Ce

---

68. *Ibid.*, p. 110.

69. Caroline BASTIDE, *Travail, capitalisme et société esclavagiste. Guadeloupe, Martinique (XVIIe-XIXe siècle)*, *op. cit.*, p. 173. Voir également Jennifer L. MORGAN, *Laboring Women. Reproduction and Gender in New World Slavery*, University of Pennsylvania Press, Philadelphia, 2004.

70. BERNARDIN DE SAINT-PIERRE, *Voyage à l'Île de France*, *op. cit.*, p. 56.

71. « Les Négresses sont fort fécondes et accouchent avec beaucoup de facilité et sans aucun secours, les suites de leurs couches ne sont point fâcheuses, et il ne leur faut qu'un jour ou deux de repos pour se rétablir, elles sont très bonnes nourrices, et elles ont une très grande tendresse pour leurs enfants », BUFFON, *Histoire naturelle, générale*

mythe de l'accouchement rapide et sans douleur des esclaves est complexe. Il permet clairement de représenter les femmes noires comme des « bêtes » : en leur déniant le fait d'éprouver la douleur de l'enfantement, on leur dénie l'humanité et la féminité, la commune appartenance à la condition féminine que partagent les filles d'Ève [72]. Mais il permet également de stigmatiser les manières des Européennes, trop sensibles, trop douillettes, trop éprouvées par les grossesses, et entretient ainsi une forme de fantasme raciste sur la fécondité des « Noirs ». Là encore, les considérations médicales permettent d'instaurer une frontière physiopathologique entre les esclaves et les femmes de colons.

Ce mythe de l'accouchement facile des esclaves n'a été possible que parce que la politique esclavagiste a opté pour un renouvellement constant des esclaves sur les plantations et dans les sucreries, et non pour une reproduction naturelle de la main-d'œuvre [73]. Les femmes enceintes dans les habitations étaient traitées sans aucun ménagement particulier. Enceintes ou attachées à des enfants en bas âge, elles sont considérées comme de la main-d'œuvre diminuée ou inutile, d'autant que le coût d'entretien d'un esclave créole jusqu'à ce qu'il soit en âge de travailler est bien plus élevé que le coût à l'achat d'un esclave importé apte au travail. Entre l'exploitation sexuelle des esclaves et l'inutilité des enfants nés en esclavage, on comprend mieux les intérêts que sert le discours des colons qui accusent les esclaves d'être non seulement des femmes lubriques, mais aussi de mauvaises mères, malveillantes. Ainsi, les femmes esclaves peuvent être réputées « bonnes reproductrices » mais ne pas être reconnues comme des « mères ».

---

et particulière, avec la description du cabinet du roi, op. cit., III, p. 459-460. La tendresse de ces mères n'est en général jamais relevée par les colons eux-mêmes.

72. Ce point est souligné par Jennifer L. MORGAN, « "Some could suckle over their shoulder" : male travellers, female bodies, and the gendering of racial ideology, 1500-1770 », *The William and Mary Quarterly*, 54, n° 1, 1997, p. 167-192.

73. Voir Barbara BUSH, *Slave Women in Caribbean Society, 1650-1838*, Heinemann Publishers (Caribbean), Indiana University Press, Bloomington, 1990. La situation change quelque peu pendant la guerre de Sept Ans avec l'Angleterre (1756-1763), dans la mesure où, comme le conflit perturbe l'importation d'esclaves depuis les côtes africaines, les planteurs s'en remettent à la reproduction naturelle de leurs esclaves et se soucient davantage de la natalité sur leurs habitations. Au début du XIXe siècle également, au moment où la traite est progressivement interdite par les gouvernements européens esclavagistes, les planteurs procèdent de la même façon. Au XIXe siècle, dans le Sud des États-Unis, il y a même des « fermes », exploitations spécialisées dans la reproduction d'esclaves.

> « Quand les Européens paraissent émus, les habitants leur disent qu'ils ne connaissent pas les Noirs. Ils les accusent d'être si gourmands qu'ils vont la nuit enlever des vivres dans les habitations voisines ; si paresseux qu'ils ne prennent aucun intérêt aux affaires de leurs maîtres, et que leurs femmes aiment mieux se faire avorter que de mettre des enfants au monde ; tant elles deviennent misérables dès qu'elles sont mères de famille [74] ! »

Nombre de médecins, spécialistes des maladies des Noirs, viennent corroborer cette représentation négative de la femme noire. Bientôt, ce sont les femmes esclaves qu'on accuse de la dépopulation qui sévit dans les colonies françaises, les administrateurs s'étonnant de la baisse constante de la population servile, alors même que des cargaisons d'esclaves ne cessent d'être déversées dans les îles. En 1764, le comte d'Estaing, nommé gouverneur de Saint-Domingue, considère les causes de dépopulation de l'île :

> « Le libertinage effréné des esclaves que les Blancs augmentent par leur exemple, loin de les contrarier, est une des principales causes. À quoi pourrait-on attribuer le crime atroce si fréquent de faire des fausses couches forcées ou de détruire leurs enfants dans les premiers jours de la naissance ? Ces malheureuses craignent en devenant mères d'être gênées dans leurs jouissances [75]. »

À la fin du XVIIIe siècle, à l'initiative des planteurs, une politique populationniste tente de s'imposer dans les colonies françaises, trop dépendantes du trafic négrier. Toute la difficulté est d'encourager la reproduction sur site de la population servile sans déséquilibrer totalement le rapport numérique entre population servile et population libre. Autrement dit, il faut veiller à encourager d'autant plus la natalité des femmes blanches. La plus grande difficulté est d'instituer une hiérarchie entre ces deux « espèces » de mères. Alors même que les administrateurs mettent progressivement en place un système de prime à la reproduction des esclaves – pouvant aller d'une prime par enfant, sous forme de ration alimentaire ou d'argent, jusqu'à

74. BERNARDIN DE SAINT-PIERRE, *Voyage à l'Île de France*, *op. cit.*, p. 56. Étant donné les conditions sanitaires de vie, l'absence de nourriture et les conditions de travail harassantes, les avortements sont très nombreux parmi les esclaves. Il faut également ajouter les infanticides.

75. Cité par Gabriel DEBIEN, *Les Esclaves aux Antilles françaises, XVIIe-XVIIIe siècle*, Basse-Terre, Société d'histoire de la Guadeloupe, 1974, p. 364.

l'affranchissement[76] –, les médecins continuent de stigmatiser l'absence d'instinct maternel des femmes esclaves[77]. Reproduction et maternité sont ainsi totalement disjointes, afin de créer une frontière entre les femmes – par définition blanches – et les esclaves exclues des bénéfices sociaux et symboliques de la maternité.

Pour ce faire, les médecins affirment, par exemple, que les enfants d'esclaves sont décimés par une maladie, le « mal des mâchoires », qui est causée par leurs mères. Ils pensent que la cause de cette affection est la méchanceté et la malveillance des femmes esclaves, qui empoisonnent ou blessent leurs enfants pour causer du tort aux planteurs.

> « Je tiens d'un habitant qu'on avait découvert après avoir perdu plusieurs jeunes sujets sur une habitation, dans l'examen exact qui fut fait d'une nouvelle victime, une épingle introduite dans le crâne à travers la partie encore membraneuse de ces os qui tient alors lieu de suture[78]. »

D'autres médecins considèrent plutôt qu'il s'agit d'une maladie dont les symptômes ressemblent fort à ceux du tétanos, qui est transmise par les mères à leurs enfants. Les mères ayant un « tempérament chaud » et les nerfs irrités par leur régime et leur passion, leurs enfants naissent avec une prédisposition prononcée pour cette affection caractéristique, provoquée par une irritation générale des nerfs[79]. Comme l'explique Karol K. Weaver, dans l'article passionnant qu'elle consacre à cette maladie, cette stigmatisation de la femme esclave, comme étant une femme lubrique et mauvaise mère, participe d'un processus plus général de fabrication de la « femme blanche comme un être moral exemplaire, bonne mère, épouse dévouée[80] ».

---

76. Voir Arlette GAUTIER, *Les Sœurs de Solitude*, *op. cit.* ; et Bernard MOITT, *Women and Slavery in the French Antilles 1635-1848*, Indiana University Press, Bloomington, 2001.

77. Pour Lafosse, chez les « Négresses » : « L'amour maternel n'est guère prépondérant », J.F. LAFOSSE, *Avis aux habitants des colonies particulièrement à ceux de l'île Saint-Domingue*, *op. cit.*, p. 116.

78. *Ibid.*, p. 188.

79. Jean-Damien CHEVALIER, *Lettres à M. Jean, docteur régent de la Faculté de médecine... Sur les maladies de St-Domingue...*, chez Durand, Paris, 1752, p. 35-37.

80. Karol K. WEAVER, « "She crushed the child's fragile skull" : disease, infanticide, and enslaved women in eighteenth-century Saint-Domingue », *French Colonial History*, 5, 2004, p. 98. Weaver reprend ici les problématiques d'Hazel Carby ou d'Hilary Beckles. Voir Hazel V. CARBY, *Reconstructing Womanhood : The Emergence of the Afro-American Woman Novelist*, Oxford University Press, New York, 1987 ; Verene SHEPHERD, Bridget BRERETON et Barbara BAILEY, *Engendering History : Caribbean Women in Historical Perspective*, St. Martin's Press, New York, 1995 ; Hilary BECKLES,

Dans les colonies, ce processus de construction de la féminité moderne est comme exacerbé, la femme esclave est pensée comme la rivale de la femme blanche : diabolique et pathogène, elle est utilisée comme une figure repoussoir de la féminité. Ainsi, le culte de la féminité ne s'est pas tant construit comme l'envers de la masculinité que contre celui de la sexualité des femmes noires, prétendue sexualité qui a eu pour fonction de les exclure purement et simplement de la « féminité » et de la catégorie sociale des « mères ». Alors que les femmes blanches sont « glorifiées » pour leur délicatesse toute maternelle, et effectivement contraintes de procréer au moyen de toute une gamme disciplinaire (éducation, culte de la virginité, mariage, politique nataliste, traitement des pathologies dites féminines – hystérie, saphisme, etc.), on restreint l'accès, ou on différencie le mode d'accès des femmes noires non seulement à la sphère de la reproduction, mais aussi à la « féminité ». Les femmes noires ont la réputation d'être brutales, porteuses de maladies, lubriques et violentes à l'encontre de leurs propres enfants. Tous les traits caractéristiques de la féminité sont donc refusés à l'esclave, afin de mieux définir l'en-dehors d'une norme *racisée* de la féminité. Les femmes européennes sont donc à la fois distinguées des femmes esclaves et mises sur un pied d'égalité vis-à-vis des hommes esclaves. Parce qu'il aurait été impensable de maintenir une stricte binarité en matière de domination de genre – entraînant une domination des femmes blanches par les hommes noirs –, la « mère », par définition blanche et aimante, commande la population esclave tout entière, perçue comme moralement ou physiquement malsaine. Ainsi, la société plantocratique du XVIIIe siècle peut être conçue comme le laboratoire de la féminité moderne.

De la pathologisation à la racialisation

Jusqu'à la fin du XVIIe siècle, dans la plupart des colonies françaises, il y a pratiquement autant d'Européens que de personnes déportées des côtes africaines qui travaillent sur les exploitations. La différence entre ces travailleurs européens et africains est que les Européens, appelés « engagés », sont des

« Historicizing slavery in West Indian feminisms », *Feminist Review*, n° 59, 1998, p. 34-56.

travailleurs achetés par un planteur pour trente-six mois, alors que les Africains sont des « esclaves perpétuels [81] ».

Les conditions d'asservissement des esclaves africains ont été calquées sur le statut de ces hommes et de ces femmes immigrés plus ou moins volontaires (la plupart partent aux Antilles pour des raisons économiques, certains sont même kidnappés) : une fois arrivés, engagés et esclaves connaissent les mêmes conditions de travail et de vie. Ils souffrent de sous-alimentation, de maladies et sont dans un dénuement total, ne jouissant d'aucun droit ; enfin, ils subissent exactement les mêmes châtiments – mutilations corporelles ou fleur de lis marquée au fer sur l'épaule [82]. Or, la similitude des conditions des engagés et des esclaves a en partie créé une hostilité farouche des engagés envers les esclaves, car ils se sentaient humiliés de leur être assimilés. Comme l'écrit William Cohen, cette hostilité des pauvres venus d'Europe, qui allaient jusqu'à encourager l'adoption de mesures discriminatoires contre les affranchis, fut largement encouragée par les planteurs qui s'assurèrent ainsi de leur loyauté et atténuèrent « ce qui aurait pu se transformer en de graves conflits de classe [83] ».

À la fin du XVIIe siècle, les engagés sont de moins en moins nombreux et, malgré des dispositions contraignantes [84], la main-d'œuvre sous contrat disparaît progressivement. Or, au moment où la condition des domestiques dissuade les départs pour les Antilles, l'introduction et le développement de la culture de

---

81. « Ce n'est qu'en 1619, date à laquelle fut fondée la Compagnie de Rouen dans le but d'acheter des esclaves qui étaient ensuite revendus aux planteurs antillais, que le gouvernement français établit certains règlements. Ces règlements précisaient que "le traitement des nègres ne diffère pas de celui des serviteurs français sinon qu'ils étaient serviteurs perpétuels". En fait, on se mit tout simplement à appliquer aux esclaves le code réservé aux engagés », William B. COHEN, *Français et Africains. Les Noirs dans le regard des Blancs, 1530-1880*, *op. cit.*, p. 69. Aux engagés s'ajoutent également les forçats déportés aux Antilles.

82. Debien montre même que les conditions des engagés étaient parfois plus difficiles encore que celles des esclaves dans la mesure où les planteurs voulaient rentabiliser leur investissement, sachant que l'engagé n'était là que pour trois ans alors qu'ils possédaient l'esclave pour la vie. Ainsi, en 1698, l'intendant Robert de Martinique se plaint auprès du ministère de la Marine des mauvais traitements que subissent les engagés de la part des planteurs qui tiennent davantage à leurs esclaves. Gabriel DEBIEN, *Les Engagés pour les Antilles (1634-1715)*, Société de l'histoire des colonies françaises, Paris, 1952, p. 206-207.

83. William B. COHEN, *Français et Africains. Les Noirs dans le regard des Blancs, 1530-1880*, *op. cit.*, p. 83.

84. En 1686, un décret exige qu'à Saint-Domingue soit maintenu un nombre égal d'engagés et d'esclaves. En 1698, un décret du roi de France oblige les vaisseaux de marchandises qui effectuent la traversée d'embarquer au moins trois domestiques pour les îles. En 1774, un édit royal abolit officiellement le système des engagés, qui avait pratiquement disparu au début du XVIIIe siècle.

canne à sucre, bien plus lucrative que le cacao, l'indigo ou le tabac, nécessite un apport abondant de main-d'œuvre : c'est alors que les planteurs français privilégient l'importation d'esclaves et le trafic négrier, modifiant ainsi l'équilibre entre populations européennes et populations africaines dans les colonies. Désormais, les esclaves sont, dans la plupart des possessions d'outre-mer, largement supérieurs en nombre [85].

Ces changements sociaux et politiques attestent la concomitance du développement d'une idéologie raciste avec le développement économique du système plantocratique [86] ; en outre, ils permettent de comprendre pourquoi la question du métissage dans les colonies est progressivement devenue un problème de tout premier ordre.

Alors que, tout au long du XVIIe siècle, l'équilibre entre les populations libres et serviles est à peu près maintenu, dès la fin du siècle, la proportion d'esclaves augmente considérablement. Au même moment, les unions entre colons et esclaves deviennent de plus en plus problématiques. Jusqu'à la fin du XVIIe siècle, il n'y a aucune réglementation concernant les unions entre colons (planteurs – gros ou petits propriétaires –, bourgeois, commerçants, domestiques, engagés, forçats) et esclaves. En 1685, le « Code noir » légifère : il permet aux planteurs d'épouser une de leurs esclaves, à condition d'affranchir cette dernière et les enfants qui naîtraient de cette union – situation extrêmement rare. En revanche, les colons qui vivent « en concubinage » avec leur esclave sont condamnés à payer une amende, la mère et les éventuels enfants illégitimes leur étant confisqués. Toutefois, ce code est considéré par la plupart

85. À Saint-Domingue, par exemple, en 1726 le rapport moyen est de 1 Blanc pour 3 esclaves. En 1779, il passe de 1 pour 7, soit 32 650 Blancs pour 249 098 esclaves.

86. Ce point a fait l'objet d'un débat important entre les spécialistes de l'esclavage. Pour Winthrop Jordan et David Brion Davis, la question ne peut être tranchée : racisme et esclavage furent à la fois, et simultanément, cause et effet l'un de l'autre. Pour ma part, je me range plutôt du côté de George Fredrickson, de Robert Miles et de Colette Guillaumin. Fredrickson montre, par exemple, que les premiers Noirs débarqués en Virginie n'ont pas été considérés comme des « esclaves perpétuels », mais bien comme des travailleurs ou des serviteurs sous contrat. Voir George FREDRICKSON, « The arrogance of race : historical perspectives on slavery, racism, and social inequality », *in* John SOLOMOS (dir.), *Theories of Race and Racism : a Reader*, Routledge, New York, 2000, p. 73 *sq*. Ainsi, même s'il existe antérieurement à la traite négrière transatlantique des discours et des pratiques discriminatoires à l'encontre des Africains, principalement entretenus par la référence théologique à la malédiction de Cham, c'est bien à partir du moment où le système esclavagiste européen se développe aux Antilles et aux Amériques, où il engage un nombre considérable de capitaux européens et où il bouleverse l'équilibre entre colons et esclaves dans les colonies, qu'apparaissent les premières théories racistes.

des planteurs – des « habitants » – comme une législation en faveur de l'amélioration de la condition des esclaves.

L'objectif est avant tout d'augmenter la population des colons. Or, tout le problème est qu'il y a extrêmement peu de femmes européennes dans les colonies. Toutefois, il y a de nombreuses unions, bien davantage contraintes que consenties, desquelles naissent des enfants, à la fois « blancs » et « noirs ». Pour pallier ce qui apparaît comme un « désordre [87] », puisqu'on ne sait quel statut donner à ces enfants, colons et administrateurs du ministère de la Marine tentent d'acheminer aux colonies autant de filles « blanches » à marier qu'il est possible. Les archives d'outre-mer sont pleines de demandes de colons qui veulent des « femmes », c'est-à-dire des femmes « blanches [88] ».

La rareté de femmes européennes dans les colonies est un grave problème pour les gouverneurs : il n'encourage pas les « habitants » à se fixer et à faire fructifier les colonies, et il donne une légitimité aux unions mixtes. On met alors en place une politique de peuplement féminin des colonies qui consiste à organiser des convois de femmes pour les îles, recrutées principalement dans les hôpitaux généraux, qui accueillent aussi bien les « orphelines », les « démentes », les « mendiantes » que les « débauchées ». À partir du milieu du XVIIe siècle, plusieurs convois sont organisés vers Saint-Domingue, la Martinique, la Guadeloupe et la Guyane, d'une centaine de femmes environ chacun. Les femmes sont dotées d'un trousseau et leur transport est pris en charge par le roi. Les convois continuent encore jusqu'au XVIIIe siècle, principalement à Saint-Domingue et en Louisiane, même si, progressivement, les colons préféreront se

87. Dans une lettre datée de 1685, BLÉNAC, l'un des rédacteurs du Code noir, écrit : « Le maître ni le commandeur ne doivent jamais aller s'amuser aux Négresses ni aux Indiennes esclaves de leurs habitations si belles qu'elles puissent être à leurs yeux parce que cela les perd entièrement et ne fait plus jamais rien [*sic*] et même un maître doit prendre garde autant qu'il le peut que les autres Blancs s'il y en a sur son habitation n'aient aucun commerce avec les femmes esclaves, que les hommes et les femmes ne courent point les uns les autres car cela n'amène jamais que beaucoup de désordre sur une habitation », cité par Sylvie MESLIEN, « Les femmes noires dans les sociétés esclavagistes des Petites Antilles françaises et des Petites Antilles anglaises du XVIIe et du XVIIIe siècle », *in* Marcel DORIGNY (dir.), *Esclavage, résistances et abolitions*, Éditions du CTHS, Fort-de-France, 1999, p. 41.

88. Qu'en est-il des unions entre des Françaises ou des Anglaises avec des esclaves ? La situation est extrêmement rare, compte tenu du nombre moins important de femmes venues d'Europe. Georges Fredrickson rapporte quelques cas dans les colonies anglaises du continent, notamment des unions entre des servantes et des esclaves. Voir Geroges FREDRICKSON, « The arrogance of race : historical perspectives on slavery, racism, and social inequality », *op. cit.*, p. 75.

marier aux filles créoles des familles blanches, pratique qui permet aussi de sceller certains engagements entre grandes familles de planteurs.

Les femmes affrétées aux colonies des Amériques dans le cadre de cette politique de peuplement féminin sont donc loin d'être des dames de haute condition. Aux colonies, comme l'écrit le père Du Tertre :

> « La rareté des femmes obligeait les habitants d'épouser les premières venues : ce qui fait que quantité de pauvres filles ont trouvé de fort bons partis ; car on ne travaillait que pour avoir une femme et la première chose qu'on demandait aux Capitaines quand ils arrivaient de France était des filles. À peine étaient-elles descendues à terre qu'on courait tout ensemble au marché et à l'amour ; on n'y examinait bien souvent ni leur naissance ni leur vertu, ni leur beauté et deux jours après qu'elles étaient arrivées on les épousait sans les connaître [89]. »

Non seulement les femmes européennes sont très peu nombreuses, mais en plus elles ne sont pas vraiment des femmes de « qualité ». Les Blanches créoles sont également réputées indolentes, on les décrit languissantes, se faisant porter en hamac par des esclaves [90], ou bien fières et fidèles [91].

Des « filles » seraient-elles mieux à même de peupler les colonies, et de les peupler d'hommes vigoureux et moraux ? En 1682, Pierre Ferrolles, gouverneur de la Guyane, se plaint des filles envoyées de Normandie : « Elles sont toutes friponnes qui vivent dans la licence nonobstant qu'elles soient mariées. » Quelques années plus tard, en 1689, son successeur, Antoine Lefebvre de La Barre, précise qu'il désire des filles de « la Pitié, la plupart de celles prises à l'hôpital général ayant une mauvaise vie [92] ».

Au regard de leur condition, la moralité de ces futures épouses de colons cristallise nombre d'inquiétudes. Pour y remédier, les femmes noires sont alors transformées en véritables *blanchisseuses* : c'est leur prétendue amoralité qui

---

89. Jean-Baptiste Du Tertre, *Histoire générale des Antilles habitées par les Français...*, T. Jolly, Paris, 1667-1672, tome 1, p. 455.

90. Charles-César Robin, *Voyages dans l'intérieur de la Louisiane, de la Floride occidentale, et dans les îles de la Martinique et de Saint-Domingue, pendant les années 1802, 1803, 1804, 1805 et 1806*, 3 vol., chez F. Buisson, Paris, 1807, I, p. 29.

91. Thibault de Chanvalon, *Voyage à la Martinique*, *op. cit.*, p. 72.

92. Cité par Marie Polderman, « Les femmes en Guyane dans la première moitié du XVIIIe siècle », *in* Marcel Dorigny (dir.), *Esclavage, résistances et abolitions*, *op. cit.*, p. 53-54. Il s'agit de documents extraits des archives d'outre-mer (Aix-en-Provence, sous-série C14, correspondance générale à l'arrivée – Guyane).

donnera aux femmes blanches les traits, comme les privilèges, de la vertu [93]. La débauche a désormais une couleur. Si celles-ci doivent être chastes, morales et réservées, celles-là sont décrites comme lubriques, brutales et impudiques.

Pourtant, le métissage de cesse de croître dans les colonies françaises. L'un des rédacteurs du Code noir écrit :

> « Sur ce qui a été repété au conseil par le procureur général en icelui que la malice des Négresses esclaves est parvenue jusqu'au point que la plupart des filles méprisant leurs semblables refusent d'épouser et s'abandonnent facilement à des artisans et domestiques des maisons même à des garçons de famille dans l'espérance de concevoir des mulâtres libres et non esclaves, que d'autres Négresses mariées dans la même attente méprisent leurs maris et s'adonnent à des gens libres sans aucune considération de cet horrible péché qu'elles commettent dans l'envie de faire des enfants libres [94]. »

Ce qui semble intolérable, c'est le fait que les esclaves tentent n'importe quoi dans l'« espoir » de faire des *enfants libres*. Les femmes dédaignent et méprisent leurs maris, c'est-à-dire d'autres esclaves, pour s'unir à des colons, à des Européens. Nous sommes en 1685 et l'auteur a incontestablement conscience que les enfants nés des unions entre colons et esclaves bouleversent la hiérarchie plantocratique, au moment même où celle-ci développe toute une idéologie raciste censée la légitimer : à savoir les hommes à la peau noire, réputés les plus laids et les plus dégénérés, sont naturellement des peuples esclaves, alors que les hommes à la peau blanche, réputés les plus beaux et les plus parfaits, sont naturellement des peuples libres. Pour Blénac, manifestement, le danger est que les femmes esclaves profitent de la « racialisation » des rapports sociaux aux colonies en faisant des enfants qui ne sont ni tout à fait blancs, ni tout à fait noirs. En adjoignant une justification fondamentalement raciste au système esclavagiste, législateurs et administrateurs n'ont pas anticipé les failles et les possibles détournements de la catégorisation de race. Non seulement ils

---

93. Voir Elsa DORLIN, « Les *Blanchisseuses* : La société plantocratique antillaise, laboratoire de la féminité moderne », *in* H. ROUCH, E. DORLIN, et D. FOUGEYROLLAS-SCHWEBEL, *Le Corps, entre sexe et genre*, L'Harmattan, coll. « Bibliothèque du féminisme », Paris, 2005, p. 143-165.

94. Élaboration du Code noir. Lettre de Blénac. Arch. Nat. C8A4, 1685, fol. 56, cité par MESLIEN, « Les femmes noires dans les sociétés esclavagistes des Petites Antilles françaises et des Petites Antilles anglaises du XVIIe et du XVIIIe siècles », *op. cit.*, p. 41-42.

n'ont pas pris la mesure de la situation dans les colonies où la plupart des colons exploitent sexuellement leurs esclaves [95] mais, surtout, ils ont opté pour une stratégie coûteuse.

Près d'un siècle plus tard, Lescallier, ancien administrateur de la Guyane hollandaise et fervent défenseur des colonies françaises, commente les écueils de cette stratégie : pour que les esclaves respectent leurs maîtres,

> « le moyen le plus infaillible était de leur faire croire que les Blancs sont une espèce supérieure à la leur ; que la couleur nègre est vouée à la servitude, etc. Il ne fallait pas, pour parvenir à cette fin, que l'issu d'un Blanc pût jamais être esclave, il ne fallait pas qu'un enfant presque blanc pût naître et demeurer esclave, et c'est ce qui se voit journellement dans les colonies, par la fréquentation des Blancs avec les mulâtresses ou métives esclaves ; tandis que l'enfant nègre d'une mère libre naît toujours libre [96] ».

Une solution efficace, selon l'auteur, aurait été d'anoblir ces enfants, comme on anoblissait les « bâtards » des rois. Ainsi, les colons, ne pouvant raisonnablement faire de leur enfant un esclave, se seraient attachés à unir les esclaves entre eux et à éviter tout contact : « Il n'y aurait jamais eu d'esclaves qu'une race noire et sans mélange [97]. » Dans la logique de cet argument, Lescallier compte parmi ceux qui ont le plus milité pour l'union avec les femmes indiennes [98]. « Le mélange de cette race avec celle des Blancs, produit, à la première génération, des hommes qui ne se distinguent presque pas d'avec les Blancs [99]. » Ce

---

95. « Si on considère que dans la plupart des colonies le nombre des hommes noirs excède celui des femmes d'un quart ou quelquefois plus ; que le choix des femmes encore est détourné au service des Blancs, on ne s'étonnera plus autant du constant dépérissement de l'espèce des Nègres dans des climats qui leur sont propres », Daniel LESCALLIER, *Exposé des moyens de mettre en valeur et d'administrer la Guiane*, chez Buisson, Paris, 1791, p. 158.

96. *Ibid.*, p. 134.

97. *Ibid.*, p. 136.

98. Lescallier défend le projet d'une immigration massive des Indiens caraïbes vivant dans les îles tenues par les Anglais en Guyane française, afin de peupler ce territoire : il propose que les colons épousent les Indiennes, que l'on donne des outils et des « négresses sages et travailleuses » aux Indiens, *ibid.*, p. 123. Les communautés religieuses des colonies avaient la plupart du temps pour mission d'évangéliser les jeunes Indiennes pour en faire de futures épouses de colons, de soldats ou de marins : le but était d'inciter à la sédentarisation et à l'installation dans les colonies de populations européennes, notamment en Guyane où de nombreux colons se sont de fait unis à des Amérindiennes.

99. *Ibid.*, p. 67. Plus loin, il écrit : « Jamais les Blancs n'ont cru se mésallier en épousant leurs filles, et que la notion fâcheuse qui existe contre tout ce qui tire son origine des Nègres esclaves n'a jamais existé à l'égard des Indiens, ni des issus d'Indiens », p. 70-71.

discours illustre parfaitement la position des planteurs et la défense de leurs intérêts.

Même si les unions avec les Indiennes sont moins problématiques, Anglais et Français ayant plus ou moins renoncé à maintenir en esclavage les Caraïbes, l'exemple des colonies espagnoles et portugaises appelle à la prudence. Derrière les considérations sur les femmes esclaves, transpire la peur de l'émergence non pas tant d'une nouvelle race d'hommes, mais d'une myriade de types physiques nuancés à l'infini [100] : qui décidera du statut de ces enfants ni tout à fait blancs, ni tout à fait noirs, ni tout à fait libres, ni tout à fait esclaves ? Ainsi, au tout début du XIXe siècle, Robin est saisi d'effroi face à l'énorme disproportion entre les Blancs et la multitude de nuances des gens de couleur :

> « Ce qui frappe singulièrement en arrivant à Saint-Pierre, c'est cette multitude de Nègres, de mulâtres, de quarterons, de métis de génération, d'un sang mélangé de blanc et de noir [...]. Cependant la seule vue de ce genre de population graduellement croissante rappelle toujours [...] à tout homme sensé combien les Européens sont imprudents de faire multiplier des races qui, par leurs mœurs, leurs lois, leurs opinions, sont nécessairement leurs ennemis [101]. »

La nouvelle génération des enfants créoles « mulâtres » semble potentiellement mieux adaptée aux conditions de vie dans la Zone Torride. Nés aux colonies, ils sont les nouveaux « indigènes ». À l'inverse des Indiens, ces nouveaux « naturels » bénéficient à la fois des qualités génétiques des peuples africains et européens desquels ils sont nés. Mais à qui appartiennent ces enfants ? Qui, des « Blancs » ou des « Noirs », acceptera les « mulâtres » ? Les mulâtres représentent un enjeu politique majeur dans les colonies – dont le rôle a été parfaitement étudié, notamment lors des soulèvements

100. Voir la classification raciste des « sang-mêlé » de Moreau de Saint-Méry, qui donne à chaque génération, ou plutôt à chaque « nuance », un nom précis : mulâtre, quarteron, métis, mamelouc, etc. ; Louis-Élie MOREAU DE SAINT-MÉRY, *Description topographique, physique, civile, politique et historique de la partie française de l'île Saint-Domingue : avec des observations générales sur sa population, sur le caractère et les mœurs de ses habitants, sur son climat, sa culture : accompagnées des détails les plus propres à faire connaître l'état de cette colonie à l'époque du 18 octobre 1789 et d'une nouvelle carte*, 2 vol., Philadelphie et chez L.-E. Moreau de Saint-Méry et chez Dupont, Paris, 1797 et le commentaire de Jean-Luc BONNIOL, *La Couleur comme maléfice*, Albin Michel, Paris, 1992.

101. ROBIN, *Voyages dans l'intérieur de la Louisiane, de la Floride occidentale, et dans les îles de la Martinique et de Saint-Domingue, pendant les années 1802, 1803, 1804, 1805 et 1806*, I, *op. cit.*, p. 39.

d'esclaves durant la période révolutionnaire [102]. Ils constituent également un indice majeur pour saisir la nature et le fonctionnement des techniques de domination à l'œuvre dans la société plantocratique.

Les enfants à la fois « blancs » et « noirs » des esclaves forment, aux yeux des planteurs, une nouvelle génération qui jouit des qualités respectives et antagoniques de ses deux parents. Maintenus du côté des esclaves, ils constituent un véritable foyer de rébellion : n'étant pas tout à fait noirs, ils aspirent inexorablement à la liberté. Affranchis, ils deviennent des concurrents redoutables, occupant les emplois les plus utiles et les plus qualifiés (menuisier, tonnelier, charpentier, forgeron, bijoutier, etc.) : « Plus simples dans leur habillement, plus accoutumés à être mal logés et à se priver des commodités européennes, vivant surtout beaucoup plus frugalement, ils peuvent donc, avec de moindres gains, gagner beaucoup plus [103]. » Qui seront leurs alliés ? La multitude des esclaves africains ou les colons européens qui détiennent les privilèges ?

Selon l'opinion de Lescallier, les mulâtres sont généralement d'une bonne constitution, mais ils ne sont pas de « bons sujets comme esclaves », excepté comme domestiques.

> « La raison en est aisée à concevoir : s'ils sont nés de la fréquentation d'un Blanc passager ou étranger à l'habitation ; fruits d'une liaison vicieuse, l'éducation ne répare pas leur origine [104]. »

Il reste à ces enfants les caractères de leur père, évidemment incompatibles avec la condition servile. Progressivement, au cours du XVIIIe siècle, des dispositions législatives tentèrent d'empêcher les unions entre planteurs et esclaves en interdisant à tout habitant qui se marierait avec une « Négresse ou mulâtresse » de devenir officier ou de posséder un emploi dans la colonie [105]. On a donc appliqué une forme de discrimination :

---

102. Voir Marcel DORIGNY (dir.), *Les Abolitions de l'esclavage*, Presses universitaires de Vincennes/UNESCO, Paris, 1995 ; Yves BENOT, *La Révolution française dans les colonies 1789-1794*, La Découverte, Paris, 2004 ; et Frédéric RÉGENT, *Esclavage, métissage, liberté : La Révolution française en Guadeloupe 1789-1802*, Grasset, Paris, 2004.

103. ROBIN, *Voyages dans l'intérieur de la Louisiane, de la Floride occidentale, et dans les îles de la Martinique et de Saint-Domingue, pendant les années 1802, 1803, 1804, 1805 et 1806*, *op. cit.*, I, p. 40-41.

104. Daniel LESCALLIER, *Exposé des moyens de mettre en valeur et d'administrer la Guiane*, *op. cit.*, p. 126.

105. Il s'agit d'une ordonnance royale datant de 1733, cité par POLDERMAN, « Les femmes en Guyane dans la première moitié du XVIIIe siècle », *op. cit.*, p. 63. Polderman note qu'en 1737 en Guyane, il n'y avait que 6 « Négresses libres » sur 1 204 femmes esclaves.

tout Européen prenant pour femme une esclave perdait ses privilèges d'homme libre. Le Code noir a réactualisé de son côté le principe selon lequel l'enfant hérite de la condition servile de sa mère : tout enfant né d'une telle union était esclave. Ainsi tous les enfants nés des unions entre esclaves et colons étaient laissés dans la condition servile de leur mère. Un siècle plus tard, ces dispositions sont jugées désastreuses par les défenseurs du système esclavagiste.

> « On a trouvé plus commode d'établir pour règle cet axiome, *partus sequitur ventrem*, et de faire esclave tout ce qui naîtrait d'une femme esclave. On n'a pas fait attention aux conséquences, et on a manqué absolument le but qu'on s'était proposé. On a mis dans l'abjection aux yeux des Nègres les enfans des Blancs : car les personnes qui ont fréquenté les colonies savent bien que les Nègres s'estiment beaucoup plus en général qu'ils ne sont [*sic*] les mulâtres et sang-mêlé, qu'ils appellent par dérision *caca-béqué* ; c'est-à-dire l'excrément des Blancs [106]. »

Pour Lescallier, les colons auraient dû reconnaître les « mulâtres » comme leurs enfants. En laissant dans l'esclavage les « enfans des Blancs », les colons ont eux-mêmes miné le système qui les faisait vivre [107]. Toutefois, Lescallier sait pertinemment que, pour la plupart des colons, ces enfants ne représentent rien, si ce n'est un danger : ils « sont nés dans

---

106. Daniel LESCALLIER, *Exposé des moyens de mettre en valeur et d'administrer la Guiane*, *op. cit.*, p. 135.

107. Daniel Lescallier mésestime-t-il l'affection de ces pères pour leurs enfants illégitimes ? Ces enfants ont-ils véritablement bénéficié de l'affranchissement ? Gabriel Debien considère que le cas fut beaucoup moins fréquent qu'on ne le croit : si le planteur pouvait affranchir sa concubine esclave ou « ménagère », les enfants de cette dernière ne bénéficiaient pas nécessairement de cette liberté. De plus, il souligne que l'augmentation des affranchissements tout au long du XVIIIe siècle, malgré une législation de plus en plus drastique (pour affranchir il fallait dès 1711 obtenir une autorisation gouvernementale, n'importe quel esclave ne pouvait pas être affranchi, cela dépendait de son activité, du nombre d'années passées en esclavage, de son âge), est en partie due au développement des affranchissements par rachat et surtout par testament, Gabriel DEBIEN, *Les Esclaves aux Antilles françaises, XVIIe-XVIIIe siècle*, *op. cit.*, p. 369 *sq.* Or, l'étude de Sue Peabody montre que la constitution d'une *Police des noirs*, par Louis XVI en 1777, afin d'appliquer l'interdiction faite aux « gens de couleur » d'entrer sur le territoire de la métropole (comme l'esclavage était interdit en France, tout esclave mettant le pied dans le royaume devait être affranchi), a suscité des mécontentements aux colonies de la part des planteurs qui envoyaient en France leurs enfants, issus de nombreuses générations de mariages mixtes, suivre une éducation « respectable ». Certains colons demandaient qu'on établisse une différence entre les statuts et le degré de coloration, reprochant à cette police de rappeler à leurs enfants leurs origines oubliées. Voir Sue PEABODY, *« There are no Slaves in France » : The Political Culture of Race and Slavery in the Ancien Régime*, Oxford University Press, New York, 1996, p. 121-122.

l'esclavage et la bâtardise, fruit du libertinage des Blancs avec les Négresses esclaves [108] ».

Au cours du XVIIIe siècle, pour s'assurer de la loyauté des « mulâtres », les Français et les Anglais mettent en place une nouvelle stratégie qui apporte une solution efficace aux difficultés que leur posent ces enfants. Cette stratégie consiste à s'assurer la loyauté des mûlatres sans pour autant les reconnaître.

Recrutés comme miliciens, les « mulâtres » vont être chargés de la chasse aux marrons dans les colonies [109]. Ainsi, les autorités de Saint-Domingue, de la Martinique et des autres îles françaises ont incorporé dans leur police un nombre important de mulâtres libres, dont la tâche consiste à ramener les esclaves en fuite, formant ainsi une véritable « police des nègres ».

> « C'est bien à partir de l'organisation de ces détachements de répression que les mulâtres devinrent un épouvantail pour les marrons. Une haine réciproque les sépara et en fit des ennemis mortels. Comme chasseurs dès leur jeunesse les libres étaient les meilleurs connaisseurs des mornes inhabités ; en entrant dans les rangs de la maréchaussée ils étaient les guides de toutes les poursuites. Les récompenses demandées ou accordées aux mulâtres pour services rendus au cours d'expéditions contre les marrons sont légion [110]. »

En faisant des « mulâtres » des milicens, des chasseurs de marrons, les colons ont efficacement empêché toute solidarité entre ces enfants avides de liberté et leurs esclaves. Refusant de les reconnaître comme leurs fils, ils en ont fait des serviteurs dévoués :

> « Cette espèce d'hommes cependant est une barrière utile contre les insurrections des esclaves, puisque c'est par leur moyen qu'on les contient, et qu'on les ramène du marronage, puisqu'ils ont à cet égard un même intérêt, puisqu'ils conviennent infiniment mieux aux climat des colonies que les Européens [111]. »

Une fois les « mulâtres » devenus une force de répression et de maintien de l'ordre local, ces derniers ont permis aux planteurs d'assurer la pérennité de leur domination, d'améliorer leur

---

108. LESCALLIER, *Exposé des moyens de mettre en valeur et d'administrer la Guiane*, *op. cit.*, p. 125.

109. Voir Joseph ROMANET DU CAILLAUD, *Voyage à la Martinique*, L. Pelletier, Paris, 1804, p. 51 *sq.*

110. DEBIEN, *Les Engagés pour les Antilles (1634-1715)*, *op. cit.*, p. 430.

111. LESCALLIER, *Exposé des moyens de mettre en valeur et d'administrer la Guiane*, *op. cit.*, p. 137.

puissance, tout en préservant la suprématie de leur « race » : les planteurs ont tiré parti du « naturel » des « mulâtres » tout en évitant de gâter le leur. L'assignation des « mulâtres » à une fonction défensive et répressive témoigne de la façon dont le système plantocratique a résolu la question de l'identité et de l'intégrité du tempérament européen.

De deux choses l'une, soit les caractéristiques physiopathologiques attribuées aux Européens se modifient progressivement en même temps que les hommes s'acclimatent ; ce qui signifie que les colons peuvent se défendre par eux-mêmes, mais qu'il y a comme une « américanisation », une créolisation du « naturel » français sous l'effet du climat de la Zone Torride. Soit, les soldats ne parviennent pas à supporter le climat et les maladies, dans ce cas, le tempérament français reste intact et garde son intégrité en dépit des influences du climat, mais il faut trouver une solution de défense : former des bataillons de métis (des soldats noirs créoles, ou métis – des hommes dont l'un des deux parents est indien ou africain et l'autre français).

Nombre de mulâtres, ou même de Noirs créoles, seront affectés à la sécurité du territoire colonial qui les a vus naître et à la défense des intérêts des planteurs. Tous ont chassé les marrons dans les mornes reculés où pas un Blanc n'osait s'aventurer, tous se sont battus contre les esclaves rebelles qu'ils n'ont pas hésité à massacrer par allégeance à un ordre qui leur promettait la liberté. Sur le modèle de ces milices, la plupart des exécutions d'esclaves sont volontairement confiées à des Noirs ou à des mulâtres qui font office de bourreaux dans le but d'accentuer encore une politique de terreur.

Dans les colonies anglaises, par exemple, armer des troupes d'esclaves n'a pas été un projet unanimement approuvé, pourtant, comme les « mulâtres » avaient la réputation de mieux résister aux fièvres que les soldats anglais, de mieux connaître le territoire et d'anticiper sur les mouvements et les réactions de l'ennemi, ils représentaient une arme inespérée. Ainsi, dès le début du XVIIIe siècle, principalement en Jamaïque et à la Barbade, les colons anglais recrutent des esclaves ou des affranchis pour constituer des troupes. Au moment de la Révolution française et du soulèvement des esclaves à Saint-Domingue, pour suppléer son armée décimée par les épidémies de fièvre jaune et pour juguler tout soulèvement d'esclaves dans ses colonies sucrières, Londres donne l'ordre de lever en nombre des régiments de Noirs et de mulâtres contre les Français [112].

Cette technique de domination qui a consisté à incorporer les mûlatres sans jamais les reconnaître comme des fils se double d'une seconde modalité, participant d'une même stratégie. Au statut militaire des « mulâtres », correspond celui des « mulâtresses ».

> « À sa démarche lente, accompagnée de mouvements de hanches, de balancements de tête, à ce bras qui se meut le long du corps [...] vous reconnaissez l'une des prêtresses de Vénus auprès desquelles les Laïs, les Phryné auraient vu s'évanouir toute leur célébrité [113]. »

Le corps de la « mulâtresse » est par nature voué à la prostitution, comme celui du « mulâtre » est voué à l'armée. De ces deux fonctions, dont Moreau de Saint-Méry prétend qu'elles sont naturelles aux « mulâtres », on peut déduire que la société coloniale a voulu exclure de la procréation ses enfants issus d'esclaves. Parmi les métisses (que les classifications plantocratiques nomment « mulâtresses », « quarteronnes », « griffonnes », etc.), nombreuses sont celles qui, à Saint-Domingue notamment où la classe des planteurs séjourne plus régulièrement sur l'île qu'en Guadeloupe ou en Martinique, sont asservies comme « ménagères », terme que l'on donne à ces véritables esclaves sexuelles. Comme l'écrit très justement Roger Toumson, le destin fatal de la « mulâtresse » est celui de la courtisane. « Elle donne du plaisir mais elle ne peut en échange espérer le mariage. Elle est donc condamnée à la mésalliance ou au célibat et, par conséquent, comme le veut l'étymologie du mot, puisque "mulâtre", à la stérilité. La signification que revêt ce trait de caractère, la stérilité, est d'une importance capitale. Autant qu'un indice de fonction il intervient dans la classification des races et des degrés de métissage comme un indice de statut : en frappant l'être de plaisir qu'est

---

112. « Pour beaucoup de propriétaires de plantations, un tel ordre a dû sembler au premier abord assez fou. La Grande-Bretagne était certainement inquiète face à la Révolution française qui se déroulait sur le continent, mais les colons britanniques vivaient dans la terreur de ses manifestations locales, comme la révolution des esclaves de Saint-Domingue, dont ils craignaient qu'elle ne se répande à toutes les Caraïbes », KIPLE et ORNELAS, « Race, war and tropical medicine in the eighteenth-century caribbean », *op. cit.*, p. 73.

113. SAINT-MÉRY, *Description topographique, physique, civile, politique et historique de la partie française de l'île Saint-Domingue : avec des observations générales sur sa population, sur le caractère et les mœurs de ses habitants, sur son climat, sa culture : accompagnées des détails les plus propres à faire connaître l'état de cette colonie à l'époque du 18 octobre 1789 et d'une nouvelle carte, op. cit.*, p. 106.

la mulâtresse, la stérilité restaure l'ordre naturel qui a été transgressé[114]. »

La prétendue stérilité[115] des « mulâtresses », comme celle des prostituées, est un effet de la lascivité, de l'« ardeur » physique et morale qu'on leur prête ; elle permet d'exclure ces femmes du groupe social des « mères ». « En effet, la fiction du libertinage, qui allie dégénération et infertilité des femmes de couleur, autorisait l'élite blanche à dénier à leurs maîtresses colorées tout rôle dans la reproduction de la société coloniale, réprimant ainsi leur propre angoisse concernant l'augmentation incontrôlée de la population de couleur libre [...]. Ainsi, le fantasme biopolitique de Moreau de Saint-Méry, celui de la mulâtresse libertine et stérile, représente la seule issue d'une liaison originaire et fertile entre des hommes blancs et des femmes noires esclaves[116]. » Cette idéologie profite de toute l'histoire des considérations médicales et anthropologiques sur le « corps noir » qui existent depuis Strabon et Hérodote.

Pour le pouvoir colonial, faire des « mulâtresses » des femmes stériles, en raison de leur tempérament brûlant et de leur intempérance sexuelle, les assigner à la prostitution sont une façon de s'assurer d'une impunité morale et sociale, de continuer à incarner cette masculinité dominante, policée et éclairée[117]. De la même façon, faire des « mulâtres » des gardiens de la cité coloniale, des miliciens et des soldats permet de les maintenir à l'extérieur de cette société, qu'ils sont censés protéger et dans laquelle ils ne peuvent s'établir. C'est une façon de les faire mourir, mais en alliés et non en ennemis. Dans les deux cas, les enfants de la France aux colonies sont exclus de la Nation : ils ne sont reconnus ni comme « mères », ni comme « fils ». Ils sont donc politiquement anéantis.

---

114. Roger TOUMSON, *Mythologie du métissage, écritures francophones*, PUF, Paris, 1998, p. 113.

115. La question de la stérilité renvoie ici à un rapport métaphorique (ces femmes sont métaphoriquement stériles, mais elles ne sont pas réellement stériles), à une catégorisation nosologique (ces femmes sont, aux yeux des médecins de l'âge classique, considérées comme stériles, ou moins fécondes) et à une idéologie (les prostituées ne sont pas socialement reconnues comme des « mères »). Aux XIXe et XXe siècles, en revanche, la question de la stérilité renvoie à des pratiques de stérilisation forcée effectuées sur des femmes, mais aussi sur des hommes, soit dans le cadre de politiques eugéniques et racistes comme au Brésil, soit dans le cadre de politique impérialiste comme à Porto-Rico. Voir Valeria RIBEIRO COROSSACZ, *Identité nationale et procréation au Brésil*, L'Harmattan, coll. « Bibliothèque du féminisme », Paris, 2004.

116. Doris Lorraine GARRAWAY, « Race, reproduction and family romance in Moreau de Saint-Mery's description », *Eighteenth-Century Studies*, 38, n° 2, 2005, p. 236.

117. Voir Myriam PARIS et Elsa DORLIN, « Genre, esclavage et racisme : la fabrication de la virilité », *Contretemps*, n° 16, 2006.

Mon hypothèse est que l'ensemble de ces techniques relève d'une volonté interventionniste visant la « fabrication » d'un peuple. Ce que j'ai appelé plus haut une *génotechnie*. Toutes ces pratiques et ces projets ont deux éléments communs, la génération et la généalogie. L'étymologie de *gens* renvoie au verbe engendrer et donc aussi au fait de « naître de ». Le peuple, les gens, c'est littéralement un ensemble de congénères. Or, pour produire des congénères, il faut appliquer un certain nombre de techniques qui créent du lien et de l'unité, qui ont rapport à la naissance, à la filiation et à l'identité ; d'où l'importance de la gestion sociale de la reproduction, de l'assignation au travail sexuel des femmes, qu'il soit reproductif ou non, de la lignée, c'est-à-dire de la façon de penser la transmission des conditions et des caractères (ceux-ci peuvent être physiques, psychologiques, ou sociaux), et, enfin, de la question de la race. La génotechnie s'apparente donc à un ensemble de procédés qui produisent et modèlent de l'identité (et donc de l'identification) et de l'unité, à partir des corps. En d'autres termes, les corps sont la matière première des Nations.

J'ai voulu montrer à la fois que la génotechnie est héritière des pratiques nobiliaires et comment elle se nourrit de l'expérience coloniale. La continuité entre les pratiques nobiliaires et le gouvernement colonial permet de comprendre à quelles conditions une nouvelle élite, celle des planteurs de la société coloniale, emprunte à la culture nobiliaire un certains nombre de techniques, qu'elle redéfinit, renouvelle et recrée. Selon un mouvement constant d'allers et retours, l'ensemble de ces techniques sont ainsi testées dans les colonies, dans un contexte social et politique où le conflit est exacerbé, dans un contexte de guerres et d'alliances, de stratégies et de batailles, puis elles repartent en quelque sorte en France comme un véritable arsenal, au moment où se met en place une entreprise de régénération de la Nation.

La racialisation des catégories du politique à l'œuvre dans les colonies a eu pour effet la racialisation de la souveraineté à la veille de la Révolution française. La stratégie mise en place et les techniques utilisées par le gouvernement colonial montrent clairement comment la racialisation des Indiens et des esclaves – des nations américaines et africaines – s'est comme propagée à la Nation française. Le gouvernement colonial a introduit la race au cœur de la Nation française à un moment historique clé où nationalité et citoyenneté s'élaboraient. Le système plantocratique et la société coloniale constituent l'un des hauts lieux de la formation de l'idéologie nationale inaugurée par la période révolutionnaire. En ce sens, les colonies apparaissent clairement comme un laboratoire où une certaine idée de la citoyenneté française – exclusive, restrictive et naturaliste – a été pensée et éprouvée.

Épilogue

Défaire la race

> « Pas encore blanc, plus tout à fait noir, j'étais un damné. »
>
> Frantz Fanon.

Au cours de son *Voyage à la Martinique*, Thibault de Chanvalon fait la description des différentes populations des îles : habitants, esclaves, missionnaires et Caraïbes. Sur l'île de Saint-Vincent se trouvent la plupart des derniers Caraïbes, appelés « Caraïbes rouges », retranchés à l'intérieur des terres, cantonnés sur un territoire qu'ont bien voulu leur concéder Anglais et Français. Mais Thibault de Chanvalon parle aussi d'un peuple mêlé aux Caraïbes « et qui leur est cependant étranger. Son origine, quoique récente, n'est pas bien connue. Ces étrangers sont des Nègres [1] ». Qui sont-ils ? D'où viennent-ils ? Plusieurs thèses circulent à leur sujet. Certains disent qu'un bateau négrier s'est échoué sur l'île de Saint-Vincent et que les Caraïbes ont recueilli les esclaves survivants. D'autres affirment que ces Noirs sont à l'origine des butins de guerre que les Caraïbes ont acquis lors des premiers affrontements avec les Espagnols et qu'ils ont affranchis. Enfin, on prétend que les marrons échappés de toutes les autres îles alentour se réfugient sur Saint-Vincent et s'allient avec les Caraïbes rouges contre leurs oppresseurs communs.

Les Caraïbes noirs défient le système esclavagiste. D'où viennent-ils ? À qui appartiennent-ils ? Ils ne peuvent plus être définis comme bien meuble : sans origine assignable, ils ne sont pas appropriables selon les règles de ce système. Ils posent donc un problème à la rationalité politique et juridique de l'esclavage.

---

1. THIBAULT DE CHANVALON, *Voyage à la Martinique*, *op. cit.*, p. 74.

Dans son *Voyage aux Antilles et à l'Amérique méridionale*, Leblond relate la version qu'il considère la plus communément admise :

> « Un navire Anglais, chargé d'esclaves africains qui venaient d'égorger l'équipage, échoua à pleine voile sur la côte de Saint-Vincent ; les esclaves sauvés du naufrage furent recueillis par les Caraïbes rouges, qui, les voyant nus comme eux, et échappés des fers des Blancs leurs ennemis communs, n'hésitèrent pas à se les associer pour leur propre défense. On conçoit que ces deux races d'hommes ayant à peu près les mêmes habitudes ne tardèrent pas à se mélanger, et qu'il résulta de ce mélange la race des *Caraïbes noirs* tels qu'ils subsistaient de mon temps [2]. »

Les Caraïbes noirs seraient des esclaves révoltés qui ont eu la chance d'accoster sur Saint-Vincent. Dès la fin du XVIIe siècle et tout au long du XVIIIe siècle, on trouve de nombreux récits de révolte sur les navires négriers rapportés plus ou moins succinctement par les voyageurs, les médecins ou les administrateurs à terre [3]. Toutefois, dans la plupart des cas, lorsque les esclaves ont réussi à prendre le dessus sur l'équipage, ils dérivent et finissent par mourir en mer de faim et de soif ou accostent sur une île esclavagiste et sont aussitôt repris pour être vendus.

L'histoire des Caraïbes noirs est l'un des très rares récits d'une révolte esclave victorieuse. Elle est victorieuse en raison de son dénouement mais aussi de la dimension subversive de sa trame.

Les colons sont marqués par la solidarité entre les natifs caraïbes et les esclaves, par la commune résistance contre eux qui en a résulté. Pour le médecin Leblond, la cause de cette solidarité est d'ordre physiopathologique : pour lui, il s'agit de « deux races d'hommes ayant à peu près les mêmes habitudes ». Le terme « habitude » est ici employé en un sens médical pour désigner la disposition physique générale du corps, son tempérament. La complexion respective de ces deux

---

2. LEBLOND, *Voyage aux Antilles et à l'Amérique méridionale, commencé en 1767 et fini en 1802*, *op. cit.*, p. 151. C'est moi qui souligne.

3. On connaît plusieurs récits détaillés de mutineries sur des navires négriers. La plupart ont lieu alors que les bateaux sont encore près des côtes africaines, c'est-à-dire au moment où ils quittent la rade ou dans les premiers jours de mer. Rares sont celles qui réussissent et permettent aux esclaves de se libérer : ils sont souvent repris ou tués, ou bien ils tentent de se suicider en se jetant à la mer. Les négriers accusent plus les maltraitances perpétrées par leur équipage ou la mélancolie et la peur des esclaves que leur esprit de révolte. Voir, par exemple, les lettres du médecin allemand Paul ERDMAN ISERT, *Voyages en Guinée et dans les îles Caraïbes en Amérique*, chez Mabadan, Paris, 1758, p. 277 *sq.* ; et Guillaume SNELGRAVE, *Nouvelle Relation de quelques endroits de Guinée, et du commerce d'esclaves qu'on y fait*, traduit par Mr. A. Fr. D. de Coulange, Amsterdam, aux dépens de la compagnie, 1735, p. 191 *sq.*

populations autoriserait en quelque sorte qu'il y ait mélange et que, de ce mélange, naisse une nouvelle « espèce » d'hommes. Selon Leblond, le mélange des Caraïbes et des Noirs relève donc clairement d'une stratégie défensive pour lutter contre un ennemi commun : l'homme blanc.

Les esclaves ou les Indiens auraient usé d'une technique politique familière aux Européens et qui consiste à s'allier à d'autres populations pour assurer la survie de son propre groupe et même pour renforcer ses capacités physiques de résistance [4]. Exactement de la même façon que les Ottomans ou les Turcs, et que les colons eux-mêmes, on considère que les Indiens ou les esclaves se sont unis pour perfectionner les caractéristiques physiopathologiques de leur population. Le métissage est donc perçu comme une stratégie de lutte efficace et redoutée.

De ces stratégies de résistance, de ces techniques de lutte et de subversion du système esclavagiste, nous n'avons que des bribes. Les récits qui nous sont parvenus nous viennent des dominants eux-mêmes [5]. Planteurs, administrateurs ou médecins pensent les rapports de force comme des processus d'incorporation. Les populations s'allient en nombre ; elles mettent en commun leurs armes, leurs ressources, leurs territoires tout autant que leurs qualités génétiques. Toutefois, ce qui contribue à nouer des alliances peut également y mettre fin. Ainsi Thibault de Chanvalon considère que « les Noirs ont sur [les Caraïbes rouges] l'avantage des usurpateurs et des conquérants, l'audace et la bravoure [6] », qu'ils sont devenus puissants et nombreux, au point de menacer leurs anciens bienfaiteurs ; comble de l'ironie pour un colon d'accuser en ces termes les esclaves rebelles. Il ajoute que les Caraïbes rouges, las de l'ascendant que les Noirs avaient pris sur eux, ont demandé de l'aide aux autorités françaises de la Martinique. Les planteurs

---

4. James Axtell a rassemblé sur la question les nombreux récits de colons ayant été kidnappés et incorporés aux tribus indiennes d'Amérique du Nord. Beaucoup d'Anglais ou de Français ont ainsi vécu avec les Indiens pendant la colonisation du continent. La plupart sont des femmes et des enfants, censés compenser les pertes dues aux armes à feu ou aux maladies qui affligent les nations indiennes. Au gré des traités de paix, les prisonniers ont dû être rendus aux colons : les chefs militaires anglais ou français s'étonnent alors de voir revenir des hommes métamorphosés, mi-indiens, mi-européens, qui répondent à des noms étranges, des enfants presque « sauvages », des Anglaises qui fuguent pour rejoindre leurs enfants et leur compagnon indien, James AXTELL, « The white Indians of colonial America », *The William and Mary Quarterly*, 32, n° 1, 1975, p. 55-88.

5. À l'exception de la révolution de Saint-Domingue. Voir, par exemple, Joan DAYAN, *Haiti, History and the Gods*, University of California Press, Berkeley, 1998.

6. THIBAULT DE CHANVALON, *Voyage à la Martinique*, *op. cit.*, p. 75.

ont donc levé des « milices », davantage dans le but d'exterminer les Caraïbes noirs qui accueillent et protègent les marrons que dans celui d'aider les Caraïbes. Mais une fois débarquées à Saint-Vincent, les milices ont essuyé une défaire cuisante. Thibault de Chanvalon avoue que l'entreprise a échoué, notamment en raison de « la mauvaise volonté des vrais Caraïbes qui, au lieu de se joindre à nous comme ils l'avaient promis, avertirent au contraire les Caraïbes noirs et leur donnèrent des armes [7] ».

À travers le récit de Chanvalon transparaît la puissance des résistances esclaves, continues, irréductibles. Accessible au travers des seuls mots de leurs ennemis, la lutte des esclaves rebelles perce l'histoire des vainqueurs. Elle ouvre sur une autre généalogie, celle d'un rapport de pouvoir dont nous avons vu combien il était précaire, en dépit de sa violence ultime. Cette généalogie nécessite une épistémologie propre, des outils d'analyse en mesure de penser ce mode d'existence historique singulier des résistances esclaves – qui nous sont parvenues quasiment par la seule voix des dominants, éparpillées dans les archives administratives relatant leur matage, leur enfouissement.

Une guerre permanente s'est menée tout au long des XVIIe et XVIIIe siècles dans les colonies entre les planteurs et les administrateurs et les populations asservies. Pour les médecins, ce conflit est naturalisé à outrance comme s'il s'agissait de le rendre moins menaçant. Les techniques de résistance des Indiens ou des esclaves sont interprétées comme le signe d'une intelligence stratégique, d'une ruse qui est la parfaite illustration des thèses défendues par les naturalistes :

> « Ce fait n'admet aucun doute pour quiconque a vu les uns et les autres, et l'on n'ignore pas d'ailleurs, d'après le célèbre Buffon, que le croisement de races augmente et développe les forces et les moyens physiques des individus qui en résultent [8]. »

Pour Leblond, parce que la complexion des « Caraïbes rouges » est faible, elle est prétendument dominée par celle des Africains, exactement de la même façon que, dans une pensée empreinte d'aristotélisme, la complexion féminine est la plupart du temps « vaincue » dans la génération par la complexion masculine qui impose sa forme. Ainsi, le modèle pour penser le mélange entre les peuples est celui de la génération sexuée. Ici,

---

7. *Ibid.*, p. 77.
8. LEBLOND, *Voyage aux Antilles et à l'Amérique méridionale, commencé en 1767 et fini en 1802*, *op. cit.*, p. 152.

les Indiens « jouent » le rôle féminin, et les esclaves africains, le rôle masculin [9]. Pour la pensée coloniale, dans tout mélange, dans tout métissage, l'un des deux termes l'emporte donc nécessairement sur l'autre : de ce fait, chaque alliance doit être réfléchie.

Aux dires de Leblond, l'alliance entre « Caraïbes rouges » et Africains ne tarda pas à se rompre. Il donne sa version des faits :

> « J'imagine, comme je m'en suis convaincu depuis, que les Caraïbes rouges ne tardèrent pas à s'apercevoir du goût décidé qu'avaient les femmes pour les Noirs, infiniment mieux prononcés qu'eux dans tout ce qui fait la base de l'amour physique, amour qui parmi les sauvages n'est guère qu'un besoin impérieux comme parmi les animaux. Les Caraïbes rouges furent donc jaloux des Noirs qui d'ailleurs les surpassaient en force et en courage, de là les haines irréconciliables entre les Caraïbes des deux couleurs [10]. »

Les « Caraïbes rouges », jaloux du succès des Africains auprès de leurs compagnes, décidèrent de s'allier avec les Français de la Martinique qui débarquèrent à Saint-Vincent. Les « Caraïbes noirs » parvinrent à s'échapper et à rester en vie dans une partie de l'île, alors que les « Caraïbes rouges », qui avaient activement contribué à l'arrivée de colons dans l'île, furent achetés « pour du tafia, des sabres, des fusils et quelques bagatelles d'Europe [11] ». On trouve ici les traces d'une historiographie médicale et sexuelle des luttes en situation coloniale – historiographie produite par les dominants –, qui analyse et relate les conflits sociaux, les rapports de domination comme de résistance, en utilisant des concepts issus des théories de la reproduction et de l'hybridation. Dans le récit que fait Leblond de la défaite des Caraïbes, la sexualité est omniprésente : c'est elle qui lui permet de penser les alliances, les dominations, les crises et les défaites. En reconstituant ainsi l'histoire des relations entre Caraïbes rouges et noirs, Leblond nous en apprend bien plus sur la gouvernementalité esclavagiste que sur les ruses esclaves.

Pour les tenants du système esclavagiste eux-mêmes, les Caraïbes noirs brouillent et rendent inutilisables les

---

9. D'ailleurs, dans la suite du texte Leblond ne parle que de « Nègres » ayant cohabité avec des « femmes caraïbes », et non des Africaines avec des Caraïbes.

10. LEBLOND, *Voyage aux Antilles et à l'Amérique méridionale, commencé en 1767 et fini en 1802*, *op. cit.*, p. 152-153.

11. *Ibid.*, p. 154.

catégorisations raciales et les hiérarchies qu'elles induisent entre les différentes populations présentes : indigène, colonisatrice, servile. Le mélange des peuples rend obsolètes les traits caractéristiques de telle ou telle race et, par conséquent, bouleverse l'organisation sociale. En invalidant les catégories anthropologiques, il permet de résister au système social qu'elles sous-tendent. Les Caraïbes noirs incarnent une faille, ils défont ce que les colons ont institué pour assurer la pérennité de l'organisation plantocratique : la race.

> « Entre autre usage que les Caraïbes noirs avaient pris des rouges, l'aplatissement du front de leurs enfants n'avait pas été oublié ; ils sentaient que cette marque ineffaçable les distinguerait à jamais de la race Africaine que l'on vendait comme esclave, dans les îles habitées par les Européens. Rassurés sur ce point essentiel et enhardis par leur nombre, ils se rapprochèrent des rouges, qu'ils ne craignirent plus dès qu'ils surent que les Français redoutaient le marronage ou la fuite de leurs propres esclaves, que les Caraïbes noirs pouvaient favoriser à cause de leur couleur [12]. »

Même chose chez Thibault de Chanvalon pour qui cette pratique caractéristique effectuée sur les enfants noirs sauvent ces derniers de l'esclavage et constitue le « signe de leur liberté [13] ».

En prenant des « Caraïbes rouges » un signe physionomique distinctif – l'aplatissement de la face –, les anciens esclaves ne forment pas tant une « nouvelle race » qu'un véritable peuple hybride. Un peuple qui non seulement n'entre pas dans les classifications anthropologiques en vigueur, mais représente une sérieuse menace pour l'ordre plantocratique. Les Caraïbes noirs ont une histoire, une brèche dans celle qu'ont écrite administrateurs coloniaux et planteurs ; ils ont une histoire parce qu'ils n'ont pas d'origine unique et fixe, et parce que, avec eux, réapparaissent l'historicité d'un rapport de pouvoir, l'acuité d'un conflit permanent, multiple, entre colons et asservis.

Les Caraïbes noirs sont un peuple qui a produit son histoire pour défier les généalogies racistes. L'aplatissement du visage constitue une modification corporelle, une mutation qui perturbe un rapport de pouvoir fondé sur la différenciation des corps. Cette technique symbolise tout un processus historique et politique de fabrication subversive des corps, de fabrication de soi, qui dévoie et renverse les techniques dominantes, qui défait la race.

---

12. *Ibid.*, p. 154.
13. THIBAULT DE CHANVALON, *Voyage à la Martinique*, *op. cit.*, p. 75.

Bibliographie

Sources

AGRIPPA, Henri Corneille, *De la noblesse et préexcellence du sexe féminin*, 1529, édition par R. Antonioli, Droz, Genève, 1990.

ALARD *et al.* (dir.), *Dictionnaire des sciences médicales*, 60 vol., C.L.F. Panckoucke, Paris, 1812.

Annales de gynécologie et d'obstétrique : maladies des femmes, accouchements, tome 1, Paris, 1874.

ARISTOTE, *De la génération des animaux*, édition par Pierre Louis, Les Belles Lettres, Paris, 1961.

ARISTOTE, *Histoire des animaux*, édition par Pierre Louis, Les Belles Lettres, Paris, 2003.

ARISTOTE, *Politiques*, édition par Pierre Pellegrin, GF, Paris, 1990.

ASTRUC, Jean, *Traité des maladies des femmes, où l'on a tâché de joindre à une théorie solide la pratique la plus sûre et la mieux éprouvée. Avec un catalogue chronologique des médecins, qui ont écrit sur ces maladies*, 6 vol., chez P. Guillaume Cavelier, Paris, 1761.

ATKINS, John, *The Navy Surgeon : or, a Practical System of Surgery... To Which is Added, a Treatise on the Venereal Disease... an Enquiry into the Origin of that Distemper...* ; C. Ward and R. Chandler, Londres, 1734.

AUGIER DU FOT, Anne Aimable, *Catéchisme sur l'art des accouchemens pour les sages-femmes de la campagne, fait par l'ordre et aux dépens du gouvernement*, chez les libraires, Soissons, 1775.

BAGLIVI, Georgio, *Librorum de fibra motrice et morbosa : nec non de experimentis, ac morbis salivae, bilis, et sanguinis ubi obiter de respiratione et somno ; De statice aeris, et liquidorum per observationes barometricas, et hydrostatiscas ad usum respirationis explicata ; De circulatione sanguinis in testudine, ejusdemque cordis anatome*, Perusiae, apud Costantinum, 1700.

BAJON, D., *Mémoires pour servir à l'histoire de Cayenne et de la Guiane française*, 2 vol., chez Gangé, la veuve Duchesne, Paris, 1777.

BALLEXSERD, Jacques, *Dissertation sur cette question : Quelles sont les causes principales de la mort d'un aussi grand nombre d'Enfans et quels sont les préservatifs les plus efficaces et les plus simples pour leur conserver la vie ? Par Jacques Ballexserd, citoyen de Genève, couronné par l'Académie Royale des Sciences de Mantoue en 1772*, chez Isaac Bardin, Genève, 1775.

BARBEYRAC, Charles, *Traités nouveaux de médecine, contenant les maladies de la poitrine, les maladies des femmes, et quelques autres maladies particulières. Selon les nouvelles opinions*, chez Jean Certe, Lyon, 1684.

BAUDELOCQUE, Jean-Louis, *L'Art des accouchemens*, 2 vol., Méquignon l'aîné, Paris, 1781.

BERNARDIN DE SAINT-PIERRE, Henri, *Voyage à l'Île de France*, 1773, *in Œuvres posthumes*, Ledentu, Paris, 1840.

BIENVILLE, M.-D.-T., *La Nymphomanie ou traité de la fureur utérine*, 1771, Office de librairie, Paris, 1886.

BLUMENBACH, Johann Friedrich, *De generis humani varietate nativa*, Vandenhoeck, Gottingen, 1776.

BOERHAAVE, Hermannus, *Maladies des femmes et des enfants*, avec un *Traité des accouchemens*, tirés des *Aphorismes* de Boerhaave commentés par Van-Swieten..., 1745, traduit par M.A.L.***, 2 vol., d'Houry, Paris, 1769.

BOGUET, Henry, *Discours execrable des sorciers. Ensemble leurs Procez, faits depuis deux ans en çà, en divers endroicts de la France*, chez Denis Binet, Paris, 1603.

BOULAINVILLIERS, Henri DE, *Lettres aux Parlemens par feu M. le comte de Boulainvilliers*, aux dépens de la Compagnie, La Haye, 1727.

BOURGEOIS, Louise, *Récit véritable de la naissance des messeigneurs et dames les enfans de France et autres textes*, édition par F. Rouget et C. Winn, Droz, Genève, 2000.

BOURGEOIS, M., « Mémoire sur les maladies les plus communes à Saint-Domingue : leurs remèdes ; le moyen de les éviter ou de s'en garantir moralement et physiquement », dans *Voyages intéressans dans différentes colonies françaises, espagnoles, anglaises, et c. ; contenant des observations importantes relatives à ces contrées et un Mémoire sur les maladies les plus communes à Saint-Domingue*, édité par M.N., Jean-François Bastien, Londres et se vend à Paris, 1788.

BUFFON, Georges-Louis LECLERC, comte DE, *Histoire naturelle, générale et particulière, avec la description du cabinet du roi,*

36 vol., Imprimerie royale, Paris, 1749-1789.

CABANIS, *Rapports du physique et du moral de l'homme*, Caille et Ravier, Paris, 1815.

CAPPADOCE, Aretée DE, *Traité des signes, des causes et de la cure des maladies aiguës et chroniques*, trad. M.L. Renaud, chez Lagny, Paris, 1834.

CAPURON, Joseph DE, *Traité des maladies des femmes, depuis la puberté jusqu'à l'âge critique inclusivement*, L'auteur et Croullebois de l'imprimerie de Crapelet, Paris, 1812.

CASTRO, Rodericus, *De universa muliebrium morborum*, 1603, Hamburgi, 1628.

CHAMBON DE MONTAUX, Nicolas, *Des maladies des femmes*, 2 vol., Rue et Hôtel Serpente, Paris, 1784.

CHAMBON DE MONTAUX, Nicolas, *Des maladies des filles*, 2 vol., Rue et Hôtel Serpente, Paris, 1785.

CHARDIN, Jean, *Journal du voyage du chevalier Chardin en Perse et aux Indes orientales : par la mer Noire et par la Colchide...*, M. Pitt, Londres, 1686.

CHARLEVOIX, Pierre-François-Xavier, *Histoire de l'île espagnole ou de S. Domingue...*, 2 vol., chez H.-L. Guérin, Paris, 1730-1731.

CHEVALIER, Jean-Damien, *Lettres à M. Jean, docteur régent de la Faculté de médecine... Sur les maladies de St Domingue...*, chez Durand, Paris, 1752.

CULLEN, *Institutions de médecine pratique*, traduit par Pinel, Pierre-J. Duplain, Paris, 1785.

CUREAU DE LA CHAMBRE, Marin, *L'Art de connoistre les hommes*, chez Jacques le Jeune, Amsterdam, 1660.

DALCHÉ, Paul, *Gynécologie médicale. Leçons cliniques et thérapeutiques sur les maladies des femmes*, Vigot frères, Paris, 1921.

DAZILLE, Jean Barthélemy, *Observations sur les maladies des nègres, leurs causes, leurs traitements et les moyens de les prévenir*, chez Didot le Jeune, Paris, 1776.

DEL RIO, Martin, *Controverses et recherches magiques, divisées en six livres*, traduit par A. Duchesne, Régnault Chaudière, Paris, 1611.

DELLON, *Relation d'un voyage des Indes orientales*, chez Claude Barbin, Paris,1685.

DES ESSARTZ, M., *Traité de l'éducation corporelle des enfans en bas âge ou reflexions pratiques sur les moyens de procurer une meilleure constitution aux citoyens*, chez Jean-Thomas Hérissant, Paris, 1760.

DESCARTES, René, *Œuvres philosophiques*, édition par Ferdinand Alquié, Garnier, Paris, 1963.

DIONIS, *Traité général des accouchemens. Qui instruit de tout ce qu'il faut faire pour être habile accoucheur*, 1698, chez Charles-Maurice d'Houry, Paris, 1718.

DU TERTRE, Jean-Baptiste, *Histoire générale des Antilles habitées par les Français...*, chez T. Jolly, Paris, 1667-1672.

ERDMAN ISERT, Paul, *Voyages en Guinée et dans les Isles Caraïbes en Amérique*, Paris, chez Mabadan, 1758.

FERNEL, Jean, *La Pathologie*, Jean Guignard, Paris, 1655.

FRANK, Louis, *Mémoire sur le commerce des nègres au Kaire et sur les maladies auxquelles ils sont sujets en y arrivant*, Armand Koenig, Paris, 1802.

GALIEN, *De l'utilité des parties du corps humain*, livre XIV, *in Œuvres anatomiques, physiologiques et médicales de Galien*, édition par Charles Daremberg, J.-B. Baillière, Paris, 1854-1856.

GILIBERT, Jean-Emmanuel, *L'Anarchie médicinale*, 2 vol., Neufchâtel, 1772.

GRAND, Albert LE, *Les Admirables Secrets d'Albert le Grand, contenant plusieurs traités sur la conception des femmes, et les vertus des herbes, des pierres précieuses et des animaux*, 1508, chez le dispensateur des secrets, Cologne, 1703.

GUILLEMEAU, Jacques, *De la nourriture et gouvernement des enfans dès le commencement de leur naissance, et le moyen de les secourir et garentir des maladies*, chez N. Buon, Paris, 1609.

HALLER, Albretch VON, *Dissertation sur les parties irritables et sensibles des animaux*, traduit par M. Tissot et M.M. Bousquet, Lausanne, 1755.

HAYÈS, *Les Maladies des femmes : causes, signes et traitement*, Librairie des publications modernes, Paris, 1891.

HECQUET, Philippe, *La Médecine, la chirurgie et la pharmacie des pauvres... Avec la vie de l'auteur, contenant un catalogue raisonné de ses ouvrages*, édition par Lacherie, Lefebvre de Saint-Marc, G. L. C. Pérau, 3 vol., chez la veuve Alix, Paris, 1740.

HIGHMORE, Nathaniel, *Exercitationes duae. Quarum prior de passione hysterica : altera De affectione hypochondriaca*, Oxon, Excudebat A. Lichfield impensis R. Davis, 1660.

HIPPOCRATE, *Œuvres complètes*, vol. 7 et 8. *Maladies des femmes, maladies des filles, de la Nature des femmes*, édition par Émile Littré, 10 vol., J.-B. Baillère, Paris, 1839-1861.

HUARTE, Jean, *Essame de gl'ingegni degli huomini per apprender la scienza*, 1580, traduit par M. Camillo Camilli, Venetia, 1632.

HUBERT, Jean, *Les Nouveaux Traitements des maladies des femmes. Comment elles se produisent. Comment on les reconnaît. Comment on les guérit*, Librairie Astra, Paris, 1928.

HUME, David, *Essais moraux, politiques et littéraires*, édition par Gilles Robel, PUF, Paris, 2001.

HUNAULD, Pierre, *Dissertation sur les vapeurs et les pertes de sang*, chez Jean-Noël Leloup, Paris, 1756.

JORDEN, Edward, *A Brief Discourse of a Disease Called Suffocation of the Mother*, John Windet, Londres, 1603.

JOUBERT, Pierre, *Des causes de la dépopulation et des moyens d'y remédier*, chez Dessain Junior, Londres, Paris, 1767.

Journal de la santé du roi Louis XIV de l'année 1647 à 1711, par Vallot, d'Aquin et Fagon, édition par J.-A. Le Roi, A. Durand, Paris, 1862.

LABAT, Jean-Baptiste, *Nouvelle Relation de l'Afrique occidentale : contenant une description exacte du Sénégal et des païs situés entre le Cap-Blanc et la rivière Serrelionne...*, 5 vol., Paris, chez Guillaume Cavelier, 1728.

LAFOSSE, J. F., *Avis aux habitants des colonies, particulièrement à ceux de l'Isle de Saint-Domingue*, chez Royez, Paris, 1787.

LA MESNARDIÈRE, Pilet DE, *Traité de la mélancolie, savoir si elle est la cause des effets que l'on remarque dans les possédés de Loudun*, La Flèche, 1635.

LANDAIS, *Dissertation sur les avantages de l'allaitement des enfans par leurs mères ; séance publique de la faculté de médecine de Paris le 9 décembre 1779*, chez Méquignon l'aîné, Genève, Paris, 1781.

LEBLOND, Jean-Baptiste, *Voyage aux Antilles et à l'Amérique méridionale, commencé en 1767 et fini en 1802*, Arthus-Bertrand, Paris, 1813, Paris, Éditions du CTHS, 2001.

LE BOURSIER DU COUDRAY, Marguerite Angélique, *Abrégé de l'art des accouchemens*, chez la veuve Delaguette, Paris, 1759.

LE CAMUS, Antoine, *Mémoires sur divers sujets de médecine*, Paris, chez Ganeau, 1760.

LEMNE, Levin, *Les Occultes Merveilles et secrets de nature avec plusieurs enseignements des choses diverses*, 1559, traduit par J. Gohorry, Galiot du Pré, Paris, 1574.

LÉON L'AFRICAIN, *Historiale description de l'Afrique, tierce partie du monde*, Jean Temporal, Lyon, 1556.

LÉON L'AFRICAIN, *Historiale description de l'Afrique, tierce partie du monde*, C. Plantin, Anvers, 1575.

L'ESCALE, le chevalier, *Le Champion des femmes, qui soustient qu'elles sont plus nobles, plus parfaites et en tout plus vertueuses que les hommes, contre un certain misogynès, anonyme auteur et inventeur de l'« imperfection et malice des femmes »*, chez la veuve M. Guillemot, Paris, 1618.

Les Caquets de l'accouchée, 1622, C. Marpon et E. Flammarion, Paris, 1855.

LEVACHER, M.G., *Guide médical des Antilles ou études sur les maladies des colonies en général et sur celles qui sont propres à la race noire*, J.-B. Baillère, Paris, 1834.

LE VAILLANT, F., *Voyage de F. Le Vaillant dans l'intérieur de l'Afrique par le cap de Bonne-Espérance, 1780-1785*, C. Delagrave, Paris, 1888.

LIÉBAULT, Jean, *Trois Livres des maladies et infirmitez des femmes*, 1585, chez Jean Veyrat, Lyon, 1648.

LIGNAC, Louis François Luc, *De l'homme et de la femme : considérés physiquement dans l'état du mariage*, 2 vol., chez J.B. Henry, Lille, 1772.

LIND, James, *A Treatise of the Scurvy in Three Parts. Containing an Inquiry into the Nature, Causes and Cure of that Disease, Together with a Critical and Chronological View of What Has Been Published on the Subject*, A. Millar, Londres, 1753.

LINNÉ, Carl VON, *La Nourrice marâtre*, *in* BOISSIER DE SAUVAGES, *Les Chefs-d'œuvre de monsieur de Sauvages, ou Recueil de dissertations qui ont remporté le prix dans différentes académies...*, tome second, chez V. Reguilliat, Lyon, 1770.

LOYER, Godefroy, *Relation du voyage au royaume d'Issyny*, A. Seneuze et J.-R. Morel, Paris, 1714.

MAUPERTUIS, Pierre-Louis MOREAU DE, *La Vénus physique*, 1745, Diderot Éditeur, Paris/NY, 1997.

MAUPERTUIS, Pierre-Louis MOREAU DE, *Les Lettres sur le progrès des sciences*, s.l., 1752.

MAURICEAU, François, *Aphorismes touchant la grossesse, l'accouchement, les maladies, et autres dispositions des femmes*, L. d'Houry, Paris, 1694.

MAURICEAU, François, *Des maladies des femmes grosses et accouchées. Avec la bonne et véritable méthode de les bien aider en leurs accouchements naturels, et les moyens de remédier à tous ceux qui sont contre nature, et aux indispositions des enfans nouveau-nés : ensemble une très exacte description de toutes les parties de la femme qui sont destinées à la génération*, chez Jean Hénault, Jean d'Houry, Robert de Ninville, Jean-Baptiste Coignard, Paris, 1668.

MENVILLE, Charles François, *Conseils aux femmes à l'époque de l'âge de retour ou l'âge critique et des moyens de combattre et de prévenir les maladies qui peuvent survenir à cette époque de la vie*, G. Baillière, Paris, 1839.

MILLOT, Jacques-André, *L'Art de procréer les sexes à volonté...*, chez l'auteur, Paris, 1801.

MIRABEAU, Victor RIQUETI, marquis DE, *L'Ami des hommes, ou Traité de la population*, Avignon, s.n., 1756.

N., M., *Voyages aux côtes de Guinée et en Amérique*, Amsterdam, 1719.

PARÉ, Ambroise, *Les Œuvres de M. Ambroise Paré*, chez Gabriel Buon, Paris, 1575.

PARÉ, Ambroise, *Œuvres*, édition par Roger-Henry Guerrand et Fernande de Bissy, 4 vol., Union latine d'éditions, Paris, 1976.

PAUW, Cornélius DE, *Recherches philosophiques sur les Américains*, 3 vol., chez George Jacques Decker, Berlin, 1768.

PIGRAY, Pierre, *Épitome des préceptes de médecine et chirurgie*, 1612, chez la veuve Claude Rigaud, Lyon, 1643.

PLATON, *La République*, édition par Pierre Pachet, Gallimard, Paris, 1993.

PLATON, *Timée*, édition par Luc Brisson, GF, Paris, 1999.

POMME, Pierre, *Traité des affections vaporeuses des deux sexes*, 1763, chez B. Duplain, Lyon, 1767.

POULLAIN DE LA BARRE, François, *De l'égalité des deux sexes*, chez Jean du Puis, Paris, 1673.

POULLAIN DE LA BARRE, François, *De l'excellence des hommes contre l'égalité des sexes*, chez Jean du Puis, Paris, 1675.

PRIMEROSE, James, *De mulierum morbis et symptomatis libri quinque. In quibus plurimi tum veterum, tum recentiorum errores breviter indicantur & explicantur*, Arnoldi Leers, Roterodami, 1655.

PROST DE ROYER, Antoine François, *Mémoire sur la conservation des enfans, lu dans l'Assemblée publique de l'Académie des Sciences de Lyon*, 5 mai 1778, chez Aimé de la Roche, Lyon, 1778.

QUILLET, Claude, *La Callipédie ou la manière d'avoir de beaux enfans*, 1655, traduit par Charles-Philippe de Monthenault d'Égly, Amsterdam, 1749.

RAMAZZINI, Bernardino, *Essai sur les maladies des artisans*, 1700, traduit par Antoine-François de Fourcroy, chez Moutard, Paris, 1777.

RAULIN, Joseph, *De la conservation des enfants, ou les Moyens de les fortifier... depuis l'instant de leur existence, jusqu'à l'âge de puberté*, chez Merlin, Paris, 1768.

RAULIN, Joseph, *Instructions succintes sur les accouchemens, en faveur des Sages-Femmes des Provinces ; faites par ordre du Ministere*, chez Vincent, Paris, 1770.

RAULIN, Joseph, *Traité des affections vaporeuses du sexe, avec l'exposition de leurs symptômes, de leurs différentes causes, et la méthode de les guérir*, chez Jean-Thomas Hérissant, Paris, 1758.

RAULIN, Joseph, *Traité des fleurs blanches, avec la méthode de les guérir*, chez Hérissant fils, Paris, 1766.

ROBERT, Louis-Joseph Marie, *Essai sur la mégalanthropogénésie, ou l'art de faire des enfants d'esprit, qui deviennent des grands hommes...*, Debray, Paris, 1801.

ROBIN, Albert, *Gynécologie médicale. Traitement médical des maladies des femmes*, J. Rueff, Paris, 1900.

ROBIN, Charles-César, *Voyages dans l'intérieur de la Louisiane, de la Floride occidentale, et dans les îles de la Martinique et de Saint-Domingue, pendant les années 1802, 1803, 1804, 1805 et 1806*, 3 vol., chez F. Buisson, Paris, 1807.

ROMANET DU CAILLAUD, Joseph, *Voyage à la Martinique*, L. Pelletier, Paris, 1804.

ROUSSEL, Pierre, *Système physique et moral de la femme, ou tableau philosophique de la constitution, de l'état organique, du tempérament, des mœurs, et des fonctions propres au sexe*, chez Vincent, Paris, 1775.

SAINT-MÉRY, Louis-Élie MOREAU DE, *Description topographique, physique, civile, politique et historique de la partie française de l'isle Saint-Domingue : avec des observations générales sur sa population, sur le caractère et les mœurs de ses... habitans, sur son climat, sa culture... : accompagnées des détails les plus propres à faire connaître l'état de cette colonie à l'époque du 18 octobre 1789 et d'une nouvelle carte*, 2 vol., Philadelphie et chez L.-E. Moreau de Saint-Méry et chez Dupont, Paris, 1797.

SERRES, Louys DE, *Discours de la nature, causes, signes, et curation des empeschemens de la conception et de la stérilité des femmes*, chez Antoine Chard, Lyon, 1625.

SNELGRAVE, Guillaume, *Nouvelle Relation de quelques endroits de Guinée, et du commerce d'esclaves qu'on y fait*, traduit par Mr. A. Fr. D. de Coulange, Amsterdam, aux dépens de la compagnie, 1735.

SUCHON, Gabrielle, *Traité de la morale et de la politique*, chez B. Vignieu, Lyon, 1693.

SYDENHAM, Thomas, *Médecine pratique*, 2 vol., A.-F. Jault, J.-G. Tournel, Montpellier, 1816.

THÉVET, André, *Les Singularitez de la France antarctique, autrement nommée Amérique...*, chez les héritiers de Maurice de la Porte, Paris, 1558.

THIBAULT DE CHANVALON, Jean-Baptiste Mathieu, *Voyage à la Martinique*, 1763, édition par Monique Pouliquen, Karthala, Paris, 2004.

TISSOT, Samuel, *De la santé des gens de lettres*, 1758, P.-F. Didot le Jeune, Paris, 1768.

TISSOT, Samuel, *L'Onanisme. Essai sur les maladies produites par la masturbation*, 1760, Garnier Frères, Paris, 1905.

V., I. C. S. D., *Relation de ce qui s'est passé dans les Isles et Terre-Ferme de l'Amérique, pendant la dernière Guerre avec l'Angleterre, et depuis en exécution du Traité de Breda. Avec Un Journal du dernier Voyage du S. de la Barre en la Terre-Ferme, et Isle de Cayenne, accompagné d'une exacte description du Pays, mœurs et naturel des Habitants*, chez Gervais Cloizier, Paris, 1671.

VANDERMONDE, Charles Augustin, *Essai sur la manière de perfectionner l'espèce humaine*, 2 vol., chez Vincent, Paris, 1756.

VARANDE, Jean, *Traité des maladies des femmes*, 1619, traduit par J. B., chez Robert de Ninville, Paris, 1666.

VENETTE, Nicolas, *Tableau de l'amour considéré dans l'état du mariage*, chez Frédéric Gaillard, Parme, s.d.

VIGAROUS DE MONTAGUT, Joseph Marie Joachim, *Cours élémentaire sur les maladies de femmes, ou essai sur une nouvelle méthode pour étudier et pour classer les maladies de ce sexe*, 2 vol., chez Deterville, Paris, 1801.

VIREY, Julien-Joseph, *De la femme, sous ses rapports physiologique, moral et littéraire*, 1823, chez Crochard, Paris, 1825.

VIVÈS, Jean-Louis, *Livre tres bon, plaisant, salutaire de l'Institution de la femme chrestienne, avec l'office du mary*, traduit par P. de Changy, Supice Sabon, Lyon, 1540.

WECKER, Johann, *Les Secrets et merveilles de la nature, recueillis de divers autheurs et divisez en XVII livres*, 1586, traduit par Gabriel Chappuys et Pierre Meyssonier, chez C. Le Villain, Rouen, 1633.

WIER, Jean, *Histoires, disputes et discours des illusions et impostures des diables*, 1563, Delahaye, Paris, 1885.

WILLIS, Thomas, *Affectionum quae dicuntur hystericae et hypochondriacae pathologia spasmodica vindicata, contra responsionem epistolarem Nathanael Highmori*, Lugd. Batav, apud C. Driehuysen, F. Lopez, 1671.

WINSLOW, Jacques-Bénigne, *Dissertation sur l'incertitude des signes de la mort, et l'abus des enterrements, et embaumements précipités*, traduit par Jacques-Jean Bruhier, Morel le Jeune, Paris, 1742.

WINTER, Georg Simon, *Traité nouveau et augmenté de George Simon de Adlersflügel pour faire des races de chevaux*, traduit de la langue allemande, en la latine, italienne et française, Nümberg, in Verlegung W. M. Endters, 1687.

ZACCHIAE, Pauli, *Quaestiones medico-legales in quibus eae materiae medicae quae ad legales facultates videntur pertinere, proponuntur...* 1653, Jean Piot, Avenione, 1655.

Manuscrits

Rapport du procureur général, du 23 novembre 1843, Martinique, Exposé général des résultats du patronage des esclaves dans les colonies françaises imprimé par ordre du ministre secrétaire d'État de la Marine et des Colonies.

« Relation exacte de la destruction des nègres révoltés de l'île de Saint-Jean appartenant au Roi du Danemark », Martinique, 1734, CAOM, D.F.C. XI, 47, 147.

ALLARD, Thimotée, « Notice abrégée sur les causes et les effets du tétanos qui attaque principalement les nègres transportés à l'île Maurice », 1828, MS 2196 Bibliothèque universitaire de médecine. Avec cette notice, le créole Allard, docteur en médecine de la faculté de Paris, demande le titre d'associé correspondant de la Société médicale d'émulation de Paris.

ANONYME, « Mémoire sur les causes des maladies des gens de mer », 1792, Les Archives de la Révolution française BNF, 9.5.301 Fac-sim. de ms. de Paris.

Études

ANDERSON, Benedict, *L'Imaginaire national. Réflexions sur l'origine et l'essor du nationalisme*, 1983, trad. fr. La Découverte, Paris, 2002.

ARIÈS, Philippe, *L'Enfant et la vie familiale sous l'Ancien Régime*, Seuil, Paris, 1973.

ARNOLD, David (dir.), *War Climates and Western Medicine : The Emergence of Tropical Medicine, 1500-1900*, Rodopi, Amsterdam, Atlanta, 1996.

AXTELL, James, « The white Indians of colonial America », *The William and Mary Quarterly*, 32, nº 1, 1975.

BADINTER, Élisabeth, *L'Amour en plus : histoire de l'amour maternel (XVIIe-XXe siècle)*, Flammarion, Paris, 1980.

BANKOLE, Katherine, *Slavery and Medicine. Enslavement and Medical Practices in Antebellum Louisiana*, Garland Publishing, New York, 1998.

BECKLES Hilary, « Historicizing slavery in West Indian feminisms », *Feminist Review*, nº 59, 1998.

BENJAMIN, Marine (dir.), *Science and Sensibility : Gender and Scientific Enquiry, 1780-1945*, Blackwell Publishers, Oxford, 1991.

BENOT, Yves, *La Révolution française dans les colonies, 1789-1794*, La Découverte, Paris, 2004.

BERRIOT-SALVADORE, Évelyne, *Un corps, un destin : la femme dans la médecine de la Renaissance*, Honoré Champion, Paris, 1993.

BIRNBAUM, Michele, « Racial hysteria : female pathology and race politics in Frances Harper's Iola Leroy and W.D. Howells's An Imperative Duty », *African American Review*, 33, nº 1, 1999.

BLUM, Carol, *Strength in Numbers : Population, Reproduction, and Power in Eighteenth-Century France*, Johns Hopkins University Press, Baltimore, 2002.

BONNIOL, Jean-Luc, *La Couleur comme maléfice*, Albin Michel, Paris, 1992.

BUSH, Barbara, *Slave Women in Caribbean Society, 1650-1838*, Heinemann Publishers (Caribbean), Indiana University Press, Bloomington, 1990.

CANGUILHEM, Georges, *Écrits sur la médecine*, Seuil, Paris, 2002.

CARBY, Hazel V., *Reconstructing Womanhood : The Emergence of the Afro-American Woman Novelist*, Oxford University Press, New York, 1987.

CARPENTER, Kenneth, *The History of Scurvy and Vitamin C*, Cambridge University Press, Cambridge, 1986.

CHAMAYOU, Grégoire, et Elsa DORLIN, « Objet = X : nymphomanes et masturbateurs – XVIIIe-XIXe siècle », *Nouvelles Questions féministes*, nº 1, 2005.

CHAPLIN, Joyce E., « Natural philosophy and an early racial idiom in North America : comparing English and Indian bodies », *The William and Mary Quarterly*, 54, 1997.

COHEN, William B., *Français et Africains. Les Noirs dans le regard des Blancs 1530-1880*, 1980, trad. fr. Gallimard, Paris, 1981.

CORBIN, Alain, *Les Filles de noce. Misère sexuelle et prostitution, XIXe et XXe siècles*, Aubier Montaigne, Paris, 1978.

COROSSACZ, Valeria RIBEIRO, *Identité nationale et procréation au Brésil*, L'Harmattan, coll. « Bibliothèque du féminisme », Paris, 2004.

COURTINE, Jean-Jacques, et Claudine HAROCHE, *Histoire du visage*, Rivages, Paris, 1988.

COUZINET, Marie-Dominique, et Marc CRÉPON, « À quoi sert la "théorie des climats" ? Éléments d'une histoire du déterminisme environnemental », *Corpus*, 34, 1998.

CRAWFORD, Patricia, « Attitudes to menstruation in seventeenth century England », *Past and Present*, 91, 1981.

DARMON, Pierre, *Le Mythe de la procréation à l'âge baroque*, 1977, Seuil, Paris, 1981.

DARMON, Pierre, *Le Tribunal de l'impuissance. Virilité et défaillances conjugales dans l'Ancienne France*, Seuil, Paris, 1979.

DARMON, Pierre, *Les Cellules folles : l'homme face au cancer, de l'Antiquité à nos jours*, Plon, Paris, 1993.

DAYAN, Joan, *Haiti, History and the Gods*, University of California Press, Berkeley, 1998.

DEBIEN, Gabriel, *Les Engagés pour les Antilles (1634-1715)*, Société de l'histoire des colonies françaises, Paris, 1952.

DEBIEN, Gabriel, *Les Esclaves aux Antilles françaises, XVIIe-XVIIIe siècle*, Basse-Terre, Société d'histoire de la Guadeloupe, 1974.

DIXON, Laurinda S., *Perilous Chastity : Women and Illness in Pre-Enlightenment Art and Medicine*, Cornell University Press, Ithaca, 1995.

DOMINGUES, Clara, « Louise Bourgeois : la cabale des hommes de l'art contre les sages-femmes », *Women in French Studies*, vol. 10, 2002.

DORIGNY, Marcel (dir.), *Les Abolitions de l'esclavage*, Presses universitaires de Vincennes/UNESCO, Paris, 1995.

DORIGNY, Marcel (dir.), *Esclavage, résistances et abolitions*, Éditions du CTHS, Fort-de-France, 1999.

DORLIN, Elsa, *L'Évidence de l'égalité des sexes. Une philosophie oubliée du XVIIe siècle*, L'Harmattan, coll. « Bibliothèque du féminisme », Paris, 2001.

DORLIN, Elsa, « Autopsie du sexe », *Les Temps modernes*, nº 619, 2002.

DORLIN, Elsa, « Les putes sont des hommes comme les autres », *Raisons politiques*, nº 11, 2003, p.117-132.

DUCHET, Michèle, *Anthropologie et histoire au siècle des Lumières : Buffon, Voltaire, Rousseau, Helvétius, Diderot*, 1971, Albin Michel, Paris, 1995.

EHRARD, Jean, *L'Idée de nature en France dans la première*

*moitié du XVIII*e *siècle*, 1963, Albin Michel, Paris, 1994.

EHRENREICH, Barbara, et English DEIRDRE, *For Her Own Good : 150 Years of the Experts' Advice to Women, Garden City*, Anchor Press, N.Y., 1978.

ERNST, Waltraud, et Bernard HARRIS (dir.), *Race, Science and Medicine, 1700-1960*, Routledge, New York, 1999.

FARGE, Arlette, « Les artisans malades de leur travail », *Annales ESC*, 1977.

FARGE, Arlette, et Natalie ZEMON DAVIS (dir.), *Histoire des femmes en Occident*, III, 1991, Perrin, Paris, 2002.

FEHER, Michel, Ramona NADDAFF et Nadia TAZI (dir.), *Fragments for a History of the Human Body*, III, Zone Books, New York, 1989.

FISHER, Jean-Louis, « La callipédie ou l'art d'avoir de beaux enfants », *Dix-Huitième Siècle*, 23, 1991.

FISSEL, Mary E.,*Vernacular Bodies : The Politics of Reproduction in Early Modern England*, Oxford University Press, New York, 2005.

FLANDRIN, Jean-Louis, *Le Sexe et l'Occident*, Seuil, Paris, 1981.

FOUCAULT, Michel, *Naissance de la clinique : une archéologie du regard médical*, 1963, PUF, Paris, 2000.

FOUCAULT, Michel, *Histoire de la folie à l'âge classique*, Gallimard, Paris, 1972.

FOUCAULT, Michel, *Histoire de la sexualité*, 1976, Gallimard, Paris, 1994.

FOUCAULT, Michel, *Dits et écrits*, Gallimard, Paris, 1994.

FOX KELLER, Evelyn, *Secrets of Life, Secrets of Death : Essays on Language, Gender and Science*, Routledge, New York, 1992.

FRAISSE, Geneviève, *Muse de la raison : démocratie et exclusion des femmes en France*, Gallimard, Paris, 1989.

FREDRICKSON, George, *The Black Image in the White Mind : The Debate on Afro-American Character and Destiny, 1817-1914*, Wesleyan University Press, 1987.

GABRIEL, Frédéric, « De la mélancolie érotique », *Le Polygraphe*, n° 15/16, 2000.

GAINOT, Bernard, « La santé navale et l'Atlantique comme champs d'expérimentation : les "hôpitaux flottants" », *Dix-Huitième Siècle*, 33, 2001.

GARDEY, Delphine, et Ilana LÖWY (dir.), *L'Invention du naturel. Les sciences et la fabrication du féminin et du masculin*, Éditions des archives contemporaines, Paris, 2000.

GARRAWAY, Doris Lorraine, « Race, reproduction and family romance in Moreau de Saint-Mery's Description », *Eighteenth-Century Studies*, 38, n° 2, 2005.

GATES, H.L. Jr. (dir.), *Race, Writing and Difference*, University of Chicago Press, Chicago, 1985.

GAUTIER, Arlette, *Les Sœurs de Solitude*, Éditions caribéennes, Paris, 1985.

GÉLIS, Jacques, « Sages-femmes et accoucheurs : l'obstétrique populaire aux XVIIe et XVIIIe siècles », *Annales ESC*, 35, n° 5, 1980.

GÉLIS, Jacques, *L'Arbre et le fruit : la naissance dans l'Occident moderne (XVIe-XIXe siècle)*, Fayard, Paris, 1984.

GÉLIS, Jacques, *La Sage-femme ou le médecin : une nouvelle conception de la vie*, Fayard, Paris, 1988.

GILMAN, Sander L., *et al.*, *Hysteria Beyond Freud*, University of California Press, Berkeley, 1993.

GODELIER, Maurice, et Michel PANOFF (dir.), *Le Corps humain supplicié, possédé, cannibalisé*, Éditions des archives contemporaines, Paris, 1998.

GOLDBERG, Jonathan, « Sodomy in the New World : anthropologies old and new », *Social Text*, n° 29, 1991.

GRAILLE, Patrick, *Les Hermaphrodites aux XVIIe et XVIIIe siècles*, Les Belles Lettres, Paris, 2001.

GREEN, Monica H., « From "diseases of women" to "secrets of women" : the transformation of gynecological literature in the later middle ages », *Journal of Medieval and Early Modern Studies*, 30, n° 1, 2000.

GRIEDER, Josephine DE, « Kingdoms of women in french fiction of the 1780s », *Eighteenth-Century Studies*, 23, n° 2, 1989-1990.

GRMEK, Mirko, *La Première Révolution biologique : réflexions sur la physiologie et la médecine du XVIIe siècle*, Payot, Paris, 1990.

GUILLAUMIN, Colette, *L'Idéologie raciste* (1972), Gallimard, coll. « Folio essais », Paris, 2002.

GUIOMAR, Jean-Yves, *L'Idéologie nationale*, Éditions Champ Libre, Paris, 1974.

HACKING, Ian, *Les Fous voyageurs*, trad. fr. Les Empêcheurs de penser en rond, Paris, 2002.

HARDING, Sandra, et F. O'BARR (dir.), *Sex and Scientific Inquiry*, University of Chicago Press, Chicago et Londres, 1986.

HARDING, Sandra (dir.), *The « Racial » Economy of Science. Toward a Democratic Future*, Indiana University Press, Bloomington, 1993.

HILLMAN, David, et Carla MAZZIO, *The Body in Parts*, Routledge, New York, 1997.

HOFFMANN, Paul, *La Femme dans la pensée des Lumières*, Ophrys, Paris, 1977.

JACQUART, Danièle, et Claude THOMASSET, *Sexualité et savoir médical au Moyen Âge*, PUF, Paris, 1985.

JOUANNA, Arlette, « L'idée de race en France au XVIe siècle et au début du XVIIe siècle (1498-1614) », université de Paris-IV-Sorbonne, 1975.

KIPLE, Kenneth F., et Virginia HIMMELSTEIB KING, *Another Dimension to the Black Diaspora : Diet, Disease, and Racism*, Cambridge University Press, Cambridge, 1981.

KIPLE, Kenneth F., et Stephen V. BECK, *Biological Consequences of European Expansion 1450-1800*, Ashgate, Londres, 1997.

KLAPISCH-ZUBER, Christiane, « Genitori naturali e genitori di latte nella Firenze del Quattrocento », *Quaderni Storici*, 44, 1980.

KLIBANSKY, Raymond, Erwin PANOFSKY et Fritz SAXL, *Saturne et la mélancolie*, 1964, trad. fr. Gallimard, Paris, 1989.

KNIBIEHLER, Yvonne, « Les médecins et la "nature féminine" au temps du code civil », *Annales ESC*, 31, nº 4, 1976.

KNIBIEHLER, Yvonne, et Catherine FOUQUET, *La Femme et les médecins : analyse historique*, Hachette, Paris, 1983.

KNIGHT, Charles A., « The images of nations in eighteenth-century satire », *Eighteenth-Century Studies*, 22, nº 4, 1989.

KOFMAN, Sarah, *L'Énigme de la femme*, Galilée, Paris, 1980.

LAGET, Mireille, « La naissance aux siècles classiques. Pratiques des accouchements et attitudes collectives en France aux XVIIe et XVIIIe siècles », *Annales ESC*, 35, nº 5, 1980.

LAGET, Mireille, *Naissances. L'accouchement avant l'âge de la clinique*, Seuil, Paris, 1982.

La Possession de Loudun, éd. Michel de Certeau, Julliard, Paris, 1970.

LAQUEUR, Thomas, *La Fabrique du sexe, essai sur le corps et le genre en Occident*, 1990, trad. fr. Gallimard, Paris, 1992.

LAQUEUR, Thomas, *Le Sexe en solitaire : contribution à l'histoire culturelle de la sexualité*, 2004, trad. fr. Gallimard, Paris, 2005.

LEBRUN, François, « Les crises démographiques en France aux XVIIe et XVIIIe siècles », *Annales ESC*, 35, 1980.

LECOURT, Dominique (dir.), *Dictionnaire de la pensée médicale*, PUF, Paris, 2004.

LEVACK, Brian P., *La Grande Chasse aux sorcières*, 1987, trad. fr. Champ-Vallon, Paris, 1991.

LIVI, Jocelyne, *Vapeurs de femmes : essai historique sur quelques fantasmes médicaux et philosophiques*, Navarin, Paris, 1984.

LORAUX, Nicole, *Les Enfants d'Athéna*, 1981, Paris, Seuil, 1990.

MACLEAN, Ian, *The Renaissance Notion of Woman : A Study in the Fortunes of Scholasticism and Medical Science in European Intellectual Life*, Cambridge University Press, 1980.

MAGUBANE, Zine, « Which bodies matter ? Feminism, poststructuralism, race and the curious theoretical odyssey of the "Hottentot Venus" », *Gender and Society*, vol. 15, nº 6, 2001.

MAINES, Rachel P., *The Technology of Orgasm : « Hysteria », the Vibrator, and Women's Sexual Satisfaction*, Johns Hopkins University Press, Baltimore, 2001.

MANDRESSI, Rafael, *Le Regard de l'anatomiste : dissections et invention du corps en Occident*, Seuil, Paris, 2003.

MANDROU, Robert, *Magistrats et sorciers en France au XVIIe siècle*, Plon, Paris, 1968.

MARLAND, Hilary (dir.), *The Art of Midwifery : Early Modern Midwives in Europe*, Routledge, New York, 1993.

MARLAND, Hilary, et Anne-Marie RAFFERTY (dir.), *Midwives, Society, and Childbirth : Debates and Controversies in the Modern Period*, Routledge, New York, 1997.

MCCLINTOCK, Anne, *Imperial Leather*, Routledge, New York, 1995.

MCCLIVE, Cathy, « The hidden truths of the belly : the uncertainties of pregnancy in early modern Europe », *Social History of Medicine*, 15, n° 2, 2002.

MERCIER, Roger, « La théorie des climats des *Réflexions critiques* à l'*Esprit des lois* (I) et (II) », *Revue d'histoire littéraire de la France*, 53, n°s 1 et 2, 1953.

MICALE, Mark S., « Hysteria and its historiography : a review of pas and present writings (I) », *History of Science*, 27, 1989.

MOITT, Bernard, *Women and Slavery in the French Antilles 1635-1848*, Indiana University Press, Bloomington, 2001.

MORGAN, Jennifer L., « "Some could suckle over their shoulder" : male travellers, female bodies, and the gendering of racial ideology, 1500-1770 », *The William and Mary Quarterly*, 54, n° 1, 1997.

MORGAN, Jennifer L., *Laboring Women. Reproduction and Gender in New World Slavery*, University of Pennsylvania Press, Philadelphia, 2004.

MUCHEMBLED, Robert, *La Sorcière au village, XVe-XVIIIe siècle*, 1979, Gallimard, Paris, 1991.

NATIVEL, Colette (dir.), *Femmes savantes, savoirs des femmes. Du crépuscule de la Renaissance à l'aube des Lumières*, Droz, Genève, 1999.

NETTER, A., et H. ROZENBAUM, *Histoire illustrée de la contraception*, Éditions Roger Dacosta, Paris, 1985.

Opinions de femmes à la veille et au lendemain de la Révolution française, édition par Geneviève FRAISSE, Côté-femmes éditions, Paris, 1997.

OSBORNE, Michael A., « Acclimatizing the world : a history of the paradigmatic colonial science », *Osiris*, vol. 15, 2000.

OUDIN-BASTIDE, Caroline, *Travail, capitalisme et société esclavagiste. Guadeloupe, Martinique (XVIIe-XIXe siècle)*, La Découverte, Paris, 2005.

PARIS, Myriam, et Elsa DORLIN, « Genre, esclavage et racisme : la fabrication de la virilité », *Contretemps*, n° 16, 2006.

PARK, Katharine, et Robert A. NYE, « Destiny is anatomy », *The New Republic*, 18 février 1991.

PASTER, Gail, *The Body Embarrassed : Drama and the Disciplines of Shame in Early Modern England*, Cornell University Press, Ithaca, 1993.

PATTERSON, Orlando, *Slavery and Social Death : A Comparative Study*, Harvard University Press, 1982.

PEABODY, Sue, « *There Are no Slaves in France » : The Political Culture of Race and Slavery in the Ancien Régime*, Oxford University Press, New York, 1996.

PEABODY, Sue, et Tyler STOVALL (dir.), *The Color of Liberty. Histories of Race in France*, Duke University Press, Durham, 2003.

PERRY, Ruth, *Colonizing the Breast : Sexuality and Maternity in Eighteenth-Century England*, Cultural Studies Project Massachusetts Institute of Technology, Cambridge, 1991.

PETRELLI, R. L., « The regulation of french midwifery during the Ancien Régime », *Journal of the History of Medicine*, 26, 1971.

PINDER, Kymberly N. (dir.), *Race-ing Art History : Critical Readings in Race and Art History*, Routledge, New York, 2002.

POLIAKOV, Léon, *Le Mythe aryen. Essai sur les sources du racisme et des nationalismes*, Calmann-Lévy, Paris, 1971.

POLIAKOV, Léon (dir.), *Ni juif ni grec : entretiens sur le racisme : actes du colloque tenu du 16 au 20 juin 1975 au Centre culturel international de Cerisy-la-Salle*, Mouton, Paris/New York, 1978.

POLIAKOV, Léon, « Brève histoire des hiérarchies raciales », *Le Genre humain*, 1981.

RAUDZENS, George (dir.), *Technology, Disease and Colonial Conquests, Sixteenth to Eighteenth Centuries*, Brill, Leiden/Boston, Köln, 2001.

RÉGENT, Frédéric, *Esclavage, métissage, liberté : La Révolution française en Guadeloupe 1789-1802*, Grasset, Paris, 2004.

REY, Roselyne, *Histoire de la douleur*, La Découverte, Paris, 1993.

RIDDLE, John M., *Eve's Herbs : a History of Contraception and Abortion in the West*, Harvard University Press, Cambridge, 1997.

ROUCH, Hélène, E. DORLIN, et D. FOUGEYROLLAS-SCHWEBEL (dir.), *Le Corps, entre sexe et genre*, L'Harmattan, coll. « Bibliothèque du féminisme », Paris, 2005.

ROUSSELLE, Aline, « Observation féminine et idéologie masculine : le corps de la femme d'après les médecins grecs », *Annales ESC*, 35, 1980.

SALA-MOLINS, Louis, *Le Code noir ou le calvaire de Canaan*, 1987, PUF, Paris, 2002.

SCHIEBINGER, Londa, *The Mind Has No Sex ?* Harvard University Press, Cambridge, 1989.

SCHIEBINGER, Londa, *Nature's Body*, Beacon Press, Boston, 1993.

SCHIEBINGER, Londa, *Has Feminism Changed Science ?* Harvard University Press, Cambridge, 1999.

SCOTT, Joan W., « Genre : une catégorie utile d'analyse historique », *Le Genre de l'histoire, les Cahiers du GRIF*, n° 37-38, 1988.

SCOTT, Joan W., *La Citoyenne paradoxale. Les féministes françaises et les droits de l'homme*, 1996, trad. fr. Albin Michel, Paris, 1998.

SHEPHERD, Verene, Bridget BRERETON et Barbara BAILEY, *Engendering History : Caribbean Women in Historical Perspective*, St. Martin's Press, New York, 1995.

SHORTER, Edward, *Le Corps des femmes*, 1982, trad. fr. Seuil, Paris, 1984.

SINHA, Mrinalini, *Colonial Masculinity : The « Manly Englishman » and the « Effeminate Bengali » in the Late Nineteenth Century*, Manchester University Press, Manchester, 1995.

SLOAN, Phillip R., « The Buffon-Linnaeus controversy », *Isis*, 67, n° 3, 1976.

SOLOMOS, John (dir.), *Theories of Race and Racism : a Reader*, Routledge, New York, 2000.

SOMAN, Alfred, « Les procès de sorcellerie au Parlement de Paris (1565-1640) », *Annales ESC*, 32, 1977.

STEINBERG, Sylvie, *La Confusion des sexes : le travestissement de la Renaissance à la Révolution*, Fayard, Paris, 2001.

STOLLER, Ann Laura, *Carnal Knowledge and Imperial Power : Race and the Intimate in Colonial Rule*, University of California Press, Berkeley, 2002.

STOLLER, Ann Laura, *Race and the Education of Desire : Foucault's History of Sexualité and the Colonial Order of Things*, Duke University Press, Durham, 1995.

SUSSMAN, George D., *Selling Mothers' Milk : The Wet-nursing Business in France, 1715-1914*, University of Illinois Press, Urbana, 1982.

TABET, Paola, *La Construction sociale de l'inégalité des sexes. La gestion sociale de la reproduction*, L'Harmattan, coll. « Bibliothèque du féminisme », Paris, 1998.

TERRY, Jennifer, et Jacqueline URLA (dir.), *Deviant Bodies. Critical Perspectives on Difference in Science and Popular Culture*, Indiana University Press, Bloomington, 1995.

TORT, Patrick, *La Raison classificatoire*, Aubier, Paris, 1989.

TOUMSON, Roger, *Mythologie du métissage, écritures francophones*, PUF, Paris, 1998.

TRAUB, Valerie, « The psychomorphology of the clitoris », *GLQ : A Journal of Lesbian and Gay Studies*, 2, 1995.

TRECKEL, Paula A., « Breastfeeding and maternal sexuality in colonial America », *Journal of Interdisciplinary History*, 20, n° 1, 1989.

TRILLAT, Étienne, *Histoire de l'hystérie*, Seghers, Paris, 1986.

VARIKAS, Eleni, « L'institution embarrassante. Silences de l'esclavage dans la genèse de la liberté moderne », *Raisons politiques*, 11, 2003.

VEITH, Ilza, *Histoire de l'hystérie*, 1965, Seghers, Paris, 1973.

VIGARELLO, Georges, *Histoire des pratiques de santé*, Seuil, Paris, 1993.

VILA, Anne C., *Enlightenment and Pathology. Sensibility in the Literature and Medicine of Eighteenth-Century France*, The Johns Hopkins University Press, Baltimore, 1998.

WALVIN, James, *Black Ivory : Slavery in the British Empire*, 2nd edition, Blackwell Publishers, Oxford, 2001.

WEAVER, Karol K., « "She crushed the child's fragile skull" : disease, infanticide, and enslaved women in eighteenth-century Saint-Domingue », *French Colonial History*, 5, 2004.

WHEELER, Roxann, *The Complexion of Race : Categories of Difference in Eighteenth-Century British Culture*, University of Pennsylvania Press, Philadelphia, 2000.

WILSON, Lindsay, *Women and Medicine in the French Enlightenment : the Debate over Maladies des Femmes*, Johns Hopkins University Press, Baltimore, 1993.

WINSTON, Michael, « Medicine, marriage, and human degeneration in the French enlightenment », *Eighteenth-Century Studies*, vol. 38, nº 2, 2005.

YALOM, Marilyn, *A History of the Breast*, Alfred A. Knopf, New York, 1997.

YON, Bernard (dir.), *La Peinture des passions*, Publications de l'université de Saint-Étienne, Saint-Étienne, 1995.

ZINN, Howard, *Une histoire populaire des États-Unis de 1492 à nos jours*, 1980, trad. fr. Agone, Marseille, 2002.

Index des notions

Table

II. L'ENGENDREMENT DE LA NATION

III. LA FABRIQUE DE LA RACE

CPI
BUSSIÈRE

Impression réalisée par CPI Bussière
à Saint-Amand-Montrond (Cher).
Dépôt légaldu 1er tirage : novembre 2009
Suite du 1ertirage (12) : juillet 2021
N° d'impression : 2058820
Imprimé en France